安徽古籍叢書

黃山書社

李興武主編　李宗棠文集之五

學詩堂經解

〔清〕李宗棠／撰　郭全芝／校點

圖書在版編目(CIP)數據

李宗棠文集.學詩堂經解/(清)李宗棠著;郭全芝點校.—合肥:黄山書社,2017.2

(安徽古籍叢書第二十九輯/安徽古籍叢書編審委員會編纂)

ISBN 978—7—5461—6049—8

Ⅰ.①李… Ⅱ.①李…②郭… Ⅲ.①李宗棠(1870—1923)—文集②經學—研究—中國—清后期 Ⅳ.①Z424.9②Z126.275.2

中國版本圖書館 CIP 數據核字(2016)第 316869 號

安徽省古籍整理出版辦公室資助項目

選題策劃　彭君華
責任編輯　束　莉
裝幀設計　馬　芳
出版發行　時代出版傳媒股份有限公司(http://www.press—mart.com)
　　　　　黄山書社(http://www.hspress.cn)
地址郵編　安徽省合肥市蜀山區翡翠路 1118 號出版傳媒廣場 7 層　230071
印　　刷　合肥新南印務有限公司
版　　次　2017 年 2 月第 1 版
印　　次　2017 年 2 月第 1 次印刷
開　　本　880×1230　1/32
字　　數　448.6 千
印　　張　25.875
書　　號　ISBN 978—7—5461—6049—8
定　　價　78.00 圓

服務熱綫　0551—63533706

銷售熱綫　0551—63533761

官方直營書店(http://hsssbook.taobao.com)

聯係電話　0551—63533725

安徽古籍叢書編印緣起

我國歷史悠久，典籍豐富。我省地處南北之交，學術尤擅其盛。數千年來，哲學、史學、文學、藝術、語言、科技，作者輩出，著述如林，或自名一家，或蔚然成派，多爲中華民族文化之菁華，有裨於社會主義文化之建設。允宜及時整理，以廣流傳。

粵自明清，以至近世，南北郡邑已有涇川叢書、龍眠叢書、貴池先哲遺書、南陵先哲遺書諸刻。一九三一年，復有安徽叢書之編刊，所收皆皖人著作，分期影印。出至第六期，以抗戰軍興而中止。盛業未竟，論者惜之。

今者，中央倡導整理古籍，我省領導對此尤爲關心。省古籍整理出版規劃委員會幾經商討，決定編纂安徽古籍叢書。編纂宗旨是在歷史唯物主義指導下，批判繼承，古爲今用，弘揚民族優秀傳統文化，爲建設中國特色社會主義服務。最其體例，約有數端：

一、所收皆爲歷代皖人著作，時間一般以辛亥革命之前爲限，内容以文、史、哲爲主，分類成輯。尤其注意稿本、稀見本之搜輯與傳布。

二、整理方式包括輯、校、標點和注釋、今譯。校勘，力求採用善本爲底本，校以他書，或加補輯、編次。標點，採用新式標點。注釋，務求精確，但不作煩瑣考證。整理中，儘量吸收國内外研究的新成果。

三、先秦、兩漢著作及語言、文字之類，皆用繁體字，其餘則酌用簡體字。版皆竪排，以期一律。

四、凡熱心於本叢書編印及捐貲助刊者，得於書内題名。

安徽古籍叢書編審委員會

學詩堂經解目次

召南一之二

卷　二

邶一之三

卷　三

鄘一之四

卷　四

王一之六

卷五

齊一之八

卷　六

秦一之十一

卷七

陳一之十二

卷九

小雅二

白華之什二之二

卷十

彤弓之什二之三

卷十一

祈父之什二之四

卷十二

小旻之什二之五

卷十三

北山之什二之六

卷十四

桑扈之什二之七

卷十五

都人士之什二之八

卷十六

大雅三

文王之什三之一

卷十七

生民之什三之二

卷十八

蕩之什三之三

卷十九

頌四

周頌清廟之什四之一

卷二十

魯頌四之四

商頌四之五

校　記

〔一〕肅肅　原作「肅蕭」，據詩經兔罝改。
〔二〕爲　原作「作」，據李氏正文改。
〔三〕翦　原皆作「剪」，據詩經甘棠改。
〔四〕兮　原作「分」，據詩經緑衣改。
〔五〕繫　原作「繄」，據李氏正文改。
〔六〕緑　原作「絲」，據詩經淇奥改。
〔七〕左　原作「右」，據詩經清人改。

〔八〕衿　原作「青衿」，據李氏正文改。
〔九〕達　原作「逵」，據詩經子衿及李氏正文改。
〔一〇〕員　原作「云員」，據詩經出其東門及李氏正文改。
〔一一〕漙　原作「溥」，據詩經野有蔓草改。
〔一二〕洳　原作「汝」，據詩經汾沮洳及李氏正文改。
〔一三〕揚之水非叛者所作　「之」原作「揚」，「叛」原作「判」，據詩經揚之水及李氏正文改。
〔一四〕胡不佽焉佽字　兩「佽」字原皆作「傾」，據詩經杕杜及李氏正文改。
〔一五〕無衣美武公　原脱，據李氏正文補。
〔一六〕曰　原作「田」，據詩經駟驖及李氏正文改。
〔一七〕右　原作「石」，據詩經蒹葭及李氏正文改。
〔一八〕旨　原作「首」，據詩經防有鵲巢及李氏正文改。
〔一九〕旨　原作「首」，據詩經防有鵲巢及李氏正文改。
〔二〇〕不遂其媾「媾」字　原後二字無，據詩經候人及李氏正文補。
〔二一〕肅　原作「蕭」，據李氏正文改。
〔二二〕字　原無，據李氏體例及正文改。
〔二三〕湛露燕諸侯兼同異姓言　原脱，據李氏正文補。
〔二四〕芾　原作「市」，據詩經采芑及李氏正文改。

〔二五〕舄　原作「寫」，據詩經車攻及李氏正文改。
〔二六〕椓之　原作「椓椓」，據詩經斯干及李氏正文改。
〔二七〕實　原作「寔」，據詩經節南山及李氏正文改。
〔二八〕向　原作「内」，據詩經十月之交及李氏正文改。
〔二九〕最下一「昊」字　原作「浩」，據李氏正文改。
〔三〇〕訛訛　原作「訛訛」，據詩經小旻及李氏正文改。
〔三一〕析　原作「祈」，據詩經小弁及李氏正文改。
〔三二〕幡幡　原作「蟠蟠」，據詩經巷伯及李氏正文改。
〔三三〕啓　原作「起」，據詩經大東及李氏正文改。
〔三四〕号字　「号」原作「二」，據李氏正文及目録體例改。
〔三五〕自土漆沮　原作「自漆洱」，據詩經緜及李氏正文改。
〔三六〕種字　原無，據李氏正文補。
〔三七〕過　原作「遏」，據詩經公劉及李氏正文改。
〔三八〕夸　原作「夷」，據詩經板及李氏正文改。
〔三九〕如圭如璋　四字原無，據李氏正文補。
〔四〇〕岐有夷之行　「之」上原有「行」字，據詩經天作及李氏正文改。
〔四一〕時邁武王巡狩之詩　「時」原作「特」，「詩」原作「時」，據詩經時邁及李氏正文改。

〔四二〕猗於漆沮　原無，據李氏正文補。

〔四三〕義　原無，據李氏正文補。

〔四四〕實　原作「寔」，據詩經閟宮及李氏正文改。

校點説明

李宗棠(一八七〇——一九二三)學詩堂經解是一部纂輯詩經釋義的專書。是書取録較廣,從其材料來源看,漢唐注疏大家,宋、元、明、清學者的詩説都有所擇取,而取材較多者爲清人胡承珙所撰毛詩後箋。這是由於後者本身即是一部取材異常廣泛的詩學著述,李氏從中獲益良多。

但學詩堂經解絶不是簡單地照抄搬録,該書做得最多的是簡化前人論述。例如對毛詩後箋。後箋的特點是就某個解釋對象而『漢學』、『宋學』,經史子集,著者同意的、不同意的,俱旁徵博引,各種材料蒐集彌夥,因此更像是學術史論著。李氏則通常只是從中輯録對詞義解釋有用的材料,一般不涉及學術争論,因此學詩堂經解的内容大多爲解釋詞義,更像單純的訓詁著述,而各條正文也顯示出内容單純化的特色。僅從兩書的題目來看,就體現出這種不同。毛詩後箋是以詩經篇名爲目,每篇之下各條開頭都是詩句,論説物件也以詩句爲單位,因爲胡氏更多地着眼於經義。學詩堂經解的題目則反映出以詞爲主要解釋對象的特點,例如『關雎』、『窈窕』、『逑亦作仇』之類。因此李氏的簡化實際上反映出他更重視詞義訓詁，兩書主旨是不同的。客觀上，李氏此書的内容也更清晰，具有簡明的風格。

李氏與前人的這種差異和時代變遷、傳統經學式微有關。學詩堂經解撰於辛亥革命前夕，是時『新學大起』（茅謙學詩堂經解敘），李氏本人也多次赴日考察學校，并在南京興辦國内最早的師範學校，這些無疑説明李氏對時局變化的了解和適應。但當時經學還處於可以利用的狀態，康有爲、章太炎等人革新經學，做法雖然各異，但皆體現出利用舊學以適應新時代要求的希冀。李氏也對傳統經學心懷挂牽，因傳統經學式微而『有殷憂』，常感於『國學之日湮』（見茅謙學詩堂經解敘），故其『簡化』做法有使後學快速掌握舊學精華的目的。

學詩堂經解在引述前賢的同時，也發有自己的聲音，所以有時材料雖然取自前人，但解讀卻有不同。茅謙學詩堂經解敘説是書『治詩之舊説而斷以己意』，是比較公允的。由於此時『漢』、『宋』之爭已是尾聲，在詩學上，學人多能避免門户之見，李氏也多能從詩文出發，在吸取前人訓詁的基礎上得出自己的詩學見解，而不專主某家，因此解釋内容較爲客觀。相較而言，他更看重毛傳，故每條幾乎都首列傳説。但他也并不惟毛是從，毛傳之外，也復述他説，最後擇優而取之。

是書解讀内容以詞義訓詁爲主，兼及語法、用韻、文字考校、篇旨解釋，涉及較廣。學詩堂經解據查版本無多。此次點校使用的係清宣統二年（一九一〇）刻印本。這也是李氏此書最早的版本，也許還是唯一的版本。但此本錯訛較多，而無他本可校，故校者在文意難通、錯誤明顯的情況下往往借用他校爲之勘正，并於正文徑改，以方便讀者。凡此，皆出校説明。也有一些文字屬於明顯錯訛，但因無他校或其他材料，不敢輒改，故只出校説明。

由於是書係纂輯性質，故引述很多，校者爲此儘量查對所引原文加以核對，引號的使用也基本以引用原文爲準，但也有違例之處。由於是書有時只是意引，但不加引號會引發讀者誤讀，故此加上引號； 有時雖是引用原文，加上引號卻又不便理解，躊躇再三，最終未加引號。好在此種情況不多，可略爲安心。此外，所引古籍俱存於世，讀者若有需要，可查原文，而無需從是書轉引。

是書引述先秦、兩漢、唐、宋等古人著述往往注明出處，但引述後人則多不注，書中『今按』也往往是前賢之説而不注出處。凡此，爲尊重纂輯者本意，也多不出校説明，但必要之時，如引述錯誤等，則予出校。

本書係李興武先生主纂的李宗棠文集的一種。李興武先生爲網羅搜輯李宗棠著述花費了大量心血，令人感佩！

校點此書，實受安徽省古籍辦彭君華先生之託。柬莉女士擔綱本書編輯工作，細緻認真負責。在此一併表示深深感謝！

郭全芝

二〇一六年十二月

學詩堂經解敘

聞之先師柳賓叔先生言：『治經，必先治毛詩。蓋經義隱奥，寓諸訓故，訓故不明，則典制無從考見。而先聖王之微言大義，皆以盭戾而不能通。詩三百篇，朝廷之制作，鄉曲之方言，古今之沿革，世會之變遷，皆於從容諷詠間寓之。古之學者，必準諸禮。禮經文繁，凡諸縈要，靡不於詩綜之，不獨鄉射、鄉飲之節於詩也。詩辭簡而恉當，緝禮者固必剸詩。而詩書易，古亦謂之三史。若春秋書法，通之以詩，往往自得神解。治一詩，而羣經之槖籥啓矣。』吾柳師之雅言，大略如是。柳師有穀梁大義述，長沙王益吾祭酒彙刊於皇清續經解中。以穀梁爲孤經，本朝穀梁大師不多箸家也。其實吾師之自治其學，與教弟子，靡不開宗於詩，其詩説之心得亦最夥。謙也質鈍，不能潛心治經，又奪諸外誘而騖詞章俗學，心嘗恧然。

近十年來，新學大起，多以外國語文習其所謂科學。其最精者，亦頗不歧於吾經典中之文爲制度。特惜吾國學者澤古未厚，猝遇新説，從而靡焉。吾試徐究彼學之淵窔，乃知此心此理，固放而皆準。我有扃篋，不能自出其緘縢，而乃乞靈於人之賸馥。又其甚者，並我之小學解詁，亦尚未知。譬如童子初語，不能自曉其父兄之言，而欲驟嫺乎鞮象之譯。其卒也求一宗黨之周旋不可得，而暇語以治國家乎？斯説也，彼鋭意變法者初不之察，至今而情見勢絀。上下所倚畀者，或見諸設施，或騁諸辨説。本末經重，不得其序。別趨橫騖，乃至倫常、日用、飲食、給求，泯然缺然。斯民將飢而死，遑言治安。昔詩人所諷詠，關雎爲風始，鹿鳴爲雅始。歌七月知衣食之源，頌清廟知對越之體。君臣上下，敦本守義，以養以教。三百篇可爲政譜，可爲諫書。今其猶有過問者乎？

皖潁李蔭柏先生觀察吾省，亦嘗爲大校長於山右，於吾江左，於其皖鄉。新學之起，渡海而東，往返以數十計。今人所謂外國語文，與其新發明之科學，咸陟其堂，而嚌其胾。顧嘗有殷憂於中，不能自已者，暇乃與謙私計而竊歎焉。則以吾國學之日湮，而本計之日匱也。謙嘗窺其爲人，與其發言吐辭，頗有類於前漢經生若王吉者流。其所引譬，常不出於三百篇之單辭隻義，與其主文譎諫之微旨，而從容含泳以出之。日者，以其所輯經説見眎，則由關雎至殷武，條舉件繫，皆治詩之舊説而斷以己意。參諸經説，酌諸小學，旁及諸史雜家者言，以自成一家之説。謙反覆審玩，而有感也。夫吾國古今之治術，原不外於經術。而吾爲農國，未始不以兵力震鑠四裔。三代之治尚矣。自秦而後，由之則治，不由則亂。咸以視秉國均者於經術之向背離合，苟其無序不和，未有不敗且亡者。今試潛研三百篇之經緯，言農事者幾何？言兵事者幾何？言學事者幾何？若『其軍三單』，必先以徹田爲糧；泮水、閟宫，必申言后稷稼穡。此外，若祭祀，若賓客，若男女室家之好，若行役勞苦之詞，苟有引喻，必不出於疆畝殖産之間。國依於民，民依於食。陰陽流泉，滋穀之地。主伯亞旅，足食之人。以養以教，五禮興焉。國於天地，必有與立。反本於經，治理彰著，而惟詩最詳備。然後歎李君之治詩，即其所挾以出而從政也。兹者外觀諸世，内省諸身，不能行其志者多矣。憂從中來，曷其能已！亦豈止爲童子句讀，與飣餖考據家争一字句之歧互、一解詁之從違哉！吾願李君亟梓其所輯以問世，俾今之人知在彼不在此者。政本大綱，循序以理，吾國必可恃吾固有之經術，以獨立於永永不敝之世界。若但矜存吾國學，而不能自行吾學，行焉而顛倒錯亂，反不如外人之自我作古，動與吾之經説合轍，吾將爲人役之不暇也，噫嘻！

宣統二年冬至月望，丹徒茅謙謨説。

學詩堂經解卷一

國風一

周南一之一

序云『后妃之德』，『后妃』不指太姒言

序云：『關雎，后妃之德也。』傳箋皆未明言『后妃』爲太姒。程子謂序言『后妃之德』，非指人而言，凡爲王后、妃者當如是。馮氏元成亦以爲周公制房中之樂，追稱后妃，思得淑女以理内治。二説頗爲近之。按：小序但言『后妃』，未嘗明言爲何如人，則爲文爲武，未可知也。思齊稱太姒，雍稱文母，並無『后妃』之目。據此，則不得定以文王后妃，審矣。後之訓詁家推迹其自，始以爲太姒耳。作詩之意，或本之文王太姒，而隸之房中之樂，則又以是告後之爲后妃、夫人者矣。自朱子詩集傳謂文王求得太姒爲配，宫中之人於其始至而作是焉，由是辨難不一而足。崔氏銑曰：『太姒未至，文王不應先畜妾媵，誰與探其寤寐閒事而形容之？』或又以爲王季宫人。何元子詩經世本古義曰〔一〕：『古者命士，父子異宫，彼淑女之得與否，亦何與王季宫人之憂樂也？』或又謂『纘女維莘』之文，疑文王續娶於莘而得太姒，有不妒之德，故文王宫人作爲是詩。胡氏駁之曰〔二〕，以文王續娶太姒爲在即位之後，則可也，但必據是以證關雎爲文王宫人之作，則不可耳。是皆未專考於序之説也。

關雎非刺詩

太史公曰：『周道缺，詩人本之衽席，而關雎作。』楊子雲曰：『周康之時，關雎傷始亂。』是以關雎爲刺詩矣。夫以關雎爲刺詩，其説本於三家。漢書杜欽傳：『佩玉宴鳴，關雎歎之。』後漢書楊賜傳：『康王一朝宴起，關雎見機而作。』注皆以爲魯詩。後漢書：『明帝詔：「應門失守，關雎刺世。」』馮衍傳：『美關雎之識微兮，愍王道之將崩。』注皆引韓詩薛君章句。今按：魯韓二詩以爲刺時者，必皆係傳詩者之誤。即以爲刺時意，必賦此詩也。吕元鈞謂陳古以諷，信哉！後漢書注引春秋説題辭曰：『人主不正，應門失守，故歌關雎以感之。』夫曰『歌以感之』，正如常棣作於周公，而左傳載富辰之言曰：『(召穆公)糾合宗族於成周而作』，注云：『周公作之，召公歌之耳。』誰謂關雎爲刺詩乎？

關雎爲后妃自作

序云：『樂得淑女以配君子，憂在進賢，不淫其色。哀窈窕，思賢才，而無傷善之心焉。』毛鄭皆以關雎爲后妃自作。篇内四言淑女，皆言嬪御。而箋一則曰『三夫人以下』，一則曰『三夫人九嬪以下』。蓋自帝嚳立四妃，帝堯因之。舜不告而娶，不立正妃。夏增九女，爲十二人，殷增以二十七人，爲三十九人。至周，增以八十一人，爲百二十人。禮記言『后立六宮〔三〕，三夫人，九嬪，二十七世婦〔四〕，八十一御妻』，理陰德，治内職。宗廟之事，夫人供之，而衆嬪御佐之者也。序謂『樂進賢』，此其所以爲女德之至，而足以立千古風教之首矣。朱子舍毛鄭，而取漢匡衡之説。伊川新解亦以『淑女』指后妃，謂配君子惟后妃可稱。與衡意同。不知以『淑女』爲后妃，僅宜以首章耳。次章『輾轉反側』，指文王，與義有妨；不指文王，又無可指。是不及毛鄭之義遠矣。則關雎爲后妃自作，明甚。

雎鳩

爾雅釋鳥云：『鵙鳩，王鳩也。』郭璞云：『雕類也。今江東呼爲鶚，好在江邊沙中。』陸氏璣曰：『雎鳩大小如鴟，深耳，耳上骨露，幽州人謂之鷲。』揚氏雄、許氏慎皆曰白鷹似鷹，則雎鳩爲雕鶚之類無疑矣。自鄭氏夾漈目爲鳧類，朱子從其説，云：『江淮間有之。』及考馮氏六家名物疏云：『江淮所有，當年恐未入詩人之目。』夾漈之言，未可盡信。今考張衡思玄賦『鳴鶴交頸，雎鳩相和』，又歸田賦云：『王雎鼓翼，倉庚哀鳴。交頸頡頏，關關嚶嚶。』此所謂雌雄意摯者。列女傳魏曲沃負曰：夫雎鳩之鳥，『未嘗見乘居而匹處也』。張超誚青衣賦曰：『感彼關雎，德不雙侶。』即所謂『有別』者也。

窈窕淑女，君子好逑

『窈窕淑女』，集傳指太姒爲處子時而言也。今玩『君子好逑』之言，集傳確不可易。蓋至尊而爲宗廟之主，自非后妃不足以當之。鄭康成、孔穎達本序説，謂后妃思得淑女以自助，意亦善矣。不知奉神靈之統、理萬物之宜，成内治而綜陰教，皆后妃之事，三夫人以下詎足以當之？且樂不淫、哀不傷，惟屬之宫人乃可，若謂后妃自作，則多有説不通者矣。至漢詔謂『應門失守，關雎刺世』，後之歌關雎者容或有之；而竟謂此詩爲刺詩，如齊、魯、韓三家之説，則大不可。

窈窕

傳：『窈窕，幽閒也。』毛既以『幽閒』訓『窈窕』，其後又以『貞專』足其義。文選秋胡詩注引薛君韓詩章句曰：『窈窕，貞專貌。』正與毛同。是以『窈窕』指女之德容言之。鄭箋始增入『深宫』字，以『窈窕』爲『居處』。而鄭意遂并以『深宫』之義被之毛傳。楊氏慎又歷引曹攄詩『窈窕山道深』、喬知之詩『窈窕九重閨』以爲證，謂與此皆居深處，其説非也。考楚詞『子慕予兮善窈窕』〔五〕，史記李斯傳『佳冶窈窕』，劉酺傳『妙選有德之士，考卜窈窕之女』，邊讓傳『爾乃攜窈窕，從好逑』，凡此俱不以『窈窕』爲『居處』，自當從傳義爲『貞專』。至疊字，形容語，本無庸字别爲義。方言以『善容』『善心』分釋之，亦不免於迂曲矣。

淑女

毛傳云『淑，善也』，義本爾雅。朱子以『淑女』指文王之妃太姒爲處子時而言也。朱氏善曰：『文王，聖人也。詠其德者，一言以蔽之，曰：敬。太姒，聖女也。詠其德者，一言以蔽之，曰：淑。』是亦以『淑女』爲太姒耳。歐陽氏本義：『關雎之作，本以雎鳩比后妃之德，故言雎鳩在河洲之上，關關然雌雄和鳴。下言淑女以配君子。』其説與毛同。至鄭氏箋詩，以關雎之詩是后妃思得淑女以自助而事君子，以『淑女』爲三夫人以下者，則又不指后妃言矣。今考關雎一詩，先儒皆以后妃自作，不得自稱淑女。謂之淑女者，大約如禮之所言『九嬪、二十七世婦、八十一御妻』是也。是箋説爲得之耳。

逑，亦作『仇』

『君子好逑』，傳云：『逑，匹也。』訓本爾雅。今爾雅作『仇，匹也』，郭璞引詩『君子好逑』。可見爾雅古有兩本，『逑』『仇』異字。據釋文，毛詩作『逑』，又别有作『仇』之字。如後漢書邊讓傳注，文選景福殿賦、嵇康贈秀才從軍詩，注皆引毛詩曰『君子好仇』，知毛詩不作『逑』矣。及考後漢書皇后紀論『詩美好逑』，章懷注引詩『君子好逑』，並引毛詩爲『君子好匹』，可見毛詩自有作『逑』之本，不得定以作『仇』者爲毛氏舊文也。至鄭箋云：『怨耦作仇』，『能爲君子和好衆妾之怨者，言皆化后妃之德，不妒嫉』。按：禮記緇衣：『子曰：「惟君子能好其正，小人毒其正。」』下引詩云：『君子好仇。』鄭注云：『「正」，當爲「匹」字之誤也。』『仇，匹也。』此鄭所用蓋三家詩，其訓正與毛同，至箋詩時乃易其説。夫鄭氏箋詩，大抵申毛之意，其異毛者不過十之三四，乃於此章泥左氏之語云云。孟子曰太王時内無怨女，而周南之君子乃不免有衆妾之怨者，恐無是事也。意『逑』爲『仇』假借，即其字亦作『仇』，當以『好匹』訓之，不得以『怨耦』解之也。

『荇菜』非興

荇，爾雅作『莕』，説文作『莕』，或作『荇』。『莕，接余』注〔六〕：『叢生水中，葉圓在莖端，長短隨水淺深。』疏：『鬻其白莖，以苦酒浸之，肥美。』按：説者謂首章以雎鳩發興，後二章皆荇菜發興，因荇菜之可流以興淑女之可求。下文『采』謂采取，『芼』謂擇取。古者婚禮納采，即謂納其擇采之禮。蓋『毛於首章標明興體，故次章略之〔七〕，全詩例皆如此』。不知此章乃是賦體，言后妃供荇菜，淑女助而求之。周南采荇菜，召南采蘋、蘩，皆言能奉祀以成婦職也。鄭氏康成論之最精，故范氏詩補傳、嚴氏華谷詩緝不從傳而從箋，皆以荇菜爲賦也。

左右流之

朱子集傳云：『或左或右，言無方也。』陳氏曰：『左右，是尋此索彼之謂，故曰無方。』程子云：『左右，皆隨水貌。』鄭氏康成以爲關雎之詩乃后妃所作，思得淑女以配君子，此『左右』當訓爲『助』，『言后妃當供荇菜之菹，必有助而求之者』。考諸經如易泰卦『以左右民』，書『周公左右先王』，爾雅『左右，尊也』，釋詁者皆訓爲『助』，則箋説不爲臆見。又『左右』與『佐佑』字通，『佐』『佑』皆贊助之意，故釋文云：『鄭上音佐，下音佑。』音同，意亦相同。聞之天子立六宫，三夫人、九嬪、二十七世婦、八十一御妻，皆助后有事者。周禮天官九嬪職云：『凡祭祀，贊后荐，徹豆籩。』世婦職云：『祭之日，荐陳女宫之具，凡内羞之物。』女御職云：『凡祭祀，贊世婦。』據此，知祭祀皆贊助之。則未祭而求荇菜，自必當助之求矣。

寤寐思服

毛傳云：『服，思之深也。』朱子仍其説，曰：『服，猶懷也。』莊子田子方篇：『吾服女也，甚忘。』郭注云〔八〕：『服者，思存之謂也。』鄭氏箋詩，以『服』爲『事』，言『求賢女而不得，覺寐則思己職事當誰與共之』。其説本於爾雅。夫傳以『服』爲『思深』，甚合夫子『哀而不傷』之意。或疑『思服』相連，『服』亦爲思，於意不免於複。然康誥云：『要囚，服念五六日，至於旬時。』『服念』連文，與此一例。若箋所言，亦當以『服』爲『事』。經有明文，如酒誥『服休服采』，注訓爲『職事』，其證也。故二説可並存之，以互參焉。

輾轉反側

集傳云：『輾者，轉之半。轉者，輾之周。反者，輾之過。側者，轉之留。皆臥不安席。』猶箋疏意。其析『輾轉反側』爲四意，語甚玩味，然不知何本。鄭箋云：『臥而不周曰輾。』孔疏引書傳：『「帝猶反側，晨興。」則「反側」亦臥而不正。反、側既爲一，輾、轉亦爲一。』而『箋獨以「輾」爲不周者，辨其難明，不嫌與「轉」異』，非有異義。『澤陂之詩曰：「輾轉伏枕。」伏枕，據身伏而不周。』『輾轉』與『伏枕』相連，同爲不周，其義自明。何人斯之詩曰『以極反側』，箋以『輾轉』釋『反側』，益知四字義同。蓋此四字兩見於詩，關雎兼舉四字言之，澤陂、何人斯各舉二字言之。疏以詩證詩，謂『輾轉』猶『婉轉』，『反側』猶『反覆』，俱是迴動。見其大同小異，不甚分別也。張揖廣雅云：『輾轉，反側。』殆取何人斯箋而倒其文。要之，四字義本從同也〔九〕。

琴瑟友之，鐘鼓樂之

傳：『宜以琴瑟友樂之。』又云：『德盛者宜有鐘鼓之樂〔一〇〕。』鄭氏則謂『后妃既得荇菜』，『琴瑟在堂，鐘鼓在庭』，『上下之樂皆作，盛其禮也』，友之愛之，其正言祭時之事乎？殊不知以琴瑟鐘鼓爲神而設，其義未安；以琴瑟鐘鼓爲淑女而設，其義較切。如毛傳之意謂友樂是計其初得時而詠歌之，琴瑟以喻其和平，鐘鼓以象其美大，正形容友樂之情耳。若爲神而設，此在庭在堂之樂，與『友』『樂』又何與哉？毛公此説勝於鄭箋。孫毓從毛而斥鄭，良有以也。

左右芼之

毛傳云：『芼，擇也。』孔氏正義引爾雅曰：『芼，搴也。』郭注云：『拔取菜也。』説文：『芼，草覆蔓。從草，毛聲。』詩曰：「左右芼之。」』蓋此『芼』本草覆蔓之名，菜亦草類，惟其覆地蔓延，故須拔而擇之，義相成也。玉篇『覒擇也』，引詩『左右覒之』〔一一〕，殆三家之異字也。朱傳從董逌以『芼』爲熟而荐之。毛鄭詩考正曰：『芼，從草，毛聲。菜之熟於肉湇者也〔一二〕。』引昏義『牲用魚，芼之以蘋藻』，内則『雉兔皆有芼』，以爲證。今考上章釋『左右』爲『無方』，稽古編曰『左右』訓爲『無方』，則於『芼』義難通。『熟而荐之』，於禮當有常所，安得云無方乎？』惟從毛傳訓『芼』爲『擇』，則『左右芼之』與『左右流之』同義也。

葛覃

葛覃之詩，序云：『后妃之本也。』毛鄭諸家謂后妃在父母家，志在女工。朱子則謂此詩在『于歸』之後，治葛成而賦其事也。『可以見其已貴而能勤，已富而能儉，已長而敬不弛於師傅，已嫁而孝不衰於父母』，此所以爲德之厚也。其義實較舊説爲長矣。蓋后妃之本，實王業之本也。君子誦『服之無斁』之章，則知周之所以興；誦『休其蠶織』之章，則知周之所以衰。安得以爲作於在父母家時乎？

黄鳥

黄鳥，今之黄雀也，或以爲倉庚。考爾雅：『倉庚，商庚。』又云：『黧黄，楚雀。』又云：『倉庚，墨黄也。』説文『離』下云：『離黄，倉庚也。鳴則蠶生。』『鵹』下云：『鵹黄也。從隹，黎聲。一云楚雀也。其色黎黑而黄。』此皆謂今黄鶯。爾雅又有『皇，黄鳥』，則當别爲一鳥。舍人注但云『皇名黄鳥』，郭璞乃云：『俗呼黄離留，亦名持黍。』則誤合爲一。然其誤實始於方言謂『鸝黄，自關而東謂之倉庚，自關而西謂之鸝黄，或謂之黄鳥，或謂之楚雀』。且小雅云『集于穀』『集于栗』『集于栩』，及秦風之『止于棘』『止于楚』，皆灌木也。傳謂『止于棘』爲黄鳥往來得所。今之黄雀，采集叢木。若黄鶯，則多集於喬木，亦與『止棘』『集灌』之義不合，何得因小雅有『倉庚喈喈』，此詩『其鳴喈喈』音同，而合爲一哉！

維葉莫莫

傳：『莫莫，成就之貌。』按：廣雅釋訓曰：『莫莫，茂貌。』文選蜀都賦『粳稻莫莫』，劉注亦云『茂也』。是『莫莫』本爲茂盛貌，與『萋萋』同。傳以『萋萋』訓爲『茂盛貌』，義可類推。而此章下文有『是刈是濩』，故以『莫莫』爲『成就貌』。正義云『葛既成就，已可采用』，是也。

是刈是濩

毛傳：『濩，煮之也。』釋文：『刈，本作「艾」，魚廢反。韓詩云：「刈，取也。」濩，胡勿反。韓詩云：「濩，瀹也〔一三〕。」』舍人云：『是刈，刈取之。是濩，煮治之。』孫炎云：『煮葛以爲絺綌。以煮之於鑊，故曰濩煮，非訓「濩」爲「煮」。』又郭注爾雅云：『煮葛爲絺綌。』釋文：『鑊，亦作「濩」，户郭反。』正義曰：『是刈是濩，周南葛覃之文也。云濩煮之也，以煮之於濩，故曰濩煮，非訓「濩」爲「煮」。』又唐石經與宋刻爾雅同，作『是刈是濩，鑊煮之也』。上一字從水，下字從金。蓋毛詩作『是刈是濩』。依韓詩、釋文，亦從水。爾雅釋文三字爲句，此蓋以傳合經時所删，不可不補載之。『刈』訓乂，從刀爲正。或作『艾』作『乂』，皆假借耳。

私燕服，衣禮服

詩言『薄汙我私』，私，燕服也。『薄澣我衣』，衣，禮服也。毛氏萇曰：『婦人有副褘盛飾，以朝事舅姑，接見於宗廟，進見於君子。其餘則私也。』孔氏穎達曰：『褘衣、褕翟、闕翟、褖衣等六服，皆爲公服。其餘則爲私也。』今按：内司服所掌王后禮有六服，文王未嘗稱王，則太姒亦未必被此六服，但泛言禮服可耳。

師氏

内則云：大夫以上立師、慈、保三母者，謂子之初生，保養教視，男女並有三母。此師氏，謂女師也。毛氏萇曰：『古者，女師教以婦德〔一四〕、婦言、婦容、婦功。祖廟未毁，教於公宫三月。祖廟既毁，教於宗室。』孔氏穎達曰：『女師，教女之師。』『婦人五十無子，出而不復嫁。能以婦道教人者，若今之乳母是也〔一五〕。』『女已嫁，母尚隨之。』詩『言告師氏』，見其不敢專也。朱子所謂已嫁而敬不弛於君父者，是也。

卷耳求賢

序以爲后妃『當輔佐君子求賢審官，知臣下之勤勞』，『朝夕思念，至於憂勤』，而歸本於『后妃之志』。如此其說，本於左氏春秋。襄十五年傳引詩曰：『「嗟我懷人，寘彼周行」，能官人也。』自漢唐以下，諸儒俱從之。朱子舊説亦仍其義，後作集傳乃以爲太姒懷文王之詩〔一六〕，以婦人不當預外事。持論固正，不知詩人特詠其情如此，非必果預外事也。且懿筐非后妃所執，大路非后妃所遵，至於登山極目，縱酒遣懷，尤爲儗於不倫〔一七〕。且所謂求賢審官者，非必后妃自己求審也，乃警戒人君之詞，故序謂之『志』。考小雅之四牡、皇華、采薇、杕杜遣勞使臣，王者所以享諸侯於外庭也，卷耳則后妃所以相王於中饋也。卷耳之『志』，是采薇、杕杜所出也。然則周南盛時，恩明誼美，於命將遣戍之際，燕饗慰勞，作爲詩篇以詠歌其勤苦如此者，安知后妃不與有助耶？

采采卷耳，不盈頃筐

傳云：『頃筐，畚屬，易盈之器也。』箋云：『器之易盈而不盈者，志在輔佐君子，憂思之深也。』楊倞注荀子解蔽篇云：『采易得之物，實易滿之器，以懷人寘周行之上。心貳，則不能滿。』此用箋意也。高誘注淮南俶真訓云：『言采易得之菜，不滿易盈之器，以言君子執心不精，不能以成其道也。』此用傳意也。蓋傳以采卷耳爲憂者之興，是謂卷耳易得，頃筐易盈，而采之者苟有貳心，尚不能滿，況於求賢之難而可不思，所以寘之乎？如此乃得爲因物託喻，諷其君子。歐陽本義謂『不盈頃筐』：『以其心之憂思求賢，而不暇采卷耳。』又謂毛鄭之説，首章言后妃欲君子求賢，寘之列位，『故憂思至深而忘其手所采』。此誤以毛義爲鄭義也〔一八〕。夫必謂憂在進賢而忘其采菜，則是賦而非興也。

卷耳『我』字

卷耳詩中言『我』，毛傳不明所指。鄭箋於『我馬』之『我』云：『我，使臣也。』於『我姑』之『我』云：『我，君也。』詳序言『后妃志在輔佐君子』，則首章『嗟我懷人』之『我』，即是我君子。傳云：『思其君，官賢人，寘之列位。』則毛意以首章之『我』爲我君子明矣。下三章『我』字則當從箋説所分者是。考凡詩中『我』字，有其人自我者，有代他人言我者，一篇之中不妨並見。如出車一篇，首章言『我出我車』，三章『天子命我』，五章『我心則降』，各有所指，可無疑於卷耳之『我』前後異解矣。

周行

考春秋襄十五年傳引詩曰：『「嗟我懷人，寘彼周行。」能官人也。王及公、侯、伯、子、男、甸、采、衛、大夫各居其列〔一九〕，所謂周行也。』毛傳本此意以釋詩曰：『行，列也。思君子官賢人，置周之列位。』箋亦云：『周之列位，謂朝廷臣也。』獨朱子以此詩爲后妃懷文王，解『周行』爲『大道』。又言詩有三『周行』，此及大東皆道路。不知大東之『周行』曰『行』，可以『道路』釋之；此之『周行』曰『寘』，是謂寘之於列位，不得以道路釋之。傳箋之説誠不易之論也。

崔嵬、砠，毛傳雅義本自可通

傳云：『崔嵬，土山之戴石者。』考爾雅釋山云：『石戴土曰崔嵬。』孫炎云：『土山上有石者。』據此知毛傳與爾雅相反。正義以爲傳寫之誤。按：説文：『砠，石戴土也。』注云：爾雅、毛傳二文互異，而義則一。『戴者，增益也。』釋山謂石戴於土上，毛謂土而戴之以石。以絲衣、載弁例之，則毛之立文爲善矣。石在上則高不平矣，故曰崔嵬。土在上則兩水沮洳，故曰砠。許於「嵬」下同毛，此「砠」下亦同毛也。傳、爾雅作砠。』此説最當。戴，亦有『覆』意。爾雅：『戴、蓋、燾、蒙、冒，覆也。』西都賦：『上反字以蓋戴。』方言：『燾，覆也。』又云：『𣌭，戴也。』此則傳文、雅義本自可通。若説文、釋名，則皆同毛説。惟玉篇『岨』『砠』二字，訓皆同毛。義可兩存，不得謂傳寫之誤也。

我姑酌彼金罍，『姑』乃『夃』字假借

傳：『姑，且也。』説文夊部：『夃，秦人市買得多曰夃。從乃〔二〇〕，從夊。夊〔二一〕，益至也。詩曰：「我夃酌彼金罍。」』或謂許氏所據者毛詩古本，今作『姑』者，從後人以今字易之。夃者，『姑』之假借字。此説非也。姑者，乃『夃』之假借字。凡『姑且』字正當作『夃』，蓋姑且者少略之詞。夃，又本訓『多得』，反之則爲少略。如香爲臭，亂爲治之類。作『姑』，乃假借之字也。説文所引疑三家詩有作『夃』。毛詩本多假借耳。

金罍

五經異義引毛説云〔二二〕：『金罍，酒器。』『金飾〔二三〕，龜目，蓋刻爲雲雷之象。』説文木部：『櫑，龜目酒尊，刻木作雲雷象，象施不窮也。』此正用毛詩説。至韓詩云：『金罍，大夫器也。天子以玉，諸侯大夫皆以金，士以梓。』薛君雖云天子以玉，經無明文。其云諸侯大夫皆以金，與毛氏詩説黄金罍目合。孔疏必謂周南王者之風，當言天子之事，以毛詩説人君

謂天子，與韓不同。其説非也。

兕觥

釋文云：兕，又作兕。『爾雅云：「兕，似牛。」觵，古横反，以兕角爲之。字又作「觥」。韓詩云容五升，禮圖云容七升。』其數稍差。或又謂刻木爲之，形似兕角。蓋無兕者用木也。考詩『兕觥』有四：卷耳、七月、桑扈、絲衣。毛於桑扈、絲衣無傳，但彼文皆以兕觥之『觩』對旨酒之『柔』言之，故説詩者皆謂以剛制柔，所以救酒之失。則以爲罰爵，義自可通。七月傳云：『觥，所以誓衆也。』此因『饗』爲鄉人飲酒而正齒位，故云『誓衆』，亦兼有罰意。若卷耳『罍』『觥』並陳，乃詩言后妃志在使君勞臣之具，自不必指爲罰爵耳。

南有樛木

凡詩之興體，必有所取象。今興后妃上下之盛，宜取木之盛者，木盛莫如南方，故『南有樛木』箋申其説曰『南土是荆揚之域』。考禹貢『淮海爲揚州，厥草爲夭，厥木爲喬』，是揚州草木之美盛也。周官：『正南曰荆州』，『東南曰揚州』。二州境地相通，其生草木當無差别，則傳箋之説有所據也。樛木，傳云：『木下曲曰樛。』箋云：『木枝以下垂之故，故葛也藟也得虆而蔓之，而上下俱盛。興者，喻后妃能以恩意下逮，使得其次序，則衆妾附事之，而禮儀俱盛。』按：爾雅釋木：『下句曰朻，上句曰喬。』而毛傳及詩正義作『曲』者，蓋『曲』『句』義同。或古本爾雅作『曲』。又釋木釋文云：『朻，居虯反，本又作樛。字林九稠反。』詩釋文引字林：『樛，九稠反；朻，己周反。二字有別。』而韓詩及馬融本則皆作『朻』，蓋是聲近假借之字也。

葛藟

朱傳以藟爲葛屬。古義曰易、詩、左傳皆以『葛藟』連言〔二四〕，知藟即是葛。今按：詩正義云：『藟與葛異，亦葛之類。』其説良是。蓋藟本藤生〔二五〕，與葛相類。郭注爾雅『山虆』云：『今江東呼虆爲藤，似葛而粗大。』惟其似葛，故經傳多『葛藟』連言，詩凡七言『葛藟』。此箋云『葛也藟也』，則是葛、藟同物。至陸疏云：『藟，一名巨苽，似燕薁，亦連蔓生。葉似艾，白色。其子亦可食。』則並不似葛矣。

虆之、荒之、縈之

按：首章『葛藟虆之』，箋云：『故葛也藟也，得虆而蔓之。』集傳云：『虆，猶繫也。』亦即延蔓之意。次章『荒之』，傳云：『荒，奄也。』本爾雅文。爾雅『蒙』『荒』同訓『奄』，是『荒』亦有蒙密之義。三章『縈之』，傳云：『縈，旋也。』説文作『藥』，云『草旋貌』，引詩『葛藟藥之』，蓋亦用毛傳爲訓。李迂仲曰：詩詞重複，『亦有先後之序』，『若此詩則不可爲先後之序』。今按之詩義，亦有淺深次第：葛藟始生延蔓，漸長蒙密，愈久則更盤結，此相次之序也。

樂只君子

孔疏云：『所以「樂得君子」者，以内和而家治，則天下化之，四方感德，樂事文王也。』歐陽修曰：『后妃不妒忌，下其意以和衆妾，衆妾得附之，而並進君子。云「樂只君子」者，衆妾愛樂其君子之詞也。』蘇轍、吕祖謙、嚴粲輩皆宗其説，以爲『君子』指文王。獨朱子以『君子』指后妃尤爲切合經旨，而引『小君内子』之文爲證。蓋體貼詩之本文以説詩，故其義爲優也。『只』字，説文：『語詞。從口，象氣下引，讀如止。』俗讀如『質』，非也。朱傳訓『只』爲語助詞，從許氏也。正義據南山有臺箋云『只』之言是，『則此「只」亦爲「是」』。吕記、嚴緝皆云『樂哉君子』，亦可通。至隸釋云『樂旨君子』〔二六〕，乃『只』之假借耳。

福履綏之

傳訓『履』爲『禄』，嚴緝以爲『視履考詳』之『履』，動罔不吉，謂之福履。按：爾雅釋詁：『履，福也。』釋言又云：『履，禄也。』王弼注易履上九云：『禍福之祥，生乎所履。』然則『履』訓福，又訓禄。即以爲動履之善，能致福禄，義自可通。郭注爾雅『履，禄也』引詩『福履將之』，蓋是取證毛詩。而於『履，福也』又引詩『福履綏之』，則以『履』既訓禄，而『禄』又訓福，故『履』亦可訓福。此『六書』之轉注也。但此詩『福禄』連文，自當依釋言訓『履』爲『禄』也。

螽斯興體

序云：『螽斯，后妃子孫衆多也。言若螽斯不妬嫉，則子孫衆多也。』歐陽本義云：螽斯微蟲，詩人安能知其不妬嫉？『據序，宜云不妬忌，則子孫衆多如螽斯也。』金仁山説，以『若螽斯』絶句，屬上文；以『不妬忌』歸之后妃，屬下文。故正義引鄭志之文，以此爲興。朱子以此爲比。蓋蕃育最多，莫如螽斯，故詩借以興子孫，非以比后妃也。今玩經文，上二句已形容螽斯和集、衆多之意，下二句自當指人言。詩人引子孫衆多，而歸其所自於后妃，但曰『宜爾子孫』，使人自思其所以宜者何故，而未嘗明言，故序以『不妬忌』申之。韓詩外傳引此詩亦曰母賢使子賢也。傳箋以爲不妬忌，其義諦當。如朱子『宜爾』指螽斯，則不可訓矣。

螽斯

螽斯，集傳：『蝗屬。』『長角，長股，能以股相切作聲，一生九十九子。』毛萇曰：『蚣蝑也。』孔氏穎達曰此言螽斯，七月之斯螽，其實一也。陸璣云『幽州人謂之舂箕』，是也。

詵詵、薨薨、揖揖

傳云：詵詵、薨薨，衆多也；揖揖，會聚也。此三者皆假借字。詵，陸氏釋文云：說文『㚋』。今說文無『㚋』字，詵部：『詵，教言也。從言，先聲。詩曰：「螽斯羽詵詵兮。」』或疑多部脱『㚋』字〔二七〕。後人據今本毛詩，於『詵』下增入。不知毛詩多借字，以『詵詵』爲『衆多』者，謂『詵』爲『㚋』之借。陸氏見說文自有『㚋』字，其引詩或據三家，本不必定見毛詩作『㚋』。至『薨』字，與『翃』『䎐』二字音近。玉篇：『翃，胡萌反。』『䎐，呼橫反〔二八〕。』故爾雅釋訓以『薨薨』爲『衆多』，是『薨』疑爲『翃』『䎐』之借。說文：『輯，車和輯也。』史記：『揖五瑞。』假借爲『輯』。揖揖者，螽斯斂羽羣集之貌也。

繩繩

傳云：『戒慎也。』大雅『子孫繩繩』，箋云亦爲『戒慎』。下武『繩其祖武』傳：『繩，戒也。』爾雅：『兢兢、繩繩，戒也。』是單言疊言皆有戒慎之義。漢書禮樂志引應劭曰：『繩繩，敬慎。』與此意同。獨呂氏讀詩記、嚴氏詩緝以『子孫繩繩』爲『不絶』，其義淺矣。

蟄蟄

傳云：『蟄蟄，和集也。』何氏古義曰：『蟄，説文云：藏也。物伏藏則安静，故爾雅又訓爲「静」。曰蟄蟄者，安静而得其所也。』郭注云：『見詩傳。』今詩傳無此字。竊疑此傳『和集也』，郭氏所本作『和静也』。蓋爭則擾，和則静，必然之理。何氏以『安静』解『蟄』字，良不誤矣。

桃夭

桃夭，詩序謂『后妃之所致也。不妒忌，則男女以正，婚姻以時，國無鰥民』。蓋主於后妃言之也。朱傳謂『文王之化，自家而國，男女以正，婚姻以時』，則主於文王言之也。然而文王之聖治先於正家，后妃之淑德莫盛於不妒忌。文王化於外，后妃贊於內。由宮闈而達草野，風化之美，蓋有不知而爲之者矣。故序與朱傳意各專重而道實相成也。又束皙謂『序美「婚姻以時」，蓋指盛壯之年而非日月之時，故「灼灼其華」喻其盛壯，非謂嫁娶當用桃夭之月也』。曲禮云『日月以告君』，若必在仲春，則其日月有常，何復『日月以告君』乎？乃朱傳謂周禮『仲春令會男女』，桃之有華，正婚姻之時。本鄭康成周禮注。許白雲從之，歷引周禮鄭注、賈公彦疏爲證。然毛氏東門之楊傳：『男女失時，不逮秋冬。』是以秋冬爲正時，而鄭箋不同。於是爲毛說者，以秋冬爲期。家語云：『霜降而婦功成，嫁娶事行焉。冰泮而農桑起，昏禮殺於此。』荀卿、韓嬰皆曰：『霜降迎女，冰泮殺止。』爲鄭氏說者，以二月爲期。夏小正曰：二月『綏多士女』。月令：仲春祀郊媒。蓋玄鳥生乳之月，爲嫁娶之候，故天子特祀焉。白虎通曰：『嫁娶以春，何也？天地始通，陰陽交接之時也。』是二說皆有證據矣。然鄭本媒氏之文，即以周禮正之可也。媒氏云：『仲春令會男女，奔者不禁。』『司女之無夫家者而會之。』蓋時至仲春，農桑已起，昏期過晚，故不禁奔者。或無夫家，則司而會之。若正爲婚姻之時，而復不禁奔，豈禮也哉？故周禮之言仲夏，猶謂男子三十而娶，女子二十而嫁，不得更過此時耳，非謂嫁娶必在仲春也。王肅謂婚姻止於仲春，始於季秋。則是毛鄭二義，離之則兩偏，而合之又兩得也。奚必分左右袒於其間哉？

宜其室家

朱傳云：『宜者，孝不衰於舅姑，教不違於夫子，慈不遺於卑幼，義不咈於夫之兄弟，而後可謂之宜也。』〔二九〕似以『室家』爲一門之内人言也。不知詩言『宜其室家』，又曰『宜其家室』，又曰『宜其家人』，變文以叶韻，總是形容男女以正之義，不得兼一家之人言之。善乎，毛氏萇曰『宜，以有室家無踰時』也。鄭氏康成曰：『宜者，謂男女年時俱當。』可謂得詩之本旨矣。王氏志長釋此詩又引左傳『男有室，女有家』之言以爲證，蓋體會傳箋而爲此説也。

有蕡其實，『蕡』字

傳曰：『蕡，實貌。』或曰蕡，實之大也。方言：『墳，地大也。』説文：『頒，大頭也。』苕之華傳：『墳，大也。』靈台傳：『賁，大鼓也。』韓奕傳〔三〇〕：『汾，大也。』合數字音義考之，可見傳以『蕡』爲『實貌』不止言其大，並其繁茂之狀亦見。爾雅釋木『蕡藹』郭注『樹實繁茂罨靄』者，即『有蕡之蕡』。歐陽氏正義云〔三一〕：『説文蕡爲「雜香草」，假借以爲木，實錯雜之貌。』是也。

兔罝

小序云：『后妃之化也。關雎之化行，則莫不好德，賢人衆多也。』箋云：『兔罝之人，鄙賤之事，猶能恭敬，則是賢人衆多也。』乃歐陽本義謂周南『舉國皆賢，無君子小人之別』。抑何言之過也！文王舉賢不遺微賤，得士於兔罝之中，自有此事，何得以序説爲誣？考墨子書：『文王舉閎夭、泰顛於兔網之中，授之政，西土服。』此與兔罝之詩辭意脗合。金履祥意『此詩必爲此事而作』。肅肅，敬也。赳赳，約也。兔罝之體貌，有肅敬之容；武夫之步伐，有約束之度。此閎夭、泰顛之所以爲賢而文王取之也。第序云『后妃之化』，而實本於文王之化，雖以兔罝之野人〔三二〕，而其才之可用如此，是不得專指后妃之化也，明甚。

兔罝非刺詩

左傳成公二年郤至答楚子反引此，以『公侯腹心』爲刺。鹽鐵論備胡以兔罝爲刺詩。今考郤至謂諸侯貪冒，略武夫以爲腹心，而引詩曰『糾糾武夫，公侯腹心』者，乃斷章取義耳。其下云：『天下有道，則公侯能爲民干城，而制其腹心。』此則兔罝之本義，非以兔罝爲刺詩也。即鹽鐵論：『賢良曰〔三三〕：匈奴處沙漠之中，生不食之地，如中國之麋鹿耳。好事之臣求其義，質之禮，使中國干戈至今未息，萬里設備。此兔罝之所刺。故小人非公侯腹心、干城也。』此言當時之臣，異於周南之賢人，不能折衝禦侮、爲國干城，將不免爲兔罝詩人所刺。亦非以兔罝爲刺詩也。

肅肅兔罝

傳：『肅肅，敬也。』歐陽本義謂：『布罝椓杙，何用施敬？』李氏樗以爲不然：『賢人不以有人而作，無人而輟。其處幽顯，皆如一致。』金仁山曰：『曰季之取冀缺，郭泰之取茅容，皆以是觀之，況文王之取人乎？』又按：劉向曰：『「肅肅兔罝，椓之丁丁」，言不怠於道也。』焦氏易林坤之困云：『兔罝之容，不失其恭。』中論法象篇云：『詩「肅肅兔罝，施於中林」，處獨之謂也。』據此，諸人説詩皆本毛義。以上諸説，皆足破歐陽之妄也。

公侯干城

傳：『干，扞也。』箋云：『干也，城也，皆以禦難也。』正義曰鄭解『干城』爲異。此謂毛以『干』爲『扞』，鄭則以『干』爲『盾』，故云異。其實毛云『干，扞也』者，用爾雅文。以『扞』釋『干』，其義爲捍衛，其名自爲干盾。故孫炎注爾雅即以『干楯自蔽捍』釋之。左傳：『此公侯之所以扞城其民也。』亦所以『扞』釋詩之『干』也〔三四〕。其下引詩仍作『干城』。又云：『公侯能爲民干城。』自是以干與城皆所以衛民者。毛訓『干』爲『扞』，亦用左傳義。箋即分『干』『城』爲二，而其下文又云『諸侯可任以固守扞城其民』，則是申毛，非與毛異也。

中逵

傳云：『逵，九達之道也。』正義引周禮『經涂九軌』之文以爲訓。考爾雅釋宮云：『九達謂之逵。』郭注：『四達交出，復有旁通。』釋名釋道云：『九達曰逵。』説文九部：『馗，九達道也。』文選注引韓詩『施于中馗』薛君章句：『中逵，道中交之道也。』與爾雅義同。依説文，正字作『馗』，重文作『逵』。初學記載爾雅注：『一名馗。』與許書合也。

芣苢

芣苢序言『和平』，説者以爲天下和平。迂仲以爲不如程氏云家室和平。然始於家室和平，終於天下和平，二説仍一説也。易曰：『聖人感人心而天下和平。』后妃不妒忌於閨門之中，而風化及於天下之夫婦，豈非有以感人心而然乎？治世之音安以樂，其政和，尤於此詩見之矣。又首章『有之』，或訓爲『藏』。然下章曰『掇』、曰『捋』、曰『袺』、曰『襭』，而首章乃先言『藏』，恐非其序。雖首章舉始終、後章述次序，詩中亦有此例，要不若輔氏『求其所生之處曰「采」，得其所生之處曰「有」』爲順也。

采采芣苢，『采采』二字義

傳云：『采采，非一辭也。』卷耳傳：『采采，事采之也。』據卷耳正義謂傳訓『采采』不同者，卷耳言勤事采菜，不盈筐，故云『事采之』；芣苢以婦人樂有子，明其采者衆，故云『非一辭』。又引鄭志答張逸云：『事，謂事事一一用意之事。芣苢亦然。雖說有異，而義則同。』此疏釋詩意甚明。唐風『采苓采苓』箋云：『采苓采苓者，衆多非一也。』與此傳『采采，非一』意正相似也。

采之、有之

傳：『采，取也。』有，藏也。正義曰：『首章言「采之」「有之」，采者始往之辭，有者已藏之稱，總其始終也。』諸家皆謂初采不宜言藏，故皆以『有之』爲始得。今按：藏，猶聚也。嚴緝云：『采而聚之於地，既爲已有，然後「掇之」「捋之」，是以「采采」爲一人之事。』傳明云采者非一，則或有始往而采取之者，或有已采而遽藏之者，合下章『掇之』『捋之』諸事，皆形容采者多也。正義既云掇、捋事殊，袺、襭用别，明非一人而爲此六事，而又以首章爲『總其始終』，則仍是一人之所爲。其説非也。

掇之、捋之

集傳云：『掇，拾也。捋，取其子也。』徐氏鳳彩曰：『掇者，芣苢之子在穗。捋者，芣苢之用在子，故取其子。』嚴氏粲曰：『采而聚之於地，即爲已有，於是掇拾之。既掇拾之，又捋其子。』按：此節乃言其采之事，既求而得之矣，於是穗可拾，薄言拾其穗；於是子可取，薄言取其子。掇之、捋之，斯謂兼取而並蓄矣。

袺之、襭之

傳：『袺，執衽也。』『扱衽曰襭。』陳氏曰：鄭釋喪服傳曰：『婦人不殊裳，其服如深衣而無衽。』詩言婦人之采芣苢，或執衽，或扱衽。婦人之服未嘗無衽也。今按：説文：『衽，衣裣也。』『裣，交衽也。』衽雖屬衣，其實衣、裳皆用之。考深衣之制不殊裳，衣用正幅〔三五〕，裳之前後亦用布四幅，正裁爲八幅。又布二幅，斜裁爲四幅。上狹下廣，綴於裳之兩旁。玉藻云『衽當旁』，或殺而止，於裳則縫之以合前後者也。婦人之衣，既如深衣，則裳之旁幅亦當如深衣之有衽。儀禮云『無衽』之説，似未可據。此詩『袺之』『襭之』，蓋謂以裳貯物，而或執衽，或扱其衽於帶耳。

南有喬木

蘇氏轍著詩集傳〔三六〕鄭風注曰：『上竦無枝曰喬。』朱子從其説以解喬木。不知無枝曰喬之訓，實無所本。即以爾雅釋木證之：一云：『句如羽喬。』一云：『上句曰喬。』句者，言樹枝之卷曲，非無枝也。一云：『如木楸曰喬。』注：『楸樹上竦。』一云：『槐、棘，醜喬。』注：『枝葉皆翹竦。』楸、槐、棘三者皆非無枝之木。一云：『小枝上繚曰喬。』此又明言有枝矣。是爾雅五言『喬』並無無枝曰喬之説。蘇氏何所據而言也？善乎！毛傳之言曰『南方木，美喬上竦也』，其説爲得之。

不可休息，『息』當爲『思』之譌

陸德明釋文云：『息，如字，本或作「思」，此以意改耳。』孔穎達云：『經「求思」之文在「游之」下，傳解「喬木」之下先言「思，辭」，然後始言「漢上」。疑經「休息」字作「休思」，何則？詩之大體，韻在詞上，疑「休」「求」爲韻，二字俱作「思」。但未見如此之本，不敢輒改

『使其文足論而不息。』荀子『息』作『思』，大約以其相似而誤也。故依韓詩改爲『思』，方合用韻之體耳。』朱傳始據韓詩外傳改作『思』。按：『息』當爲『思』之譌。禮樂記云：『使其文足論而不息。』荀子『息』作『思』，大約以其相似而誤也。故依韓詩改爲『思』，方合用韻之體耳。小雅南有嘉魚『烝然來思，嘉賓式燕又思』，『來』讀『釐』，『又』讀『怡』，爲韻。大雅抑『神之格思』，『不可度思』，『矧可射思』，皆韻在辭上，與此文法正同也。

漢有游女

文選七啓注引韓詩序曰：『漢廣，悦人也。』琴賦注引薛君章句曰：『游女，漢神也。言漢神時見，不可得而求之。』范氏拾遺曰：『韓之「悦人」，蓋悦游女之貞潔，而思欲求之耳。薛君乃以「游女」爲「漢神」，悖矣。』朱子云：『江漢之俗，其女好游，漢魏以後猶然。如大提之曲可見也。』程子謂爲女之游者是曠僻獨行之地，異於閨門之內。其說亦未明晰。惟孔氏穎達引内則曰：『「女子居内，深宮固門〔三七〕。」則貴家之女。庶人之女，則執筐行饁，不得在室，故有出游之事。』其言可謂至當矣。

言秣其馬

箋云：『謙不敢直斥其適己』，於是子之歸，『我願秣其馬，致禮餼』。孔疏申之云：『昏禮，納采用雁，問名、納吉自如之。納徵用玄纁、束帛、儷皮，是士禮也。周官媒氏云：「純帛無過五兩」，是庶人禮也。』『昏禮不見用牲，鄭以時事言之，或亦宜有耳。』嚴氏華谷曰：『此女出嫁，人將有秣馬以禮親迎者。』何氏古義亦以秣馬謂親迎，意本箋疏，而其義尤顯。考婚禮，壻『御婦車』『御輪三周』是親迎之制。今不曰御車而曰秣馬，辭之微婉也。言人若欲娶此女，必待秣馬，以行親迎之禮，始可耳。豈得以非禮干之乎？

言刈其蔞

傳：『蔞，草中之翹翹然。』正義引爾雅『購，蔏蔞』，郭注以爲蔞蒿。陸疏云：葉長數寸，高丈餘。似與『翹翹』相近。然注云『江東用羹魚』，陸疏云生食脆美，其葉又可蒸爲茹。是即大招所謂『餕蔞蒿』者。今人尚以爲菜，猶名蔞蒿。未聞有高丈餘者，亦不可以刈爲薪。郭陸所言爾雅之『商蔞』，似非詩人之所刈。王氏稗疏云：『蔞蒿似水草，生於洲渚。既不翹然於錯薪之中』，亦『與楚爲黄荆、莖幹可薪者異』。『管子曰：「葦下於萑，萑下於蔞」，則蔞爲萑葦之屬。翹翹高出而可薪者，蓋即蘆之類』與？

言秣其駒，『駒』當作『驕』

陳風『乘我乘駒』，釋文作『驕』，引沈重云：『或作駒，後人改之。』小雅皇皇者華篇『我馬維駒』，釋文：本亦作『驕』。據陳風、小雅則知周南本亦作『驕』也。蓋六尺以下、五尺以上謂之驕，與『駒』義迥別。詩義當作『驕』，而後人即改作『駒』，以『駒』與『蔞』爲韻，『驕』則非韻也。説文：『馬二歲曰駒。』詩『駒』四見。小雅『老馬反爲駒』，乃用『駒』字本義。故喬木、株林、皇皇者華諸篇皆非用『駒』本義。今按：何休注公羊傳曰：『天子之馬曰龍，高七尺以上。諸侯曰馬，高六尺以上。卿大夫士曰駒，高五尺以上。』此『駒』字亦必『驕』之譌無疑矣。

汝墳，大夫妻所作

李迂仲以汝墳一詩爲庶人之妻所作，不知非也。鄭康成言君子仕於亂世，不斥言何人。夫既言仕，則爲大夫矣。故歐陽修謂爲大夫妻。王肅云：方紂之時，大夫行役。王基云：汝墳之大夫，久而不歸。猶箋意也。若庶人之妻，如杕杜言『我心傷悲』、伯兮言『甘心首疾』，其憂思皆從私情見，初未見勸以公義之説。今序云『勉之，以正其志』，較之殷其靁一詩，尤爲遠大。是汝墳之詩，斷爲大夫之妻無疑矣。

遵彼汝墳，『墳』字當作『坋』

傳：『汝，水名也。墳，大防也。』正義曰：釋水『汝爲墳』，又云『汝有墳』，郭璞曰：『詩云：「遵彼汝墳。」』則郭意以此『汝墳』爲濆汝所分之處。『傳箋不然者，以彼「濆」從水，此「墳」從土，且伐薪是宜於厓岸大隄之上，不應於濆汝之間。』『大司徒注云：「水崖曰墳。」』則此「墳」爲汝水之側厓岸大防也。』今按：說文：『墳，墓也。』『濆，大防也。』墳，字當作『坋』。

條枚條肄

詩言：『遵彼汝墳，伐其條枚。』又曰：『遵彼汝墳，伐其條肄。』條者，枝也。枚者，幹也。而肄者，斬而復生者也。觀左傳曰『夏肄是屏』，則肄爲復生之餘，非其明證乎？

惄如輖飢

傳：『惄，飢意也。』箋云：『惄，思也。』正義曰：釋詁云：『惄，飢之思食。』故傳『飢意』、箋『思』，義相成也。今按：說文：『惄，飢餓也。從心，叔聲。一曰憂。詩曰：「惄如輖飢。」」據此，是『飢』爲『惄』字本訓。但許引詩一曰『惄』也，『惄』之訓『惄』，本方言。『惄』與『思』義相近，是許意略與鄭同。釋文引韓詩作『愵』。説文：『愵，惄貌。讀與惄同。』許於『惄』引詩，『愵』下不引詩者，所謂『稱詩毛氏』古義也。至説文『調』又作『輖』，云『輖，重也』，李迂仲引王氏曰：『飢而又飢，飢之甚也。』集傳因之。按：説文『輖』雖訓『重』，並不引『輖飢』。『惄』下引作『輖』，亦謂『輖』爲『朝』字假借也〔三八〕。

魴魚赬尾

爾雅釋器『再染謂之赬』郭注云：『赬，淺赤也。』詩云：『魴魚赬尾。』『衡流而方羊』，鄭氏云：『魚肥則尾赤。』服氏亦爲魚赬尾。〔三九〕傳云：『魚勞則尾赤。』正義引左傳：『如魚赬尾，衡流而方羊』，鄭氏云『魚肥則尾赤』，服氏亦爲魚勞。李氏集解引養生經曰：『魚勞則尾赤。』嚴緝引張子：『水淺，魚摇尾多，則血流注尾〔四〇〕，故尾赤。』此皆用魚勞之説。惟爾雅翼云：『魚肥則不耐勞，不耐勞則尾易赤。以魴言之，體博大而肥，不能運其尾，加之衡流，則其勞甚矣，宜其尾之赤也。』此則通二説爲一。然在詩，當取『魚勞』之意，但如傳義足矣。

王室如燬

傳云：『燬，火也。』薛君章句曰：『燬，烈火也。王室政教如烈火。』然齊人謂火曰『燬』。爾雅釋言云：『燬，火。』李巡曰：燬亦火名。郭璞音『毁』，說文同。一音火尾反。詩云『如燬』，以比王室之酷烈也。

父母孔邇

鄭氏康成曰：『避此勤勞之處，或時得罪。父母甚近，當念之以免於害，不能爲疏遠者計也。』後漢書注引韓詩曰：『汝墳，辭家也。』薛君章句曰：王政如烈火，『猶觸冒而仕者，以父母甚迫近飢寒之憂，爲此祿仕』。雖與箋異，而大旨則同。自長樂王氏以『父母』指文王，而呂記、朱傳因之。范氏補傳曰：『岐周去汝墳不可謂邇，若婦人之言，以文王爲父母，則是怨紂而親文王』，此文王所甚懼也，何謂勉之以正哉？此又深合箋説者也。

麟趾爲關雎之應

序云：『麟之趾，關雎之應也。關雎之化行，則天下無犯非禮。雖衰世之公子，皆信厚如麟趾之時也。』謂後世存關雎之化，有似麟應之時。正義遂以黄帝、堯、舜致麟，文王不致麟，斤斤較量，拙矣。程朱皆以『之時』二字爲贅，非善讀序文者也。

以麟爲與

傳：『麟信而應禮，以足至者也。』正義云：『言信而應禮，則與左氏説同，以爲修母致子也。』箋云：『公子信厚，與禮相應，有似於麟。』申述傳義，亦以麟爲信獸。按：禮，麟、鳳、龜、龍謂之四靈。龍，東方也。虎，西方也。鳳，南方也。龜，北方也。麟，中央也。〔四一〕哀十四年左傳疏云：『麟生於火而遊於土，中央軒轅大角之獸。』軒轅生於火，游於土，故修其母致其子，五行之精也。〔四二〕初學記引蔡邕月令章句曰：『天宫五獸，中有大角之信麟。』據此，諸説皆與毛同。至嚴緝云：『麟之趾，指麟言也。于嗟麟兮，指公子言，猶楚狂稱孔子爲「鳳兮」也。』此説尤與正義合。

麟之趾、麟之定、麟之角

考麟之足，不踐生草，不履生虫，乃仁獸也。孔氏曰：『必言趾者，以麟是行獸，以足而至。』釋文云：『趾，本亦作「止」。説文：「止，下基也。象草木出有址，故以止爲足〔四三〕。」』定，毛傳曰『題也』。郭璞曰：『定，額也。』朱子集傳亦以『定』爲額〔四四〕。或曰有額而不以抵也，是其仁也。角，何氏曰：麟設武備，而不爲害，所以爲仁。蓋一身間皆仁，曰『趾』、曰『定』、曰『角』，自下而至於上也。故詩人取以興也。

麟之定

詩言『麟之定』，孔穎達謂『定』或作『顛』，釋畜所云『的顙白顛』者〔四五〕。是大『顛』即額也，此集傳之所以訓爲額也。乃又以麟之額爲『未聞』，豈以嚴粲之言『有定者宜抵，惟麟不然，是其仁』，范處義之言『有定不抵，如公姓之不忤物』，皆未歉然於心乎？然既以『定』爲額，則自不能不以『額』爲不抵之額矣。

公姓、公族

傳云：『公姓，公同姓。』『公族，公同祖。』〔四六〕集傳曰：『公姓，公孫也。姓之爲言生也。』今按：公姓、公族，皆謂子孫也。古者謂子孫爲姓，曲禮曰『納女於天子曰備百姓』，鄭注曰：『姓，生也。天子，皇后以下百二十人，廣子孫也。』昭四年左傳曰：『問其姓。對曰：「余子長矣。」』杜注曰：『問其姓，問有子否。』廣雅曰：『姓，生也。』是姓，子孫之通稱也。公族，猶公姓也。左莊二十三年曰『晉桓、莊之族偪』，注曰：『桓叔、莊伯之子孫。』晉語曰『天祚將在武族』，注曰：『族，嗣也。』是族亦子孫之通稱也。公子、公姓、公族皆指後嗣而言，猶螽斯之『宜爾子孫』也。

召南一之二

鵲巢非貍首

劉氏七經小傳曰：『貍首，鵲巢也，篆文似之。』王伯厚駁之曰：凡雅二十六篇，其可歌鹿鳴、貍首、鵲巢。『此有貍首，又有鵲巢，則或説非矣。』射禮：『天子以騶虞，諸侯以貍首，大夫以采蘋，士以采蘩爲節。』或言此者以射用四篇，而三篇皆在召南，故誤以鵲巢當之。今按：射義云：『騶虞，樂官備也。貍首，樂會時也。采蘋，樂循法也。采蘩，樂不失職也。』彼皆與毛傳義相合。若鵲巢，夫人之德，與會射時義漫不相關。且射義注曰：『貍首，逸詩。下文「曾孫侯氏」是也。』則貍首當別是一詩，而鵲巢非貍首，不待辨而自明矣。

維鳩方之

傳：『方，有之也。』爾雅翼以『方』爲『併』，謂始則一鳩居而已，尋則呼其耦並居焉。何氏古義曰：『方，嚮也。』『上章主迎之而言，故曰「居之」。此章主送之而言，故曰「方之」，言嚮其巢之所在而往居之也。』季氏本詩説解頤曰：方，所也。以爲安居之所。凡此諸家，望文生義，與傳迴異，皆疑於『方』不訓『有』。今按：爾雅：『憮、厖，有也。』郭氏引詩『遂憮大東』，今毛詩作『遂荒大東』。傳云：『荒，有也。』蓋『憮』『荒』，聲之轉；『荒』與『方』，聲有輕重耳。廣雅曰：『方，有也。』即本毛傳。是其證矣。

百兩將之

孔氏正義曰：『國君之禮，夫人自乘其家之車。』引鄭箴膏肓。據此昏禮言『天子以至大夫皆有留車反馬之禮』，惟士妻始嫁乃乘其夫家之車。今考泉水云『還車言邁』，箋云：『嫁時乘來，今思乘以歸。』是其義矣。知夫人自乘家車也。上言『百兩迓之』，是以車迎之；此言『百兩將之』，則其家以車送之也。

采蘩，夫人奉祭祀之事

序云：『采蘩，夫人不失職也。夫人可以奉祭祀則不失職矣。』陳氏稽古編曰：『左傳：「蘋蘩薀藻，可薦鬼神。」正指采蘋、采蘩之詩言。則毛公執蘩助祭之説，不可易矣。』按：

毛傳曰〔四七〕：『神享饗德與信，不求備焉，沼沚澗谿之草猶可以荐〔四八〕。』此正用左傳文，不止如葉石林所稱毛釋碩人、清人、黄鳥、皇矣與左傳合矣。朱子既從毛，以爲奉祭祀，而又主生蠶之説，以蠶事亦夫人大禮所在也。何氏楷曰：『蠶室近川，以便浴蠶，故有「于沼于沚」之采。』是亦從集傳説也〔四九〕。今考末章『被』字，是祭祀事時服，至於蠶事，不宜服被。且蠶事豈得謂公侯之事，蠶室豈得公侯之宫？試誦經文，而其説可不煩言破矣。

于以采蘩，于沼于沚，『于』字義

于以，采蘩箋云：『于以，猶往以也。』『于沼于沚』傳云：『于，於也。』接〔五〇〕：『于』『於』二字本義皆爲氣舒之詞。説文亏部云：『亏，氣欲舒出，上礙于一也。亏，古文以爲亏字。』亏部云：『亏，于也。』按：『于』爲氣之舒，古文作『亏』，小篆作『亏』，今省作『于』。『於』字之本義，如此而已。其孳生之義，則以『于』『於』二字皆以助氣，故經典多用爲語辭。其用爲語辭者，則又用『于』爲古字，用『於』爲今字。爾雅：『粤、于、爰，曰也。』又：『爰、粤，于也。』輾轉訓釋，皆爲語詞。而以『於』釋『于』，乃以今字釋古字。其又訓爲『往』者，由『氣出』之義而引伸之也。

蘩

傳：『蘩，白蒿也。』左傳正義引陸疏云：『凡艾白色爲皤蒿，今白蒿。春始生，及秋，香美可生食，又可蒸。一名游胡。北海人謂之旁勃[五一]，故大戴禮夏小正傳曰：蘩，游胡；游胡，旁勃也。』今按：爾雅有『蘩，皤蒿』，郭注本孫炎以爲白蒿；又有『蘩，由胡』，郭云『未詳』。陸疏以皤蒿、由胡爲一物。孔疏以皤蒿爲陸草，不當采於水中，故謂『沼』『沚』爲水旁，『澗中』爲曲內，頗費迴護。爾雅翼又謂『莪，蘿蒿』，『生澤田沮洳之處』，莪即古之蘩，而皤蒿爲陸草，非夫人所采。今考本草『白蒿』，唐本注云：此蒿『葉粗於青蒿，從初生至枯，白於衆蒿。所在有之』。此言陸産之白蒿也。篇中又云[五二]：『白蒿，蓬也，生山中川澤。』則皤蒿水陸皆有，通名爲蘩，此之采其爲水草可矣。

公侯之事、公侯之宫

説者謂后妃、夫人有親蠶之禮，以『事』爲蠶事，以『宫』爲蠶室。不知蠶事何得稱公侯之事？蠶室何得稱公侯之宫？毛詩傳云：『事，祭也。』『宫，廟也。』其説得之。詩言夫人不失職，而必曰『公侯之事』『公侯之宫』者，鄭重之詞也。采蘩于沼沚而用於公侯之事，采蘩于澗中而用於公侯之宫廟。蠲潔其德，夙夜在公，亦之見公侯合敬，並以見婦無專成之意也。

被

傳：『被，首飾也。』箋引禮記『主婦髲髢』。戴氏補注曰：『鄭氏注禮，合「次」與「髲鬄」爲之。其箋是詩，又合「被」與「髲鬄」爲一。「被」爲「次」，恐未然也。周禮：王后六服三翟皆祭服。然則是詩之「被」，不在副、編、次之數。』鄘風君子偕老正義引説文云：『髲，益髮也。』釋名：『髲，被也。髮少者得以被助其髮也。』此『被』可通『髲』之義也〔五三〕。少牢『主婦被裼衣侈袂』，鄭讀『被裼』爲『髲鬄』者，蓋士昏禮『女次純衣』。少牢大夫妻服綠衣，首當服次，故遂以『被』爲『次』。諸家泥於解，而又云夫人祭祀當服副，不當服次。正義：夙夜在公，皆非正祭。嚴緝引曹氏以爲此在商時，故與周禮異。若如毛傳，但云『被，首飾也』，則不必曲爲解矣。

草蟲以禮自防

序云：『草蟲，大夫妻能以禮自防。』而説者以爲未嫁之女，已失經之大旨。又謂大夫妻以夫行役在外，恐爲淫風所染，故取物以自警，不知非也。夫在己果不爲淫風所染，何自以禽蟲自喻？且以草蟲、阜螽感於異類而憂念不已，則二章之采蕨而悲、采薇而憂，是亦恐爲異類所感乎？吾知其説不可通矣。蓋大夫行役之久，而室家思念之切，觸物驚心亦其常也。即序所云『以禮自防』，非懼爲淫風所染，而以禮制之。人情思極則易怨，怨極則易叛。召南之大夫妻雖憂念其夫，而不敢怨其夫，無他，畏文王之禮義，而不至於非，故能以禮自防也。

喓喓草蟲，趯趯阜螽

鄭康成箋詩云：『草蟲鳴，阜螽躍而從之，異種同類，猶男女嘉時以禮相求呼。』不知此詩，朱子以爲賦也，非興也。南國被文王之化，大夫行役於外，其妻思念之，言我君子行役之時，草蟲未聞有聲，今則喓喓而鳴，昔未聞而今聞之矣；阜螽未見有形，今則趯趯而躍，昔未見而今見之矣。時物之變如此，故悽然於行役之久也。出車之詩亦云草蟲、阜螽，猶此意也。

蕨

毛傳：『蕨，鼈也。』爾雅『蕨，鼈』，郭注謂：『廣雅云「紫綦」〔五四〕。非也。初生無葉，可食。江西謂之蘩〔五五〕。」又「綦，月爾〔五六〕」。郭注云：「即紫綦，似蕨，可食。」郭以蕨與綦爲二物。而廣雅云「茈綦，蕨也」。茈與紫同。爾雅翼云：「蕨生如小兒拳，紫色而肥。」「野人今歲焚山，則來歲蕨菜繁生。其舊生蕨處，蕨葉老硬，人誌之謂之蕨綦。廣雅云：「蕨，紫綦。」豈「萁」之轉耶？」今按：「蕨」「鼈」疊韻，「蕨」「綦」雙聲，蕨與綦爲一物。郭以紫綦似蕨，而斥廣雅「茈綦」爲「蕨」之非，誤矣。

薇

傳：「薇，菜也。」爾雅：「薇，垂水。」釋文引顧野王云：「水濱生，故曰垂水。」陸璣詩疏則以薇爲山菜，故邢昺爾雅疏謂本草有二薇：生平原川谷似柳葉者，白薇也；生水旁似萍者，薇也。詩「采薇」似山菜，非垂水。陳氏長發曰：「垂水，生水旁，不生水中。澗谿潢潦皆山中水，薇生其旁，無害爲山菜。」斯言得之。說文：「薇，菜也，似藿。」詩義疏云：「莖葉皆如小豆，蔓生，其味亦如小豆藿〔五七〕。」許陸二說相同。嚴緝引項氏曰：「薇即今之野豌豆」，「蜀人謂之巢菜」。說與陸許合，似爲近之。若白薇，本草一名春草，別録又名白幕。邢乃以詩「采薇」即此草，誤矣。胡明仲又以荆楚間有草名「迷蕨」者當之。朱子從其說，而一以爲味甘，一以爲味苦，又各不同。至鄭漁仲以爲金櫻芽，更不知其何據也。

采蘋舊在草蟲之前

宋志曹氏粹中著詩説三十卷，謂齊詩先采蘋而後草蟲，其書先佚。考詩正義，儀禮歌召南之篇，越草蟲而取采蘋，其采蘋舊在草蟲之前乎？今考采蘋一詩，循法度以承先供祭，婦德之大者，正與鵲巢、采蘩一例。若草蟲始見君子之事，語多近褻，不妨列於采蘋後也。

蘋

朱子集傳曰：『蘋，水上浮萍也。江東人謂之薸。』毛氏以『蘋』爲大萍。正義引爾雅釋草曰：『苹，萍。其大者蘋。』舍人曰：『苹，一名萍。』郭璞曰：『今水上浮萍。』嚴緝謂蘋有水陸二種，引項氏曰：『柳惲所云「汀洲采白蘋」，水生而似萍者。宋玉所云「起於青萍之末」，陸生而似莎者。』姚氏詩解曰：『蘋不陸生。所謂似莎者，乃薠蕭。其字作「苹」不作「蘋」，二者不容混也。』即水萍，亦有三種，據本草所載，大者曰蘋，中者曰荇菜，小者水上浮萍。毛氏以蘋爲大萍是也。朱子據爾雅，以爲水上浮萍。夫蘋可茹，而萍不可茹，豈可以供祭祀乎？有以知其説之非矣。

藻

藻，聚藻也。陸璣曰有二種：『其一種葉似鷄蘇，莖大如箸，長四五尺。其一種莖大如釵股，葉如蓬蒿，好聚生，謂之聚藻。』二者皆可食。

宗室牖下

傳：『宗室，大宗之廟也。大夫、士祭於宗廟。』儀禮士婚禮記云：『祖廟未毁，教於公宫三月。若祖廟已毁，教於宗室。』注云：『祖廟，女高祖爲君者之稱也。』『宗室，大宗之家。』蓋教在大宗之家，祭亦在大宗之家。牖下，王肅云：『采蘋藻以爲葅，設之於奥。奥即牖下。』夫經典未聞以奥爲牖下者，奥爲深遠之名，牖爲通明之處，王合爲一，誤矣。惟鄭氏『户牖間之前』最爲得之。蓋正祭在奥，西南隅不必云牖。今云牖下，户西牖東，去牖稍近。凡婚禮皆爲女行禮，設几筵於户外。則今教成之祭，户外設奠，取外成之義也。

有齊季女，『齊』字

傳：『齊，敬也。』襄二十八年左傳：穆叔曰：『濟澤之陂，行潦之藻，寘諸宗室，季蘭尸之，敬也。』毛義與此同，其義古矣。釋文：『齊，側皆反。』今按：玉藻『宗廟齊齊』〔五八〕，祭義『齊齊乎其敬也』，則『齊』即如字讀亦可也。至玉篇女部引詩『有齌季女』〔五九〕，並引説文『齌，材也』，此蓋出三家詩。廣雅云：『齌，好。』與『材』義近。然皆不如毛訓『齊』爲『敬』之當也。

季女、季蘭

孔氏穎達曰：季，少也，以將嫁，故言少，非必處於伯仲之班而處於少也。今考左襄二十八年曰：『濟澤之陂，行潦之藻，寘諸宗室，季蘭尸之，敬也。』杜預以『季蘭』爲少女之佩蘭者，或是臆説。按：『季蘭』之説，實與『季姜』『季姬』一例，意召南大夫妻，其蘭姓之女與？或謂經傳無姓『蘭』者，然桑中之『孟庸』『孟弋』，他典亦不載，而朱子集傳皆以爲姓，豈『蘭』獨非姓乎？即如漢有蘭廣，晉有蘭維，後世姓蘭者不少，安知非季女之父族裔苗乎？則『季女』之爲季蘭，誠如左氏所言也。

甘棠聽訟

鄭氏箋云：『召伯聽男女之訟，不重煩勞百姓，止舍甘棠之下而聽斷焉。國人被其德，悦其化，思其人，敬其樹。』乃劉氏元城譏之，謂此乃墨子之道，當是召伯在時偶然憩息於此。今按：其説非也。夫使偶然憩息，則召伯巡行南國時所憩息者非一處，而後人之思其德，何獨偏愛於甘棠乎？觀大車之刺周大夫不出聽男女之訟，明王朝之官有出聽之理。且下行露亦是召伯聽訟之詩，則此舍棠下以聽訟，何足爲異也？

蔽芾

毛傳：『蔽芾，小貌。』此蓋取爾雅『芾，小也』之義。揆之詩義，殊有未合。歐陽修曰：『蔽者，謂蔽風日也。芾，茂盛也。』此説極合經旨。按廣雅釋訓云：『芾芾，盛也。』古『芾』字與『肺』『沛』字音義皆通，如東門之楊『其葉肺肺』，『肺肺』猶『牂牂』也，牂牂然盛也。風俗通：『沛者，草木之蔽盛也。』蔽芾者，取其草木盛長可以庇蔭也。召伯聽訟，止舍甘棠之下，後人見其覆蓋，輒思召伯之德於不衰。夫可容人舍其下，則非小樹也。若是小樹，可抓而絶之，何必戒以『勿剪勿伐』也？

甘棠

毛傳：『甘棠，杜也。』爾雅云〔六〇〕：『杜甘，棠。』又云：『杜，赤棠。白者，棠。』六書故引舍人注云〔六一〕：『白者爲棠，赤者爲杜，爲甘棠，爲赤棠。』與傳義、雅義合。乃草木疏云甘棠，今棠黎。赤棠也，與白棠同。『但子有赤白美惡。』白棠子白色，『少酢滑美』，甘棠是也。『赤棠子澀而酢無味，俗語云「澀如杜」是也〔六二〕。』既以甘棠爲赤棠，又以爲白棠，其語相反，必有譌謬。孔氏穎達詩疏專引舍人注而不及陸疏，最有合於傳義也。

勿翦勿伐〔六三〕，勿翦勿敗，勿翦勿拜

朱傳云：『翦，翦其枝葉也。伐，伐其條榦也。』次章，『勿敗，則非特勿伐而已』。三章，『勿拜，則非特勿敗而已』。嚴緝、程大昌皆從此說。詩所云：『伐者，取其條榦。敗者，殘其枝葉。拜者，援而屈曲之。』不知此說非也。按：三章皆言『勿翦』，毛訓『翦』爲『去』，蓋但謂去枝葉而已。下『勿伐』『勿敗』『勿拜』，皆對言之，其事必重於翦。若以爲殘壞其枝葉，則『勿翦』已足該之。至『拜』爲『低曲』之説，本於唐施士丐詩說云『拜人之拜，小低曲也』。此皆望文生義耳。今按：毛傳於首章：『伐，擊也。』於次章『勿敗』無訓，以前後兩章義可互見。於三章云：『拜，猶伐也。』毛殆以『拜』爲『拔』之借，故箋申之云拜之猶拔也。三章文義由輕而重，是其序也。

召亭

召南之名『召』也，蓋召公奭之采地也。舊説謂扶風雍縣有召亭，即其地也。朱子謂雍縣析爲岐山、天興二縣，未知召亭之所在，殆未見括地志所載召亭在岐山縣南者乎？王伯厚固考之已詳矣。

厭浥行露

厭浥者，溼意也。行露之詩，集傳泛言女子以禮自守。劉向列女傳謂爲申人之女，以夫家一禮之不備，不往。韓詩外傳所載，作行露詩人，與列女傳大同小異。向傳魯詩，是此詩之解，韓魯合矣，説可從也。

豈不夙夜，畏行多露

傳云：『豈不，言有是也。』按：此與『豈不爾思，畏子不奔』文義相類，故箋云：『我豈不知當早夜成婚禮與？謂道中之露太多，故不行耳。』正義即用此述傳。然女方被訟不從，而乃先云『豈不欲之』，作此婉言，殊不合語意。玩首章『謂』字與下二章『誰謂』之『謂』一律，『誰謂』者誣之辭，衆不能察而歸之聽訟之明。故此『厭浥』者，道中之露也。然必早夜而行，始犯多露。豈不早夜，而謂多露之能濡己乎？以興本無犯禮，不畏强暴之侵陵也。傳云『豈不，言有是也』，謂有早夜而行者，則可謂道中多露。經反言之，傳正言之，誠合經旨矣。

雀角鼠牙

或云：雀，物之淫者；鼠，物之貪者，故詩言雀角、鼠牙以喻强暴。『誰謂雀無角』，傳云：『不思物變而推其類，雀之穿屋似有角。』角，即謂獸角。誣善之辭，以無爲有，故可謂雀之穿屋似有角。何氏古義云：『角，嘴之鋭而鉤者，凡鷙鳥皆有之。』按：鳥有鉤喙，並無『角』名，此臆説也。『誰謂鼠無牙』，傳云：『視牆之穿，推其類可謂鼠有牙。』楊龜山以爲鼠無齒，陸農師曰鼠有齒而無牙。説文：『牡，齒也。象上下相錯之形。』段注云『牡齒，當作「壯齒」』，『壯』『牡』相誤。『壯齒者，齒之大也。統言之，皆稱齒稱牙。析言之，前當脣者稱齒，後作輔車者稱牙。』『鼠牙不大，故謂無牙也。』

室家不足

劉向列女傳：『召南申女者，申人之女也。既許嫁於酆，夫家禮不備而欲迎之。』『作詩曰：「雖速我獄，室家不足。」以絶無禮之求，防淫欲之行焉。』王伯厚以此爲魯詩。韓詩外傳語亦略同，皆與毛詩篇義相近。但既曰許嫁矣，一禮不備何至誓死不行？范蘅洲云：『如魯韓之説，以爲閨門處子求全責備，何至於搆訟不顧？』今按：毛傳云：『不從，終不棄禮而隨此强暴之男。』蓋當時必有女氏未許，而男子强求之事。觀經文『亦不汝從』，詞旨絶決，必非已許嫁者可知。善乎，鄭箋之言『室家不足，謂媒妁之言不和，六禮之來强委之』。疏引左昭元年公孫黑强委禽之事以爲證，最爲明當云。

羔裘朝服

蘇氏轍曰：『君子愛其人，則樂道其車服，是以詩言羔羊之皮。』朱子集傳云：『羔裘，大夫燕居之服。』毛傳云：『大夫羔裘以居。』正義曰：『由大夫服之以居，故詩人見而稱之也。謂居於朝廷，非居於家也。』是與集傳説異。今考論語注云：『緇衣羔裘，諸侯視朝之服。卿大夫朝服亦羔裘，惟豹袪與君異耳。』玉藻云：『羔裘豹褎』，方氏注：『羔裘爲視朝之服。』則此羔裘乃大夫朝服而非燕居之服，明矣。

素絲

毛氏萇曰：『古者素絲以英裘，不失其制。』孔氏穎達曰：『素絲以英裘者，織素絲爲組紃，下云五紽，羔裘之縫也。』顧氏夢麟曰：羔裘以黑素絲英縫，最爲分明。考干旄曰『素絲組之』，傳曰：『總以素絲而成組也。』紃亦組之類，則素絲可以爲組紃矣。雜記注云：『紃施諸縫，若今之絛。』是素絲爲組紃，而施於縫中也。而或謂以線施之，夫線凡衣皆用之，非所以示異也。知其說之不可通矣。

五紽、五緎、五總

毛傳曰：『紽，數也。緎，縫也。總，數也。』按：『緎』訓爲『縫』，本於爾雅，蓋取界限之義。李氏集解曰：爾雅羔裘之縫，緎也。『五緎既爲縫，則五紽、五總亦爲縫。』蓋謂五次縫之。以羔裘之『五紽』五緎，五次縫之，可以見其節儉。此說與毛傳同。但紽、緎、總皆關定制，若徒謂裘緎而縫以示儉，於義隘矣。戴氏詩補注曰〔六四〕：『紽，讀如「予之佗矣」之「佗」。佗，加也。其英飾五，故曰五紽。』又云：『紽施於縫，其下端餘垂爲飾者曰總。』戚氏毛詩證讀曰：『「紽」「袉」疑一字，古論語：「朝服紽紳。」蓋絲之垂者。』夫謂裘有垂絲爲飾，尤爲臆度之辭耳。

委蛇委蛇

傳云：『委蛇，行可從迹也。』箋云：『委蛇，委曲自得之貌。』蓋惟委曲自得，不改其容，故其行止動作皆如有行迹可從。是傳箋義實相成也。釋文引韓詩作『逶迤』，云『公正貌』。按：行可從迹則異於詭隨，故爲公正。是毛韓義亦相近也。又釋文云諸書言『委蛇』者，如莊子田子方篇『遺蛇其步』，漢書東方朔傳『遺蛇其迹』，後漢書儒林傳序『服方領，習矩步者，委它乎其中』，及隸釋所載費鳳碑『有逶蛇之節』，足見此詩定以『逶蛇』連文，異於鄘風之疊二字者矣。

羔羊之革

説文曰：『獸皮治其毛者曰革。』革，更也。周禮『掌皮秋斂革』注：『革，皮去毛者也。』革既去毛，何可以爲裘？詩羔羊之『革』，傳以爲猶皮也。蓋『皮』與『革』，對文言之則有異，散文言之則相通。司裘曰：大喪[六五]，『飾皮車』。謂革輅也。去毛得稱皮，明有毛得稱革。且下文言『素絲五緎』，緎者裘之縫界，而去毛則何得有此織文乎？故『羔羊之革』即『羔羊之皮』也，特變之以協韻耳。

殷其雷

鄭氏康成曰：『雷，以喻號令於南山之陽，又喻其在外也。召南大夫施號令於四方，猶雷之殷殷然發於山之陽。』吕氏柟曰：『殷其雷奚興乎？曰：雷且有定處，君子不遑，曾雷之不若也。』是以此詩爲興矣。不知此非興也，乃賦也。婦人以君子行役在外，感物之變，故作此詩。其大旨與草蟲相類。張子曰：『如「鸛鳴」「婦歎」之義，將風雨則思念行者。』徐氏光啓曰：『古者戍役，仲春乃歸。』按：仲春之時，雷乃發聲，思夫撫時而興感，蓋以至家之期望之也，是知歸時未至，亦未敢遽望其歸。序所云『勸以義』，不其然乎！

摽有梅，男女及時

序云：『摽有梅，男女及時也。』黄氏實夫曰：李迂仲謂『詩人之意，以梅爲戒，言盛時之難久』，此似非詩人形容文王風化之意。吕氏曰：『是詩也，其辭汲汲如將失之，豈習亂而始治者耶？』今按：周禮媒氏疏引張融云：『摽有梅之詩，殷時暴亂，嫁娶失其盛時之年，習亂思治，故嘉文王能使男女得其時。』東萊之説或本於此，而殊失經旨。惟范氏詩補傳曰：『男女婚姻失時』，『或以時凶荒，無以爲禮；或以俗强暴，不容擇配；或以役無節，不違啓處。今召南被文王之化，既無三者之患，可以及時而婚姻。』誠有如序之所云者。

標有梅，『摽』字

傳：『摽，落也。』稽古編曰：『説文：「拋，棄也。從手，從尤，從力。或從手，票聲。」是「摽」乃「拋」字之重文，其訓「棄」，與詩義近。』不知『拋』乃説文新附，陳氏引之殊誤。嚴緝據説文『摽』本訓『擊』，謂擊而落之，於文義多一轉折。段氏曰：説文『𠬪』爲『落』，從爪，從又，讀若詩『摽有梅』。毛詩『摽』字正『𠬪』之假借。廣韻：『摽，落也。』引字統云：『合作𦬼。』此『𦬼』亦即『𠬪』。故段氏以毛詩『摽』爲『𠬪』，同部假借。其説得之。至韓詩作『莩有梅』，又『𠬪』字之誤。若李氏則云：『「摽」與「標」同，木末也。』『女子自言歸期將近，傷離父母之家，如梅之離其本根。』今考白帖引『摽有梅』作『標有梅』，説雖有據而義太迂曲，似不可從矣。

求我庶士

朱子以『我』爲女子自我。洵如是説，不獨其辭汲汲非女子所宜出，且於『庶士』二字尤有難通。女子從一而終，斷無『求我庶士』之理。輔氏廣從而曲護之，誤矣。惟鄭氏箋云：

『我，我當嫁者。』疏：『女被文王之化，貞信之教興，必不自呼其夫令及時取己。』『言「我」者，詩人「我」此女子之當嫁者，非此女自我。』此説最當。

傾筐墍之，『墍』，三家作『概』

傳：『墍，取也。』按：『墍』即『概』之借。玉篇：『概，許氣切。詩曰：「傾筐概之。」本又作墍。』此所引必三家有作『概』者，故廣韻云：『慨，取也。』蓋亦用三家詩義。毛借『墍』爲之，亦如『於以湘之』，三家作『鬺』而毛詩借『湘』爲之；『召伯所茇』，三家作『废』而毛詩借『茇』爲之也。

迨其謂之

段氏注説文，言毛意『謂』即『會』也。今按：傳云：『禮未備則不待禮，會而行之。』若『謂』即『會』字，則經文正言『謂之』，不當云不待禮會矣。是毛意未必以『謂』爲『會』。毛於經中『謂』字皆無傳，殆以『謂』爲告言，人所共知，故不復傳。乃鄭箋釋爲『女子二十而無嫁端，則有勤望之憂』。夫以『謂』爲『勤』，雖本於爾雅，然合經文，若云『迨其勤之』，則未免不辭矣。

小星惠下

序云：『惠及下也。』按：　詩但言下之安命，而夫人之惠下，言外可見。陸堂詩學曰：『小星一詩有三益焉。使后夫人聞之，則知恩宜下逮』；『使天子諸侯聞之[六六]，則知嬖寵不可並嫡』；『使女御聞之，則知才色不足恃，義命所當安』。斯言深得經旨。乃章俊卿謂使臣勤勞之詩[六七]，王雪山、程泰之、洪容齋説皆與章同，陸氏駁之是也。何氏古義亦云，如『夙夜在公』之云爲勤於王事，則采蘩之詩亦當屬之使臣矣。是章之説未深考經意也。

『三五』『參』『昴』即指小星

傳箋以『小星』爲衆無名之星，以『三五』爲心噣，小星隨心噣在天，猶諸妾隨夫人進御於君。按之經文，多一轉折。故范氏補傳駁之，謂夫人一而已，不應以『三五』爲比。蓋此詩章首二句，詞氣直下，『三五』『參』『昴』即指小星，亦即喻衆妾。乃稽古編云：『三五，經不言何星，謂之小星猶可。參三星俱大，昴七星其一最大，謂之小星可乎？』然郊特牲云[六八]：『大明生於東，月生於西，此陰陽之分，夫婦之位也。』何氏古義曰：『孔子曰：日者天之明，月者地之理。月上屬於天，猶婦從夫，妾特借其餘光以自耀，故取興於星。』

『「三五在東」「維參與昴」，其所指小星也。』

三五在東

毛傳曰：『三，心。五，噣。』鄭氏康成曰：『衆無名之星隨心、噣在天，猶諸妾隨夫人進御於君也。』今按：此説非也。考唐風綢繆傳、史記天官書皆言參有三星。參之爲言三也。又論語讖曰：『吾聞帝堯率舜登首山，觀河渚，乃有五老遊者飛爲流星上入昴。』據此，知昴宿五星，故有精降五老之説。且昴、畢、觜、觽、參相距不遠，故得俱見東方。若心、噣相距甚遠，心在東，噣在西，不得俱見於東方，何由『三五在東』乎？由是觀之，『三五』舉其數，『參』『昴』著其名，其實一而已矣。

夙夜在公

箋：『夙，早也。謂諸妾肅肅然夜行，或早或夜，在於君所。』今按：行露『豈不夙夜』，釋文有『夜暮』二字，小星詩同。説者云：今注疏本鄭箋無『夜暮』之文，因妄改釋文爲『露』又作『暮』。足利古本於箋『夙早也』下有『夜暮也』三字，與釋文正合。今考蜀石經行露箋亦云『夙夜早暮』，是不獨足利古本爲然。按此説是也。釋文又云：小星詩同。是陸所見小星箋『夙早也』下有『夜暮』之文。蓋因傳訓『宵』爲『夜』，故箋於『夙夜』之『夜』轉釋爲『暮』，以『宵征』統言入夜，而夜中亦有早暮。東方未明傳云：『夙，早。暮，晚。』是『夙夜』猶言『早晚』耳。

抱衾與裯

傳：『衾，被也。裯，單被也。』箋云：『裯，牀帳也。』説文：『幬，單帳也。』義本爾雅，字不作『裯』。鄭蓋以『裯』爲『幬』之假借耳。然説文自有『裯』字，衣部『衹』下云：『衹，裯短衣也。』『裯』下云：『衣袂。』『襤』下云：『裯謂之襤褸。』皆未嘗以爲帳，亦不同毛傳以爲被。説文又云：『衾，大被。』釋名：『衾，厂也。其下廣大，如厂受人也。』毛傳文義簡古，以『衾』是被之大名，故但云『衾，被』，不加『大』字。且下云『裯』爲單被，正以衾被爲大被也。鄭氏疑『衾』既爲被，不宜復云『褌被』耳。范氏補傳曰：齊詩作『幬』，注云：『帳也。』不知何據。

江有汜，美媵之詩

序云：『美媵也。勤而無怨，嫡能悔過也。』虞東學詩曰：『小星下能安而曰「惠下」，江汜上能悔而曰「美媵」，互見其義也。』郝仲輿曰：『以汜自比，以江比嫡，賢女恭順之詞。』今按：傳於首章云『決復入爲汜』，二章云『水枝成渚』，三章云『沱，江之別者』，皆以興嫡媵宜偕行。箋云：『嫡與己異心，使己獨留不行。』蓋古者姪娣年十五以上，與嫡俱行。許慎、何休皆云然。此詩所美之媵，必是年在行限而嫡不與之俱，故有勤勞之憂，而無怨懟之意。朱子集傳以爲待年之女。夫使此女以待年之故而嫡不與偕行，豈得如此云云？其說非也。

江有汜

按：說文水部兩引詩，一曰：『洍，水也。從水，𦣞聲。詩曰：「江有洍。」』一曰：『汜，水別復入水也。從水，巳聲。詩曰：「江有汜。」』此作『洍』者，蓋三家詩但以爲水名。毛詩則作『汜』，以決復入爲興。箋云：『江水大，汜水小，然而並流，似嫡媵宜偕行也。』

江有渚

傳云：『枝水成渚。』釋文引韓詩云：『一溢一否曰渚』，謂水溢於此，則涸於彼。鄭箋謂『江水流而渚留』，亦取此意。然皆不如毛傳之說爲當。釋名云：『渚，遮也。體高能遮水，使從旁迴也。』蓋水中有渚，則水至此而分流，亦以興嫡媵宜偕行，與首章之『汜』、末章之『沱』，其義無殊矣。

江有沱

朱子曰：『江之别者。』爾雅云：『水自河出爲灉』，『漢爲潛』，『江爲沱』。水經：氏道縣北，江水又東，爲沱。郭氏曰：『岷山導江，東别爲沱。』『大水溢出，别爲小水之名。』邢氏曰：『沱水自蜀郡都水縣湔山與江别而東流。』朱道行曰：『江有别水曰「沱」，與上「汜」「渚」始分終合，故取以爲興。』黄氏曰：『江水猶有别之而爲沱時，興之子之心猶有不與偕行之時也。』

野有死麕非刺詩

序云：『野有死麕，惡無禮也。』劉氏曰：『平王東遷』，諸侯犯法，『男女失冠昏之節。野麕之刺興』。此言實開歐陽本義之先。左傳：鄭伯享趙孟，『子皮賦野有死麕之卒章。趙孟賦棠棣，且曰：「吾兄弟比以安，厖也可使無吠。」』注云：詩義取以禮來，『無使我失節而使犬驚吠。趙孟以義撫諸侯，無以非禮相陵』。杜解全用序意。若係刺詩，又何爲於燕享之間而賦之哉？

野有死麕

麕，陸氏釋文曰：『本一作麏，又作麇。麏，獐也〔六九〕，青州人謂之麏。』詩言『野有死麕』，惠氏詩説曰：昏禮束帛以鹿皮，今曰『死麕』，乃不中禮之皮。虞東學詩曰：昏禮，儷皮，『執皮者必攝之，故以包束爲言。而又以純潔之物，可以藉禮』。此言，『禮儀周備』。此二説一以爲不中禮，一以爲禮之備，皆未達經旨。惟毛傳以爲凶荒殺禮，其説得之。

吉士誘之

傳：『誘，道也。』按：衡門序『誘僖公也』，正義謂在前道之。且儀禮有誘射之儀，大戴禮有『誘賢』之語，皆謂以禮道之。古人固有此訓詁也。即此亦當謂吉士以禮道之。自歐陽氏以爲挑誘之誘，遂謂『彼女懷春，吉士誘而汙以非禮』。殊不知是詩方惡無禮，豈有爲挑誘之汙行而尚名之爲『吉士』者乎？原歐陽之爲此説，大抵泥於『懷春』一句，覺『懷春』非美名，宜乎吉士挑誘之。不知七月傳：『春女悲，秋士悲〔七〇〕，感其物化也。』然則『春日遲遲，女心傷悲』，豈邠國之女皆欲淫奔者乎？惟其發於情，止於禮義，所以爲王化之效。

信如歐陽所言，不獨吉士爲匪人，亦復誤認如玉之女爲蕩婦矣。宜乎吕記駁而正之也。

林有樸樕

歐陽以林有樸樕之木，猶可以爲薪。王氏則以爲林有樸樕，雖小而免於陵踐。鄭氏又以爲樸樕之中，乃有死鹿，皆可以白茅束純以爲禮。今按：詩『白茅純束』，皆是連於『林有樸樕』之文，不可但以爲連『野有死鹿』之文，歐王之説非也。觀詩以『林有樸樕』之文與『野有死鹿』之文對言，不當云樸樕之中有死鹿。鄭説亦未盡合。惟蘇氏云：『將云「樸樕」「死鹿」以爲用，猶知「白茅純束」以爲用，況「有女如玉」，可不以禮成之乎？』

何彼襛矣非東遷後之詩

六經奥論曰：作詩之時爲東周，采詩之地爲召南。鄒忠胤曰：『黍離既作，召南故地已非周有，天朝歸妹何與雍岐舊民事？安得采於其地？』故田間詩學曰：『二南絶無東遷後之詩。』誠篤論也。竊考『王姬』，毛傳以爲武王女、文王孫適齊侯之子，則此詩作於武王時。嚴緝云：『武王詩爲雅，不爲風，然此三章尚爲風體。又詩中專言女德，與二南同科，非雅之類。當時得於召南之地，以爲武王之女下嫁於召南之國，能執婦道，成其肅雝之德，皆本文王太姒之化，故得列於召南而爲文王之風也。』朱鑑詩傳遺説曰：詩疏謂武王有五男二女，五男者，『左傳晉、邘、應、韓，武之穆也，與成王則五矣。二女者，太姬下嫁陳胡公，其一也；此王姬嫁齊，則二也』。此説可補傳之所未備。據此知此詩非東遷後之詩也。

唐棣之華

傳：『唐棣，栘也。』小雅：『常棣，棣也。』皆與今本爾雅同。正義引舍人注：『唐棣，一名栘。』『常棣，一名棣。』皆與郭注同。後之説詩者遂以爲二棣之攸分。今按：『常棣，棣』本或作『棣，栘』〔七一〕。秦風晨風傳：『棣，唐棣也。』論語子罕篇注：『唐棣，棣也。』則與郭本殊，蓋所見爾雅舊本作『常棣，栘。唐棣，棣也』。考小雅『常棣之華』，藝文類聚木部下引三家詩作『夫栘之華』，則名『栘』者，乃常棣而非唐棣，甚明。自郭注爾雅以唐棣爲白栘，謂似白楊，後人如陸佃、羅願遂皆以唐棣爲白楊。而唐棣之别有郁李、車下李諸名，則又以常棣當之。殊不知詩所言唐棣、常棣，皆取其華以爲形容。如陸疏所云唐棣華有赤白，故召南一則曰『何彼襛矣』，再則曰『華如桃李』，正謂其華有赤白如桃李之華也。陸氏於『常棣』雖不言其華，然詩義疏云：承華者萼，其實似櫻桃、奥李。故二者皆以『棣』名，而詩人皆取其華之美盛耳。

平王之孫

毛傳以武王女，文王孫。鄭箋曰：『平，正也。王者，德先正天下之王。』考國語太子晉曰：『后稷始基，十五王而文始平之。』文王之稱『平王』，猶契之稱『玄王』，湯之稱『武王』也。而六經奧論曰，以作詩之時爲東周，采詩之地爲召南，故朱子集傳引或説以『平王』爲宜臼。山堂考索載林氏説，以『王姬』爲桓王女，又誤認桓王爲平王子。宜乎許氏辨正之也。

平王之孫，齊侯之子

毛傳訓『平王』爲『平正之王』，謂文王孫，武王女。李黄集解因之，訓『齊侯』爲『齊一之侯』。朱子云：『平王』即平王宜臼，『齊侯』即襄公諸兒。逸齊補傳：春秋莊十一年書：『冬，王姬歸於齊。』嫁齊桓也。莊王於平王爲曾孫，齊侯即僖公。今按：毛以『平王』爲文王，則凡廟謚皆可移易，而帝王俱無的號矣。李黄以『齊侯』爲齊一之侯，則千八百諸侯皆可稱『齊侯』，而春秋所書『齊侯』亦不定其爲太公之子孫矣。皆非也。齊襄淫僻何足美，嫁齊桓者謂之共姬，近於肅雍之德矣。補傳近是。或疑東遷以後詩，不當列於召南。不知王姬下嫁於諸侯，而不敢挾貴以驕其夫家，能執婦道以成肅雍之德，庶幾關雎、麟趾之意。此固文王風化，僅存於後世而可慕者，惡得概列之變風乎？故夫子特簡之，以附召南之末也。

齊侯之子

自六經奥論有『召南爲東周詩』之説，朱子集傳引或説，以『齊侯』爲襄王諸兒。劉氏瑾又附會之，曰集傳以『齊侯』爲襄公，則所謂『齊侯之子』者蓋指桓公小白也。獨是東周之詩，安得入召南之什？無端玷以淫穢之諸兒，自知不類，又以爲創霸之小白。不經甚矣！而或者又以『平王』既非東遷之王，則『齊侯』當亦非齊國之侯。故迂仲訓『齊』爲『一』。此未必然。是當從毛傳，以『齊侯』爲齊國之侯爲是。顧命『齊侯吕伋』，則吕伋在成王時已爲齊侯。戴岷隱曰：武王以元女太姬配胡公，安知不有幼女配吕伋之子乎？此説可以補傳箋之所未備矣。

壹發五豝

毛傳解『壹發』云：『虞人翼五豝，以待公之發。』孔疏申其義，以爲『翼，驅也』。引『悉率左右以燕天子』，傳謂『驅禽之左右，以待天子之射』。五豝止壹發，仁心之至，不容盡殺。至朱子集傳用漢賦『中必疊雙』之語以釋之，舉中多以見禽獸之繁。然有害於人君仁心及物之義，且與天子不合圍、諸侯不掩羣之義未洽。惟獸多而不忍盡殺，故詩歎美之，以爲即不食生物之騶虞焉耳。

騶虞

騶虞，詩與三禮作『騶虞』，墨子三辨篇及山海經作『騶吾』，史記東方朔傳作『騶牙』。王伯厚困學紀聞云：『騶虞、騶吾、騶牙實一物，聲相近而字異者也。騶虞，毛鄭皆以爲獸名。』陸璣云：『騶虞尾長於軀，不履生草，不食生物，應信而生。』陸佃云：『騶虞，西方之獸，名之曰虎。』司馬相如封禪書『囿騶虞之珍羣』，頌曰『般般之獸』。顏注曰：『騶虞也。』則騶虞之爲獸明矣。

校記

〔一〕世　原無。按：『詩經世本古義』係何楷所著書名。

〔二〕胡氏　指胡承珙，毛詩後箋撰者。

〔三〕六宮　原無，據中華書局影印十三經注疏之禮記補。

〔四〕世　原無，據禮記補。

〔五〕『子』『予』二字原互乙，『善』字無，據中華書局影印文選改。

〔六〕注　指爾雅郭璞注。

〔七〕章　原無，據胡承珙毛詩後箋補。此處係用後箋文。

〔八〕郭　原作『鄭』，據下引爲郭象莊子注而改。

〔九〕從　疑衍。

〔一〇〕德盛　二字原互乙，據中華書局影印十三經注疏之毛傳改。

〔一一〕兩『覞』字原皆作『現』，按此係玉篇解釋『覞』字，因據改。

〔一二〕菜　原作『采』，據皇清經解本戴震毛鄭詩考正改。

〔一三〕瀹　原作『煮之』，據中華書局經典釋文匯校改。

〔一四〕師　原無，據毛傳補。

〔一五〕以上引文實爲孔穎達毛詩正義引鄭玄禮記婚禮注文。

〔一六〕姒　原作『妣』，據朱熹詩集傳改。

〔一七〕倫　原作「論」，據毛詩後箋改。此處係用後箋文。

〔一八〕鄭　原作「正」。按前文爲歐陽修論毛鄭，又此處係用毛詩後箋「以鄭義爲毛義」語。

〔一九〕「公」「甸」二字原無，據中華書局影印十三經注疏之左傳補。

〔二〇〕㔾　原作「㔽」，據説文解字改。

〔二一〕夊　原作「㔽」，據説文解字改。

〔二二〕異義　二字原無，據毛詩後箋補。此處係後箋文。

〔二三〕飾　原作「色」，據四庫全書本駁五經異義改。

〔二四〕古義　指何楷詩經世本古義。

〔二五〕藟　原無，據毛詩後箋補。此處係用後箋文。

〔二六〕釋　原作「載」，據毛詩後箋改。此處係用後箋文。

〔二七〕或　原作「成」，據毛詩後箋改。此處係用後箋文。

〔二八〕「呼」上原有「胡」字，據四部叢刊本玉篇删。

〔二九〕以上引文不見於朱熹詩集傳。

〔三〇〕傳　原無，據下引爲毛傳語補。

〔三一〕歐陽　當作「邵」，下所引爲邵晉涵爾雅正義語。

〔三二〕罝　原無，據上下文意補。

〔三三〕賢　原作「吳」，據鹽鐵論改。

〔三四〕所　疑衍。按此用毛詩後箋語意，胡氏「所」作「是」，當從。

〔三五〕衣　原作「不」，據毛詩後箋改。此處係用後箋文。

〔三六〕「詩」下原有「解」字，據蘇轍詩集傳書名删。

〔三七〕門　原作「守」，據禮記内則及毛詩正義改。

〔三八〕�　原作「韓」，據毛詩後箋改。此處係用後箋語。

〔三九〕「衡流」至「禎尾」一段與下文重複，當是衍文。

〔四〇〕尾　原作「勞」，據四庫全書本李黄集解改。

〔四一〕「按禮」至「央也」爲許慎五經異義文，據下有「諸説」云云，此處應注明出處。

〔四二〕「軒輖」至「精也」亦爲初學記引蔡邕月令章句文，故下「初學記引蔡邕月令章句」字様應置於「軒輖」前。

〔四三〕止　原作「趾」，據中華書局影印大徐本説文解字改。

〔四四〕集　原作「注」，據朱熹詩集傳書名改。

〔四五〕白　原作「曰」，據毛詩正義引爾雅改。

〔四六〕祖　原作「族」，據毛傳改。

〔四七〕毛　原作「易」，據下爲毛傳語而改。

〔四八〕沼　原作「沿」，據毛傳改。

〔四九〕傳　原無，據上文「朱子從毛」云云補。

〔五〇〕接　據文意與李氏文例，當爲「按」字之誤。

〔五一〕旁　原無，據毛詩正義補。

〔五二〕篇中　當作『本草圖經』，下引爲本草圖經語。『篇中』之上引文爲唐本草注文。

〔五三〕髪　據上下文意當作『髮』。

〔五四〕綦　原作『基』，據爾雅郭注改。

〔五五〕虌　原作『鼈』，據爾雅郭注改。

〔五六〕綦月爾　原作『綦月令』，據爾雅改。

〔五七〕亦　原作『不』，據四庫全書本陸璣毛詩草木鳥獸蟲魚疏改。

〔五八〕下一『齊』字原作『之』，據禮記改。此係用禮記玉藻文。

〔五九〕齌　原作『齊』，據玉篇改。此段下兩『齌』字原亦作『齊』，分别據説文、廣雅改。

〔六〇〕爾　原作『餘』，據下引文爲爾雅改。

〔六一〕故　原作『注』，據下引文爲六書故改。

〔六二〕澀　原作『酢』，據毛詩草木鳥獸蟲魚疏改。

〔六三〕翦　按李氏本條題目及正文原均作『剪』，據詩經甘棠改。詩經此處，據阮元校勘記無異字。

〔六四〕詩補　二字原互乙，據下引爲戴震詩補注改。

〔六五〕喪　原作『裘』，據周禮改。下引爲周禮司裘文。

〔六六〕子　原作『予』，據續修四庫全書本陸奎勳陸堂詩學改。

〔六七〕卿　原無，據陸堂詩學補。按『章俊卿謂使臣勤勞之詩』亦爲陸堂詩學語。

〔六八〕郊特牲　當作「禮器」，下引爲禮記禮器文。

〔六九〕麐獐　原作「麐」，據經典釋文增。

〔七〇〕士　原作「女」，據毛傳改。

〔七一〕「棣」前當有「常」字，此係用王引之經義述聞語，王氏書中有「常」字。

學詩堂經解卷二

邶一之三

衛詩分繫邶鄘

鄭氏譜云：康叔七世至頃侯，『當周夷王時，衛國政衰，變風始作。故作者各有所傷，從其國本而異之，爲邶、鄘、衛之詩焉』。夫衛詩分屬邶鄘，諸家之説紛不一。程子以爲從其所得之地。夫使作之邶鄘地者爲邶鄘，作之衛地者爲衛，則漕邑鄘地，而邶云『土國城漕』；泉水衛地，而邶曰『毖彼泉水』，又何也？朱子以爲其聲之異。毛西河詩札曰：『或謂邶鄘之音異於衛音』，『則莊姜、共姜諸詩通作自衛宫者，安見一爲邶音、一爲鄘音耶？』顧氏日知録據左傳季札觀周樂，爲之歌邶、鄘、衛，曰『吾聞衛康公、武公之德如是，是其衛風乎』；北宫文子引衛詩曰『威儀棣棣，不可選也』，『此詩今爲邶之首篇，乃不曰邶而曰衛，知累言之則曰邶、鄘、衛，專言之則爲衛』。『猶之言「商」而曰「殷商」，言「楚」而曰

「荆楚」云爾。』陸陸堂〔一〕、陳見復皆同其説。直以某篇爲邶，某篇爲鄘，分自漢儒，非復孔門舊次。不知漢志云邶、鄘、衛同風，故編詩以類相次，而入樂亦以部從，非必累言、單言之謂。文子以邶爲衛，則三國皆係衛詩，正如序于每篇皆言衛耳。酈注水經，于邶鄘亦稱『衛詩』。便文言之，豈尚在未分邶鄘之前乎？若謂分爲三者，漢儒之謁，則漢儒又何故誤分之也？要而論之，當以鄭箋『從其國本』之説爲正。其地名錯出者，正義云『三國境相連接』故也。姜氏廣義曰：『詩有作于衛人而鄘人傳之者，有事在鄘地而邶人詠之者，況詩多擬作，非必自爲。』劉氏瑾曰：太師各從得詩之地而繫以名篇。更足補箋疏之所未備。

增　鄭箋謂管叔封邶〔二〕，霍叔封鄘，康叔封衛，是爲三監。其後因二叔見廢，其地併入於衛，其事亦皆衛事，而猶存邶鄘之名者，從其舊也。

柏舟非婦人之詩

序云：『柏舟，言仁而不遇也。』列女傳衛宣夫人傳引此詩『我心匪石』四句，胡氏一桂以爲魯詩。王氏詩考又引李迂仲説，以韓詩云『衛宣姜自誓所作』。朱子取列女傳以此詩爲婦人不得于夫而作，極詆序説。今考朱子雖引列女傳爲證，然不全用其説，而疑爲莊姜詩。

蓋亦心知其非，特欲借之以助己排序也。且朱子作孟子集註，仍用序説，亦以『仁人不遇』爲主也。何氏古義曰：『章首言飲酒遨遊，此豈婦人之事？』我黄元吉曰俗儒據『不能奮飛』句知爲婦人詩〔三〕，『今正以此句知非莊姜詩。婦人從一而終，豈可自飛？而「我思古人，實獲我心」，莊姜之温厚和平如此，焉得生欲飛之念哉？』此二説皆足正集傳以爲婦人之誤。

不可以茹，『茹』字

解詩者訓『茹』爲『納』，謂鑒納影在内，不擇妍醜，我心不能兼容善惡。此于文例亦合。然第自言其不能容物，與下文『亦有兄弟』四句語意不貫，殊費周折。惟毛傳以『茹』爲『度』，似爲得之。考經中『茹』字，如『玁狁匪茹』、『來咨來茹』作『度』字解者正多，則當從毛説者爲正。言鑒之分明，可由表以度其裏，我心不能披露於人，使人度而知之。所謂人藏其心，不可測度也。美惡皆在其心，不見其色也。此所由忠而獲謗，信而見疑，雖有兄弟而『不可以據』，且至往愬而逢其怒也。

亦有兄弟

箋云：『責之兄弟之道，謂同姓臣也。』鄭並未嘗明指『兄弟』爲君。至『逢彼之怒』，傳云：『彼，彼兄弟。』其不以『兄弟』爲君亦可知。故秦氏震宇曰：玩『亦有兄弟』二句，必同姓之臣。呂記引范氏云：『此公侯之臣也，僚類乃其兄弟也。』乃孔疏指『兄弟』爲君，似于文義不順矣。

不可選也，『選』字

毛傳：『物有其容，不可數也。』釋文：『數，色主反。』賈誼容經曰：『棣棣，富也。不可選，衆也〔四〕。』與毛義合。段氏據漢書引詩作『算』，謂『選』爲『算』之假借。不知『選』亦可訓『數』，如左昭元年傳『弗去懼選』可證，正不必改『選』爲『算』也。又按：今本後漢書朱穆傳注載絶交論略引詩『威儀棣棣，不可選也』。王氏詩異字考作『不可算也』，云出朱穆傳注，蓋所見本異耳。

增 朱子傳論語『何足算也』句注：『算，數也。』算、數義本通。

慍于羣小

傳：『慍，怒也。』釋文『慍』下云：『怒也。』正義云：『言仁人憂心悄悄然，而怨此羣小人在于君側者也。』校勘記云：『釋文本此傳作「怒也」。』『正義本「怒」字當是「怨」字。』按：趙岐注孟子云：『憂心悄悄，憂在心也。慍于羣小，怨小人聚而非議者也。』知正義本作『怨』，是也。慍于羣小，歐陽本義謂『小人慍仁人』，呂記、嚴緝皆從其說。然考箋于上章云：『言己德備而不遇，所以慍也。』是以『慍』屬『仁人』，故孔疏謂仁人『怨此羣小』。荀子宥坐篇云：『詩曰：「憂心悄悄，慍于羣小。」小人成羣，斯足憂矣。』劉向上封事云：『小人成羣，亦足慍也。』本此。此皆以『慍』爲慍此小人，不當作見慍于羣小也。

『綠衣』不作『褖衣』

綠衣，箋云：『「綠」，當作「褖」。故作「褖」〔五〕，轉作「綠」，字之誤也。』惠氏古義曰：『此或見齊、魯詩，今不可考矣。』按：篇名『綠衣』，從毛爲是。此與內司服『綠』誤爲『褖』者不同。鄭學深于三禮，往往以禮箋傳，所謂按迹而議性情者。疏義曲附箋義，以『褖衣』爲『六服』之下，詩人因其所有之服而言，『不宜舉實無之綠衣以爲喻』。夫詩人託興之詞，何所不可？如必謂宜舉所有之物，則箋云鞠衣以下，衆妾以次服之，是黄與黑皆賸所得服，安見綠衣以喻妾，而黄又以喻嫡乎〔六〕？惟毛傳云：『綠，間色。黄，正色。』以喻嫡妾，甚確當也。

女所治兮，『女』如字

釋文云：『崔靈恩云：「女，毛如字。」』推毛之意，謂絲爲女子之所治耳。傳云：『綠，末也。絲，本也。』蓋謂絲由于所染，染之蒼則蒼，染之黄則黄。今以絲而爲間色之綠，將歸過于女手之所治，喻以妾而開上僭之端，亦嘗歸過于人君之所致。鄭讀『女』爲『汝』，云：『女，女妾上僭者。』專以『上僭』責妾，似非探本之論。集傳『女』指君子，且云『綠方爲絲而女又治之』〔七〕，以比妾方少艾而女又嬖之』者，用正義述毛之語，非毛之本旨也。

燕燕于飛

傳：『燕燕，鳦也。』爾雅：『巂周，燕燕，鳦。』孫炎曰：『别三名。』舍人曰：『巂周，名燕燕，又名鳦。』此正與傳訓『燕燕』爲鳦合。説文：『巂周，燕也。从隹，山象其冠也〔八〕。冏聲。』或謂鳦鳥本名『燕燕』，不名『燕』。以其雙飛往來，遂以雙聲名，若『周周』『蛩蛩』『狒狒』之類。餘書省其文，多單言之。不知單言『燕』者，乃鳥名。釋鳥云：『燕，白脰鳥。』小爾雅謂之『燕鳥』。是説也，非無所據，而不免于泥。考左傳正義云：『或單呼「燕」，或重言「燕燕」，異方語也。』呂氏春秋音初篇：『有娀氏有佚女，爲之九成之臺〔九〕，飲酒必以鼓。帝令燕往視，二女愛而爭搏之，覆以玉筐。少選，發視之，燕遺二卵。』皆單言『燕』，而歌又曰『燕燕』。漢書五行志童謡『燕燕尾涎涎』，下又云：『王孫死，燕啄矢。』足見其可名『燕』，亦可名『燕燕』矣。至以『燕燕』爲兩鳥，以喻行者與送者爲二人，則説之鑿者矣。

差池其羽

集傳云：『差池，不齊之貌。』李氏樗曰：『左傳「何敢差池」，杜氏以爲「不齊」是也。』王安石曰：『燕，方春時以其匹至，其羽相與差池，故莊姜感所見以起興。』嚴氏粲曰：『嫡妾相依，如雙燕飛，其羽差池，相爲先後而逐飛也。今戴嬀大歸，而己獨留，不復如雙燕矣。』按：此説非也。詩言『燕燕于飛』，乃是一燕，非雙燕也。且篇中『差池』『頡頏』『上下』皆是興戴嬀，不得兼莊姜言也。善乎，鄭氏之言曰『差池其羽，謂舒其翼，興戴嬀將歸，顧視其衣服』，不忍別去。此説得之。

頡之頏之

傳：『飛而上曰頡，飛而下曰頏。』説文注云：『當作飛而下曰頡，飛而上曰頏。轉寫互譌』明矣。『「頡」與「頁」同音。頁，古文「䭫」。飛而下如䭫首然，故曰「頡之」，古本當作「頁之」。「頏」即「亢」字。亢之引伸爲高也，故曰「頏之」，古本當作「亢之」。』按：此説是也。考三章『下上其音』即承此下『頡』上『頏』言之。傳云：『飛而上曰上音，飛而下曰下音。』此亦傳寫譌倒。傳當依經釋之，如箋云『下上其音，戴嬀將歸，言語感激，聲有大小』也。若作上『頡』下『頏』，則與『下上其音』不相應矣。

其心塞淵

傳：『塞，瘞。』釋文：『瘞，崔集注本作「實」。』正義之『定本作「瘞」〔一〇〕，俗本作「實」。』其衍傳文云：『其心誠實，爲深遠也。』是正義用俗本。書『温恭允塞』，正義亦引毛傳訓『塞』爲『實』，訓義易明。定本作『瘞』者，蓋以『塞』爲『瘞』之假借，『瘞』乃『瘱』之假借。方言：『㢝、塞，安也。』廣雅：『㢝、𡫳，安也。』是『塞』與『𡫳』通。説文：『瘞，静也。』王褒洞簫賦：『清静㢝瘱。』『㢝瘱』與『㢝𡫳』義同〔一一〕，故『𡫳』亦可訓瘞。蓋塞淵者，狀其心之静深也，不必定以俗本爲長。

逝不古處

傳訓『古』爲『故』。然觀碩人詩，莊姜初來即不見答，非始有恩義而後忘之也，是『古』不當訓爲『故』。或曰：以古道相處也。其説最合。顧氏起元曰：『以古道相處，如古之刑于雍睦也。』王氏回回曰：『不以古夫婦之道處我。』考綠衣云『我思古人』，是自處以古人爲法。此云『逝不古處』，是望人以古道處己也。然則莊姜處己望人，不皆有則乎？

德音無良

傳：『音，聲。良，善也。』稽古編曰：『「德音」屢見于詩，或指名譽，或指號令，或指語言。』嚴華谷曰：『德音，言語也。此詩「德音無良」與邶谷風「德音莫違」，皆婦人言其夫待己之意耳，故爲聲音言語。』按：德音，非必有德之音。如邶風『德音』而曰『不瑕』，此詩而曰『德音無良』，所謂德有凶有吉也。集傳云：『德音，美其辭。無良，醜其實。』非也。

俾也可忘

毛詩明辨録云〔一二〕：『言何時能有定而使我可忘其無良乎？箋亦作忘無良。』按：可忘，言何時能定而使我可忘其憂〔一三〕，即綠衣『心之憂矣，曷維其忘』之義，不必云『忘其無良』也。諸家泥于傳注，或以爲莊公忘莊姜，或以爲莊姜忘莊公，義皆淺率。若陸堂詩學謂『也』疑『我』字之譌，則又失之於泥矣。

報我不述，『述』字作『術』

傳曰：『述，循也。』箋云：『不循禮也。』按：首章不以古道相處，次章云盡婦道而不得報，此則云雖報我而不循禮。禮，所謂古處也。釋文：『述，亦作術。』文選注引韓詩曰：『報我不述，薛君曰：「術，法也。」』考祭義『術省』，鄭氏云：『「術」與「述」同。』士喪禮云：『筮人許諾不述命。』注云：『「述」作「循」也。』『術』『述』字古既通用，則傳箋以『循禮』爲『述』字訓義，正與薛君訓『法』正合。而吕記、嚴緝乃引朱子初説，以『不可稱述』爲訓〔一四〕，則是『術』可通『述』，而『述』不可通『術』矣。

終風傷己

序云：『終風，衛莊姜傷己。』嚴緝云：『國史是衛莊姜傷己，『不言爲何時詩也。後序以爲作于州吁之時。或者以爲作于莊姜之時，且後序有毛公所不見者，固不可盡據。然「莫往莫來」傳云：「人無子道以來事己，己亦不得以母道往加之。」是毛公以爲州吁詩矣。『而説終風者，謂莊姜不忘州吁，見侮慢則悼之，莫往來則思之，甚至憂而不寐，望其思我母子之情惓惓不已，所以爲温柔敦厚也。不知此説非也。州吁弒君篡國，阻兵安忍，是衛之賊也。衛人未嘗以之爲君，莊姜安得以之爲子？況其「謔浪笑傲」，侮慢其嫡母。』『彼不以母道事莊姜，莊姜安得以子道蓄之？故凡經文言「悼」言「思」言「願」，蓋傷己也。傷己者，傷己之不能正州吁耳。所憤者，亂賊之横行。所悲者，宗社之多禍也。』〔一五〕朱氏通義曰：『作思念莊公者，既不合旨；作思念州吁者，于理未安。長發此解，善申序意，且與左氏「莊姜惡之」之語甚合矣。』

終風且暴

毛傳訓『終日之風』。韓詩解『終風』爲西風。此皆緣詞生訓，非經之本義。考爾雅云：『南風謂之凱風，東風謂之谷風，北風謂之涼風，西風謂之泰風，焚輪謂之頹，迴風謂之飄。』以上六句通釋詩詞而不及『終風』，則『終』爲語詞明矣。蓋『終』猶『既』也。『既』『終』，語之轉也。如葛藟之『終遠兄弟』、定之方中之『終焉允藏』、伐木之『終和且平』，説詩者皆訓爲『既』，則此之『終風且暴』亦言既風且暴也。

惠然肯來

陳氏稽古編曰：『箋云：「肯，可也。有順心則可來〔一六〕，不欲見其戲謔。」此説當矣。州吁安得有順心時乎？言可來，正欲其不來也。拒之之詞，非望之之詞也。』今按：毛傳於『惠然肯來』云：『言時有順心也。』夫州吁弑君簒國，自知爲臣民所不容，故其時亦欲託君母以自重。然即其時有順心而來，亦不得謂其以子道事己，故繼之曰：『莫往莫來，悠悠我思。』此皆決絶之詞，語雖婉而意則嚴矣。

願言則嚏

釋文『疌，本又作「疐」，舊竹利反，又丁四反，又豬吏反，或竹季反，劫也〔一七〕。鄭作「嚏」，音都麗反。又云劫也，居業反。本又作「跲」，音同。又集業反。孫毓同。崔云：毛訓「疌」爲「㰦」，今俗人云「欠欠㰦㰦」是也。不作「劫」字。人體倦則伸，志倦則劫。㰦，音邱據反。玉篇：「㰦，欠，張口也。」』正義述毛云：『願以母道往加之，我則嚏跲而不行。』又引王肅云：『「願以母道往加，則嚏跲而不行。」「跲」與「劫」音義同也。定本、集注並同。』又述鄭云：『言「我則嚏」，解經「言則嚏」也。』今按：釋文所據毛詩經文當作『願言則疐』，其『又作嘖』『又作疐』者，所以存别。『疌』即『疐』之或體，非説文止部之『疌』字。『唗』又『疌』之變體。其云『鄭作嘖者』，乃指箋讀『疐』爲『嘖』言之。鄭雖以嘖咳義釋經，而經文自猶作『疐』。陸所見傳文作『疌，劫也』，則是王肅作『刧』，其别本『刧』又作『跲』，孫毓本亦作『跲』。至崔靈恩集注經文亦作『疌』，傳則作『疌，刧也』，與王肅作『劫』、孫毓作『跲』者，都不同矣。正義所據經文本作『疐』字，傳作『疐跲也』，與狼跋傳同。其所引王肅『跲』乃作『劫』，故云『跲與劫音義同』也。但云『定本、集注並同』，則與陸所云『集注作疌』者又異。此其説之不可通者也。

擊鼓其鏜

集傳：『鏜，擊鼓聲也。』孔氏穎達曰：『司馬法云「鼓聲不過閶」。字雖異，音實同也。左傳曰：「夫戰，勇氣也。一鼓作氣。」』今州吁用兵暴亂，聽其鼓聲知其必敗，猶之師曠歌南風而知楚之不競也。夫『伐鼓淵淵』，方叔之鼓也；『擊鼓其鏜』，州吁之鼓也。鼓一也，而擊之者有異耳。

土國城漕

説者謂漕未有城。左閔二年傳〔一八〕：戴公渡河而『廬于漕』。曰『廬』則未有城也，故文公復城楚邱。此云『城漕』，則非怨州吁詩。今按：汪氏梧鳳詩學女爲曰：『漕，衛之下邑。定之方中序云「野處漕邑」，載馳序曰「露于漕邑」。邑，則有城矣。曰「野」曰「露」者，正以下邑荒陋，非國君所居，亦猶「越在草莽」云爾。文公之築楚邱，因利築城，度土建邦，猶之商人五遷，周人遷岐、遷豐、遷鎬耳。而謂漕無城焉，非也。且州吁之城漕也，亦猶浚洙城郎之類，非創爲是邑。故鄭曰「修理漕城」。』『不得據後「廬于漕」之文，遂謂漕無城，並謂城漕非州吁事也。』

不我以歸

箋云：『以，猶與也。與我南行，不與我歸期。兵，凶事。懼不得歸，預憂之。』此説與詩旨最合。何氏古義曰：『先是平陳與宋，之後即往伐鄭。既圍其東門，五日而還矣。未幾，魯翬帥師來會，復往伐鄭。自夏而秋，僅隔一時耳。必師歸在途，又聞後命，未得班師。故曰「不我以歸」。』王氏總聞亦云：『夏還而秋再舉，當時征夫不得還家。』不知『不我以歸』句緊接『平陳與宋』，則是初出師時已有死亡無日之憂，不必待其再舉也。

契闊

毛傳云：『契闊，勤苦也。』釋文：『契，本亦作「挈」。』小雅大東『契契寤寐』，傳云：『契契，憂苦也。』王逸楚詞注引作『挈挈寤歎』。挈，又作『絜』。爾雅：『九河有絜。』禹貢正義引李巡云：『絜，言河水多山石，治之苦絜。絜，苦也〔一九〕。』蓋『契闊』以雙聲爲義也。後漢書傳毅迪志詩曰〔二〇〕：『契闊夙夜，庶不懈忒。』盧子諒贈劉琨詩：『契闊百罹。』此正用毛傳『勤苦』之訓。又齊書謝朓傳：『契闊戎旃，從容讌語。』『契闊』與『從容』對，亦言勤苦于兵旅。集傳以『契闊』爲『隔遠』，誤矣。釋文引韓詩：『契括，約束也。』且毛詩作『闊』，韓詩作『括』。韓詩『闊』既作『括』，『契』疑當作『絜』。『絜括』亦雙聲取義。『死生絜括』，言死生相與，約結不相離棄也。其義並可備一解云。

與子成説

釋文：『説，音悦。毛：數也。鄭：相愛悦也。數，色主反。』按：陸云音『悦』，是專爲鄭箋作音。其以『數』爲『色主反』，則毛于『成説』之『説』作如字讀矣。正義云：『當與子各患難相救，成其軍伍之數。』『王肅云：言國人家室之志，欲相與從生至死，契闊勤苦而不相離，相與成男女之數，相扶持俱老。似此述毛，實非毛旨。』正義釋毛，雖與肅異，而讀『數』爲數目字則同。『説』爲數目，古無此訓，自以説文音色主反爲正。蓋『數』讀色主反有二義：一爲責數之數，左傳『數之，以其不用僖負覊』是也；一爲數説之數，禮記『遽數之不能終其物』是也。此傳『説』爲數，當爲數説之數。説者：成説者，成言也。毛何以不訓『説』爲言而訓爲數？此『説』爲數亦有二義：所説者非一事爲數，所説者非一人亦爲數。此爲從軍之士，以其同伍者約誓以死生勤苦之意，則所説不止一人一事，故傳以『説』爲數與？

于嗟洵兮

毛傳云：『洵，遠也。』正義申之曰：『于嗟乎，此軍伍之人與我相疏遠兮。』釋文：『洵，呼縣切。本或作「絢」，誤也〔二〕。韓詩作「敻」，敻亦遠也。』曹大家注幽通賦：『敻，遠貌也。』文十四年穀梁傳『敻入千乘之國』，范注云：『敻，猶遠也。』毛訓『洵』爲遠，蓋以『洵』爲『敻』之假借耳。

凱風美孝子

序云：『凱風，美孝子也。』集傳以爲此詩乃孝子自責之詞。獨是詩人美刺，多代爲其人之詞，故有似刺而美，似美而刺者。此詩序七子自責，而略不及其母之過，所以深體其心。若七子幹母之蠱，積成幾諫，必惟恐人之或聞。而又自作此詩，則有借母立名之心，何得云孝？細繹詩旨，自是七子遭家不造，母有去志，而能痛自刻責，思過引咎，以悟親心，卒令其母感而不嫁。故詩人代敘其自責之詞，以美其能慰母心，而孝莫大如是矣。大戴曾子立孝篇：『「有子七人，莫慰母心。」子之辭也。』此謂爲人子者，義當歸過于己，非七子不能慰其母心耳。要非以此詩爲七子所自作也。

棘心

傳箋及疏皆不指爲何木〔一二二〕。今按：釋草云：『茦，刺也。』郭璞云：『草刺針也。』方言：『凡草刺人，北燕、朝鮮之間謂之茦，自關而西謂之刺，江湘之間謂之棘。』沈括云：『棗獨生，高而少橫枝。刺列生，卑而成林。以此爲別。其文皆從朿。朿音刺，木芒刺也。朿而相戴立生者棗』，相並橫生者棘。『不識二物，觀文可知。』說文云：『棘，小棗叢生者。』爾雅〔一二三〕：『棘性堅，費風之長養者。其心之生，更難于幹。』易：『寘于叢棘。』虞翻注云：『坎多心，故叢棘。』特牲饋食禮：『棘心匕刻。』蓋棘心堅，故以爲匕。凡木心堅則難長，自萌芽而至于盛大，其久可知。故以爲『母氏劬勞』之興矣。

自詒伊阻，『伊』當作『繄』

箋云：『伊，當作繄。繄，猶是也。君子之如是，我安其期而不去。今以軍旅久役不得歸，此自詒以是患難。』按：箋義正與傳合。左傳宣二年：『趙宣子曰：「嗚呼！我之懷矣！自貽繄慼。」』小明云：『自貽伊慼。』爲義既同，明『伊』有訓爲『繄』者，故此蒹葭、東山、白駒各以『伊』爲『繄』。小明不易者，以『伊慼』之文與傳正同，爲『繄』可知。據此，雄雉『自詒伊阻』箋改作『繄』者，本左傳文也。

濟有深涉

傳：『濟，渡也。』按：『濟』當作津渡解。渡水之謂濟，因而所從渡處亦謂之濟。説文：『津，水渡也。』『渡，濟也。』方言：『過渡謂之涉濟。』水經河水注云：『名其津爲「君子濟」。』晉書石虎載記：『起河橋于靈昌津，采石爲中濟。』此皆以『濟』爲渡名。此詩首章以『濟』與『匏』對，次章以『濟』與『雉』對，皆實字也。箋訓『濟有深涉』爲『渡處深』，此固以

『濟』爲津濟。次章云『渡深水必濡其軌』，則又以『濟』爲渡水矣。兩『濟』字虛實異義，非也。

旭日始旦，『旭』字音義

釋文：『旭，許玉反。徐又許表反。説文：「讀若好。」字林：「呼老反。」』今本説文作『讀若勖』。按：『勖』從力，冒聲，知不讀若『好』也。爾雅釋訓：『旭旭、蹻蹻，驕也。』釋文：『旭，郭呼若反。』邢疏曰：『郭讀「旭旭」爲「好好」。』今按：徐又音許表反者，集韻、類篇亦引徐邈讀許元切，是徐所見本不作『旭』。易『盱豫』釋文：『盱，姚作「旴」，云日始出。引詩「旴日始旦」。』今考姚所引詩作『旴』。説文、玉篇皆無『旴』字。旴，説文雖訓『晚』，然日部又云：『暤，旴也。』玉篇：『旴，明。』是『旴』有『明』義，故爾雅釋天注言『氣暤旴』。釋文云：『旴，日光出也。』旴，從于，讀與『軒』同，『許元反』正其音。是許所見本亦必作『旴日始旦』〔二四〕，與姚同也。

谷風

左傳曰〔二五〕：『陰陽和而谷風至。』以喻夫婦和則家室成也。爾雅釋天云：『東風謂之谷風。』孫炎云：『谷之言穀。穀，生也。谷風者，生長之風。』陰陽不和，即風雨無節，故陰陽和而谷風至。朱子注詩取此爲説，誠至當也。陰陽之氣，噓則爲風，濡則爲雨。雨非風所致，然陰陽和而谷風至，乃以陰而雨也。

黽勉同心

黽勉，傳箋如字讀。嚴氏粲曰：『黽勉，猶勉强也。』釋文：『黽，本亦作「僶」，莫伊反。黽勉猶勉勉也。』文選注引韓詩作『密勿同心』，云：『密勿，僶勉也。』考十月之交『黽勉從事』故詩，劉向傳作『密勿從事』，師古曰：『密勿，猶黽勉也。』蔡中郎集『晝夜密勿』，文選『密勿軍國』，皆言『黽勉』也。是此『黽勉』字從韓詩作『密勿』，亦非無據。

無以下體

箋云：葑菲『上下可食，然而其根有美時，有惡時。采之者不可以根惡時並棄其葉，喻夫婦以禮義合，顔色相親，亦不可以顔色衰棄其相與之禮。』左傳臼季對晉文公，引此詩而曰：『君取節焉，可也。』夫謂『節』者，取其一善而已。觀于此，詩箋義之當矣。乃鄭注坊記云：『無以根而幷取之。』程大昌云：『古人用牲以上體爲貴，蕪菁則葉可食而不知其根之美，故采葑菲者，不棄下體。』此雖本坊記注〔二六〕，然此説可以注禮，而不可以釋詩。何氏古義因之，言二物根爲美，詩人謂『采葑采菲』，得無以下體之故乎？此解殊與詩意不合。至嚴緝以爲下體莖葉近地多黄腐，此則凡莖皆然，詩人何獨舉葑菲乎？其説亦非也。

中心有違

毛傳：『違，離也。』蓋謂其有違者，有離別之意。箋云：『違，徘徊也。行於道路之人〔二七〕，至將離別時，尚舒行，其心徘徊然。喻君子於己不能如也。』是傳箋之義相合矣。釋文引韓詩曰：『違，狠也〔二八〕。』説文：『狠，不聽從也。一曰行難也。』韓詩以『違』爲『狠』，即『行難』之意。是韓詩又與毛鄭詩相合也。

薺

毛鄭皆無訓釋。吕記引本草云：『薺味甘，人取其葉作菹及羹，亦佳。』此爾雅之『莕，薺實』也。郭注云：『薺子味甘。』東萊之解詩，實本于此。爾雅又云：『菥蓂，大薺。』又云：『葶，葶藶。』即月令『靡草』。二種皆薺類，而味不及。爾雅又有『莌，蒫莌』，注云：

『薺苨。』何氏古義以釋此詩之『薺』，誤矣。

涇以渭濁

毛鄭皆以『涇』喻舊室，『渭』比新室。程氏謂涇濁而渭清，今經反以渭爲濁。嚴緝即用其說。呂紀云：『涇，新昏也。渭，舊室也。涇渭既合，則清濁易亂。或於州渚淺處視之，渭之清猶可見矣。』此皆與傳箋相反〔二九〕。東萊遺集又有說云：『既看得涇水濁，愈見渭水湜湜然清潔可喜，此所以「宴爾新昏，不我屑以」也。』此又以渭清比新昏，與詩記之說不無矛盾。然細玩後說，實與傳箋有合也。

涇渭

考涇水出涇陽西笄頭山。皇輿表云：在陝西平涼府鎮原縣。今甘肅直隸州涇州鎮原縣。渭水出隴西鳥鼠同穴山〔三〇〕。皇輿表云：在陝西臨洮府渭源縣。今甘肅蘭州府渭源縣。水皆發原二千里。涇自東南，行一千六百里，至陝西西安府高陵縣入渭。禹貢所謂『涇屬渭汭』，是涇小渭大，屬于渭而入于河。漢書溝洫志：『涇水一石，其泥數斗。』潘岳西征賦『清渭濁涇』是也。涇以喻舊室，渭以喻新昏。言涇本濁，以渭相形，而益見其濁。夫詩人多述土風，此衛詩而遠引涇渭者，以涇濁渭清天下所共所知，故援以爲喻也。

湜湜其沚，本當作『止』

箋云：『己之持正守初，如止然不動摇。』正義釋經云：『己雖爲君所惡，尚湜湜然持正守初，其狀如止然不動摇，可用爲室家矣。』是『湜湜其沚』本作『湜湜其止』。説文水部：『湜，水清底見也。從水，是聲。詩曰：「湜湜其止。」』水清底見，即止然不動摇之義，與箋説正合。又白氏六帖卷七兩載此詩，皆作『湜湜其止』。合各本及注疏本皆作『沚』，此因經誤作『沚』，淺人又於箋首增『小渚曰沚』四字，于釋文加『其沚音止』四字〔三一〕，誤遂不可解矣。

賈用不售，『售』字音義

按：『售』字有三音。唐韻承臭切，音授。集韻神六切，音孰。又韻會附流切，音酬。此『賈用不售』之『售』，當音酬，與上『讎』字協。説文：『售，賣出手也。从口，雔省聲。』又與『讎』同。大雅抑『無言不讎』〔三二〕，箋云：『敎令之出如賣物，物善則其售賈貴，物惡則賈賤。』是以『讎』爲售也。此詩人言我雖勤勞如此，而不見取，如賈之不見售也。

伊余來塈

傳：『塈，息也。』大雅『民之攸塈』，正義引爾雅釋詁云：『呬，息也。』某氏曰：詩云『民之攸塈』〔三三〕，是詩本有作『呬』者，則『塈』爲『呬』之假借無疑。故傳訓『塈』爲『息』。或據玉篇以『厩』爲古『憩』字，『厩』與『塈』相似。然玉篇『厩』下本不引詩，未可既以『厩』字爲詩『塈』字之假借。蓋『伊余來塈』對上『既詒我肄』而言，謂今遺我以勞苦之事，不念昔者我初來之時，猶能以禮相待而安息也。黄氏一正引葛屨毛傳：『婦三月廟見，然後執婦功』，故婦初來曰『息』。此亦足以發明經義。

式微，衛宣公時詩

考朱子詩序辨説引陳氏曰：『説者以此爲衛宣公時詩，然宣公之後百餘年，衛穆公時，晉滅赤狄潞氏，數之以奪黎民之地。然則此其穆公之詩。』劉氏瑾曰：『黎侯臣子有勸歸之詞，黎之宗社疑未滅也。豈其後黎再復國，至衛穆公時方爲赤狄所滅與？』『此詩雖未見其必作於衛宣之時，亦未必作于衛穆公時也。』今按：衛凱風以下時世多闕，但此篇既次宣公時新臺、乘舟之前，云穆公時詩者，固非義也。又『變風』終于陳靈公被弒，在春秋魯宣公十年；晉滅赤狄，在魯宣公十五年，當衛穆公時，去衛宣公之世已百餘年矣。惟在衛宣公時，桓文未興，故黎臣以救災恤鄰望之于衛。若在穆公時，則齊晉迭主夏盟，不當復以責衛也。

中露、泥中

朱傳：『中露，露中也。言有霑露之辱而無所芘覆也。』『泥中，言陷溺之難而不見拯救也。』李氏樗又爲之説曰：凡失國者云越在草莽，卑賤者曰辱在泥塗，是也。其説不免于迂泥。惟毛傳以『中露』『泥中』爲衛二邑，其説至當。而李迂仲譏其無據。夫古地名豈皆有據乎？黄氏日鈔又云〔三四〕：恐無以一身處二邑之理。不知處二邑者，謂以二邑之所出贍恤之耳，豈必令其分身而處之乎？黄氏守佺曰：二邑今在東離狐城者，是水經注以泥中在濮陽郡治，則中露當相去不遠。或謂當以『露』與『泥』爲邑名，『泥中』猶言『邑中』，『中露』猶言『泥中』也，即『中林林中』例。從來連『中』字爲邑名者，非。殊不知春秋邑名上下連『中』字者，魯有中邱，晉有中牟，鄭有中分，晉又有中平。安見『中露』『泥中』必不可連『中』字爲邑名乎？

何誕之節兮〔三五〕，『誕』字

毛傳訓『誕』爲『闊』，鄭箋訓爲『疏闊』。今按：『誕』與『覃』通，猶『葛覃』之『覃』。書『誕敷』亦作『覃敷』，是其證也。覃，延也。詩蓋謂旄邱之上有葛，其節何延蔓而長。雖前高後下之邱，猶遠能及。而我之伯叔同處一地，乃多日而不相恤，是何心也？詩言葛者，多取延蔓之義。傳釋爲『闊』，即『延』字引伸之義。蔓愈長則節愈闊，已有爲時甚多之意，故下傳云：『日月以逝，而不我憂。』至箋云『土氣緩則葛生闊節』〔三六〕，於物情未必有當矣，是不如傳説之爲允矣。

必有與也，必有以也

傳：『言與仁義也。』『必以有功德〔三七〕。』正義曰：『言「與」言「以」者，互文。以者，自己于彼之詞。與者，從彼于我之詞。』『故此傳「言與仁義」，不云「必」，由與自彼來。下文「必以有功德」，是自己情〔三八〕，故云「必」也。』此疏析義甚精。其實『與』『以』二字本通。漢書劉向傳注曰：『以，由也。』此『必有以』者，言必有由也。廣雅：『以，與也。』江有汜、擊鼓、桑柔，箋並云：『以猶與也。』然則『必有與也』與『必有以也』義當略同。毛公所謂『仁義』『功德』者，殆即詩意而推意之者與？

流離之子

自來説『流離』，皆以爲梟。今按：郭注爾雅但云：『鶹鷅即留離。詩所謂「流離之子」。』並未嘗指爲梟。陸璣詩疏則云：『自關而西，謂梟爲流離。』且引張奂云：『鶹鷅食母，何其安也。』惟姚氏識名解據爾雅上下文義，以『鶹鷅』爲凡鳥少美長醜者之通名，其解甚諦。惟不信毛詩之『流離』即『鶹鷅』，而仍用宋人『流離漂敬』之説，殊不知詩字本作『留離』，今作『流』者乃後人所改耳。『之子』即指衛之諸臣，言其不知救災恤鄰，苟且圖安，脣亡齒寒，終必及患，如鳥之少好不足恃耳。

褎如充耳

説詩者皆以『褎』爲『多笑』；充耳，塞耳也，耳聾之人多笑。其説非也。毛傳訓『褎』爲『盛服』，『充耳』爲『盛飾』，言大夫服飾雖盛而不能稱也。其説平正而無奇。按：『褎』字從衣，訓爲『盛服』。漢武帝策賢良云『子大夫褎然爲舉首』，注云：『褎然，盛服貌。』正本此詩義。『充耳』即瑱，施于冕服，故爲盛飾。夫詩言充耳多矣，並無取于耳聾之義。淇澳以充耳爲美，此以充耳爲刺。盛飾均也，而稱不稱，異焉。又漢書敘傳云：『樂安褎褎，古之文學。』顔注云：『褎褎，盛飾貌。』蓋『褎』本衣被之名，從衣從采，引伸之爲盛飾也。

籥

傳：『籥六孔。』『龠〔三九〕，樂之竹管，三孔以和衆聲也〔四〇〕。』又竹部云：『籟，三孔龠也。大者謂之笙，其中謂之籟，小者謂之箹。』注説文者云：『毛詩傳曰「龠六孔」』，許『龠』下當從毛，今作『三孔』者，爲淺人所亂耳。于此可以證彼：此云『三孔』者，謂龠之三孔者，籟也。大者，蓋六孔矣。『鄭注笙師、少儀、明堂皆云「龠如笛，三孔」。鄭專言籟耳。』此説甚精。趙注孟子、郭注爾雅、應氏風俗通皆同鄭注，以龠爲三孔，蓋皆舉其中者言之。若廣雅又云『龠七孔』者，以龠有『笛』名，故單舉笛孔言之。説文：笛，七孔也。『羌笛三孔。』亦猶龠爲六孔，而籟别爲三孔龠耳。

公言錫爵

舊説以『公』爲公庭，指宗廟；『言錫爵』謂祭末勞翟，記所謂『祭有畀、煇、炮、翟、閽也』。朱子集傳則不從祭祀，言公庭言錫爵，即儀禮燕飲獻工之禮〔四一〕。儀禮：『主人洗升獻工，工不興』，『一人拜爵』。故徐氏曰：工告樂備，則主獻工。主人，宰夫也。然必錫之于君，故曰『公言錫爵』。是知錫爵乃禮微者，以碩人而得此，則未免于辱矣。而反以其賚予之親洽爲榮，而誇美之，亦玩世不恭之意也。

榛

說文：『榛，木也。從木，秦聲。』『亲，木似梓，實如小栗。從木，辛聲。』釋文：『榛，木叢生也。字林榛木之字從辛、木。似梓，實如小栗。』廣雅云：『木叢生曰榛。』『亲，栗也。』『亲』『榛』二字本別，今經傳概作『榛』，無復辨矣。詩有五『榛』：此『山有榛』，鄘『樹之榛栗』，曹『其子在榛』，小雅『止於榛』，大雅『榛楛濟濟』。以文義觀之，惟小雅之『榛』爲叢木，餘皆爲果實。其字止作『亲』，今作『榛』，誤。鄘之『榛』與『栗』並言，其爲果實無疑。曹之『榛』，上有『梅』，下有『棘』，棘、梅皆果實，則『榛』亦當爲果實。大雅之『榛』與『楛』並言，山海經西山經『下多榛楛』郭注亦言『榛子似栗而小』。此之『榛』，陸疏謂『子味如栗』，不更顯然可知乎？

苓

傳：『苓，大苦。』說文『苦』下云：『大苦，苓也。』爾雅釋草作『蘦』。孫炎注云：『今甘草。』或又云大苦即卷耳。今按：沈括筆談云：『爾雅「蘦，大苦」注云：「葉似荷，莖青赤。」此乃黄葉也。其味極苦，謂之大苦。以爲甘草，非也。』其説極是。但『苓』與『蘦』字本可通，故毛詩作『苓』，爾雅作『蘦』也。至苦卷苓耳〔四二〕，本有明訓，惟單言『苓』者，斷非卷耳矣。

西方美人

朱氏通義曰：『此詩極稱碩人才藝堪爲王臣，見衛之不用爲可刺，而因有思于西周之盛王。』『蓋言如此碩人，安得遇西周盛王而承事之耶？』吕氏東萊又曰：詩歎碩人之謂『山有榛，隰有苓』，惟西周然後有此人物也；『云誰之思，西方美人』，見碩人而慨然有懷于西周之賢士大夫也。今按：鄭箋以『西方美人』指周室賢者，則吕氏之説不爲無據。此『美人』指周室賢者，下『彼美人兮』即指碩人。前曰『碩人』，言其貌；後曰『美人』，言其才。固無嫌于一篇之中，人同而稱異也。蓋周既東遷，詩人思西周之時有如此人物，而因嘆美衛之賢才可爲西周之人物矣。

毖彼泉水

毛傳：『泉水始出，毖然流也。』釋文：毖，『韓詩作「祕」。說文作「眍」，云直視也〔四三〕。』今按：段氏云：『說文「眍」字注「讀若詩云『泌彼泉水』」，不作「眍」字，是陸氏之誤。』又云：『說文：「泌，俠流也。」』

泲、禰、干、言

傳：『泲，地名。』『禰』，亦『地名』。箋云：『泲禰者，所嫁國適衛之道所經〔四四〕。』又傳云：『干，所適國郊也〔四五〕。』箋云：『干言猶泲禰，未聞遠近同異。』今按：傳于『泲』于『禰』但言『地名』，不著他國，獨于三章：『干，所適郊國也。』似傳意本不以泲禰爲所適之國，特鄭箋爲此說耳。但傳于末章『須』『漕』特言衛邑，而泲禰不言者，其以『女子有行』文義緊相承接，雖不言衛地，自可知也。呂氏、嚴緝皆以『泲』『禰』爲父母之國地名，『干』『言』爲適衛所經之地，與毛義相近。泲禰既近衛都，則不得以臨邑之泲廟、冤句之大禰溝當之。若『干』『言』之下有『遄臻于衛』之語，自非衛地，亦不得以東郡之發干、衛之竿城當之。惟水經注『泜水又東南逕干言山』，隋志『邢州内邱縣有干言山』，御覽引李公緒紀『柏人縣有干山、言山』，泲、禰、干、言非一時宿餞之地。『泲』『禰』以下，以『女子有行』言之，則爲嫁時曾宿餞之地也。『干』『言』以下，以『遄臻于衛』言之，則爲思歸而憶宿餞之地也。

諸姑伯姊

集傳以『諸姬』爲姪娣，又謂姑姊即諸姬〔四六〕。考之諸書，從未有以姑姊爲媵者。襄二十一年左傳〔四七〕：『邾庶其來奔，季武子以公姑姊妻之。』此謂姑姊同嫁庶其，非以爲媵。昭二年晏嬰請繼室于晉，曰：『猶有先君之適，及遺姑姊妹若而人。』此言諸女之中，使其自擇，亦非以姑爲媵也。又按：公羊曰：『媵者何？諸侯娶一國，則二國往媵之，以姪娣從。』即曰『姪娣』，而其中乃有姑姊，古人正名不應如此〔四八〕。此『姑姊』或其別嫁，或在室者，斷非首章之『諸姬』。箋云：『問姑及姊，親其類也。』杜注左傳云：『衛女思歸而不得，故願致問于諸姊。』此正用箋義。乃范逸齋補傳曰：『不言兄弟而言姑姊，遠嫌也。』亦足補鄭箋所未備。

還車言邁

傳：『脂舝其車，以還我行也。』按：傳又云蓋讀『還』如『子之旋兮』之『旋』。彼傳云：『旋，便捷之貌。』以還我行者，謂以便捷我行也。正義解爲『還迴我車』，似非。傳義但釋

『旋』爲『便捷』，與下『遄征』意複。箋云：『言旋車，嫁時乘來以歸。』鵲巢正義云：鄭箴膏肓云：『禮雖散亡，以禮論之，天子以至大夫皆有留車反馬之禮。』故此箋讀『還』爲還反之還，似較傳意爲勝。

終窶且貧

傳：『窶，無禮也。貧，困于財。』正義曰：『窶謂無財可以備禮』[四九]，『貧謂無財可以自給』。今按：傳以『窶』『貧』爲二事。正義分釋之，用對文則别之例[五〇]。説文：『窶，無禮居也。』徐楷：『阼階升降，所以行禮。貧無禮，故先見于室。』此以其字從穴故也。其實祇是以貧者不以貨財爲禮，故曲禮『主人辭以窶』，即無財不能備禮之意。貧則甚於窶，經文言『終』言『且』，自當從毛分二義也。

室人交徧摧我，『摧』字

傳以『摧』爲『沮』，箋以『摧』爲『譏刺』。考釋文：摧，『或作催』。説文：『催[五一]，相擣也。從人，崔聲。詩曰：「室人交徧催我。」』是許本作『催』，與毛異字。按：許氏于手部云：『擣，手推也[五二]。一曰築也。』擠也[五三]。蓋人部之『催』與手部之『摧』，義本相近。

釋文又引韓詩作『訛』，音于佳、子佳反，云『就也』。就，疑『訧』字之誤。古『尤』『訧』字通。訧者，過也，怨也。此與鄭箋以『摧』爲『刺譏』之言相近也。

其虛其邪

傳：『虛，虛也。』箋云：『邪，讀如徐。』釋文：邪，『音徐。爾雅作「徐」。虛虛也〔五四〕，一本作「虛徐也」』。正義曰：『釋訓云：「其虛其徐，威儀容止也。」孫炎曰：「虛徐，威儀謙退也。」然則「虛徐」者，謙退閑徐之義。』按：經作『虛邪』，傳釋之爲『虛徐』。蓋當時『虛』『徐』二字爲疊韻形容之語，人所易知，故毛謂經言『其虛其徐』者，猶虛徐也，非訓『虛』爲『徐』也。但毛無破字之例，鄭恐人疑經『邪』字與傳『徐』字異，故爲比方其音曰『邪讀如徐』。並用爾雅釋之，則更明白曉暢也。

靜女非淫奔之詩

序云：『靜女，刺詩也。衛君無道，夫人無德。』稽古編曰：『詩極稱女德〔五五〕，而序反言「夫人無德」，所言者，意非詩之詞也。横渠、東萊皆從序説，集傳獨祖歐陽本義〔五六〕，指爲淫奔期會之詩。夫淫女而以「靜」名之，可乎？』考毛鄭俱以女德貞靜爲説，引古女史彤管之法。左傳定九年：『静女之三章，取彤管焉。』杜注：『雖説女美，意在彤管。』是古説與毛鄭合也。韓詩外傳亦以是詩爲歌道義，則非淫奔期會之作，決可知矣。

彤管

彤管，毛傳以爲女史記事所執，而諸儒疑之。李氏謂『筆有管，樂器亦有管』。解頤、新語亦謂筆始于秦。古以刀爲筆，不用毫毛，安得有管？此皆臆説。曲禮曰：『史載筆。』尚書中候曰：『龜負圖，周公援筆寫之。』筆之由來尚矣。誰謂彤管非筆乎？董仲舒答牛亨問曰：『彤者，赤漆也。史官載事，故以彤管，用赤心記事也。』與詁訓傳合〔五七〕，不足爲確證與？歐陽本義云：『彤管自媒，何名静女〔五八〕？』此亦以文害詞之過。傳言能道我以古人之法〔五九〕，蓋謂人君得此静女，能循彤管之法度以事其君，即不害貽我以彤管。故下文即承此而言之曰：我思彤管之煒，是以悦懌于女美也。

新臺

水經注：『鄄城北岸有新臺。』輿地記：『開德府觀縣有新臺。』通典：『魏州黄縣有新臺。』汪氏詩學女爲曰：『鄄城在今濮州觀城縣，屬濮州。黄縣在今東昌府冠縣，春秋時晉邑。通典之説，非也。濮爲衛地，觀城在濮州西北八十餘里，而水經注云「鄄城北岸」，則地在鄄觀之間。』今按：觀城縣有臨黄城，亦以黄溝得名。但觀城爲濮之泮，觀本衛地，冠則春秋時之冠氏，乃晉地。通典自以地相近而誤矣。

燕婉之求

説文：『䁂，目相戲也。从目，晏聲。詩曰：「燕婉之求。」』段氏注曰：『毛傳云：「燕，安也。婉，順也。」許所據作「䁂」，豈毛所謂「䁂」爲「晏」之假借，後人轉寫，故爲「燕」與？抑三家詩有作「䁂」者與？』按：文選西京賦李善注引韓詩「嬿婉之求」，説文「嬿」下則云：『女字也。』又『㛪』下云：『婉也。』古『㛪』『婉』字通，『嬿㛪』亦即『燕婉』。然説文于女部字皆引詩，目部所引當是齊、魯詩。毛傳『燕婉』訓『燕』爲『安』，蓋謂『燕』爲『晏』之假借。文選注又兩引毛詩作『嬿婉』者，自因本文作『嬿婉』而就其字，未必與韓同也。

籧篨、戚施

考方言『簟』謂『籧笛』，『其粗謂之籧篨』。蓋粗竹席之用以爲囷者。説文：『籧篨，粗竹席也。』與方言同。爾雅：『隧籧蔬。』以囷生菰草中〔六〇〕。類篇作『籧篨』。菰，與竹簟之籧篨音同，亦以其輪囷臃腫名之。又說文『鼀』下云：『鼀，詹諸也。』又『鼁』下云：『䶂鼁，詹諸也。詩曰：「得此䶂鼁。」』考說文『䶂』爲『鼀』之別體，所云其狀先先、其形鼁鼁，一取其樸地輪囷之狀，一取其施施難進之狀，即以詩言『戚施』者爲詹諸。『戚』乃『鼀』之假借，『施』則『鼁』之假借也。按：蘧篨、戚施，物名是其本義。若蘧篨之簟，粗惡堅强而難于屈曲；戚施之蟲，蹣跚匍匐而不能高仰。因而人之病傴者，有似于蘧篨；病瘻者，有似于戚施，故以目之。因而口柔者似病傴，面柔者似病瘻，故又以目之。此詩以刺宣公，自是取惡病爲喻，明甚。

汎汎其景

說者謂『景』讀如『憬』。魯頌泮水篇『憬彼淮夷』傳曰：『憬，遠行貌。』下章『汎汎其逝』正與此意同。考士昏禮『姆如景』，是『憬』『景』古字通，以爲遠行之貌亦可。釋文乃云『景』或音『影』。正義云：『見其影之去也。』不知傳云『汎汎然疾逝而不礙也』，毛以『迅疾不礙』釋『景』，礙者止也，並不以爲『景響』之『景』。孔說非也。

校記

〔一〕堂　原無，據毛詩後箋補。此處係用後箋文。

〔二〕箋　疑爲「譜」字之誤，下文係鄭譜大意，不見於鄭箋。

〔三〕我　當是衍文。

〔四〕衆　原無，據四庫全書本賈誼新書補。

〔五〕椽　原作「綠」，據鄭箋改。

〔六〕喻　原作「踰」，據毛詩後箋改。此處係用後箋文。

〔七〕絲　原作「綠」，據詩集傳改。此處係詩集傳文。

〔八〕「隹」「山」二字原互乙，據説文解字改。

〔九〕臺　原作「召」，據吕氏春秋改。

〔一〇〕之　當作「云」。

〔一一〕下一「猒」字原無，據毛詩後箋補。此處係用後箋文。

〔一二〕詩　原作「傳」，據下爲引毛詩明辨録文而改。

〔一三〕言　原作「亦」，據毛詩後箋改。此處係用後箋文。

〔一四〕不可稱述爲訓　原作「爲不可稱訓爲述」，據毛詩後箋改。此處係用後箋文。

〔一五〕「而説」至「禍也」係陳啓源毛詩稽古編語，故此段末有「長發此解」云云。

〔一六〕心　原無，據鄭箋補。

〔一七〕劫　原作「却」，據經典釋文改。

〔一八〕左　原作「在」，據下爲引左傳文而改。

〔一九〕苦　原無，據尚書禹貢正義補。

〔二〇〕傳　原作「傳」，據後漢書改。

〔二一〕誤　原作「設」，據經典釋文改。

〔二二〕木　原作「本」，據嚴粲詩輯改。此處係詩輯文。

〔二三〕爾　當作「埤」，下引文字見於埤雅。

〔二四〕許　當作「徐」，指上文所稱「徐邈」。

〔二五〕左　當作「毛」，下引文字見於毛傳。

〔二六〕記　原作「注」，據上下文爲引坊記及注改。

〔二七〕「之」下原有「旁」字，據鄭箋删。

〔二八〕據釋文，「狠」當作「很」，下引説文「狠」字亦當作「很」。

〔二九〕箋　原作「集」，據上所引爲毛傳、鄭箋改。

〔三〇〕渭　原作「謂」，據皇輿表改。

〔三一〕止　原無，據釋文補。

〔三二〕言　原無，據詩抑補。

〔三三〕詩　塈　依下文「是詩本有作呬者」，當作「呬」。

〔三四〕鈔　原作「抄」，據下引爲黄氏日鈔改。

〔三五〕兮　原作「分」，此係旄丘詩句，因據改。

〔三六〕葛　原作「蔓」，據鄭箋改。

〔三七〕以　原無，據毛傳補。

〔三八〕已　原無，據毛詩正義補。

〔三九〕「龠樂之竹管」上當有「説文」字樣，此係説文語，又下文有「又竹部云」文，可證。

〔四〇〕衆　原作「平」，據説文改。

〔四一〕獻　原作「飲」，據朱熹詩集傳改。

〔四二〕「卷」「苓」二字當互乙。

〔四三〕直　原作「正」，據經典釋文及説文改。

〔四四〕「國」下原有「也」字，據鄭箋删。

〔四五〕郊　原作「效」，據毛傳改。

〔四六〕姑　原作「諸」，據朱熹詩集傳及下文「姑姊」改。

〔四七〕二　當作「三」。下文見於左傳昭三年，不見於昭二年。

〔四八〕古　原作「正」，據毛詩後箋改。此處係用後箋文。

〔四九〕禮　原作「物」，據毛詩正義改。

〔五〇〕文　原作「分」，「則」字無，據毛詩後箋改。此處係用後箋文。

〔五一〕催　原作『摧』，據説文解字改。

〔五二〕擣手推也　原作『摧手摧也』，據説文解字改。

〔五三〕『擠』上當脱一『摧』字。此當係引説文『摧，擠也』之文。

〔五四〕虘虘　原脱一『虘』字，據毛傳及經典釋文補。

〔五五〕稱　原無，據毛詩稽古編補。

〔五六〕本　原作『正』，據歐陽修詩本義書名改。

〔五七〕詁　原作『古』，據毛詩稽古編改。此段『解頤』至『證與』爲毛詩稽古編引他書文字。

〔五八〕管　原無，據詩本義補。

〔五九〕道　當作『遺』，此句係意引毛傳『能遺我法則』語。

〔六〇〕以　疑當作『似』，此處應爲爾雅郭注。郭注原文：『似土囷，生菰草中。』

學詩堂經解卷三

鄘一之四

髧彼兩髦

髧，髮垂也。髦，剪髮夾囟，子事母之飾，親死則去之。史記載：共伯，釐侯世子。釐侯已葬，武公『襲攻共伯』。『共伯入，釐侯羨自殺。』今按：武公在位五十五年。國語稱武公九十有五猶箴警于國，計其初即位，蓋已四十餘年矣。使果弒共伯而篡立，則共伯見弒之時，其齒又加長于武公，安得謂之蚤死乎？髦者，子事父母之飾。諸侯既小歛，則脱之。史記謂釐侯葬而共伯自殺，則是時共伯已脱髦矣，詩安得尤謂『髧彼兩髦』乎？是共伯未嘗有見弒之事，武公亦未嘗有篡之惡也。

實維我特

傳：『特，匹也。』黄氏佐曰：『特，如百夫之特。』今考上章『實維我儀』，儀，匹也，則此『特』字亦當訓爲『匹』，如毛公所云者。至黄氏則以『特』爲獨立之意，而爲雄峻之稱，似與毛異。朱子曰：『特』有孤立之意，而『特』爲『匹』者，古人多反語，猶『治』之謂『亂』也。『我特』，韓詩作『我直』，云『相值也』。兩家字異而意同。今按：『特』本牛父之稱，通言之，則牛羊及馬皆有『特』名。周禮校人：『凡馬，特居四之一。』鄭注云：『三牝一牡也。』生民傳曰〔一〕：『羝，牝羊也。』衆經音義引王倉云：『羝，特羊也。』可以爲一證矣。

牆有茨，不可埽也

毛傳云：『牆，所以防非常。茨，蒺藜也。欲埽去之，反傷牆也。』此與取興之言本無不合，歐陽本義譏之〔二〕，謂『牆以防非常者，爲有内外之限耳。若牆上有茨，則人並不可履而踰，是於牆反有助耳』，此豈詩之本意哉？又自爲説云茨生于牆，『當埽除，言欲埽則恐傷牆，以比公子頑罪當誅，恐傷惠公子母之道』。不知傳言『牆以防非常』，宜于堅密，而乃生不可埽之茨，以興中冓宜于肅清，而乃有不可道之言。今欲埽之，則恐傷于牆之堅，猶欲道之，則恐傷其國之惡耳。

不可讀也

毛傳讀『抽』。鄭箋曰：『抽，猶出也。』考匡謬正俗曰：『「抽」當爲「籀」之讀也。從竹，籀。説文：「籀，讀書也。」「籀」之義訓「抽」，説文敘云「諷籀書九千文」是也。毛鄭及方言皆用「抽」爲「籀」。抽、籀，漢之今字〔三〕。箋言「抽，猶出」，如服虔左傳注：「繇，抽也。抽出吉凶也。」「繇」「籀」同，于義皆爲紬繹而出之者，古訓也。蓋道者約言之，詳者多言之，讀者反復言之。詩意蓋謂約言之尚不可，況多言之乎？況反覆言之乎？三章自有次第也。

六珈

考周禮賈疏云：『詩「副笄六珈」謂以六物珈于副上，未知用何物。』詩正義：『言珈者，以玉加于笄爲飾。』按傳云：『珈，笄飾之最盛者〔四〕。』自是以珈飾笄，其數有六，與鄭義『珈爲副飾』者不同。太玄萫上九：『男子折笄，婦人易哿。』注：范望曰：『哿，笄飾也。男子有笄，婦人哿之以飾。』『哿』與『珈』同。哿之以飾，言加之以飾也。某氏九經説曰：毛鄭皆以笄與珈同爲副上之物，謂以珈爲副飾。其説非是。廣雅云：『珈，䈞也〔五〕。』笳即珈，䈞即簪，張揖蓋以珈即爲笄〔六〕。然詩『六珈』，未聞『六笄』。惟一笄而有六珈之飾，則非徒固髮之簪可知矣。

象服

傳：『象服，尊者所以爲飾。』陳氏稽古編曰：『象服，毛傳謂以象骨爲衣服之飾，而孔疏不從，以爲象骨飾服，經傳無文。』今考象骨飾服之言，乃陳氏妄推毛意以言之，服則非揥，明以象骨飾服，惟尊者爲然。此實書傳所未聞，毛公并無此説，而陳氏據以爲説，誣矣。按説文：『褖，飾也。從衣，象聲。』急就篇曰：『褖飾刻畫無等數。』漢書外戚傳：『褖飾將醫往問疾。』師古曰：『褖，盛飾也。』是『褖』即『象』之假借。褖爲盛飾，故毛云『尊者所以爲飾』。或謂象服，象揥；佩猶服也，謂著于首。然詩言『是宜』〔七〕，則非專指象揥一物耳。

不屑髢也

朱子曰：『髢，髲鬄也。人少髮則以髢益之，髮自美則不潔於髢而用之也。』説文：『髢，益髮也。』言人髮少，則聚他人髮以益之。哀七年左傳曰：『衛莊公見己氏之妻髮美，使髡以爲吕姜髢。』是也。莊子亦云：『禿而施髢。』陳氏推曰：『只薄之不用，猶云不屑得髢，非以此爲不屑也。其説較傳箋爲優矣。」

象之揥也

傳：『揥，所以摘髮也。』説文：『擿，搔。』按：摘，音他狄反。以象骨搔首，因以爲飾，名之曰揥，故云『所以擿髮』。即後世玉導、玉搔首之類。今考説文但有『揥』字，云『拓果樹實也[八]。從手，啻聲。一曰指近之也』。此即『摘』字。李善文選注引説文云：『揥，取也。』他狄切。似説文本有『揥』字，而今脱之。但訓爲『取』則又非詩之『象揥』矣。姚氏釋名解曰：嚴華谷云，若音「摘」，爲摘取之義，則今之鑷子[九]；搔首之摘，因以爲飾者，若今之篦。何元子云，整髮釵也。按：揥若即篦[一〇]，亦非佩物，疑所謂『整髮釵』是也。古禮服有玉瑱，無象揥，今並舉之，或燕居之飾與？

蒙彼縐絺

傳：『蒙，覆也。絺之靡者爲縐，是當暑絆延之服也。』箋云：『縐絺，絺之蹙蹙者[一一]。展衣，夏則裏衣縐絺。此以禮見於君及賓客之盛服也。』何氏古義云：『所謂「蒙彼縐絺」，乃展衣上加縐絺蒙之，即素紗也。』按：素紗即白紗，所以加於衣上者，尚絅之意。古婦人盛服，以薄綃蒙于外。凡繒薄細者，皆稱絺，即今方目紗之類，不獨葛也。

紲袢

毛傳云：『當暑袢延之服。』陳氏稽古編曰：『紲袢，音「薛煩」，二字皆備用。以意推之，「紲」當是「緤」之借，「袢」當是「煩」之借耳。』説文衣部云〔一二〕：『褻，私服。從衣，執聲。詩曰：「是褻袢也。」』今詩『褻』作『紲』。毛言『當暑袢延之服』，『當暑』二字釋『褻』也。又：『袢，衣無色也。從衣，半聲。』一曰詩曰：『是紲袢也。』『紲』當同『褻』。今按：『袢延』當與大雅『畔援』『泮奂』同，以疊韻爲義。『畔援』猶『跋扈』也。泮奂，自縱馳之意。當暑之服，縐絺近於縱弛分散，然係私褻之服。若以禮見王與賓客，則必有展衣以蒙之，故曰『展衣』。而『蒙彼縐絺』，是私褻袢延之服故也。

桑中

按小序所云『政散民流而不可止』〔一三〕，語偶與樂記同，朱子遂以『桑中』爲桑間也。不知『桑間』言其音，『桑中』言其地也。蓋如陳之宛邱、鄭之溱洧〔一四〕，爲男女聚會之所。左傳：申公巫臣聘夏姬于鄭，『盡室以行』。申叔跪遇之，曰：『夫子有三軍之懼，而又有

「桑中」之喜，宜將竊妻以逃也。』其意正以『桑中』爲苟合之事。續漢書郡國志：東郡濮陽縣有顓帝冢。皇覽曰：『冢在城門外廣陽里中。』博物記曰：『桑中在其中。』考東郡濮陽爲今開州，在滑縣東。詩之『桑中』與沬相近，當在朝歌，爲今衛輝府淇縣。濮陽即有桑中，要與樂記『桑間』無涉也。

孟弋、孟庸

傳『弋』與『庸』皆姓。朱子曰：春秋定姒，公穀作『定弋』，『蓋杞女，夏后氏之後，亦貴族也』。詩『弋』字或即『妣』之省。蓋『妣』本婦姓，故字從女，而以爲婦官之稱。猶『姬』亦姓，而後世以爲衆妾之稱耳。范氏補傳曰：『鄘本庸姓之國，漢有庸先及庸生，是其後也。』稽古編曰：『鄘國古或作「庸」，不知何所據。古未有以姓名其國者。』『苟、曹、滕，皆古姓。而春秋時，苟、曹、滕皆姬姓，未嘗以姓爲國名也。』考古書『庸』與『閻』通，左傳『閻職』，史記齊世家作『庸職』是已。

我以爲君

或據禮記表記之注，言我以惡人爲君，此無良之人，其臣咸不願以爲君。按：此説非也。

考夫人對君稱『小君』，以夫妻一體言之，亦得曰『君』。襄九年傳筮穆姜曰『君』，其出乎？又易歸妹六五『其君之袂』，注皆以『君』爲『小君』。故此毛傳曰：『君，國小君也。』

定之方中

傳：『定，營室也。方中，昏正四方。』箋云：『定星昏中而正，于是可以營宮室，故謂之營室。定昏而正，謂小雪時。』毛鄭皆以定爲營室，惟毛以視定星而正南北，遂以營宮室；鄭以定星中，小雪時，可以營宮室。正義云：『經傳未有視定星正南北者，故箋以「定」爲記時，異於傳也〔一五〕。』按：考工記匠人有『夜考極星』之語，晏子春秋亦有『古之立國者南望南斗、北戴極星』之語，是古人本有視星以定方位者。人君居必南面，小雪之前，定昏中當正南之位，既以此時爲營作之候，亦可指此星以定南北之方。故辨方、記時，義可相通。然下文『揆之以日』，是度人影以辨方位，此『定之方中』當爲記時，于文既順，于義亦不複。此則箋勝于傳也。

作于楚宮，作于楚室，『于』當讀曰『爲』

按：『作于』之『于』讀曰『爲』，謂作爲此宮室也。古聲『于』與『爲』通。正義曰：定星昏正四方，視之以作爲楚邱之宫；度之以日影，以作爲楚邱之室也。張載注魏都賦，引詩：『定之方中，作爲楚宫。揆之以日，作爲楚室。』李善注謝朓和伏武昌詩、王融曲水詩序引詩，與張同。是張李所見本，『于』字皆讀曰『爲』無疑矣。

揆之以日

考『揆』之爲言『度』也。『揆之以日』者，樹八尺之臬，而度其出入之景，以正南北也。乃毛公『以視定星而正南北』，毋乃複乎？

景山與京

諸儒以『景山』爲山名。或辨之曰，廣輿誌：今洪州楚邱非衛之所遷，縣有景山、景岡，乃後人附會名之。九域志云，開德府有景山。詩地理考又引寰宇記：『景山在澶州衛南縣東南三里。』今寰宇記衛南縣下無此語。毛傳『大山』『高邱』，未嘗以『景』爲山名。范氏詩補傳曰：景山，山名，見商頌。不知此説非也。景者，測景以正方面也。與『篤公劉，既景乃岡』同，蓋與『望』互文。望，以目力言。景，以日景言。『景山與京』，言測景以知地勢之盛也。

倌人

傳：『倌人，主駕者。』按：說文：『倌，小臣也。』周禮：小臣爲太僕之佐。『太僕掌正王之服位，出入王之大命。』『王出入，則自左馭而前驅。』『小臣掌王之小命，詔相王之小法儀。』『王之燕出入，則前驅。』注：『燕出入，若今遊于諸觀苑。』此云『說于桑田』〔一六〕，亦是游觀，而寓勤民之事，故命小臣。蓋小臣既爲前驅，亦爲兼主駕說之事〔一七〕，故傳以『倌人』爲主駕者也。

匪直也人

傳：『非徒庸君。』稽古編曰：『言文公務農愛民如此，非直庸庸之君也。故下文又美其德而因及馬焉。』按：傳以『匪直』爲非徒，與孟子『非直爲觀美也』義同。庸君者，言非猶夫尋常之君。故范氏補傳曰：『非可以常人而論吾君也。』若朱傳云：非獨人之『操心誠實而淵深也』，其畜馬已至『三千之衆』。則是君德之美衹以『匪直』二字帶言之，而專侈言多馬，恐失輕重之權矣。

騋牝三千

傳云：『馬七尺以上曰騋。騋馬與牝馬也。』正義曰：『此三千言其總數。國馬供用，牝牡俱有。或七尺六尺，舉騋牝互見，故言「騋馬與牝馬」也〔一八〕。』考『校人職注云：「國馬謂種馬、戎馬、齊馬、道馬，高八尺，田馬七尺，駑馬六尺。」此天子國馬有三等』，若諸侯之制，『亦齊、道高八尺，田馬高七尺，駑馬高六尺。獨言騋馬者，舉中言之』。經舉七尺之騋，以概八尺、六尺，非謂有田馬而無齊馬、道馬、駑馬也。舉牝以概牡，非謂有騇而無騭也。騋與牝合言之，傳分言之也。

蝃蝀在東

釋文云：『爾雅作「螮蝀」。』釋天云〔一九〕：『螮蝀謂之雩〔二〇〕。螮蝀，虹也。』音義云：『虹雙出，色鮮盛者爲雄，雄曰虹；闇者爲雌，雌曰蜺。』虹是日與雨交，倏然成質，有血氣之類。乃陰陽之氣不當交而交者，天地之淫氣也。毛氏萇曰：『夫婦過禮則虹氣盛。』故詩人取以爲比。逸周書曰：『虹不收藏，婦不專一。』河圖稽要鉤曰：『虹蜺主内淫。』京房易候曰：『妻乘夫則蜺見。』月令章句云：『陰陽不和，婚姻失序，既生此氣。』説皆與毛義合。按：虹朝生于西，暮見於東。隨日所映，故朝東而暮西也。虹氣見于東方，其夫妻過禮之戒乎！

相鼠刺無禮

序云：『相鼠，刺無禮也。』劉氏詩益曰：此詩所謂，『蓋居位有名望者，故以「無儀」「無禮」「無止」刺之』。許氏詩深曰：『詩言「無儀」「無禮」「無止」，所以刺士大夫，非以繩細民也。蓋前篇懲淫汙而約民以法，故曰「止」；此篇正綱維而勵民以恥，故曰「刺」。義各有當。』白虎通引此詩，乃以爲妻諫夫之詞。不知左傳載列國君臣不敬之事，多以歌之。若婦人以夫爲天，即日諫之，何至欲其速死乎？此臆説之不足據者也。

人而無儀

傳：『無禮儀者〔二〕，雖居尊位，猶爲闇昧。』箋云：『儀，威儀也。視鼠有皮，雖處高顯之處，偷食爲得，不知廉恥，亦與人無威儀者同。』或詩『儀』字本當作『義』，故毛訓爲禮義之義。鄭讀爲威儀之儀。左傳劉康公曰：『是以有動作禮義，威儀之則』，是也。

干旄、干旟、干旌

按：此章多互文。首章傳云：「孑孑，干旄之貌，注旄于干首〔一二〕。」正義曰凡旗之干皆有旄，則二章之「干旟」皆有旄矣。爾雅：「注旄首曰旌。」則三章之「干旌」亦即「干旄」矣。但此衛大夫乘車見賢，旄旌並建，義未有考及。按：周禮司常云：國大閱，「州里建旟」，「會同、賓客亦如之」。則諸侯之大夫見賓客時，或亦當載旟也。孟子曰：「招大夫以旌。」大夫既招以旌，或亦當建旌也，是篇中文義皆互文耳。又「干旄」「干旟」「干旌」皆一人所建，乃鄭解「干旄」兼言「旃物」，旃則卿，物則大夫也。又旟爲州里所建，而云「州長之屬」。侯國之州長，士也。其屬則以下兼之。所指非一人，豈以序言「臣子多好善」，故廣言之與？

素絲、良馬

鄘風「素絲」「良馬」，程子以此行禮於賢者，蘇轍亦以爲贈賢者，朱子則謂此大夫所建所乘。合而觀之，朱子之解爲長。觀本文「組之」「紕之」「祝之」，而可見矣。

彼姝者子

傳：『姝，順貌。』按：『静女其姝』傳云：『姝，美色也。』東方之日『彼姝者子』傳云：『姝者，初昏之貌。』此傳云『順』者，蓋以『姝』爲『嫮』之假借。説文：『嫮，嫮也。從女，屬聲。讀若「人不孫爲不嫮」。』考『姝』爲『嫮』之借，故傳以『姝』爲『順貌』。毛傳未明言『彼姝者子』爲何人，鄭箋乃云：『時賢者既悦此卿大夫有忠順之德，又欲以善道與之。』則以『彼姝』指大夫。今玩經文，二語相承，『彼姝』似當指賢者也。

大夫跋涉

箋云：『跋涉者，衛大夫也。』今按：下文云『許人尤之』，又云：『大夫君子，無我有尤。』此『大夫』既爲許之大夫，何以知首章之『大夫』獨爲衛之大夫乎？朱傳謂夫人馳驅而歸，將唁衛侯於漕邑，『未至，而許之大夫有奔走跋涉而來者。夫人知其必將以不可歸之義來告，故心以爲憂。』潁濱詩傳謂往唁于衛，夫人以將欲親言其兄，雖大夫之往，不足以解憂。説皆勝于箋也。

不能旋濟

傳：『濟，止也。』按：傳釋『旋濟』主所思而言，謂我思既動，不能止息耳。夫訓『旋濟』爲『止』者，爾雅釋文：『濟，謂之霽。』郭注謂『南陽人呼雨止曰霽』。洪範曰『濟』。宋世家『濟』作『霽』。史記正義引鄭注：『濟者，兆之光明如雨止。』是『濟』『霽』古通，故爲『止』也。

控于大邦

傳訓『控』爲『引』。説文：『控，引也。詩曰：「控于大邦。」』用毛義也。箋云：『今衛侯欲求援引之力，助于大國之諸侯。』殊覺周折。一切經音義引韓詩云：『控，赴也。』赴謂赴告，襄八年左傳『無所控告』是也。莊子逍遥游篇〔二三〕：『時則不至，而控丁地。』釋文引司馬注：『控，投也。』控告，猶言投告也。『投』與『赴』又相近。韓訓『控』爲『赴』，較毛訓『引』爲勝。

誰因誰極

按：『因』之爲言『依』也。天下事未有無因而至前者也。有所因，則有所爲之先容者矣。

如左傳『因魏莊子』之『因』，國策『商鞅因景監見』之『因』，皆是也。又論語『因不失親』之『因』，義亦如此。極者，至也，蓋言何所至耳。

衛一之五

淇澳

陸璣詩疏以『淇澳』爲二水名。考續漢志注引博物記云：有澳水入流于其淇水。水經注亦云：肥水謂之『澳』即詩所言泉源之水也。是『澳』原屬水名。今詩作『奥』，則不得據爲水名。毛傳訓『奥』爲『隈』，誠爲的當。爾雅：『崖内爲隩。』李巡曰：『厓内近水爲隩。』説文𨸏部『隈』下云：『水曲隩也。』『隩』下云：『水隈崖也。』是其字當作『隩』，古文假借爲『奥』也。毛訓爲『隈』者，亦水曲之裏淵奥是也。

緑竹

毛傳以『緑』爲王芻，『竹』爲扁竹也。毛詩字多假借。緑，禮記、爾雅、説文皆作『菉』。竹，釋文引韓、魯詩及説文皆作『薵』。惟爾雅作『竹』，與毛同爲借字。而『緑』之爲王芻，『竹』之爲萹蓄，漢儒並無異説。王宋諸儒或以爲淇園之竹〔二四〕，或指緑竹爲竹箭，皆臆説也。

陸璣以『緑竹』爲一草名，蓋本博物記謂淇旁有緑竹草。李巡爾雅注謂菉、竹一物二名，其説亦無所據。今考『采緑』之『緑』，毛傳無訓，以已見淇澳，故鄭箋仍以『王芻』釋之。王逸注離騷『薋菉葹以盈室兮』即引『終朝采菉』〔二五〕，字作『菉』，而義同毛鄭。爾雅：『菉，王芻。』郭注云：『今呼爲鴟脚莎。』招魂云『菉蘋齊葉』，以『菉』與『蘋』連言，自是水草，故生於淇旁耳。説文：『薄，水萹茿也〔二六〕。從水、草，毒聲。讀若督。』『萹，萹茿也。從草，扁聲。』『茿，萹竹。從草，巩聲。』經義雜記據之謂魯、韓詩作『薄』，以爲水萹茿；毛詩作『竹』，以爲岸萹，兩然。毛詩既假借『竹』字，安知必爲『茿』字之借而非『薄』字之借乎？爾雅作『萹蓄』者，『蓄』與『茿』疊韻通用。據此，知緑、竹爲二草，而非一草明矣。

有匪君子，『匪』亦作『斐』

毛傳云：『匪，文章貌。』考工記曰『且其匪色』，注：『匪者，有文章之貌也。』禮少儀：『車馬之美，匪匪翼翼。』注：『行而有文也。』是『匪』爲文章之貌，故詩以此美君子也。釋文云：『匪，本又作「斐」。』朱子云：『匪、斐通。』大學引詩亦作『斐』，注：『斐，文貌。』知二字古本相通也。

切磋琢磨

朱子曰〔二七〕：『治骨角者，切以刀鋸，而復磋以鑢鍚。治玉石者，琢以椎鑿，而復磨以沙石。言其德之脩飭，有進而無已也。』陳氏淳曰：『切是窮究事物之理，逐件分晰，有倫有序。磋是講究到純熟處，道理瑩徹。所以「如切」而「如磋」。琢是克去物欲之私，使無瑕累。磨是磨礲到十分純粹處。所以「如琢」而又「如磨」。此詩人謂武公之德見于文章者，由切磋琢磨之致。蓋骨角、玉石雖美材，非磨礲不成器，亦猶人有美質，必學問以成德。問學之功，必積漸致之，故取治骨角、玉石用功之深者以喻之也。』

『切』作『齸』

爾雅釋器：『骨謂之切。』郭注：『切，治器之名。』毛傳言『治骨曰切』，本爾雅文。禮記大學引詩俱作『切』。考説文刀部：『切，刌也。』『刌，切也。』輾轉相訓。是『切』有寸斷之意。然骨姓堅質〔二八〕，非可以刌斷成器者。故三家詩作『齸』，于結反。説文齒部云：『齸，參差也。從齒，齸聲，讀若切。』可知齸是齒之參差者。治骨者因其參差而治之，使齊一也。故切磋字以『齸』爲正字，『切』乃借字耳〔二九〕。

僩兮

傳：『僩，寬大也。』説文：『僩，武貌。』引詩『瑟兮僩兮』。考許氏與毛訓異，以爾雅及大學皆云：『瑟兮僩兮者，恂慄也。』恂，或讀如嚴峻之『峻』，言其容貌嚴峻，與寬大意不相應，故易之。今按：賈子傳職篇『明僩雅以道』之文〔三〇〕，又道術篇：『容志審道謂之僩，反僩爲野。』僩雅，猶言嫺雅。容志審道而寬大嫺雅之意，是亦與毛義近。即釋文引韓詩云『僩，美』，亦不爲『武貌』。説文所據，其齊、魯詩與？

會弁如星

傳〔三一〕：『弁，皮弁，所以會髮。』箋引周禮弁師之文以證之。説文作『髗』，謂『骨擿之可會髮也。詩曰：「會弁如星。」』今按：傳當云：『會者，所以會髮。弁，皮弁。』漢人删去『會者』二字，並倒置其文也。其字不當作『髗』。假令毛詩作『髗』，則釋文、正義皆未言及。即鄭箋亦引周禮爲説，又不云『髗』當爲『會』，殆未必然也。考周禮弁師『王之皮弁會五采』，故書『會』作『髗』，鄭司農云讀如『馬會』之『會』，謂以五采束髮也。是會五采，亦以五采組束髮。毛傳以『會』爲所以會髮，當亦謂以組束髮〔三二〕。經言『如星』者，亦謂以五采束髮而加以弁，文駮如星也。五經文字云：春秋傳注引詩以爲『繪弁』，是杜注左傳所據詩作『繪』，亦五采之義也。説文以『膾』爲骨擿，引詩作『膾弁』，此三家義，不必同毛。鄭箋則仍用周禮注之説，但讀『會』義不同，初未嘗與毛異字。高誘注吕覽上農篇引詩『冠弁如星』，則又出於説文諸書所引之外者矣。

『猗』當爲『倚』之假借

『猗』字，傳箋無説。禮記正義、荀子楊注、文選李注皆作『倚』。然釋文作『猗』，云于綺切，依也。正義釋經云：『倚此重較之車兮。』似本從人旁，而下引經仍作『猗』，則陸孔皆從犬旁，爲『倚』之假借字。傳箋無説者，以當時『猗』『倚』假借，人所共知耳。要其字爲『猗』，其義爲『倚』。考軾在兩旁，可倚人。直立稍後，一手可以憑較；俛弓向前，兩手可以憑軾也。

重較

傳云：『重較，卿士之車也。』較，説文作『𨌰』〔三三〕，云：『車輢上曲鉤也。』考周禮輿人注云：『較，輢上兩式者。』以式低較高，望之若兩重然，故曰『重較』。范氏處義曰〔三四〕：『較高五尺五寸，式高三尺三寸。較既出于式上，故曰重較。其較重，卿所乘也。昭公十年左傳：公使王黑以靈姑銔率，請斷三尺而用之。服注云：「斷三尺，使至於較。大夫旗至較。」按禮緯：諸侯旗齊軫，大夫旗齊較。較五尺五寸，斷三尺，得至較者。蓋天子與其臣乘重較之車，諸侯之車不重較〔三五〕，故有三尺之較也〔三六〕。』據此，知傳謂卿士之車，蓋以武公爲周卿士，故有重較焉。

善戲謔兮二句

記曰：『張而不弛，文武不能也；弛而不張，文武不爲也。一張一弛，文武之道也。』是戲謔亦君子所不免也。然戲謔而爲虐，則弛而不張矣。今武當寬綽之時，戲謔之會猶有節焉，尤見其德之盛也。

考槃

毛傳以『考』爲『成』，以『槃』爲『樂』。二訓皆本爾雅。集傳『考槃』有二說。前說謂『成其隱處之室』，即黄氏一本所云槃者架木爲屋，有槃結之義。皆本鄭樵『木偃蓋爲槃』之說〔三七〕。然結室而『在澗』『在阿』『在陸』，分爲三處，恐無此理然。後引陳傅良云：『考，擊也。槃，樂器也。扣之以節歌，如鼓盆拊缶之爲。』然此乃貧無聊賴足事，賢者當不如是。二說恐非也。當以毛傳爲正。顧氏曰：『世固有隱而弗成者，無真樂斯弗成矣，無可隱斯弗樂矣。成其樂乃所以成其隱也。』此爲深得詩之本旨矣。

『澗』與『干』通

傳曰：『山夾水曰澗。』釋文引韓詩作『干』，云『墝埆之處』也。或云『澗』當作『間』，古字『間』『干』通，引聘禮『皮馬相間』注云：『古文「間」作「干」。』不知詩作『澗』，亦與『干』通。小雅『秩秩斯干』傳云：『干，澗也。』此二字通借之證。毛詩正字，韓詩借字，其實一也。易『鴻漸于干』，釋文引荀王注並云：『干，山間澗水也。』此謂干即澗也。則淵林吳都賦注又引韓詩『地下而黄曰干』，『黄』疑『潢』字之誤〔三八〕。潢汙者〔三九〕，停水之處，安知非山夾水如毛所云乎？

弗諼、弗過、弗告

舊説以『弗諼』『弗過』『弗告』爲賢者畎畆不忘君之意。其意亦正，但與上文槃樂寬大之意不合。故此詩不過極言賢者山林之樂，以見其時之不可爲，而賢者無復有意於仕，所以刺其君之不能用也。戴岷隱云：『弗諼者，誓不忘山中之樂。』『弗過者，弗與人相過〔四〇〕。

弗告者，弗與人議論，閉門絶交也。」

碩人之『軸』

傳云：『軸，進也。』鄭氏以其與『陸』爲韻，謂宜讀爲『逐』，訓爲『病』。不知『進』與『病』二訓，未合經旨。考首章言『碩人之寬』，謂碩大寬廣，無戚戚之意；次章言『碩人之薖』，亦寬大之意，則此不得有異訓。按：軸者，盤桓不行之義。范氏處義曰：『軸，卷也。猶言卷而懷之。』張氏彩曰：『軸者，言其旋轉而不窮，猶所謂游于寰中者是也。』其説較傳箋爲優云。

碩人其頎

玉篇頁部：『頎，渠伊切。詩云：「碩人頎頎。」傳：『頎，長貌。』又：『頎頎然佳也。』按：下章箋云『敖敖，猶頎頎也』。正義曰：『以類宜重言，故頎頎長也。』或謂『頎』字本重文，六朝時猶未誤，故顧野王據之。今考經文一字、傳箋疊字者，多矣。如『明星有爛』，箋云『明星尚爛爛然』；『有洸有潰』，箋云『洸洸潰潰』之類。此玉篇作『頎頎，具長貌』，則傳文自重一『頎』字，與今本不同矣。

衣錦褧衣

傳：『錦，文衣也。夫人德盛而尊，嫁則錦衣加褧襜。』説文林部：『檾，枲屬。從林，熒省聲。詩曰：「衣錦檾衣。」』又衣部：『褧，檾也。詩曰：「衣錦褧衣。」』按：今毛詩作『褧』，則許衣部所引者毛詩，林部所引者三家詩。要其于緝枲爲衣則無異義。乃或者謂褧以禪縠爲之。其説與許異。縠者，細絹，是以絲而非枲矣。又云婦人服尚輕細，且欲露錦文，必不用厚繒，故以單縠爲之。夫衣錦尚褧，方謂惡其文著，而乃云欲露錦文，是自相矛盾矣。毛云『褧襜』者，謂以褧爲襜。襜，猶言襜褕。説文：『直裾謂之襜褕。』釋名：『荆州謂禪衣曰襜褕』，『言其襜襜宏裕也』。蓋單衣不殊裳，如今之直裰，故謂之襜。是襜也有禪義。孔疏云：『襜，亦禪，而在上。』毛既『褧襜』連文，必不訓『褧』爲『禪』，當是以『褧』爲禪衣也。

河水洋洋

按：齊衛二國皆可以河言。乃説者謂以河道論之，經衛者多，經齊者少。其河流于衛都近〔四一〕，流于齊都遠，且經明言『北流』，則衛言河『北流』者，達齊之路也。若齊言『北流』，則是通海矣。今按：讀詩記引董氏曰：『齊地西至于河，衛在河之西。則自齊適衛，河在其中，故曰「北流活活」。』據此，則爲齊之河無疑。蓋衛西齊東以河爲界，河流于齊衛之間，漸趣而北。自衛適齊之路可言『北流』，則自齊適衛又豈不可言『北流』乎？且言嫁女，則盛稱其所適之國，韓奕之五章是也；言娶妻則盛稱其所出之邦，此詩是也。即以庶姜、庶士類之，疏云：『庶姜、庶士，指齊來媵者言。』首敘境地，次及産物，次及士女。敘次分明，則『河』自是齊之河也。

施罛濊濊

傳：『濊濊，施之水中。』釋文：『濊，呼活反。』馬云：大魚網目大豁豁也。韓詩云：流貌。説文云：凝流也。』凝流，今説文作『㵟流』者，句本承『北流活活』〔四二〕，言活活之流，施罛則于水似㵟。此語最善形容。蓋與傳所謂『施之水中』者，皆兼罛與水言之。若韓詩之『流貌』，則專指水。馬之『網目』，又專指罛，皆與詩旨不合。説文大部：『奯，空大也。从大，歲也。讀若「施罛濊濊」。』此與馬説同。大施罛者，必于水中。網在水中，初不見所謂空大之狀。説文所云，亦不善于體物矣。

鱣鮪發發

傳：『鱣，鯉也。』説文：『鯉，鱣也。』按：毛傳于『鱣』言『鯉』，于『鯉』不言『鱣』者，俗通行之語不待注也。然則凡鯉言鯉，大鯉曰鱣，猶小鮪曰鮥，大鮪曰鮪也。爾雅『鯉鱣鰋鮎鱧鯇』，舍人、孫炎皆以爲釋二名，則是以『鱣』釋『鯉』，郭氏乃分爲六物。夫爾雅，故訓之書，正名辨物，無庸並列六魚不加訓釋，全書無此文例。故毛傳以『鯉』訓『鱣』，本之爾雅，説文又本之毛傳也。發發，盛貌。釋文：『發，補末反。馬云：魚著網尾發發然。韓詩作「鱍」。』説文作『鮁』。考韓詩之『鱍』亦不見説文，或許書原有『鱍』字本之韓詩。今説文『鮁』字又爲『鱍』字〔四三〕，或互體耳。

蝤蠐

爾雅釋蟲云：『蟦蠐，螬。蝤蠐，蝎。』孫炎云：『蠐螬謂之蟦蠐，關東謂之蝤蠐，梁益之間謂之蝎。』又曰：『蝎，蛣蝠。』孫炎曰：『蝎，木蟲也。』又曰：『蝎，桑蠹。』孫炎曰：『即蛣蝠也。』然則蟦蠐也，蝎也，蠐螬也，蛣蝠也，蝤蠐也，桑蠹也，一蟲而六名也。薛氏曰：『蝤蠐，桑蟲也。食桑之腴，故色白而體柔。』朱子集傳云：蝤蠐，木蟲之白而長者。故詩人以之比莊姜之領與？

螓首

傳：『螓首，顙廣而方。』說文：『䫤，好貌。從頁，争聲。詩所謂䫤首。』今按：說文注云：『䫤首即螓首。毛傳不言螓爲何物，鄭箋乃言蜻蜻。知毛作「䫤」，鄭作「螓」。』考鄭不言『䫤』當爲『螓』，自與毛同字。毛本亦作『螓』，但毛以『螓』爲『䫤』之假借，不以爲『蜻蜻』耳。許氏『所謂䫤首』，此『䫤』亦當作『螓』，謂詩『螓首』即此『䫤』之借也。

蛾眉

傳箋皆無說。詩小學云：『王逸注離騷云：「蛾眉，好貌。」師古注漢書始有「形若蠶蛾」之說。離騷及招魂注云：「娥」亦作「蛾」。今俗本倒易之，「娥」亦作「蛾」。此字之假借。娥者，美好輕揚之意。方言：「娥，好也。秦晉之間，好而清者謂之娥。」大招「娥眉曼口」，枚乘七發「皓齒娥眉」，張衡思玄賦「嫮眼娥眉」，亦皆作「娥」不作「蛾」』，是其證也。

說于農郊

毛傳云：『說，舍也。』孫毓述毛云：『說之爲舍，常訓也。』而箋則謂『「說」當作「襚」』，『言莊姜始來，更正衣服於衛近郊』。傳箋之説各異。今考甘棠篇『召伯所説』、定之方中『説于桑田』，注皆訓爲『舍止』，則此『説』字亦當爲『舍』意。是傳優于箋也。故程子曰：『其來禮數之備，至近郊而説止也。』

氓之蚩蚩，『氓』字

朱子云：『氓，民也。蓋男子而不知其誰何之稱也。』石經作『甿』。『甿』與『氓』通。楊氏慎作『氓』，從亡，從民，流亡之民也。引周禮注謂『新徙來者』。『氓之蚩蚩』，此民離本土而住于外州者也。』然其説不免於鑿。蓋氓者，民之通稱。或從亡者，言民易散難聚，民散國必亡也，非專屬新徙言也。自當以朱子之説爲正。

抱布貿絲

或曰：布，幣也。按：此『幣』即錢幣之幣。漢書：『賈人緡錢』，如淳引胡公云：『緡，錢爲緡者，詩「氓之蚩蚩，抱布貿絲」，故謂之緡也。』蓋古即以緡爲錢，可以貿易，不必定用錢刀〔四四〕。然亦非僅以布粟易物〔四五〕，即謂之布。先鄭注周禮載師云：『里布者，布參印書，廣二寸，長二尺，以爲幣，貿易物。詩曰「抱布貿絲」，抱此布也。』按：先鄭又云：言布參印書，此舊時説也。此説正與毛同。然則詩所謂『布』，必非布帛之通稱。孔疏乃云此布幣爲絲麻布帛之布，非也。

頓邱

按：衛有頓邱三：其一曰『五軍』，謂魏置五軍於邱旁故也，在淇南；其一名『五觀』，在淇上宿胥口；其一名『帝邱』，『帝』『頓』聲轉，亦近淇。今考水經注：『淇水自元甫城東南逕朝歌縣縣北』，『又東屈而西轉逕頓邱北，故闞駰云頓邱在淇水南。又屈近頓邱西』，『詩所謂「送子涉淇，至于頓邱」也。魏徙九原、西河、土軍諸胡，置五軍於邱側，故其名亦曰「五軍」也。』其後歷敘至『淇水合宿胥故瀆』，下又云：『東北逕帝嚳冢西，世謂之頓邱台，非也。皇覽曰「帝嚳冢在東郡濮陽頓邱城南台陰野中」者也。』其下又云：『淇水又北，逕頓邱縣故城西，古文尚書以爲觀地矣。蓋太康弟五君之號曰「五觀」者也〔四六〕。竹書紀年：晉定公三十一年城頓邱。皇覽曰：頓邱者，城門名。頓邱道，世謂之殷。皆非也。蓋因邱而爲名，故曰「頓邱」矣。』據此，酈注雖三言『頓邱』，而獨以詩之『頓邱』係于『五軍』者，洵爲定論。闞駰曰頓邱在淇水南，自是淇尚未入河之處。詩言涉淇而至頓，是其地相去不遠。黎陽，漢魏郡地，頓邱當在淇西。若東郡之頓邱，則在黎陽以東，去舊淇口稍遠，其非詩之『頓邱』明矣。故酈氏于『淇水合宿胥口』下，雖言頓邱而絶不及詩。王氏詩地里考兩引水經之『頓邱』，漫無區别，非與？

秋以爲期

通典引董仲舒云：『霜降迎女，水泮殺止。』舉此詩云：『將子無怒，秋以爲期。』媒氏疏引王肅聖證論，亦舉此詩。今按：此婦雖係被誘，然其曰『良媒』，曰『卜筮』，則猶託於婚姻之正禮以行者。『秋以爲期』自是嫁娶之時，故以此相訂。毛義秋冬爲昏，正可據此爲本經之一證。或以此爲淫奔之詩，恐不足爲據也。蓋馬昭以此爲淫奔之詩耳。

復關

王氏應麟困學紀聞〔四七〕，寰宇記澶州臨河縣：復關城在南黄河北阜也，復關在南三百步，自黎陽下入清豐縣界。考宋臨河縣故城在今開州西，其云『自黎陽下入清豐縣界』爲復關堤，則其去黎陽以西之淇水頓邱尚遠，似未可以『乘垝垣』而望見之也。惟傳以『復關』爲『君子所近』，最爲得之。蓋婦人猶存廉恥之心，不敢竟斥其人，故以所近之地言之也。

體無咎言，禮記引『履無咎言』

鄭箋詩曰：『兆卦之繇，無凶咎之辭。』考禮坊記云：『子云：「善則稱人，過則稱己，則民不爭，則怨益亡。詩曰：『爾卜爾筮，履無咎言。』」』鄭注：『爾，汝也。履，禮也。言汝鄉卜筮，然後與我爲禮，則無咎惡之言矣。言惡在己，彼過淺。』鄭注禮時用韓詩。然陸德明音義云：『體，韓詩作「履」。履，幸也。』鄭則訓『履』爲『禮』，又不盡用韓詩。其云『卜筮而後爲禮，本無怨惡之言』，似以此婦人但自怨自艾而不深責其男子，較之箋説更爲渾融也已。

隰則有泮，『隰』字

傳釋『隰』爲『澤』。夫『淇』與『隰』對文，『淇』既爲水名，則『隰』亦當爲水名，似不得泛言水澤也。考『隰』乃『濕』字之訛，古『濕』省爲『漯』。説文：『濕，水名也。』他合切。即禹貢漯水。『漯』『濕』以形相借，後人又悮『水』旁爲『阜』。禹貢之『漯』，屬于冀州。衛始封之域在冀州大行之東。漢志：『濕出平原郡高唐。』考淇水在河南；濕，亦分河之支流于東北者。是淇水與隰水相近，皆爲衛境内水名，故詩人並舉之。

總角之宴

或謂『總角之宴』似幼即爲婚，而抱布爲謀、涉淇遠送又非穉男弱女之所爲，此可疑。王氏志長以『總角』別有所據，蓋謂氓所私者。所謂『士貳其行』者，棄故憐新，婦人所爲恨也。田間詩學又疑是改適之婦見棄後夫，轉追念其故夫結髮之情。其説更覺支離。按：『總角之宴』以下，自悔其少不更事，爲人所誘，言笑盟誓以爲可托終身，而不知其不可信也。『總角』正與上『老』字對。宴，安也，謂其初本相安無事，非同今日之不能安於室耳。

信誓旦旦

考釋文云：『旦旦，説文作「悬悬」。』説文心部『怛』下重文：『悬，或從心，在旦下。詩曰：「信誓悬悬。」』是許本毛詩經字作『悬』也。鄭箋之本字與許異。經字作『旦』，傳同。而『旦』即『悬』之假借，故箋云：『言其懇惻款誠。』字爲『旦』，意乃爲『悬』，實與許未嘗不合也。正義引定本，云定本『「旦旦」猶「怛怛」』。是定本改『旦』用『怛』。説文：『怛，憯也。』『憯，痛也。』方言：『憯，痛也。』或言此與信誓義不協，不知傷痛乃至誠、迫切之意，故可通爲形容誠懇之貌。如説文『惻』亦訓『痛』，而後漢書云：『闇闇惻惻，出于誠心。』注云：『惻惻，懇切也。』又如説文：『懽〔四八〕，喜款也。』又引爾雅：『懽懽，憂無告也。』『懽』本訓『喜款』，而憂者之『款款』亦與喜者之『款款』同其誠切。是其例矣。

不思其反

箋云：『反，復也。今老而使我怨，曾不念復其前言。』禮表記引此詩以證諸責之意，似亦以『反』即言可復也之復。集傳以『反』爲反復，言我不思其反復以至此，爲婦人自悔之語。戴氏續詩記〔四九〕：『反，謂回思前日之事。』或謂『反』爲夫家所遣，引穀梁傳『婦人謂嫁曰歸，反曰來歸』爲證〔五〇〕。此皆與上『信誓』義不相應，故知箋説爲允。

泉源在左，淇水在右

傳：『泉源，小水之源。淇水，大水也。』吕氏大臨曰：『淇水出相州林慮縣，東流，泉水由西北來注之。「左」「右」蓋主山而言。相，衛之山東面，故以北爲左，南爲右。』集傳云：『泉流在衛之西北，而東南流入淇，故曰「在左」。淇居衛之西南，而東流與泉源合〔五一〕，故曰「在右」』。按：水經注〔五二〕：『左爲菀水，右淇水，自元甫城東南逕朝歌城北』，又東屈而西轉。夫衛都朝歌，淇水自其城北屈而轉西，是亦在衛之西北，其下流乃在西南耳。注文於泉水曰『泉源』。水經文：『水有二源，一曰馬溝，一曰美溝，皆出朝歌西北。』詩自源而言之，故曰在『左』。淇水不曰『源』，則是自其下流已至衛之西南，故曰『在右』。徐氏光啓以爲泉源之委在左，淇水之源在右，未免於經文相背謬矣。

遠父母兄弟，釋文作『遠兄弟父母』

釋文云：遠父母兄弟，古本『遠兄弟父母』。母，音『浼』，與上『右』字爲韻。後見唐石經亦然。今按：王風葛藟、魯頌閟宮皆『母』與『有』韻，小雅沔水『母』與『友』韻，與此『母』『右』爲韻正同。或疑『父母』不當在『兄弟』下。然詩人取韻，不必過拘。即如蝃蝀首章曰『遠父母兄弟』，次章曰『遠兄弟父母』，非其明證乎？

巧笑之瑳，『瑳』字

毛傳云：『瑳，巧笑貌。』朱子傳曰：『瑳，鮮白色。笑而見齒，其色瑳然，猶所謂粲然皆笑也。』按：『瑳』疑『䃃』之假借。『瑳』字，一本作『磋』。一切經音義云：『磋，古文「䃃」，同。說文：「䃃，齒參差也。」』雖傳不必定作是解，但當爲笑而見齒之貌也。

佩玉之儺，「儺」字

傳云：「儺，行有節度。」説文：「儺，行有節。」文引詩「佩玉之儺」。此用毛義也。或謂此「儺」字本義與檜風「猗儺」同。然考檜風隰有萇楚之「猗儺」，即小雅隰桑之「阿儺」。毛傳訓「猗儺」爲「柔順」，「阿儺」爲「美盛」，其義相因，要亦與「行有節度」之「儺」異。嚴緝因錢氏「柔緩」之解而爲「腰身裊儺」之説〔五三〕，宜乎陳氏譏之也。

芄蘭

傳：「芄蘭，草也。」按：傳「草」字或「雚」字之誤，或「草」上脱「雚」字，當作「芄蘭，雚草也」。如「木瓜，楙木也」之例。爾雅：「雚，芄蘭。」郭注：「雚芄蔓生。」邢疏：「雚，一名芄蘭。郭注「雚芄」〔五四〕，傳寫誤。芄，衍字也。」説文：「芄蘭，莞也。」此「莞」當爲「雚」，或謂亦衍字也。陸璣謂「芄蘭一名蘿摩，幽州人謂之雀瓢。蔓生，葉青緑色而厚〔五五〕，摘之白汁出，食之甜脆」。「其子長數寸，似瓠子。」詩取以托興者，以芄蘭之枝葉柔弱無力，興童子之幼小而不能自立也。

觿

集傳云：『觿，錐也。以象骨爲之，所以解結。』正義引内則云：『子事父母，左佩小觿，右佩大觿』，成人之佩也。釋文：觿，或作『鑴』。鑴者，鋭末之名。周禮『眡祲十煇三曰鑴』鄭注：『鑴，讀如「童子佩鑴」之「鑴」，謂日旁氣刺目也。』爾雅釋獸：『鑴，如馬，一角。』亦以角形而錐，而名之也。『觿』『鑴』字雖異而義則同也。

能不我知、能不我甲，『能』讀爲『而』

鄭注以『能』爲才能，不知『能』語詞之轉，非才能之能也。『能』當讀爲『而』。古字多借『能』爲『而』〔五六〕，如：易履『眇能視，跛能履』〔五七〕，虞翻本『能』作『而』。荀子解蔽篇『則廣也，能異之矣』，注：『能，與「而」同。』此詩『雖則』之文正與『而』字相應，猶之民勞曰『戎雖小子〔五八〕，而式宏大』也。傳『芄蘭之支』與君當『柔潤温良』〔五九〕，正與『驕慢』相對。又人君治成人之事，故以童子而佩觿。然雖服成人之佩，而不能自謂我知。次章『能不我甲』，亦當云不能自謂我已狎習。此皆反刺惠公之驕慢，所謂陳美以刺惡也。

垂帶悸兮，『悸』，韓詩作『萃』

傳：『垂其紳帶，悸悸然有節度。』釋文：悸，『韓詩作「萃」』。蓋『悸』即『萃』之借。『悸』從『季』聲，『穉』『萃』聲相近，故『悸』亦可借爲『萃』。韓詩以『萃』爲美貌，猶爾雅之『崒者〔六〇〕，厜㕒』也。與毛云『悸』爲垂貌亦相似，則『悸』爲『萃』之借字無疑也。

韘

傳：『韘，玦也。能射御則佩韘。』箋云：韘，沓也，『所以驅沓手指也』。説文：『韘，射玦也。所以鉤絃。以象骨韋系，著于右手大指。從韋，枼聲。詩曰：「童子佩韘。」』考許氏所云，與毛義同。孔疏謂禮無以韘爲玦者，故韓易爲沓。然禮亦無以韘爲沓者，故馮氏名物疏駁之當矣。而右佩玦捍見于内則，佩沓之文不見于禮經。或謂沓以韋爲之，『韘』字從韋，故宜爲沓。然説文云『韘』或從弓，或從韘。蓋韘即今之扳指而制微不同〔六一〕。今之扳指而環無端，古之玦則如環而缺。其缺處當聯以爲係，所以著指，亦可佩也。

河廣之詩，非作於襄公即位之時

序云：『河廣，宋襄公之母歸于衛，思而不止，故作是詩也。』自鄭箋以詞害志，遂謂襄公即位，夫人思宋而義不可往。竊謂襄公若已即位，不惟衛徙楚邱，無河可渡，而母出與廟絶，尤不宜復有此想也。是此時思及往宋，是前乎此未嘗思也。今見先君已没，其子即位，思以就養，而義有所不可，遂不勝其拳拳而作此詞，則亦愚夫婦之鄙見，安見發于愛子之至情，而有循禮之心、度義之志哉？蓋序云『宋襄公母歸于衛，思而不止』，則是被出之時即思之矣，奚必待襄公即位而後思之耶？是序不言桓公夫人，而言襄公母者，正以見此詩爲思子而作耳。

一葦杭之

傳：『杭，渡也。』説文：『斻，方舟也。從方，亢聲。詩：「一葦杭之。」』『杭』即『斻』字。詩謂一葦可以爲之舟也，舟所以渡，故謂渡爲『杭』。按：此説非也。説文『斻』下但引禮『天子造舟，諸侯維舟，大夫方舟，士特舟』，並不引詩。毛傳但云：『杭，渡也。』杭，在説文爲『抗』。或云『抗』有舉而加之之意，故箋云：『一葦加之，則可以渡之。』以『加』字申明傳意，則『杭』之爲『抗』，明矣。廣雅釋詁云：『抗，渡也。』疑詩『杭』字，本亦有作『抗』者。

跂予望之，『跂』亦作『企』

按：『跂予望之』，王逸注楚詞九歎引作『企予望之』。說文：『企，舉踵也。』『跂，足多指也。』是『企』正字；『跂』，同音假借字。小雅『如跂斯翼』，玉篇人部亦引作『企』。文選贈蔡子篤詩注云：『跂，與「企」同。』謂其聲同，固可通借耳。

曾不容刀

箋云：『小船曰刀。』釋文云：『刀，字書作「舠」，說文作「𦩍」。』正義曰：『𦩍，小船也。𦩍之言紹也，凡物之短者謂之紹。』釋名云：『百斛曰𦩍。』𦩍，貂也。『刀』『船』『𦩍』，字異而義同。『不容刀』，言其小而狹也。極言狹，以破上文『河廣』之意也。

伯兮朅兮

傳：『朅，武貌。』碩人『庶士有朅』，傳云：『朅，武壯貌。』彼釋文：『有朅，韓詩作「桀」，云健也。』或謂『朅』即『仡』之假借。今按：有朅，韓既作『傑』，古皆與『傑』字同，疑毛亦以『朅』爲『傑』之借字。韓詩曰『健』，毛曰『武貌』，義亦相近。此『朅』字，韓詩又作『偈』，文選高唐賦序引韓詩『偈，傑。健，疾驅貌』。玉篇引詩從韓作『偈』，而訓仍同毛，云『武貌』。蓋說文雖無『偈』字，一切經音義引字林云：『偈，邱竭反，健也。』武、健義同。毛殆以此『揭兮』又即『偈』之假借耳。

伯也執殳

傳云：『殳，長丈二而無刃。』箋云：『兵車六等：軫也，戈也，人也，殳也，車戟也，酋矛也。皆以四尺爲差。』正義引考工記注云：『戈、殳、戟、矛，皆插車上也。用則執之。』此據用以言也。按：戈戟皆可言『執』，何以獨言『執殳』？說文：『殳，以杸殊人也。禮：殳以積竹八觚，長二丈，建于兵車，旅賁于前驅。』周禮司戈盾：『祭祀授旅賁殳，故士戈盾。』注：『士，王族故士也，與旅賁當事則衛王也。』旅賁氏云：『掌執戈盾，夾王車而趨。左八人，右八人。』注：『夾王車者，其下士也。下士則有六人，中士爲之帥焉。』據此，則執戈盾者爲下士。其執殳前驅者，當爲中士與？司戈盾所謂『授旅賁殳』者蓋以授中士。說文獨以『殳』下言『旅賁以先驅』，雖引禮文而實合于詩義。考曲禮『列國之大夫入天子之國曰某士』注云：『三命以下，于天子爲士。』衛之君子爲王前驅者，自是諸侯大夫，于王朝則爲士耳。

自伯之東

孔疏謂『兵至京師，乃東行伐鄭』。然思婦在室，豈遽忘其身所居之地，而以伯爲東行乎？鄒氏泉曰：『周既東遷，衛自西北而往，故云「之東」。』然豈有以淇縣自洛陽爲東者？胡氏紹曾曰：『衛人從王屬右軍，虢公林父正東行矣。』夫左右軍皆從王而東伐鄭，由京師向鄭南行，右軍在西路，焉得援爲東行之據？然則何以云『東』也？蓋伯以衛人仕于王朝，常供護衛，其妻從仕于周，故云『自伯之東』也。

諼草

傳：『諼草忘憂。』校勘記云：『諼草令人善忘，故箋云「憂以生疾，恐將危身，欲忘之」。傳不言「憂」，箋以「憂」申之也。若傳已言「憂」，則生疾危身，人所共曉，何煩更箋乎？』故釋文引毛傳云『諼草令人善忘』，不言忘憂。疏以『諼』非草名，嚴緝力辨其非。爾雅翼云〔六二〕：『衛之君子行役，過時不反，其婦人思之，則心痗首疾。思欲暫忘之而不可得，故願得善忘之草而植之，庶幾漠然而無所思。然豈有此物哉！蓋亦極言其情也。說者因「萱」與「諼」同首，遂命「萱」以爲忘憂之草。蓋以「諼」合其音，以「忘」合其義耳。然忘草可也，而所謂忘憂，「憂」之字從何出哉？』據此云『願得善忘之草』，似羅所見傳亦無『憂』字，故于『忘憂』之名但引説文、養生論、博物志，以爲諸儒皆附會之説，可謂善讀傳箋者矣。文選謝詩注引韓詩『焉得諼草』薛君曰：『諠草忘憂也。』然則『忘憂』之説始于韓詩。傳箋祇作想像之詞，不謂實有此草，于『焉得』二字實合也。

淇厲

傳：『厲，深可厲之者。』毛詩考正曰：『傳「河梁」「河厲」並稱，厲固梁之屬也。』或又謂厲，水厓也。『淇厲』與『淇側』同義，猶『河干』與『河側』同義。是『淇厲』爲淇水之厓，非承上『淇梁』言之。今按：傳以『厲』爲『深可厲之者』，固明知此『厲』非『深則厲』之厲，但厲必深水〔六三〕，其旁處淺水可名『厲』。實則此『厲』當爲『賴』之借字。説文：『瀨，水流沙上也。』楚詞：『石瀨兮淺淺。』是爲水流沙石間，當在由深而淺之處。上章『石絶水曰梁』，爲水深之所；次章言『厲』，爲水淺之所；三章言『側』，則在岸矣。此立言之次序也。

木瓜美齊桓

序云：『木瓜，美齊桓也。』漢、唐、宋諸儒皆從序説。朱子尊孟辨云：『詩録木瓜，春秋序績之意，亦以美衛人之情也。』正用序説。吕記引朱子曰，則但以爲尋常施報之言，已稍變其意。至作集傳，乃以爲男女贈答之詞。不知衛人戴桓之德，實有難報稱者，詩以致其意。劉氏瑾又駁序，云齊桓之德，豈可僅比草木？衛人之報，乃自疑于重實。不知作者之意，正以人當薄遺厚報，故設爲瓊瓜不等之喻，言若有厚于此者，報當何如？此猶詩人微婉之意也。

木瓜、木桃、木李

傳：「木瓜，楙木也。」吕氏引徐氏曰：「瓜有瓜瓞，桃有羊桃，此皆支蔓也。故言『木瓜』『木桃』『木李』以别之。」陸氏埤雅始謂實如瓜，食之津潤不木者，惟木瓜[六四]；圓而小于木瓜，食之酢澀而木者[六五]，爲木桃；大于木桃，似木瓜而無鼻者，爲木李。李氏集解從之。姚寬遂以「木桃」爲樝子，「木李」爲榠樝。李氏時珍本草祖述其説，陳氏稽古編從之。今按：樝子與榠樝皆與木瓜同類，不應目爲桃李也。

校記

〔一〕傳　原作「詩」，據下文爲引毛傳語改。

〔二〕本　原作「正」，據歐陽修詩本義書名改。

〔三〕今字　當作「古今字」。此處係用段玉裁說文解字注。
〔四〕盛　原作「堅」，據毛傳改。
〔五〕籃　原作「蚕」，據江蘇古籍出版社影印王念孫廣雅疏證改。
〔六〕揖　原作「楫」，據前文爲廣雅引文而改。
〔七〕詩　原作「傳」，下文爲引毛詩語而非毛傳語，因據改。
〔八〕拓　原作「摘」，據說文解字改。
〔九〕鑷子　原作「鉺字」，據姚炳詩識名解改。
〔一〇〕揥　原作「摘」，據姚炳詩識名解改。
〔一一〕蹩躠　原脫一「躠」字，據鄭箋補。
〔一二〕「衣」下原有「服」字，據說文解字改。
〔一三〕止　原作「正」，據詩序改。
〔一四〕溱　原作「湊」，據詩經溱洧改。
〔一五〕傳　原作「傅」，據毛詩正義改。
〔一六〕〔一七〕說　原作「稅」，據詩經定之方中改。
〔一八〕騋　原作「棶」，據毛詩正義改。
〔一九〕天　原作「文」，據下引爲爾雅釋天文而改。
〔二〇〕雩　原作「雲」，據爾雅改。

〔二一一〕禮　原無，據毛傳補。

〔二一二〕『注』下原有『云』字，據毛傳删。

〔二一三〕游篇　二字原互乙，據下文爲引莊子逍遥游文改。

〔二一四〕王　當作『漢』，下『淇園之竹』乃漢人語。

〔二一五〕朝　原無，據王逸楚辭章句補。

〔二一六〕萹　原作『篇』，據説文解字改。

〔二一七〕白　當作『曰』，下文爲引朱熹語。

〔二一八〕姓　當作『性』。

〔二一九〕惜　當作『借』。

〔二二〇〕傳　原作『傳』，據賈誼傳職篇改。

〔二二一〕傳　原作『傳』，據下引爲毛傳改。

〔二二二〕東　原作『東』，據文意改。

〔二二三〕較　原作『較』，據説文解字改。

〔二二四〕范氏處義　當作『考工記疏』，下引是考工記疏文，非范氏詩補傳文。

〔二二五〕重　原作『足』，據考工記疏改。

〔二二六〕有　原無，據考工記疏補。

〔二二七〕木　原作『本』，據毛詩後箋改。此處係用後箋文。

〔三八〕『黄』字原無，『潢』原作『演』，據毛詩後箋改。此處係用後箋文。

〔三九〕潢　原作『演』，據毛詩後箋改。此處係用後箋文。

〔四〇〕過　原作『歌』，據戴岷隱續吕氏讀詩記改。此處係用讀詩記文。

〔四一〕自『河水洋洋』條目至此條正文『流於衛』，原置於後條『説於農郊』之後，『説於農郊』之後又誤失『氓之嗤嗤氓字』條目(此條目誤嵌於『鱣鮪發發』條後)，今改正。

〔四二〕活活　原作『括括』，據詩經碩人文改。下『活活』兩字同。

〔四三〕今　原作『李』，據毛詩後箋改。此處係用後箋文。

〔四四〕刀　原作『力』，據毛詩後箋改。此處係用後箋文。

〔四五〕布　原重出，據毛詩後箋删。此處係用後箋文。

〔四六〕『弟』原作『第』，『君』原作『軍』，據四部叢刊本水經注改。

〔四七〕王　原作『毛』，又此句下疑有脱文。

〔四八〕懽　原重出，據説文解字删。

〔四九〕詩　原作『毛』，據續吕氏讀詩記書名改。

〔五〇〕來歸　二字原互乙，據中華書局影印十三經注疏之穀梁傳改。

〔五一〕與　原作『于』，據朱熹詩集傳改。

〔五二〕水　原作『本』，據下引爲水經注文而改。

〔五三〕解　原作『鮮』，據毛詩後箋改。此處係用後箋文。

〔五四〕芄　原無，據中華書局影印十三經注疏之爾雅正義補。

〔五五〕『色』下原有『摘之』二字，疑涉後文衍，據陸璣疏删。

〔五六〕爲　原無，據王引之經義述聞補。此處係用述聞文。

〔五七〕能　原無，據中華書局影印十三經注疏之周易補。

〔五八〕戎　原作『戒』，據詩民勞改。

〔五九〕良　原作『民』，據毛傳改。

〔六〇〕崒　原作『萃』，據爾雅改。

〔六一〕今　原作『令』，據毛詩後箋改。此處係用後箋文。

〔六二〕翼　原無，據下引爲爾雅翼文補。

〔六三〕厲　原作『屬』，據毛詩後箋改。此處係用後箋文。

〔六四〕惟　據文例當作『爲』。

〔六五〕澀　原重出，據毛詩後箋删。此處係用後箋文。

學詩堂經解卷四

王一之六

黍離閔宗周

序云：『黍離，閔宗周也。』新序：衛宣公子壽閔其兄伋受害，『作憂思之詩，黍離是也』。王氏詩考以劉向所傳當爲魯詩説。今考左傳衛壽竊旌先往，是死在伋先，安得有閔兄見害之事？且使黍離果爲壽作，當列之於衛風，不當冠於王風之首。其不足據也，明矣。詩考又引韓詩序云：『黍離，伯封作也。』陳思王令禽惡鳥論曰：『昔尹吉甫信後妻之讒，而殺孝子伯奇[一]，其弟伯封求而不得[二]，作黍離之詩。』此大旨與劉向説同，而事與人異。然尹吉甫在宣王時，尚是西周，不應其事列於東都也。當以序説爲正。

離離

傳云：『離離，垂也。』離離者，猶黍生下垂之形。釋文云：『離，說文作「穲」。』按：說文無此字。王氏詩考亦引說文作『穲』，黄公紹韻會同。不知二家係采釋文，抑宋元時說文尚有此字與否？玉篇：『穲，禾把也。』蓋取其稀疏適歷之意，故字從『离』聲也。

行邁靡靡，『靡』字音

陳氏稽古編曰：『「靡」字，釋文無音反，據文義當讀上聲。玉篇：「𦅆，迷彼反。𦅆𦅆，猶遲遲也。今作『靡』。」詩「靡靡」，毛傳訓「遲遲」，義同，當同音。』不知『靡』本不訓『遲』，說文：『靡，披靡也。』披靡者，解散之意，引伸之則爲慢緩。故傳不直訓『靡靡』爲『遲遲』，而曰『猶遲遲』也。

蒼天

毛傳云：『蒼蒼，以體言之。』『據遠而視之，猶蒼蒼然也。』釋文：『蒼，本亦作「倉」。』爾雅曰『穹蒼』，李巡曰：『古時人質，仰視天形穹隆而高，其色蒼蒼，故曰穹蒼。』又云：『春爲蒼天。』李巡曰：『萬物生，其色蒼蒼，故曰蒼天。』據爾雅二注，一以體言，一以時言。毛傳所訓殆其體也。

君子于役，非室家之詩

序云：『君子于役，刺平王也。君子行役無期度，大夫思其危難，以風焉。』吕記曰：『考經不見思其危難以風之意。』今考范氏詩補傳云：『行役之人所憂者，死亡耳。飢渴則致疾病，疾病則致死亡。所謂危難，即疾病死亡。末章祝其「苟無飢渴」，蓋思其危難所由致而風諭之，使無飢渴以致患也。』此闡發序義甚明。乃朱子詩序辨説以爲國人行役而室家念之之詞，集傳又以爲大夫行役，室家思而賦之。其説微異，豈欲扭合下篇君子陽陽與此爲一人所作，故俱以爲大夫妻與？

君子于役，不知其期

『雨雪霏霏』，遣戍役而預言歸期也。『卉木萋萋』，勞還卒而詳言歸期也。四牡之使，曾幾何時，勞之曰『我心傷悲』。吉甫在鎬，不過千里，勞之曰『我行永久』。先王之心，惟恐一人之勞苦，惟恐一人之怨思，本於推己及物之恕，發而爲序。情憫物之仁，豈有無期度乎哉？至序君子於役，至於『不知其期』，仁恕之義泯然矣。文、武、宣王之治，何時而可復見乎？至序以爲『大夫思其危難』，則爲衍説。朱子以爲『其室家思而賦之』，詳詩詞情真語摯，朱子真得詩解。

君子行役

考王城譜疏云：『君子行役、揚之水、葛藟，序皆云平王。是平王詩矣。』文選北征賦注引詩『君子行役，如之何勿思？』李氏集解、嚴氏詩緝兩目録皆作『君子行役』，或據之以爲篇目當作『君子行役』。按：詩首箋云『君子于往行役』，『往』字明爲『于』字作訓。凡篇目多取詩首句，自當仍作『于役』。譜疏、選注及李嚴目録皆不免誤矣。

于塒、于桀

按：師曠禽經：『陸鳥曰棲，水鳥曰宿。』鷄者，家禽而陸鳥，故不曰『宿』而曰『棲』。至其『于塒』『于桀』者何也？于塒，鑿牆而棲也。于桀，爾雅：『鷄棲于弋爲榤。』李巡曰：『弋，橛也。』是也。

羊牛下來

自唐石經以下皆作『羊牛』。熊氏經説謂：『不曰「牛羊」，而曰「羊牛」，日之夕矣則畜之。小者先歸，大者次之，有大於羊牛者亦當歸矣〔三〕。』別本又言次章作『牛羊』者，不過傳寫誤倒。而説者遂謂首章敘歸之先後，次章順類之大小，殊爲穿鑿。詩中先『羊』後『牛』者，此詩及小雅無羊，及周頌我將、絲衣凡四處，惟絲衣傳云：『自羊徂牛，先小後大也。』意者亦與之同耳。或謂羊性畏露，晚出早歸，常先於牛，故曰『羊牛下來』。亦可以備一説也。

君子陽陽，賢者招隱之詩

序云：『君子陽陽，閔周也。君子遭亂，相招爲仕禄，全身遠害而已。』按此詩及中谷有蓷、兔爰皆云『閔周』，彼二章皆有憂詞，此獨言樂而亦言『閔周』者，蘇氏詩傳曰：『君子以賤爲樂，則貴者不可居也。雖有貴位而君子不居，則周不可輔矣。』蓋此詩正中谷有蓷、兔爰之所兆也。朱子初解本從序説，後疑此篇亦前詩婦人所作，因篇首俱以『君子』爲言耳。然以大夫招其妻入於舞位，語恐不合。即君子行役初歸，雖有室家之樂，何至執簧執翿，聲音並肆也？徐氏與喬曰：『春官磬師「教縵樂燕樂之鐘磬」注：「燕樂，房中之樂。」陽陽君子，其磬師之流與？』蓋古之賢者多隱於伶官，意此詩大旨當與簡兮相近云。

右招我由房

傳：『由，用也。國君有房中之樂。』按：房中，對廟朝言之。人君燕息所作之樂，故曰『房中』。下章『由敖』箋云：『從之於燕舞之位。』此『燕』亦燕息之燕，非燕享之燕也。虞東學詩據儀禮『燕，朝服於寢』注謂『燕於路寢』，駁正義『小寢』之説，誤矣。

揚之水刺平王

序：『揚之水，刺平王也。不撫其民，而遠屯戍於母家，周人怨思焉。』集傳謂周制，凡有征伐皆用諸侯之師，王師止衛王室。未知出何典記。因歷舉周官大司馬諸職所言偏兩、卒伍之名，蒐苗、獮狩之法，及成王踐奄伐東夷，穆王伐犬戎，共王滅密，宣王伐魯，皆王師親征之明證，見於書序與外傳者。又周公之東征、宣王之南征北伐，即見於詩，不得謂天子六師不用以征伐也。今按：出征究與遣戍有别，經傳所言皆天子征伐諸侯之事，未有以畿甸之民而爲諸侯戍守者。此序言『不撫其民而遠屯戍於母家』，固西周以前未有之事也。

戍申、戍甫

申，姜姓之國，今南陽宛縣是也。甫即吕也，亦姜姓。書『吕刑』，禮記作『甫刑』。孔氏以爲吕侯後爲甫侯，是也。史記：吕尚先祖爲四岳，佐禹治水有功，唐虞之際受封於吕。括地志『故吕城』在鄧州南陽縣西四十里，吕氏春秋『吕』在宛縣西，是也。

申、甫、許

傳：『申，姜姓之國，平王之舅。』又云：『甫，諸姜也。』集傳云：『甫即吕也。』『今未知其國之所在，計亦不遠於申〔四〕。』考司馬貞云：『地理志：甫，南陽宛縣，申伯之國。吕亦在宛縣西邊。』或以爲申，信陽軍，不知是楚靈所遷在信陽州方城内，非平王時之申矣。又謂汝南新蔡有大吕亭，故吕侯國。然以左傳考之，楚有申吕。時新蔡屬楚，非楚邑，當以在宛城爲正。許，按皇輿表，潁昌府許昌縣，今開封府。是申爲平王母家。所戍爲申，何以兼言甫許？正義云：『以其同出四岳，俱爲姜姓。既重章以變文，因借甫許以言申，其實不戍甫許〔五〕。』此言非也。申息爲南北門户，甫許與申爲唇齒，戍申必兼戍甫許，此時勢之必然也。

『蒲』『許』協韻

傳：『蒲，草也。』箋云：『蒲柳。』釋文引孫毓云：『「蒲草」之聲不與「戍許」相協〔六〕。箋義爲長。今則二「蒲」之音，未詳其異耳。』意孫毓以蒲草之『蒲』讀平聲，蒲柳讀上聲，故以傳爲不協。不知古人用字異義，無煩改音也。按：説文：『蒲，水草也。或以作席。從草，浦聲。』正與『許』叶。安見必爲蒲柳，乃叶『許』韻乎？孫毓朋王鄭，此字從鄭箋强生區别，殊屬憶見也。

中谷有蓷

傳：『蓷，鵻也。』爾雅釋草：『萑，蓷。』郭璞云：『今茺蔚也。』陸璣云『蓷閭』。韓詩及三蒼悉云『益母』。指一物而異名。或以傳陸草谷中傷於水，因據本草『茺蔚正生海濱池澤』之説以駁之，謂非陸草也。不知蘇頌圖經又言『茺蔚，今園圃及田野極多』，是不必盡生海濱。王氏詩總聞又云：『益母草在水甚多，最能任酷烈。日愈烈，色愈明。』則其性不宜水可知。且凡濕草固生於下濕，荒谷中水之所注，亦不能生。即如菴閭，在子虚賦亦卑濕所生，未必能久浸於谷中之水而不菸也。

何嗟及矣

箋云：『及，與也。泣者傷其君子之棄己，將復何與爲室家乎？』詳玩箋語，經文當作『嗟何及矣』，傳寫者誤倒之。正義曰：『何嗟及矣，是決絶之詞。』可知孔本已誤倒。韓詩外傳作『何嗟及矣』，然外傳引孔子曰：『不慎其前而悔其後，嗟乎！雖悔何及矣。』是正以『何及』二字相連爲文。而所引詩仍作『何嗟』〔七〕，亦皆傳寫誤倒也。

謂他人父，謂他人母

按諸儒解此不一。一説斥王不愛其親而愛他人，是愛他人爲父母。吕記所引王氏、李氏、蘇氏之説是也。然指斥過甚，恐無是理。一説諷王以一本之義。嚴氏粲、郝氏敬、張氏彩之説是也。此則謂王不顧兄弟即是不顧父母，直自視如他人父母，亦於理不順。惟箋疏以『父母』皆視王言，最爲得之。蓋九族之戴王，本所謂天地父母者，乃王已遠其族親，則雖戴王如父母，而不異謂他人爲父母矣。陳氏稽古編曰：『先后作民父母，況九族之親乎？名雖父母，實則他人。親親之道微矣，所以爲刺也。』

采葛懼讒

序云：『采葛，懼讒也。』詩傳折衷載晦菴新説，以『采葛』比聽讒，同於唐風采苓刺聽讒。詩中明言及之，與此篇不同。不知此詩三言『不見』，正懼讒隱微深切之語。蓋讒言之入，必乘其間。故曹氏引古語云：『「一日不朝，其間容刀〔八〕。」即孟子「一暴十寒」之語。雖非爲懼讒，亦足見情疏之易間也。』

大車

大車，大夫車，墨車也。春官巾車職云：『革路以封四衛。』四衛，四方諸侯守衛者。大夫出封，如子男之服，則車亦特乘諸侯之車。此大車，蓋革路也。

毳衣

傳：『毳衣，大夫之服。天子大夫四命，其出封五命，如子男之服。乘其大車之檻檻然，服毳冕以聽訟。』箋云：『古者天子大夫服毳冕以巡行邦國，而決男女之訟。』獨嚴緝引曹氏曰：『毳衣，冕服也。享王於廟及助王祭，則服之，未有服以聽訟者。』故埤雅因之，亦謂『毳衣別是一物〔九〕，非毳冕。』李氏亦謂毳冕以絲爲之，毳衣以毛布爲之。夫毛布者，褐也。

褐，賤者之服，大夫安得服之？此説非也。推毛之意，亦祇以大夫出巡邦國、決獄敝囚，故因其服以指其人。謂服此服而來者，爲出封聽訟之大夫。如漢遣直指使者衣繡衣巡行郡國，稱爲『繡衣使者』之比。不必泥於毳冕助祭，而非聽訟之服也。

邱中思賢

毛傳云：『留，大夫之氏』，子嗟、子國爲父子。鄭箋云：『著其世賢』也。是賢大夫而隱君子也。歐陽氏曰：『莊王時，賢人被放逐，退處於邱壑。國人思之，以爲麻麥生於邱中，以其有用，皆見收。於人，惟彼賢如子嗟、子國，獨留於彼而不見於録。』則此詩爲思賢，明矣。朱子疑此詩爲婦人望其所私者而不來，疑邱中復有與私而留之者。是説也，諸儒惑之，以爲東周之俗，非鄭衛可比，信然也。

子嗟、子國

傳以『子嗟』爲大夫字，子國爲子嗟父。歐陽本義謂其人其事不見於春秋、史記，以毛爲附會。善乎，李氏集解曰：此謂陳風所謂『子仲之子』。蓋詩中所陳便實事迹，不必於春秋、史記中求之也。正義云：『子國是子嗟之父，不應同時見逐，又不應先思其子。今首章先言子嗟，二章乃言子國，然則賢人放逐皆言子嗟耳。但作者既思子嗟，又美其奕世有德，遂言及子國耳。故首章傳：「麻麥草木，皆彼子嗟之所治。」是言麥亦子嗟之所治，非子國之功也。二章箋：「言子國使邱中有麥，著其世賢。」則是引父以顯子，非思子國也。末章言「彼留之子」亦謂子嗟耳。」此疏善達傳箋之意也。

將其來施施

毛傳：『施施，難進之貌。』鄭箋云：『施施，舒行貌。』韓詩亦重爲『施施』。至江南舊本悉單爲『施』。考經傳每正文一字，釋者重文。如邶谷風『有洸有潰』，傳：『洸洸，武也。潰潰，怒也。』箋云：『君子洸洸然，潰潰然，無溫潤之色。』十月之交『噂沓背憎』，傳箋云：『噂噂沓沓。』知此毛鄭訓爲『施施』，則正文當爲『施』明矣。

鄭一之七

緇衣，周人所作

按：記曰：『好賢如「緇衣」。』又曰：『于緇衣，見好賢之至。』考武公入仕于周，善于其職，而周人美之，遂作是詩。故范氏詩補傳云：『周之國人以鄭武公父子善于其職，宜在此位，故作此詩以美之。』此説是也。而説詩者多以此爲鄭人所作，謂周人之詩當列于王風。非也。破斧、伐柯等篇，皆周大夫所作，而附之于豳。此周人美武公，何不可列之于鄭？况以爲鄭人所作，何爲三章皆言『適子之館兮』？即序言『國人宜之』，亦謂周人宜之，非謂鄭人宜之也。是緇衣爲周人所作明矣。

緇衣

按：緇，黑色也。周禮考工記『七入爲緇』注云：『又復再染以黑則爲緇。』緇衣者，卿太夫居私朝之服也。考緇衣即士冠禮所云『玄端朝服，緇帶素韠』是也。此武善爲周司徒，而詩人以緇衣美之。以卿士朝于王，服皮弁不服緇衣，退適治事之館，釋皮弁而服緇衣，以聽其所朝之政也。

適子之館兮

傳：『適之館舍。』箋云：『卿士所之之館在天子之宫，如今之諸廬也。』正義引考工記説王宫之制，『「内有九室，九嬪居之。外有九室，九卿朝焉」。注云：「九室，如今朝堂諸曹治事之處也。」彼言諸曹治事處，此言諸廬，正謂天子宫内，卿士各立曹司，有廬舍以治事也。』今按：周禮宮正『比宮中之宮府次舍之衆寡』，注云：『次，諸吏值宿，若今部署諸廬者。』疏云：『此次，謂若匠人云「外有九室，九卿治之」。即詩云「適子之館兮」。』『彼二者與此次爲一物』。是也。

授粲

傳云：『授，采禄。』以『采禄』解『粲』字。箋則謂『自館還在采地之都，我則設粲以授之。』正義云：『鄭國之人所以能遠就采地而授之食者，言愛之，願飲食之也，非實與之食也。』不知此詩言武公善于其職，周人愛之，欲王與之采禄，以供飲食也。如謂鄭國之人願授之食，則武公入爲卿士，不在本國之中，鄭人何從而授之粲乎？是傳義勝于箋説也。或又謂訓『粲』爲『餐』，依釋文當作『飧』，禮『公飧五牢以下』之類。此説非也。『飧』『餐』音義皆異，即如魏伐檀『不素飧』與『不素餐』分言，甚明，傳何至訓『餐』爲『飧』？周禮掌客『上公飧五牢以下』，乃待賓客之禮。武公入仕于周，初非朝王爲客也。且傳云『諸侯入爲天子卿士，受采禄』，則『粲』字所包甚廣，正不必沾沾于一飯也。

宜兮、好兮、蓆兮

毛于首章『宜』字無訓，但云『有德君子宜居卿士之位焉』。此『宜』字即釋經『宜』字，蓋訓如『象服是宜』之『宜』。如次章傳云：『好，猶宜也。』三章傳云：『蓆，大也。』正義言『蓆大也』仍蒙首章『宜』字，以爲『大得其宜』也。三章變文以叶韻，而義實無殊也。

無折我樹杞，無折我樹桑，無折我樹檀

傳：『杞，木也。』『桑，木之衆也。』『檀，强刃之木。』按傳於『桑』『檀』必兼言其性情者，自以取興所在。故箋申之曰：『無折我樹杞，喻言無傷我兄弟也。』然則所謂『桑』與『檀』者，皆以喻段可知。桑以喻段之得衆，所謂『厚將得衆』也，檀以喻段之恃彊，所謂『多行不義』也。故李氏集解亦云：『三者皆言莊公不制段于早，爲段之彌强也。』

大叔于田

按：釋文云：『叔于田，本或作「大叔于田」者，誤。』不知二詩皆曰『叔于田』，故加『大』以别之。唐石經、小字本、相台本皆有『大』字，此正義本也。考上篇正義云：『此言叔于田，下言大叔于田，作者意殊。』是與『或本』同。嚴氏粲曰：『兩叔于田，其短篇者止曰「叔于田」，其長篇則曰「大叔于田」。』意亦與正義同。

兩驂如舞

傳：『驂之與服，和諧中節。』正義曰：『此經止云「兩驂」，不言「兩服」，知驂與服和諧中節者，以下二章皆説「兩服」「兩驂」，知此章所云亦總驂服。』董氏逌曰：『五御之法有舞交衢者，蓋詩所謂「如舞」也。服制于衡不得言舞，其言舞者驂也。』今按：周官保氏注『舞交衢』疏云：『御車在交道，車旋應于舞節。』此謂四馬安行能與舞節相應，非謂馬有舞蹈之容，然則『如舞』自當依傳兼驂與服言之，何疑于服爲衡制不能如舞乎？

叔在藪

或謂九州之内有九藪。鄭有圃田，一曰『甫草』。甫者，大也。大原之中是草木之所蕃蕪，百獸之所窟穴也。叔之所田，其在此乎？今按：考工記云：『以轂圍之防捎其藪。』藪者，櫟也，轂中空鑿深之處也。因之凡地有虚而深者，皆謂之藪。藪皆可田，不必圃中也。則渾以爲叔在藪可也，故毛傳解『藪』爲『藪澤，禽獸之府也』。釋文引韓詩曰：『禽獸居之曰藪。』地官序『澤虞』曰『每大澤大藪』，『小澤小藪』，注：『澤，水所鍾。水希曰藪。』意此詩之言『在藪』，其爲曠野之地無疑矣。

獻于公所

戴氏讀詩記曰：『言勇力之士暴虎，以獻于叔也。』晦菴獨以『公』爲莊公。黄氏日鈔駁之，非也。按：叔從公田並不始于朱子，毛傳亦謂『從公田』者。是蓋有示勇于公之意焉。華谷亦謂叔段從莊公出田，暴虎以獻，氣陵其兄。是其説比戴氏爲允。蓋『襢裼暴虎』正叔段好勇輕脱之常態，得虎以獻莊公，乃自矜武力以驕其兄。漢書匡衡傳：『鄭伯好勇，而國人暴虎。』王氏詩考引此爲齊詩之説。此雖三家傳聞異詞，然正可作以『公』爲鄭伯之證也。

乘乘黄

傳：『四馬皆黄。』或謂如傳所訓，後『乘乘鴇』豈又四馬皆鴇乎？竊意『乘黄』『乘鴇』俱當于『乘』字略斷讀之。蓋四馬爲乘，于乘之中，又有黄者，又有鴇者，或兩服爲黄而兩驂爲鴇也。不知此乃舉馬之上色誇之，固不必泥四馬爲一色，亦不必分驂、服各一色。如小雅『四黄既駕』，魯頌『駜彼乘黄』，則亦非必不可得者。以叔之驕侈，安知不比物齊色，以快一時之耳目耶？

上襄

箋云：『襄，駕也。上駕者，言爲衆馬之最良也。』按説文：『駕，馬在軛中也。』上駕者，言兩服在前駕軛，與兩驂在後雁行者文義相對。高誘注吕覽云：『上，猶前也。』是上駕即謂前駕。諸家因箋説而以『上駟』解之，非也。

磬控、縱送

按『磬控』『縱送』分承上『善射』『良御』而言。傳云：『騁馬曰磬，止馬曰控，發矢曰縱，從禽曰送。』朱子『磬控』從毛，而『縱送』別解，則以上言『善射』『良御』而分以應之耳。但朱傳言『舍拔曰縱，覆臁曰送』二語，本蘇氏詩解。舍拔，見秦風駟鐵。『覆臁』二字殊不明晰。故嚴氏詩緝改爲：『縱，放箭也。送，送箭也。如射者之後手絶力，前手擟。絶力即縱也，擟即送也。』其實毛謂『發矢曰縱，從禽曰送』，『從禽』謂逐禽命中，亦是言射之事也。

乘乘鴇

傳：『驪白雜色曰鴇。』釋文：『鴇，音保，依字作「䳰」〔一〇〕。』按爾雅釋畜本作『䳰』，詩疏引爾雅作『鴇』者，後人據詩文改之。唐石經及五經文字、爾雅皆作『䳰』。爾雅釋文：『䳰，音保。説文云：黑馬驪白雜毛。』此所引説文，今本所無，陸氏尚及見之，故詩音義亦云『依字作「䳰」』。蓋毛傳特借『鴇』爲『䳰』耳。説詩者謂馬名取諸鳥，以其毛色相似，如後世『紫燕』『晨鳬』之類。顧氏詩本音第引廣韻『鴇，烏驄』爲證〔一一〕，皆不知説文本有『䳰』字也。

釋掤

集傳云：『掤，矢箭蓋。』嚴氏粲曰：『用矢則舉掤以開箭，既用則納矢箭中。』釋下掤以覆箭也。考下句言『鬯弓』，則此言『覆矢』可知。故鄭氏康成云：『掤，所以覆矢也。』掤，春秋傳作『冰』，服虔注云：『冰，櫝丸蓋。』杜預云『櫝丸』。是『箭』『甬』字異而音義同也。

清人在彭

傳：『清，邑也。彭，衛之河上，鄭之郊也。』箋云：『清者，高克所帥衆之邑也。』考水經

注：『渠水又東，清池水注之。清池水出清陽亭西南平地，東北流逕清陽亭南，東流即故清人城也。詩所謂「清人在彭」，彭爲高克邑也，故杜預春秋釋地云「中牟縣西有清陽亭」是也。清池水又屈而北流，至清口澤，七虎澗水注之。』下又云：期水北與七虎澗合，『逕城北，東會清口水。司馬彪郡國志曰中牟有清口水，即是水也』。按酈氏所引甚明，但其云『彭爲高克邑』而上下文皆言清，不當贅及于彭。疑『彭』當爲『清』，傳寫之誤。即箋所云『清者，高克所帥衆之邑也』。

二矛

鄭氏康成曰：『二矛，酋矛、夷矛也。』考工記云：『酋矛長丈有四尺，夷矛三尋。』又云：『攻國之兵用短，守國之兵用長。』或謂此禦敵于境，是守國之兵用長，宜有夷矛，無酋矛。引魯頌『二矛重弓』之文，以『二矛』與『重弓』共文，弓無二等，直是一弓而重之，知『二矛』亦一矛而有二。按此説非也。魯頌『二矛』是侈陳兵器之脩，可隨舉一矛以言之。此言『二矛』，守國之兵，亦兼用攻國之兵，則『二矛』爲酋矛、夷矛明矣。

重英、重喬

傳：『重英，矛有英飾。』箋云：『各有畫飾。』傳：『重喬，累荷也。』箋云：『喬，矛矜近上及室題，所以懸毛羽。』釋文：『喬，毛音橋，鄭居橋反，雉名。韓詩作「鷮」。』『荷，舊音何，謂刻矛頭爲荷葉相重累也。沈胡可反，謂兩矛之飾相負荷也。』按：『重英』『重喬』，傳箋大義，所釋大旨正同。陸氏申之，微有得失。傳以『重英』爲矛有英飾，箋云『各有畫飾』。英飾者，謂刻矛柄爲飾。周禮掌節：『以英簜輔之。』杜子春云：『英簜，畫函。』疏云：『以英華有畫義，故曰畫函。』干寶注：『英，刻畫也。』此蓋刻矛柄而以朱畫之，故箋云『各有畫飾』，即閟宫之所謂『朱英』也。傳云『重喬累荷』者，謂矛有短長，刻畫之處重累如荷。箋謂矛柄刻畫爲題識，乃所以懸毛羽者，非即以『喬』爲毛羽。鄭讀『喬』字亦當同毛。釋文因韓詩作『鷮』，而牽合鄭意以爲『雉名』，鄭固無是説也。其引舊説謂刻矛頭者，則是；而以爲荷葉，則非。惟沈音胡可反，而云『二矛之飾相負荷』者，得之。蓋兵車六建之中，二矛最出其上，人舉目即見之，故指以爲言。首章言其采畫之飾，次章言其負揭之形也。

左旋右抽，中軍作好

傳：『左旋，講兵。右抽，抽矢以射。居軍中爲容好。』而諸儒釋之，或云左謂御者，右謂車右，中軍謂將。或又云：左人持弓，右人持矛，中人御。不知此詩『左』『右』『中』本不當以一車言之。傳云『居軍中爲容好』，則以『中軍』爲軍中，猶『中谷，谷中』之比。既未嘗以『中軍』爲御，亦未嘗必以『中軍』爲將也。至『左』『右』，亦非車左車右之謂。左旋右抽，爲戎車回旋演戲之法，即是『居軍中爲容好』也。

洵直且侯

傳：『洵，均。侯，君也。』説本爾雅。韓詩外傳『洵』作『恂』，與溱洧『洵訏且樂』釋文引韓詩作『恂』同。是云『皆直且侯』，韓云『信直且侯』，義並可通。至『侯』字，釋文又引韓詩訓爲『美』，此視毛傳之訓爲『君』者較當。按次章云『邦之司直』，三章云『邦之彦兮』。『彦』爲士之美稱，則首章『洵直且侯』似統下二章而言，『直』即司直之直，『侯』即美士之美也。

舍命不渝

箋云：『舍，猶處也。』王肅云：『舍，猶受也。』或曰：舍，猶釋也。徐廣史記注云古『釋』字作『澤』。管子小問曰：『語曰：澤命不渝，信也。』是『澤命』即『舍命』。蓋古有是語，詩引之以美君子之信。戴氏詩考正曰：『考工記：「水有時以凝，有時以澤。」

澤，『李軌音「釋」』。『「澤」與「舍」義並爲「釋」。言自受命于君，以至復命，而後始終如一也。』今按：釋文：『舍，音赦。』此因箋訓『舍』爲『處』，故爲作音。又云『沈書者反』，是沈重意以『舍』爲舍釋之舍矣。然鄭雖訓『舍猶處』，而云『是子處命不變』，謂『守死善道，見危授命之等』，是以『舍命』爲『授命』，其義允矣。戴氏用王肅之訓以爲受君命，非也。

羔裘豹飾

傳云：『豹飾，緣以豹皮也。』陸農師言國君體柔而文之以剛〔一二〕，其義上達。引玉藻『豹褎』『豹飾』異文，明飾非褎，傳所謂『緣』蓋言領人君之服也。不知凡緣領、緣袖、緣履，皆謂之飾，『豹飾』自指褎袪而言。裘惟有緣褎之制，未聞有緣領者。即玉藻首云『君衣狐白裘錦衣以裼之』，下乃言『君子狐青裘豹褎』『羔裘豹飾』之等。鄭注以『君子爲大夫士』，是玉以豹飾爲大夫、士之服，未嘗專指人君之服也。埤雅引管子：『上大夫豹飾，列大夫豹襜。』正足豹飾爲人臣之服。或謂檜羔裘專刺其君，唐羔裘專刺其臣，鄭羔裘兼刺君臣。然此言『豹飾』，止是臣下之服，觀『舍命不渝』及『司直』『邦彥』皆言臣事也，止當爲刺在朝之臣可也。

三英

傳云：「三英，三德也。」箋云：「三德，剛克、柔克、正直也。」或謂毛訓爲「三德」不過牽合于三之數，而以「三英」謂當訓爲裘之英飾前後有三，如五紽、五緎、五總之類。今考立政「三俊」注以剛、柔、正直。英，即俊也。又皋陶謨疏所稱以九德分配三德者，實出鄭注，其義尤古，爲東晉孔傳所本。毛公以「三英」爲「三德」，説有所據。箋則以「剛」「柔」「正直」申毛，亦必因書之「九德」「三俊」皆關卿大夫之事。考此詩每章第二句皆言德美，知「三英」必非英飾，明矣。

摻執子之袪兮，「摻」字

傳：「摻，擥也。」或疑「摻」既爲「擥」，何又云「執」？摻，當爲「摻摻女手」之「摻」，以摻然之手，而執子之袪也。今考方言：「摻，細也。斂物而細謂之揫，或曰摻。」正義明云説文「摻」參聲，訓爲「斂」，是孔所見説文本有「摻」字，訓爲「斂」，與方言同。何氏古義乃謂説文無「摻」字，宜通作「攕」，誤矣。至毛訓「摻」爲「擥」者，説文：「擥，撮持也。」與「斂」義近。總之，「摻」「執」二字義本有別，不必訓爲女手之「攕」也。

祛字

毛傳訓『祛』爲『袂』。或謂祛與袂殊裁，袂聯腰腋之際，而祛則袖口也。唐風『羔裘豹祛』蓋以羔皮飾裘之袖口。若以祛爲袂，則横施異飾于肘腋之間，甚不類矣。不知祛未始不可通稱『袂』也。詩正義引喪服云：『「袂屬服，祛尺二寸」。則袂是祛之本，祛爲袂之末。即如唐羔裘傳云：「祛，袂末。」則祛、袂不同。此云「祛，袂」者，以祛、袂總是衣袖，本末別耳，故舉類以曉人。』此釋傳義甚明。

不寁故也

箋云：『子無惡我擥持子之袂，我乃以莊公不速于先君之道使我然。』按鄭以『先君之道』釋『故』字，非讀『故』爲是故之故。孔疏衍之，乃云：『以莊公不速于先君之道故也。』殆誤會箋末『使我然』三字，以爲釋經『故』字耳。殊不思下章箋云：『好，猶善也。』『我乃以莊公不速于善道使我然。』此明以『先君之道』釋『故』字，『使我然』三字于經無當矣。維嚴緝云：『莊公失道，君子惡之，遵循大路而去。其國人欲擥其裾袖以留之：子無惡我而不留，不可倉卒于故舊也。言故舊以先君之義風之，庶其或留也。』范氏補傳曰：『詩人謂君子何忍舍我，君遵大路而去，我欲擥其祛而留之。君子勿以爲可惡，不敢速忘故舊之情也。』下章，言『我欲執其手而留之，君子勿以爲可醜，不敢速忘昔日之好也。』今按：唐風羔裘『維子之故』『維子之好』與此『故也』『好也』正同。鄭彼箋云：『我不去者，乃念子故舊之人。』又云：『我不去而歸往他人者，乃念子而愛好之也。』以彼證此，尚以嚴范二氏之説爲長。

大路、大道

考詩之例，次章全變首章之韻，則第一句先變韻，而下三句從之。如終風次章之『終風且霾』與『來』『來』『思』爲韻，相鼠之『相鼠有體』與『止』『止』『俟』爲韻，其變韻皆自一句始也。此詩次章下三句既變韻，則第一句亦當變韻。次章『遵大路兮』，此『路』當作『道』，與下『首』『醜』『好』爲韻。道，猶路也，變文以協韻耳。若洪範云：『無有作好，遵王之道。無有作惡，遵王之路。』如蒙上章『遵大路』之文，則與下三句不協韻矣。

宜言飲酒

鄭箋曰：『宜乎我燕賓客而飲酒。』正義曰：『宜乎者，謂閒暇無事，宜與賓客燕。與上「宜」訓爲「肴」別也。』不知此句承上『宜之』而言，『宜』亦當訓爲『肴』，猶『弋言加之』承上弋鳧與鴈而言也。爾雅『宜，肴也』，李巡注曰：『宜，飲酒之肴。』是其證矣。毛傳于上『宜之』既訓爲『肴』，而此句『宜』字無訓，則爲同義可知矣。

與子偕老

按：此詩次章『子』字應是女目士之言，『與子偕老』承『飲酒』言，則所燕之賓與士相親愛，老而不衰也。或泥于『偕老』二字，以爲賓客一時相接，豈有偕老之理？蓋見邶風『君子偕老』、氓『及爾偕老』皆夫婦之詞。然擊鼓之言『偕老』，即爲卒伍約誓之語，安見賓客必不可言『偕老』？況以婦人而願其夫之賓友白首如新，不尤見其賢智乎？

雜佩

傳：『雜佩者，珩、璜、琚、瑀之類。』按：説文云：『珩，佩上玉也。』『璜，半璧也。』『琚，佩玉名也。』『瑀，玖，石次玉也。』玉藻云：『佩玉有衝牙。』注云：『居中央，以前後觸也。』則衝牙亦玉爲之。雜佩之制，上横曰珩，下繫三組，貫以蠙珠。中組之半，貫以大珠，曰瑀；末懸一玉，兩端皆鋭，曰衝牙；兩傍組半各懸一玉，長博而方，曰琚；其末各懸一玉如半璧而内向，曰璜。又以兩組貫珠，上繫珩，兩端下交貫于瑀，而下繫于兩璜，行則衝牙觸璜而有聲，此之謂雜佩也。

有女同車

傳以『親迎』釋『同車』。箋云：『鄭人刺忽不娶齊女，親迎與之同車，故稱同車之禮，齊女之美。』嚴緝以『有女』即孟姜，其文重複，疑『有女』爲娶他邦之女，謂忽所娶陳嬀。『有女同車』，指忽所娶者。『彼美孟姜』，指忽所不娶者。然考春秋鄭公子忽如陳逆婦歸，乃以王命結婚，在隱八年，何得後日辭婚追于前此之不當乎？其實此詩衹以辭婚失援，故設言親迎之時有女同車，其容色佩服之美若此，彼何人哉？則孟姜也。上言『有女』者，虛想其人。下言『孟姜』，實指其姓。初何得以文複疑之也？

舜華

舜，木槿也。其説本爾雅。按：釋草云：『椵，木槿。』樊光曰：『别二名也。其樹如李，其華朝生暮落。』陸璣疏云：『舜，一名木槿〔一三〕，一名櫬，一名椵〔一四〕。齊魯之間謂之王烝。』『五月始華，月令言「仲夏，木槿榮」。』是此詩取以爲喻，言鄭人刺忽不娶齊女，假言親迎與之同車。此女之美，其顔色如木槿之華然也。嚴氏緝乃謂『有女』是所娶之他女，如木槿之華朝生暮落，殊不足恃。其説未免穿鑿過甚矣。

德音不忘

箋云：『不忘者，後人傳道其德也。』吕記引長樂劉氏曰：『德音，謂齊侯請妻之德音，鄭人懷之不能忘也。』此蓋疑于所指者爲文姜，不足當『德音』之美。考鄭志雖有文姜，然春秋桓三年『夫人姜氏至自齊』，即文姜也。六年：北戎伐齊，鄭太子忽帥師救齊。是時，文姜歸魯已久矣。此『孟姜』既非文姜，安知其必無賢德？使人不能忘，恨不早娶之耳。

扶蘇

傳：『扶蘇，扶胥〔一五〕，小木也。』或謂此從釋文無『小』字爲長。埤雅引毛傳：『扶蘇，扶胥，木也。』是所見本尚無『小』字。正義作『小木』，乃淺人用鄭説增字，非也。扶，扶蘇四布也。佩觿引詩『山有扶蘇』，與『扶持』别，是經字本亦作『枎』。又枎之言扶也，古書多作『扶疏』，同音假借也。上林賦『垂條扶疏』，揚雄傳『枝葉扶疏』，謂大木枝柯四布。疏，通作『胥』，亦作『蘇』。毛意以山有大木，隰則僅有荷華，是爲高下得宜也。

子都

傳：『子都，世之美好者也。』按：孟子所稱『子都』，以貌之美；此詩所稱『子都』，以德之美。猶美人之名，或稱美貌，或稱美德也，似不得但以美貌言也。如以『子都』爲美貌，則與下『狂且』意義不貫矣。後儒因左傳公孫閼字子都，爲美貌，遂附會爲此詩之『子都』。此臆説也。

游龍

傳：『龍，紅草也。』正義引釋草云：『紅，蘢古〔一六〕，其大者名蘬。』陸璣疏云：『一名馬蓼，生水澤中，高丈餘。』按：廣雅云：『鴻、蘢蘋，馬蓼也。』『鴻』即『紅』，『蘢蘋』即『蘢古』，語之轉也。本草經云：『葒草，一名鴻藾，如馬蓼而大，生水旁。』語與廣雅微異。大抵龍爲蓼之大者，即今之水紅。圖經云：『葒草，即水紅，下濕地皆有之。』引詩『隰有游龍』也。

倡予和女

傳以爲君責臣之辭，言倡者當是『予』，和者當是『女』也。箋以爲『羣臣相謂』之詞，言『女倡矣，則我將和之也』。如箋意，則『倡』字當略斷，『予和女』三字連讀，然不如傳義之爲允。經以風吹蘀興君臣倡和〔一七〕，必如傳意，下二句乃與上興意一貫。且君臣倡和，禮之常也。今也，君弱臣强，專命自恣，不待君命而動，詩人所以刺之也。

彼狡童兮

序云：狡童，刺忽不能與賢臣共事，以致權臣專命。程子謂春秋止書『鄭忽』，不以忽爲君也。不以忽爲君，故詩人目爲狡童。此說殊非，宜乎朱子辨正之。但此詩，朱子又解爲淫女所作，則其失殆有甚焉者。度詩之大指，乃昭公見弑後，國人哀之，而假狡童以爲刺，是亦箕子黍離歌之遺意也。古『狡』『姣』『佼』通用。月令『養壯佼』，吕氏春秋作『壯姣』；碩人箋『長麗佼好』，釋文『佼，本作狡』；荀子非相篇：『古者桀紂長巨姣美，天下之傑也。』此傳云『壯狡之志』〔一八〕，非徒形貌狡好，其志亦雄武也。昭公意在自奮，而所與圖者非其人，故雖有壯狡之志而闇于事機，終將及禍。愈使人思其故而憂之，至不能食息焉。

子惠思我

朱子集傳以此詩爲淫女語其所私者，似『子』爲其所私之人。然考序云『狂童恣行，國人思大國之正己」，故鄭氏康成曰：『子者，斥大國之正卿。』而或者以『子』爲稱其君之詞，引宛邱『子之蕩兮』、山有樞『子有車馬』：彼『子』皆斥君，則此亦當爲大國之君。不知鄰國之君爵位尊重，鄭人不宜徑告之。且國家之政教，正卿所主，是必先告之，以使之達于君可耳。則『子』爲大國之正卿明矣。

『褰裳』當爲『攐裳』

釋文云：『褰，本或作「騫」。說文：「褰，袴也。」』今按：說文衣部『褰』下引春秋傳『徵褰與襦』是本義〔一九〕。毛詩借爲摳衣之字。又手部：『攐，摳衣也。從手，褰聲。』考詩言『褰裳』當作『攐褰』，訓『袴』非其義也。弟子職言『摳衣而降也。名爲衣，何？上兼下。』此『褰裳』與『摳衣』同義，則『褰』當爲『攐』可知矣。嚴緝引釋文云：『攐，摳也。摳，挈也。』此正用說文『攐』字之訓。今釋文無此語，蓋有脱誤。至『騫』字訓爲『虧』，以手摳衣不必有虧損之義也。宋本釋文『本或作「騫」』下有『非』字，是陸亦不以爲當作『騫』也。

狂童

箋疏皆以指突。或謂『狂童』爲忽，非也。春秋桓十一年書『突歸于鄭』，穀梁曰：『曰

「突」，賤之也。』桓十五年鄭伯突出奔，蔡公羊曰：『突何以名？奪正也。』『鄭世子忽復歸于鄭』，公羊曰：『其稱世子何？復正也。』夫突爲奪正，忽爲復正，與序『思見正』者合。然則所謂『狂童』非指突而何？玉篇云：『僮，幼迷荒者。詩云：「狂童之狂也且。」』今毛作『僮』者，借字耳。

悔予不送兮

或謂昏禮，女隨男行，無所謂送，當與桑中言『送』者相似。不知『送』猶『致』也。荀子富國篇云：『男女之合，夫婦之分，婚姻聘内，送逆無禮。』注：『内，讀曰納，納幣也。送，致女。逆，親迎也。』春秋言『致女』者，即以女授壻之謂。此女悔其不行，故託言于其家之不致，非自謂其不送男子也。毛傳以『違而不至』釋之，蓋即以『送』爲致女之意也。

俟我乎堂兮

此傳不解『堂』之義。箋云：『堂，當爲「棖」。』推鄭之意，以著篇言『堂』文在『著』『庭』之下，何得爲廟之堂？此篇上言『于巷』，此言『于堂』，『巷』之與『堂』相去懸遠，非爲文次，故轉『堂』爲『棖』〔二〇〕。謂上言待于門外，此言待之于門，事之次，故易爲『棖』也。然考棖爲闔上豎木，非可待人之處，且上既待於門外，此又待於門，仍是自外而入，亦非事之次。雖『棖』『堂』二字古通，然此詩本不煩改字，鄭氏之説恐非也。王肅又以爲堂室之堂，則不應先言『巷』而後言『堂』。惟孫毓謂爲門側之堂，謂之『塾』，言出俟于塾前，是爲得之。或謂此篇所陳庶人之事，人君之禮尊，故于門設塾，庶人無此制也。然庶人雖未有塾，而里門自有塾名。學記：『古之教者，家有塾。』漢書食貨志：『春秋出民，里胥平旦坐于右塾，鄰長坐于左塾。』是可知一里之巷，巷外有門，門側有堂。親迎者，既出寢廟之門，始俟乎里中之巷，繼俟乎巷首之門，次第分明。不必從鄭改『堂』爲『棖』，亦不必同王謂堂在寢也。

東門之墠

傳：『墠，除地町町者。』今檢諸本，字皆作『壇』。此『壇』字讀音曰『墠』，蓋古字得通用。今定本作『墠』。釋文云：『壇，音善，依字當作「墠」。』唐石經以下乃依定本作『墠』〔二〕。按：周禮大司馬職『暴内凌外則壇』，壇，注云：『讀如「同墠」之墠。』王霸記曰：『置之空墠之地。』鄭司農云：『壇，讀「從憚之以威」之憚，字亦或爲「墠」。』據此，知古『墠』字多作『壇』。韓詩則作『墠』。華嚴音義引韓詩曰『墠，猶坦』是也。毛云：『除地町町者。』町町，平意。韓詩訓『墠』爲『坦』，亦平易之意也。

茹藘在阪

傳：『茹藘，茅蒐也。男女之際，近而易則如東門之墠，遠而難則如茹藘在阪。』毛詩寫官記據易林作『茹蘆』，以爲是菜蘆，蓋茅蒐是其地産。古字『蘆』『藘』可通用，不當改『藘』爲『蘆』。爾雅釋地：『陂者曰阪〔二二〕。』説文作『坡者曰阪』〔二三〕，『從阜，反聲。一曰澤障，一曰山脅也』。禮記月令『阪險』，高誘注吕覽云：『阪險，傾危也。』書立政『阪尹』，鄭注云：『其長居險，故曰「阪尹」。』是阪者，險遠之地也。

風雨思君子

序云：『風雨，思君子也〔二四〕。亂世，則思君子不改其度焉。』毛氏曰：『興也。風且雨』，『鷄猶守時而鳴』。鄭氏曰：『喻君子雖居亂世，不改變其節度。』是傳箋皆從序義也。朱子斷爲淫詩，非也。夫淫詩未有稱其人爲『君子』者。蓋風雨雜至而如晦，喻世之昏亂；鷄鳴在暗而思曙，喻君子居亂而思治。君子不改其度，則世道可挽，故見之而心悦也。

『凄凄』作『湝湝』

傳：『風且雨凄凄然。』説文作『湝』，云：『水流湝湝也。從水，皆聲。一曰湝，水寒也。詩曰：「風雨湝湝。」』注云：『今鄭風止有「風雨凄凄」，邶風傳曰：「凄，寒風也。」許引詩證「寒」義〔二五〕，所據與今本異，或是兼采三家。』按玉篇亦引詩曰『風雨湝湝』，雖承用説文，亦必當時有本作『湝湝』者也。

『瀟瀟』作『潚潚』

傳：『瀟瀟，暴疾也。』按：説文：『潚，水清深也。』詩家正作『潚』，今誤爲『瀟』。羽獵賦『吸嗅潚率』，西京賦『飛罕潚箾』，皆形容欻忽之貌，與毛傳『暴疾』之意正合。考廣韻一屋二蕭皆有『潚』無『瀟』，詩『風雨潚潚』是凄清之意，入聲音『肅』，平聲音『修』，轉音『蕭』，俗本誤爲『瀟』。明刻舊本毛詩作『潚』。又玉篇『潚』訓與説文同，别有『瀟』字從簫，曰『水名』。集韻則云：『瀟瀟，風雨暴疾貌。一曰水名。或作「潚」。』轉似以『瀟』爲正字，誤矣。

鷄鳴膠膠

傳：『膠膠，猶喈喈也。』按：玉篇口部：『嘐，古包切，鷄鳴也。』廣韻引詩曰『鷄鳴嘐嘐』。是毛詩作『膠』，『嘐嘐』借字。埤雅以『膠』爲『固』意。嚴緝以『膠膠擾擾』爲『雜』意。姚氏炳又以『膠粘』有接續不已之意。皆望文生義者也。

子衿刺學校廢

序云：『子衿，刺學校廢也。世亂則學校不修。』考北魏魏文詔高允曰：『道肆凌遲，學校遂廢。子衿之歎，復見于今。』北史〔二六〕：徵虞喜爲博士，詔曰：『喪亂以來，儒軌陵夷。每覽子衿之詩，未嘗不慨然。』如此引用，不一而足。又左傳襄公三十一年：『鄭人遊鄉校以論執政。然明曰：「毁鄉校，何如？」子産曰：「何爲？」』蓋鄭之有鄉校也久矣，今當國亂之時，人棄學業，故子衿作焉。此詩，漢唐以來諸儒説詩皆合序意，獨朱子集傳定爲淫奔之詩。然他日作白鹿洞賦云『廣「青衿」之疑問』，則仍用序説矣。此古義之確有可據也。

『衿』當作『衿』

傳云：『青衿，青領也，學子之所服。』正義曰：『釋器云：「衣皆謂之襟。」李巡曰：「衣皆，衣領之襟。」孫炎曰：「襟，交領也。」』是爾雅注正用毛義。今考『衿』當從漢石經作

『襘』。『襘』之別體或作『襟』。玉篇云：『襟，衣襟交領也。』與『襘』同，然不當作『衿』。『衿』乃是『紟』之誤字。説文：『衿，衣系也。』士婚禮：『施衿結帨。』又云：『視諸衿鞶〔二七〕。』皆非衣領之謂〔二八〕。因『系』旁譌『衣』爲『衿』，又以聲同假借爲『襘』。經曲相承通用，遂『襟』『襘』『衿』三字不分。説文：『襘，交衽也。』衽，所以掩裳際者。襘爲交衽，在領之下，而謂之『領』者，顔氏家訓書證篇云：『古者斜領下連於襟，故謂領爲襘。』是也。襘、領一物，而重言『青青』者，古人之複言也。乃俗儒爲之説曰：『青衿』『青領』是衣兩處之名，皆以青爲飾，用釋『青青』二字。其誤甚矣。

嗣音

傳云：『嗣，習也。古者教以詩樂，誦之，歌之，絃之，舞之。』按：傳訓『嗣』爲『習』，『習』與『襲』同，皆有因繼之義，引申則爲學習。即學記言『善歌者使人繼其聲，善教者使人繼其志』之意也。釋文云：『嗣，韓詩作「詒」。詒，寄也，曾不寄問也。』『詒』『嗣』音本相近，是毛韓字通而訓各異也。至鄭箋『嗣，續』之訓，亦與毛同。其下云『曾不傳聲問我』，則從韓説耳。

挑達

傳：『挑達，往來相見貌。』正義曰：『城闕雖非居止之處，明其乍往乍來，故知挑達爲往來貌。』據此知正義本傳文似無『相見』二字。釋文云：『挑達，往來見貌。』無『相』字，當本『往來貌』。『挑』與『佻』同。説文辵部，小徐本引詩作『佻』字。初學記引詩亦作『佻』。小雅大東『佻佻公子』，釋文引韓詩作『嬥嬥，往來貌』。大東傳云：『佻佻，獨行貌。』此傳云：『挑達，往來貌。』正與韓詩、大東傳同。其實『往來』者，謂其避人游蕩，獨往獨來。二義自相足也。『達』字與『泰』字音義相同。説文水部：『泰，滑也。』太平御覽引詩『達』作『撻』。殷武傳云：『撻，疾速。』亦滑利之意。傳謂『乍往乍來』，正形其滑泰耳。

終鮮兄弟

諸儒皆以鄭忽無友于之恩。朱子初解亦從之，後改爲『淫者相謂』之詞，而于『兄弟』難通，則曰：『兄弟，昏姻之稱。禮所謂「不得嗣爲兄弟」是也。』夫以『兄弟』爲昏姻，非惟章首二句難通，即本句亦似乎不協。兄弟可以多寡言，若夫婦而曰『終鮮』，此何言乎？且考禮記所云『兄弟』指壻與妻之父母言，非謂夫婦也。古者，異姓之親，不論尊卑皆曰『兄弟』，故爾雅云：『母與妻之黨爲兄弟。』又曰：『婦之黨爲昏兄弟，壻之黨爲姻兄弟。』如以『兄弟』

爲夫婦，非獨誤解詩，先誤解禮矣。今考嚴緝引曹氏曰：『按：左傳忽突爭國，而子儀、子亹更立。及至莊十二年，忽與子儀、子亹皆已死，而原繁謂厲公曰：「莊公之子猶有八人，不得爲鮮。」』蓋昭公兄弟雖多，而云『終鮮』者，猶司馬牛曰『人皆有兄弟，我獨亡也』。

縞衣綦巾

廣雅云：『縞，細繒也。』戰國策云：『强弩之餘，不能穿魯縞。』是縞乃薄繒，不染，其色白也。綦，説文作『綼』，云『帛蒼艾色。從系，卑聲。詩曰：「縞衣綼巾。」』故詩傳曰：『縞衣，白色，男服也。綦巾，蒼艾色，女服也。』然考詩言『有女如雲』，是男言『有女』也。既據男爲文，則『縞衣綦巾』亦是男之所言，不得分爲男女二服。正義述毛云：『詩人閔被棄之女。衆多，不可救拯』〔二九〕，故『言彼縞衣之男，綦巾之女，是舊時夫妻，其還自配合』。其説猶未爲得之。惟鄭箋云：『縞衣綦巾，作詩者之妻服。』是也。

聊樂我員

釋文：『員，本亦作「云」。』夫『員』是物數，『云』乃古文『雲』字，皆非語詞。但用爲語詞，則古人多假『員』字爲之，如泰誓『若弗云來』，衛包以前作『員來』之類。是正義曰：「云」

『員』古今字者，以『員』爲古之借字，『云』爲今之借字。按：正月『昏姻孔云』，傳云：『云，旋也。』獨於此『員』字無訓。箋云：『且留樂我云。』正義以爲助詞者，得之。或借『昏姻孔云』之傳，亦欲以此『員』爲『旋』，謂樂與我周旋，則失之鑿矣。

出其闉闍

按：説文『闉』下云：『闉闍，城曲重門也。從門，垔聲。詩曰：「出其闉闍。」』又『闍』下云：『從門，者聲。』詩毛傳訓『闉』爲『曲城』，訓『闍』爲『城台』，雖屬分釋，然台在城門之上，亦即統于城門，與許氏『城曲重門』之言相同。乃鄭箋云：『闍，讀當如「彼都人士」之「都」，謂國外曲城之中市里也。』正義又爲之説曰：『以爾雅謂台爲闍，在城門之上。此言「出其」，不得謂出台之中，故轉爲「彼都人士」之「都」。都者，人所聚之處，故知謂國外曲城之市里。』然考『出其闉闍』猶言出其重門，不必以台中不可言出爲疑。況闍在城上而出于其下，亦可謂之出，如闕在門下，豈不可云出于闕下乎？似不必改讀爲『都』也。

蔓草思遇時

序云：『蔓草，思遇時也。君之澤不下流民，窮于兵革，男女失時，思不期而會焉。』毛傳衍之。曰『澤不下流』者，因『零露』之文，取反興以爲解，猶屬寓言也。至朱子則言『野田草露之間』，男女邂逅，因賦其事以起興。考太平御覽引韋昭云：『時草始生而云「蔓」者，女情急欲以促時也。』此漢晉人詩説，蓋出于三家者，實爲朱傳之濫觴。然按之經文有『偕臧』之語，則于『遇時』爲宜也。

零露漙兮〔三〇〕

釋文：『漙，本亦作「團」。徒端反。』校勘記云：『考文古本「漙」作「團」，采釋文也。』匡謬正俗所云『詩古本有作「水」旁「專」者，亦有單作「專」者，後人輒改爲「團」字』。按：今説文無『漙』字，玉篇始有。此『漙』字，古作『團』，藝文類聚引正作『團』。又文選謝脁京路夜發詩〔三一〕『猶霑餘露團』，謝惠連秋夜詩『團團滿繁露』，江淹雜體詩『篙前露已團』，李善注幷引詩『零露團兮』。此必六朝古本作『團』，顔氏以後，人改『漙』爲之，非與？

方渙渙兮

毛傳云：『渙渙，盛也。』朱子云：『渙渙，春水盛貌。蓋冰解而水散之時也。』釋文云：渙渙，韓詩作『洹洹』。太平御覽引韓詩注云：『渙渙，盛也。』説文作『汎汎』，音父有反。

或注説文云『汎』當作『汍』，音丸。汎汎〔三二〕，蓋『汍汍』誤。『汍』與『洹』同。漢志又作『灌灌』，亦當讀『汍汍』，皆水盛沄旋之貌。按：此説是也。玉篇『汍』爲『洹』之重文，胡端切，可證『汍』『洹』係一字。文選陸士衡文『涕垂睫而汍瀾』，注引漢書息夫躬傳：『涕泣流兮灌蘭。』又云：『灌』與『汍』古今字，同。此足證漢志『灌灌』與『汍汍』亦同字也。

方秉蕑兮

傳云：『蕑，蘭也。』釋文云：『蕑，古顔反，蘭香也。』『韓詩云：蓮也。』今考注疏本毛傳『蕑，蘭也』必有譌。釋文本毛傳必本是『蕑，香草』，後人據注疏本以改釋文，故有此誤。毛于此傳亦云：『蕑，香草也。』于陳風澤陂傳云：『蕑，蘭也。』蓋互相足。若此傳已作『蕑，蘭也』，則於澤陂無庸發傳矣。且蕑與蓮是兩物，鄭箋澤陂云：『蕑，當爲蓮。』可證。『蕑』字不得訓『蓮』。太平御覽引韓詩：『蕑，蘭也。方執蘭而祓除。』後漢書注、北堂書鈔、藝文類聚、初學記、白帖、文選注，皆引韓詩『秉蘭草』。此詩釋文所引『蓮也』當作『蘭也』。考蘭之爲物，神農本草列于上品，謂之『水青』，别録名『蘭澤』。草出都梁山，又名『都梁香』〔三三〕。本草綱目以爲即今省頭草，又曰蘭草，與澤蘭同類而小别：紫莖，素枝，赤節，緑葉。其莖員節長，葉無芒者，爲蘭草。莖微方，節短，葉有芒者，爲澤蘭。炮炙論云：

『大澤蘭即蘭草，小澤蘭即澤蘭也。嫩時並可佩。八、九月有花，赤白色，成穗。又有生山中者名山蘭，與二蘭而爲三焉。』今考詩正義引陸璣疏云：『蕳，即蘭香也。』歷引左傳、楚辭及孔子語，又云：『其莖葉似藥草澤蘭，廣而長節，節中赤，高四五尺。』據此所言，毛詩之『蕳』已極明晰。按其形狀，又非今之山蘭。故注本草者，皆指爲都梁香。乃王氏詩稗疏云：此所秉之蕳，非紫莖香葉之都梁。『所以然者，芍藥春榮，都梁秋秀』，絶不同時。「蕳」與「葌」通。』『本草謂之茅香』，以秉蕳爲香茅。蓋因漢書地理志作『方秉菅兮』，故附會爲茅。不知漢志『菅』爲『蕳』之借。山海經西山經『天帝之山多菅蕙』〔三四〕。菅，即蘭也。若以菅茅爲蘭，別無所據，況都梁之香在莖葉〔三五〕，無庸以八、九月方華，非春遊所秉也。

瀏其清矣，『瀏』韓詩作『漻』

瀏，文選南都賦注引韓詩作『漻』。考『瀏』『漻』聲義並相同。説文：『漻，清深也。』莊子天地篇云：『漻乎其清矣。』楚辭九辯云：『泬寥兮，天高而氣清。寂嵺兮，收潦而水清。』凡言『清』者，皆清之貌也。韓詩作『漻』，不爲無據。李軌莊子音注讀『漻』爲『劉』，亦足見音之相近也。

校記

〔一〕子　原作「予」，據文選陳思王令禽惡鳥論改。
〔二〕弟　原作「妻」，據令禽惡鳥論改。
〔三〕歸　原作「婦」，據毛詩後箋改。此處係用後箋引文。
〔四〕計　原作「許」，據朱熹詩集傳改。此處係用詩集傳文。
〔五〕戍　原作「戌」，據毛詩正義改。下「戍」同。
〔六〕戍　原無，據經典釋文補。
〔七〕引　原作「別」，據毛詩後箋改。此處係用後箋語。
〔八〕容　原作「其」，據毛詩後箋改。此處係用後箋語。
〔九〕一　原無，據四庫全書本埤雅補。
〔一〇〕鴺　原作「鵜」，據經典釋文改。
〔一一〕烏　原作「馬」，據四部叢刊影印本廣韻改。
〔一二〕君　原無，據埤雅補。
〔一三〕木　原作「本」，據陸璣疏改。
〔一四〕椴　原作「椹」，據陸璣疏改。
〔一五〕胥　原作「青」，據毛傳改。
〔一六〕蘢　原作「龍」，據爾雅及毛詩正義改。

〔一七〕興　原作「與」，據毛詩後箋改。此處係用後箋語。

〔一八〕志　原作「意」，據毛傳改。

〔一九〕褰與　原作「裳」，據説文解字改。

〔二〇〕轉　原作「傳」，據毛詩正義改。此處係用正義語。

〔二一〕定　原無，據阮元校勘記補。此處係用毛詩正義校勘記語。

〔二二〕者　原無，據爾雅補。

〔二三〕「坡」原作「陂」，「阪」原作「反」，據説文解字改。

〔二四〕子　原無，據詩序補。

〔二五〕證　原無，據段玉裁説文解字注補。

〔二六〕北　原無，據下爲引北史文補。

〔二七〕諸　原作「視」，據禮記改。

〔二八〕非　原作「作」，據毛詩後箋改。此處係用後箋語。

〔二九〕拯　原作「極」，據毛詩正義改。

〔三〇〕溥　原作「溥」，據詩經野有蔓草改。下「溥」字同。

〔三一〕詩　原作「時」，據文選謝脁京路夜發詩題改。

〔三二〕汎汎　原缺一「汎」字，據李氏上下文例及段玉裁説文解字注補。此處係用説文解字注語。

〔三三〕香　原作「草」，據後文及毛詩稽古編改。此處係用毛詩稽古編語。

〔三四〕帝　原作「地」，據四庫全書本山海經改。

〔三五〕香　原作「杳」，據毛詩後箋改。此處係用後箋語。

學詩堂經解卷五

齊一之八

鷄鳴思賢妃

按：太平御覽九百四十四引韓詩曰：『鷄鳴，讒人也。』薛君章句：蒼蠅之聲一例相視也。序云：『鷄鳴，思賢妃也。』哀公荒淫怠惰，故陳賢妃貞女夙夜警戒相成之道焉。』夫史記載哀公被紀侯之譖，爲周所害。不聞有荒淫之事，序何所據而云然？惟以爲『思賢妃』，其説得之。故黄氏日鈔云：『古説皆以賢妃欲其夫之早起，誤以蠅聲爲鷄聲。』朱子亦云：『古之賢妃御於君所』，其告戒于君者如此也。

子之還兮，『還』韓詩作『嫙』

傳云：『還，便捷之貌。』齊詩作『子之營兮』。顔師古謂『往適營邱』。或又謂釋邱『水出其左，『營邱』，郭景純謂淄水過其南及東。是『營邱』本取迴環之義。營、還同物，非別音也。或又謂營邱故城即濰之昌樂。殊不知詩中如旄邱、頓邱、宛邱之類，皆連『邱』字言之，無單稱上一字者。使此『營』爲營邱，何不『營邱』連言而乃單言『營』乎？況以『子之營』爲子之適營邱，則下文『茂』與『昌』俱非地名，似不類矣。則作『營』字非也。惟韓詩作『嫙』，尚合經旨。韓詩『嫙，好貌』與『茂』『昌』訓爲『美』『盛』者正同。今毛詩作『還』，乃字之假借者也。

兩肩、兩牡、兩狼

傳：『獸三歲曰肩。』『狼，獸名。』姚氏釋名解之〔一〕：『陸農師以爲一章言肩，二章言牡，三章言狼，蓋物之尤暴戾者。故詩以爲後。但一狼列後，則前「肩」「牡」不知何獸而先言之。』『羅端良又謂首章從狼之子，次章從其牡，末章從其牝。蓋獸之類，牝猛于牡，以乳護其子，非可得犯也。』『要之，先後之説，不可以論詩。如陸氏徒言肩牡〔二〕，而謂以狼之暴戾者列後，羅氏又以肩牡屬狼而必別其子母、牝牡之序，作者之意應不暇念及此也。』今考傳云『獸三歲曰肩』，後漢馬融傳注引韓詩薛君章句正與毛同。説文豕部引此作『豜』，周禮注引又作『肩』。可知肩、豜同物。邠風『獻豜于公』，是『肩』爲獸。故此篇首章舉其大者言之。秦風『奉時辰牡』〔三〕，則田獵貴牡〔四〕，故次章舉所貴者言之〔五〕。陸疏云狼猛捷，自是難獲之獸，故末章舉最猛者言之。此乃互相誇譽以爲戲樂也。

著刺時不親迎

序云：『著，刺時不親迎也。』而説者陳親迎之禮以刺之。以首章言士親迎，二章言卿大夫親迎，三章言人君親迎，俱是受女于堂，出而至庭、至著，各舉其一，以相互見。今按：三章所陳，皆不親迎之事。考昏禮壻往婦家親迎，既奠雁御輪而先歸俟於門外，婦至則揖以入。時齊俗不親迎，故女至壻門，始見其俟己也。張子曰：著，夫家之著也。二章『庭』、三章『堂』，亦皆謂夫家之庭、堂也。見其時不親迎久矣，故詩人作此詩以刺之。

俟著、俟庭、俟堂

朱子集傳及吕記引昏禮『俟于門外』以下之文，爲『著』『庭』『堂』之證。竊有未盡釋然者。蓋當時古禮久廢，既無壻往婦家之節，而婦至壻家，其禮亦復簡略。曰『俟著』，不復行俟于門外之禮矣。曰『俟庭』，不復行寢門揖入之禮矣。曰『俟堂』，不復行升自西階之禮矣。故虞東學詩曾爲辨析之。若毛傳衹云『門屏之間曰著』，未嘗明指夫家與婦家。序下正義謂毛義是『受女于堂，出而至庭、至著』。箋疏以此爲壻在婦家相待之事，則不應先外而後內。而或援傳説，以三章各一人，則『俟庭』『俟著』『俟堂』本非一人一事，無容疑于先後失次，非與？考穀梁傳曰：『禮：送女，父不下堂，母不出祭門，諸母兄弟不出闕門。』是壻在婦家，于著、庭、堂皆無俟婦之事。惟解爲一人一事，以婦至壻家，自著而庭而堂，相次爲順也。

『著』非地名

爾雅：『門屏之間謂之宁。』陳氏禮書言『大夫以簾，士以帷』，則無屏矣。詩言『俟我于著』，蓋簾帷之爲蔽限，亦謂之屏。是『著』即爾雅之『宁』也。漢書地理志引詩云〔六〕：『俟我于著乎而』，顔師古曰：『著，地名。即濟南郡著縣也。』范氏拾遺曰：此蓋三家詩。然按顔于上文『子之營兮』，明言齊詩作『營』，此則不言所據，未必出于三家。且濟南之『著』，韋昭音弛咨反，乃『蓍龜』之蓍，魏收地形志亦作『蓍』，初何得據以解詩乎？

東方日月

序云：『東方之日，刺哀公也。』故毛傳以日月在東方，皆君臣明察之盛。所謂言在此而意在彼，主文而譎諫者也。呂記引程氏曰：『日月明照，則物無隱蔽，姦慝莫容，如朝廷明于上也。今君不明，故有淫奔之行。詩人以東方日月刺其當明而昏也。』説與傳合。箋以日月在東方，皆喻不明。義殊迂曲。戴岷隱又言：『男女相奔，不夙則暮，日出早也，月出暮也。』韓詩又以日月喻姝子顔色美盛。歐陽氏引神女賦以證之，其義太淺矣。

東方未明序言『挈壺氏不能掌其職』

序云：『東方未明，刺無節也。朝廷興居無節，號令不時，挈壺氏不能掌其職焉。』朱子辨説云：『刻漏不明，固可以見其無政。然所以興居無節』，『未必皆挈壺氏之罪也』。惟黄氏實夫曰：『詩人微其意以責臣，而作序者原其本以責君也。』嚴緝云：『哀公興居無節，詩人歸咎于司漏者以諷之。』郝令輿曰：『興居號令，非辰夜者所得司。無所歸咎，不敢斥君而求諸挈壺氏，所謂「告僕夫」云爾。』凡此諸説，皆足以解辨之惑也。

南山崔崔

傳：『南山，齊南山也。』『國君尊嚴，如南山崔崔然。』正義曰：『詩人自歌土風，山川不出其境，故云「齊南山」。』按：水經注『淄水逕牛山西，又東逕臨淄縣故城南，東得天齊水口，水出南郊山下。左思齊都賦曰「牛嶺鎮其南」者也〔七〕。」方輿紀要：『南郊山在臨淄縣東南一十五里，一名南野山。』此當即詩所謂『南山』者乎？

雄狐綏綏

傳：『雄狐相隨，綏綏然無别，失陰陽之匹。』箋云：『雄狐行求匹偶，形貌綏綏然。』意與傳同。惟箋以狐在山上合二句爲一喻，與傳『南山』『雄狐』各自爲喻者異義。至孔疏言『雄當配雌』。今雄雌無别，『失陰陽之正，以喻夫當配妻。今襄公兄與妹淫，亦失陰陽之正』。此説非也。雄狐，亦如『雄雉于飛』。鳥獸之雄者，惟雌之匹，而無别也。雄狐綏綏，謂雄狐但與其類相隨，配非其正，故曰『綏綏』也。

葛屨五兩，冠緌雙止

傳云：『葛屨，服之賤者。冠緌，服之尊者。』按：毛于上章『南山』『雄狐』各自爲喻，此『葛屨』『冠緌』亦各自爲喻。謂葛屨賤服，而下有五兩之多；冠緌尊飾，而上有成雙之美，貴賤各得其耦。故蘇氏詩傳云：『葛屨五兩，則屨具于下矣。冠緌雙止，則緌具于上矣。言文姜有匹于魯，襄公有耦于齊，曷爲又相從哉？』呂氏大臨曰：『屨與屨爲耦，雖五兩各有耦。冠緌之雙，亦然。襄公、文姜，非其耦也。』二説皆有合于毛意。至箋云：『葛屨五兩喻文姜及姪娣與傅姆同處〔八〕。冠緌，喻襄公。五人爲奇，襄公往從而雙之。冠、屨不宜同處，猶襄公、文姜不宜爲夫婦之道。』其義未免于迂曲矣。

必告父母

傳云：『必告父母廟。』取妻之禮，議于生者，卜于死者，此之謂告。正義引曲禮『齋戒以告鬼神』、昭元年左傳『圍布几筵，告于莊公之廟而來』，以證取妻自有告廟之法。今按：士昏禮：『親迎以前，不言告廟之事。』白虎通義因有娶妻不克告廟，示不必安也之説。其實他經言告廟者，甚明。傳箋之説自不可易矣。

衡從其畝

按：賈思勰齊民要術曰：『凡種麻，耕不厭熟，縱横七偏以上，則麻無葉也。』詩『衡從其畝』，毛傳：『横獵之，從獵之，種之然後得麻。』正義云：『衡，古「横」字。』『古推耒耜而耕，不宜縱横耕田。且書傳未有謂耕爲獵者，故知獵是踐躡槩摩之也。』箋云『先耕治其田』者，約略言之，亦非謂縱横耕田。坊記引『縱横其畝』，注云：『縱横游行，治其田也。』游行者，往來踐治之謂。亦與傳言『獵』意同也。至韓詩『從』作『由』，釋文引韓詩『東西耕曰横，南北耕曰由』，一切經音義又引韓詩傳曰『南北曰從，東西曰横』，可見韓詩字雖作『由』，訓仍爲『從』，正與毛同耳。

甫田刺襄公

序云：『甫田，大夫刺襄公也。無禮義而求大功，不修德而求諸侯，志大心勞，所以求者非其道也。』朱子辯説以此未見其爲襄公之詩，故泛指爲戒時人而作。夫詩無達詁，讀詩者原有引伸觸類之法，故揚雄法言引之以説脩身，李和伯于此悟進學〔九〕，未爲不可。而風人當日則實有所指，必非泛作格言、了無關係者。則序以爲『刺襄公』，其説自不可易。以詩之言『遠人』者證之，春秋傳：襄公討鄭而殺子亹，伐衛而納惠公，侵紀而滅其國，乃兄弟之間弗能豫防以致有篡弑之禍，此忽近圖遠之明證也。且此詩列于南山、敝笱之間，尤爲顯然可見者。

甫田非比

按：此詩首、次兩章，傳箋以上二句興下二句，詞旨明白，無可疑者。集傳改爲比。蓋以興言，則『無思遠人』是詩旨正求諸侯之説也。若以比言，則『無思遠人』句亦是比矣。夫以田甫田之難獲，比思遠人之徒勞，尚屬可通。而乃云『戒時人厭小而務大，忽近而圖遠』，以每章四句平列爲比，則所比之意在于言外，非比顯興隱之謂矣。

驕驕、桀桀

吕氏祖謙曰：『驕驕、桀桀，皆稂莠侵陵嘉穀之狀。』驕驕，毛傳無訓。桀桀，傳云『猶驕驕也』。法言作『喬喬』。今按：『驕』蓋『喬』字之借。爾雅：『喬，高也。』下文『桀桀』亦高出之義。載芟『有厭其桀』，箋云：『桀，先長者。』故傳云『猶驕也』。

盧令令

傳云：『盧，田犬也。令令，纓環聲。』吕記引董逌曰：『韓詩作「盧泠泠」。』此雖與毛異字，然『泠泠』當亦指聲言。説文犬部：『獜，健也。詩曰：「盧獜獜。」』其殆據齊、魯詩與？今按：下二章『重環』『重鋂』，則此章當作環聲爲是。蓋田犬頷下有環，必先聞其聲而後見其狀，故于首章言『盧令令』。至正義作『鈴』者，以『令』字明古字易而説之。疏中每有此例，非別有本作『鈴鈴』也。

其人美且鬈

毛傳云：『鬈，好貌。』按説文髟部：『髮好貌。詩曰：「其人美且鬈。」』是『鬈』之本義。此傳但言『好貌』，則是由髮好引爲凡好之稱耳。考還詩『揖我謂我儇兮』，釋文引韓詩作『婘，好貌』。陳風『碩大且卷』，傳云：『卷，好貌。』釋文：『卷，本又作「婘」。』是『鬈』與『婘』同，又省作『卷』。鄭氏康成讀『卷』爲『權』。五經文字以爲其字從手作『捲』，但訓爲『勇壯』，似與下章『偲』字意複矣。正義又爲之説曰：『詩中諸言「且」者，皆辭兼二字。若「鬈」是好貌，則與美是一也』，『故易之』。然考『美』是美德，『好』是儀容，與『美』異義，何嘗一乎？即如鄭風叔于田『洵美且好』，彼亦未嘗言『美』『好』是一也。此是序云『陳古以風』，故三章皆以美德爲主，而『仁』則又有其政也，『鬈』則又有其容也，『偲』則又有其才也。

其人美且偲

傳：『偲，才也。』箋云：『才多也。』説文：『偲，强力也。』引詩曰：『其人美且偲。』『强力』與『才』義相近。乃集傳訓『鬈』爲『鬚髮好』，訓『偲』爲『多鬚』，引左傳『于思』之語以爲證，則兩章意複矣。況說文：『鬈，髮好貌。』不云鬚也。左傳杜注云：『于思，多鬚貌。』亦不云鬚。且合『于思』二字爲義，非偏釋一『思』字也，何得據之以說詩乎？

鰥

傳：『鰥，大魚也。』正義引孔叢子『衛人釣于河，得鰥魚焉，其大盈車』爲證〔一〇〕。陳氏稽古編曰：『嚴緝謂「鰥」與「魴」「鱮」同稱，非甚大之魚。衛人所釣，偶得其盈車者耳。斯語良然。然按本草』，鰥魚『「大者三四十斤，善呑啗，故又名鱤魚，又名鮂魚」。鱤者，敢也。鮂者，啗也』，則定非敝笱所制矣。夫本草以鱤魚爲鰥，乃李時珍說。上林賦『鰅鰫鰬魠』，郭璞注云：『魠，鱤也，一曰黄頰。』山海經東山經『減水，其中多鱤魚』，郭注亦云：『一名黄頰。』說文别有『鮂魚』，亦不名『鰥』。綱目之說，似未可信。總之，傳云『大魚』者，不過以非敝笱所能制，不必定是『盈車』。若果盈車之魚，雖强笱亦不能制，何況敝笱？馮氏復京名物疏云：『毛以鰥爲大魚，次章釋「魴」「鱮」亦云「大魚」，則鰥特魴鱮之類耳，非必大至于盈車也。』持論最當。若鄭箋以爲魚子，殊不知魚尚未成魚，何云制以敝笱乎？

齊子歸止

箋以『歸止』爲初嫁于魯。夫以『歸止』爲初嫁，似無可刺。集傳從張氏説，又以爲歸齊。考莊二年至七年經，書姜氏會齊侯者三，享齊侯及如齊師者各一，皆于齊魯之境，未嘗歸齊。使以『歸止』爲歸齊，則于載驅章無甚分别。蓋歸者，歸魯也。春秋書文姜之事不一，自與桓公如齊以後凡十書，其出而未嘗一書。其歸，蓋既不可以告廟，故史亦不得以歸書也。然有出則必有歸，載馳刺文姜之淫于齊也，敝笱刺文姜之自齊而歸魯也。桓公遇害，禍起于夫人，夫人不可以歸。既歸，爲公論所不容。復留于齊，自後又不可以歸，其他與齊侯淫于境上，皆不可以復歸。魯人若能以禮絶之，則可矣。而文姜方且挾大國之勢，多其扈從，如雨知水，魯聽其出入而終不能制。此詩之所以作也。

其從如雲

傳云：『如雲，言盛也。』按鄭風：『出其東門，有女如雲。』大雅韓奕：『諸娣從之，祁祁如雲。』傳皆以『如雲』言『衆多』，此言其『盛』亦衆多之謂也。箋又云：『其從，姪娣之屬。言文姜初嫁于魯桓之時，其從者之心意如雲然。雲之行，順風耳。後知魯桓微弱，文姜淫恣，從者亦隨之而爲惡。』殊不知從者之『如雲』『如雨』『如水』，皆言其衆盛。其驕抗難制之意，隱然言外。恐箋説非也。

其魚唯唯

傳云：『唯唯，出入不制。』箋云：『唯唯，相隨順之貌。』釋文：『唯唯，韓詩作「遺遺」，言不能制也。』毛韓字異而義同。『唯』與『遺』亦有『隨』義。『唯』本言語聽從之稱，引伸爲凡物之聽從。角弓『莫肯下遺』，箋云：『遺，讀曰隨。』玉篇：『遺遺，魚行相隨。』廣韻：『遺，魚盛貌。』此皆本韓詩，又加水旁耳。

齊子發夕

按：小宛詩云『明發不寐』，諸儒皆訓『發』爲『旦』。故焦氏易林云：『襄送季女，至于蕩道。齊子發夕，連久留處。』旦夕，猶發夕也。詩『齊子發夕』，毛傳云：『發夕，自夕發至旦。』亦當是以『發』爲『旦』。自夕發至旦，當從本作『自夕至旦』，傳寫衍『發』字耳。正義以『發夕』爲『夕時發行』，亦未悟傳意也。

齊子豈弟

詩言文姜于是樂易，正義乃言『其心樂易，非獨在道爲然』。不知此『樂易』猶言流蕩，何得泥于强教悦安之訓，而疑文姜不當言『樂易』乎？　蓋『樂易』與下『翱翔』『游敖』一例。首章『齊子發夕』言其夕往魯道，爲一篇之提綱，下三章形容其在道坦易舒徐〔一一〕，無慙恥之狀。鄭箋讀『豈』爲『闓』，以『弟』爲『圛』。夫改『豈弟』爲『闓圛』，欲與『發夕』相儷，而不知『圛』與『濟』不韻。尚書之一作『涕』，一作『圛』，此古文絶殊，非關聲誤者，不當引以説詩。是不如傳義之爲允也。

汶水湯湯

考汶水有二。漢志于『泰山萊蕪』下注云：『禹貢汶水出西南入泲，桑欽所言。』于『瑯邪朱虚』：『東泰山，東入濰。』『從水，文聲。桑欽説：汶水出泰山萊蕪，西南入泲〔一二〕。』班許皆以二汶並列。然水經于二汶源流詳略迥異，則以出萊蕪入泲之汶，書、詩、春秋所稱皆即此水。而朱虚之汶〔一三〕，其流短促，非經傳所言故也。今考入泲之汶，在齊南魯北，出入二國之境。此詩與『魯道』連言，則必其在魯地者也。王氏蘭泉曰：『詩言汶蓋指大汶言之。酈氏云〔一四〕：「汶水南逕鉅平縣故城東，而西南流。城東有魯道，詩所謂『魯道有蕩，齊子由歸』者也。」今汶上夾水有文姜臺。』故陳氏稽古篇據之以釋詩之『汶』，最爲確當也。

儀既成兮

按：『儀』即所謂射儀也。周禮射人：『以射法治射儀。』淮南俶真訓：『善射者有儀表之著，如工匠有規矩之數。』泰族訓：『射者數發，發不中人，教之以儀，則喜矣。』此言莊公善射，惟其射儀既備，所以終日不出正也。或以爲威儀容貌既備，則失之泛矣。

展我甥兮

序云：『莊公失子之道，人以爲齊侯之子焉。』集傳亦曰『此詩人之微辭也』。按：此説本於公羊傳。而以春秋經斷之，則其説未可信也。文姜之歸魯在三年，莊公之生在六年，公與夫人如齊在十八年，莊公非齊侯之子，明甚。同非吾子之譖，甚屬不經。本非嫌疑，又何所用其微辭乎？按：爾雅釋親云：『謂吾舅者，吾謂之甥。』孟子曰：『帝館甥于貳室。』是也。莊公忘父之仇，盛飾威儀，侈逞技藝，齊人見之，歷贊其美，以爲信足爲我甥。而譏刺之意，自在言外。詩人立言之妙也。

舞則選兮

傳訓『選』爲『齊』。正義曰：『選之爲齊，其訓未聞。』今按：爾雅：『既差我馬，差，擇也。宗廟齊豪，戎事齊力，田獵齊足。』擇者，選擇。『齊豪』『齊力』『齊足』，皆選擇之事，故『選』可訓『齊』。又『選』從巽聲，虞翻注易云：『巽爲齊。』是『選』之訓『齊』，蓋從聲得義。至『舞』曰『齊』，正義曰：『當謂其善舞，齊于樂節。』此用薛君章句釋韓詩『舞則纂兮』，言其舞應雅樂也。但此詩三章皆言射，此『舞』亦當謂以樂節射之事，即禮所云『容比于禮，節比于樂』者。箋云：『選者，謂于倫等最上。』夫全詩美其善射，不應雜此一語美其善舞也。或又謂供事于舞者，皆極一時之選。此則何與于莊公而與『射則貫兮』並言乎？

魏一之九

魏爲晉風

按：左傳閔公三年，晉侯作三軍以滅耿、滅霍、滅魏，爲獻公所幷。夫魏地入晉久矣，其詩疑皆爲晉而作，故列于唐風之前，猶邶鄘先衛也。范氏處義曰：『是詩疑爲晉詩。蓋儉而不中禮，既近于蟋蟀之所刺，而汾水又出于晉，公族亦爲晉宮，豈晉既幷魏之後，得此詩于魏之故地與？』乃朱公遷曰：『魏詩爲晉而作，似也。然國小無政，似非晉事。且儉嗇褊急，與勤儉質樸亦不同。直以爲晉詩不可也。」其説偏矣。

糾糾葛屨

傳：『糾糾，猶繚繚也。』正義以『繚繚』爲稀疏之貌。其説非傳意也。説文：『丩，相糾繚也。』又云：『糾，繩之合也。』系部云：『繚，纏也。』此可知『糾』爲纏繚之貌。故毛以『繚繚』釋之。嚴緝以『衛之男子葛屨既敝，而以繩糾纏之，糾而復糾，謂其可以奔走道路，祁寒不休也。』李解引王氏、程氏説皆同。范氏補傳亦云：『男子穿糾糾繩繚之葛屨。』此皆與傳義相合也。

摻摻女手

傳：『摻摻，猶纖纖也。』説文：『摻，好手貌。從手，韱聲。詩曰：「攕攕女手。」』注云：『毛詩字作「攕」，俗改爲「摻」，非是。遵大路傳曰：「摻，擥也。」是「摻」字自有本義。』今按：説文戈部『𢦏』下亦云：『讀若詩「攕攕女手」。』玉篇引詩亦作『攕』，即本説文。呂記引董氏曰：『石經作「攕」。』此指漢石經，則是魯詩亦作『攕』矣。文選古詩十九首注引韓詩作『纖』，與毛傳合。蓋毛傳云『摻摻猶纖纖』者，以今語釋古語；韓詩作『纖』，乃以訓詁字代經文。楊氏旭乃謂『摻』爲『攕』之俗字，由不知説文本有『摻』字也。至説文注謂俗改『攕』爲『摻』，但毛詩多假借，或者假『摻』爲『攕』耳。

要之襋之

傳：『要，褸也。襋，領也。』箋云：『褸也領也在上，好人尚可使整治之。』正義曰：『士喪禮：「襚者左執領，右執褸。」又曰：「襚者以褶必有裳，執衣如初。」然則襚服有衣有裳，而左右執之，則左執衣領，右執裳要。此「要」謂裳要，字宜從衣，故曰「要，褸也」。要，裳要。則襋爲衣領。二者于衣于裳各在其上，且又功少，故好人可使整治之。』今按：箋云『褸也領也在上』，自當專指衣言。裳爲男子之下服，斷無又分别裳要爲上者。士喪禮及雜記所云『襚者左執領，右執要』，皆指衣之要領，並非一手執衣，一手執裳。孔疏誤讀禮文，乃爲此説。呂記、嚴緝皆從之，以『要』爲裳要，失之矣。

好人提提

傳：『提提，安諦也。』爾雅釋訓：『提提，安也。』毛傳用爾雅義。説文：『媞，諦也。』似又用傳義。今按：楚辭七諫：『西施媞媞，而不得見兮。』王逸注云：『媞，好貌也。詩曰：「好人提提。」』漢書敘傳『姼姼公支』，顔師古謂與詩『好人提提』音義同。説文：『姼，美女也。』是古人皆以『提提』爲女子好貌矣。檀弓：『吉事欲其提提爾。』注〔一五〕：『安舒貌。』引詩『好人提提』。蓋毛詩作『提』者，『媞』之借字。禮記作『折』者，又『提』之譌字也。

『沮洳』非山名

傳云：『汾，水也。沮洳，其漸洳者。』山海經『謁戾之山，東百里有沮洳之山〔一六〕。』郭璞注引詩『彼汾沮洳』。王氏稗疏據之謂『沮洳』山名，非漸洳之謂。今按：水經注引山海經云：『淇水出沮如山〔一七〕。』則『洳』當作『如』，山在今河南輝縣，與汾殊不相涉。詩之『沮洳』與下『一方』『一曲』同義。若『汾沮洳』以水與山連言之〔一八〕，不成文理。則詩曰『汾沮洳』，即左傳所謂『汾隰』也。郭注山海經，以詩之『沮洳』爲山名，謬矣。

莫

傳：『莫，菜也。』正義：『陸璣疏曰：「莫，莖大如著，赤節，節一葉〔一九〕，似柳，葉厚而長，有毛刺。」五方通云酸迷，冀州人謂之乾絳，河汾之間謂之莫。』埤雅云：『冀人謂之乾絳，今吳越之俗呼爲茂子。』似指爲爾雅之『藨莓』。然藨莓藤生，惟子甘酸可食，與毛傳言『菜』者不合。即疏亦祇言『菜可爲羹』，未及其實，不得因『乾絳』之名附會爲藨莓。齊民要術則以莫爲爾雅之『蓁』，或引詩義疏云：『蓁，菜也。葉狹，長二尺，食之微苦。即今之莫菜也。詩云：「彼汾沮洳，言采其莫。」』以莫爲蓁，亦不知何據。惟錢氏潛揅堂答問曰：『爾雅無莫草。孫淵如校本草據陶隱居説，羊蹄有一種極似而味酸，呼爲「酸摸」。即爾雅之「須，蕵蕪」，亦即詩之「莫」，陸璣所云「酸迷」是也。』

藚

傳：『藚，水蕮也。』正義曰：『釋草云：「藚，牛脣。」』『郭璞引毛詩傳曰：「水蕮也。如續斷，寸寸有節，拔之可復。」陸璣疏云：「今澤瀉也。其葉如車前草大〔二〇〕，其味亦相似。徐州及廣陵人食之。」』今按：爾雅『藚，牛脣』，郭注不用陸璣『澤瀉』之訓，而于『蕍葛』訓爲『澤瀉』。李氏集解亦引陳翥注本草謂『藚』非澤瀉。説文：『藚，水蕮也。』正用傳文。陸璣自爲有據。與毛傳釋『藚』者同。蘇頌云：『澤瀉春生，苗多在淺水中，葉似牛舌。』此爾雅『牛脣』之名，以其形似耳。爾雅一物數名者甚多，不得因既有蕍葛，遂疑藚非澤瀉也。至郭注云『如續斷，寸寸有節』者，疑是牛膝，不得以爲水蔦。是陸說爲長也。

謂我士也驕，『士』字

箋以『士』爲『事』：『不知我所爲歌謠之意者，反謂我于君事驕逸故。』今按：鄭風『豈無他士』，傳云：『士，事也。』此不言者，當即以『士』爲人臣之通稱。箋釋爲『事』者，蓋以序言『大夫憂其君』，不當自稱爲『士』。然古者，卿大夫皆可稱士。儀禮喪服：『公士、大夫之衆臣爲其君。』注：『士，卿士也。』是『公士』猶言『公卿』，是其證也。況下章『士也罔極』與氓詩語同，彼以『士』與『女』對，此字不當訓『士』爲『事』。若季氏本以『士』爲未仕之稱，則亦可以不必矣。

陟屺傳說與爾雅異

詩『陟彼岵兮』『陟彼屺兮』，傳：『山無草木曰岵，有草木曰屺。』爾雅則云：『有草木岵，無草木屺。』說文、釋名皆與爾雅同，與毛詩異。詩正義以爲傳寫之誤，後儒多以爾雅爲是。或曰『岵』之言瓠落也，『屺』之爲荄滋也。岵有陽道，故以言父，無父何怙也。屺有陰道，故以言母，無母何恃也。據此知毛傳爲最允。韓昌黎集注引施士丐詩說云：『山無草木，岵。此所以言「陟彼岵兮」，無可岵也。以其無草木，故以譬之。』此説亦善于申毛者。

『父曰嗟予子』『母曰嗟予季』『兄曰嗟予弟』，五字爲句

詩之言韻，夫人而知之矣。然欲定詩之音韻，必先明詩之句讀。即如陟岵三章，其第三句皆讀至『役』字絶句。今按：首章『子』字與『已』『止』爲韻，次章『季』字與『寐』『棄』爲韻，三章『弟』字與『偕』『死』爲韻，當讀至『子』字、『季』字、『弟』字爲句，而以下『行役』二字屬下句讀。至顧氏詩本音又謂『父曰』『母曰』『兄曰』皆至『行役』爲句，而『子』『季』『弟』于句半爲韻，各協下音猶之半句爲讀也。據此，亦有見于『子』『季』『弟』之爲韻，而仍以『父曰』至『行役』爲句。所云『句半爲韻』，詩中恐無此例也。其説不可從。朱子集傳云：『尤愛憐少子者，婦人之情也。』其説雖好，然只是變文以協韻，不應如是之拘也。

上慎旃哉，『上』作『尚』

嚴氏詩緝訓『上』爲『赴』：『謂赴役也。如「上官」「上工」之「上」。』姜氏廣義亦以『上』爲『往』，猶嚴氏義也。今按：隸釋載石經殘碑作『尚』，是魯詩本作『尚』。尚者，庶幾也。毛詩以『上』爲『尚』之假借。考儀禮鄉射禮『上握焉』注：『今文「上」作「尚」』；覲禮『尚』

注：『古文「尚」作「上」』，此可見古人多借『上』爲『尚』。論語『草上之風』，孟子作『尚』。論語亦古文也，又足爲毛詩多古文之證。故詩傳訓『上』爲『尚』。吕記、朱傳多從之，是也。

十畝之間兮

按：水經注云：故魏國城南、西二面，并去大河一百二十餘里，北去首山十餘里，處河山之間，土地迫隘，故著十畝之詩。此不過言其國之小耳。故鄭氏康成箋詩云：『古者一夫百畝，今云十畝，狹小之甚。』蘇氏又疑一夫十畝，無以爲生。橫渠張氏謂周制，國郛之外，有所爲場圃之地者，疑家受十畝以樹草木者。朱傳本此爲説。吕記則云：『橫渠指桑地爲場圃，合于古制。但又謂魏地侵削，無井授之地，徒有近郭園廛而已，則似不然。』嚴緝又云：『或謂井邑各二畝半，合爲五畝之宅。八家在井者二十畝，在邑者亦二十畝。一處本有二十畝之桑，今止有十畝，是削其半也。要之，詩人性情之言』，似不必拘拘求合。即如詩中言多，則曰『則百斯男』；言少，則曰『靡有孑遺』；言廣，則曰『日闢百里』；言狹，則曰『一葦杭之』。兹之『十畝』，亦此類也。

伐檀刺貪

序云：『伐檀，刺貪也。在位貪鄙，無功而受禄，君子不得仕進爾。』考孔叢子引孔子曰：『于伐檀見賢者之先事而後食也。』董仲舒曰：『不素食兮，先其事而後其食，謂治身也。』文選注引韓詩薛君章句曰：『何以爲素餐？素者，質也。人但有質樸而無治民之才，名曰素餐。』范氏三家詩拾遺並引諸説，以爲其説皆與孟子答公孫丑意同；至毛詩序謂『賢者不得仕進』，似非詩意。不知孔、董、薛諸説，皆止釋末二句。參觀全詩之旨，自當以序説爲正。宜乎，張揖諸儒多從其説也。

河水清且漣漪

傳：『風行水成文曰漣。』釋文：『漣，力纏反。』爾雅釋水作『河水清且瀾漪』，郭注：『渙瀾。』釋文：『瀾，郭力旦反。李依詩作「漣」，音連。』又釋名釋水：『風吹波成文曰瀾。瀾，連也，波體泛流相及連也。』按：説文水部：『瀾，大波爲瀾。從水，闌聲。漣或從連〔二一〕。』據此，則『漣』『瀾』本一字。毛詩爲古文，作『漣』；爾雅爲今文，作『瀾』。説文亦以『瀾』爲正字。釋名本諸爾雅，則本漢人，當據三家詩，故亦作『瀾』。李巡注爾雅作『漣』，蓋用毛詩意也。

三百廛

傳云：『一夫之居曰廛。』放齋詩説曰：『三百廛，爲田三萬畝。以漢志準之，畝收一石有半，三百廛當四萬五千石。』許氏謂『三百廛，大國之卿田也〔二二〕。每井八夫，每夫一廛，助耕公田八十畝而制禄出焉。故以廛計之，重民力也。大國卿田二千二百畝，共三百二十廛，言「三百」，蓋下大夫食邑制也。』何氏古義曰：『易云「其邑人三百户」，論語稱「伯氏駢邑三百」，舉成數也。此云「取禾」，以食邑所入言耳。』今按：三百廛，只舉其食有三百夫之入約略言之。如何氏之説，尚爲近之。若如放齋云『三萬畝』，固非人臣之制；即如許氏準以大國之卿，而魏在當時又不得爲大國也。其説俱不足信矣。

貆

傳：『貆，獸名。』箋云：『貉子曰貆。』貉，當以爾雅作『貈』。説文：『貈，似狐，善睡獸也。』李時珍本草云：『貆與貛同，猶狗貛也。』其説本于爾雅『貛貉同穴』之文。而或者謂『貛』，爾雅之『貒』，非貆也。今考説文：『貒，獸也。』『貛，野豕也。』注據風部引爾雅『狐、貍、貒，貈醜』，『貒』作『貛』，知『貒』『貛』一字，『貛』乃『貒』之别體。『野豕也』三字，後人所加。又考鄭注地官草人云：『貆，貒也。』賈疏引爾雅：『貈子貆，或曰貆。』以貆爲貛，又何疑乎？

三百億

傳云：『萬億曰億。』箋云：『十萬曰億。三百億，禾秉之數。』漢徐岳數術記遺曰：『黄帝爲法，數有十等。及其用也，乃有三焉。十等者，億、兆、京、垓、秭、壤、溝、澗、正、載。三等者，上、中、下也。下數者，十十變之〔二三〕，若十萬曰億，十億曰兆是也。上數宏廓，世不可用，所用者中下之數。』甄鸞注云：『詩云：「胡取禾三百億兮」，毛用中數，鄭用下數也。』今考『三百億』爲禾秉之數，蓋指其露積者而言。楚茨『我庾維億』，傳云：『露積曰庾。』疏以一庾之積，『方一尺』，『而長二十七萬尺』。『立方開之』，幾成六十五尺〔二四〕，非倉所能容，故爲露積。然則三百億者，亦極言其露積之多。萬萬、十萬〔二五〕，皆屬約略其詞，不比出于田而收于倉者其數有定限也。

碩鼠即鼫鼠

箋云：『碩，大也。』按：碩鼠，即爾雅之『鼫鼠』也。亦即易之『鼫鼠』。鄭氏箋詩，但以

『大鼠』釋之，其注易晉九四，即引此詩，是以碩鼠、鼫鼠爲一也。易釋文：『鼫，子夏傳作「碩」。』古字本只作『碩』，可知。又九家易曰：『鼫鼠喻貪，謂四也。』翟元曰：『鼫鼠晝伏夜行，貪猥無已。』皆足爲詩序『貪而畏人』之證。詩正義云：舍人、樊光注爾雅同引此詩，亦即以『鼫鼠』爲『碩鼠』。蓋爾雅所列十三鼠，惟此鼠最大，故謂之『碩鼠』。説文以『鼫鼠』爲『五技之鼠』，此則荀子之所謂『梧鼠』，雖不妨有『鼫鼠』之名，然皆未嘗以爲詩之『碩鼠』。孫炎注爾雅，以『鼫鼠』爲『五技』，詩正義遂云舍人、樊光亦同，此臆説也。陸氏詩疏云：『今河東有大鼠，能人立，交前兩脚于頭上，跳舞，善鳴。食人禾苗，人逐則走入樹空中。亦有五技，或謂之雀鼠。其形大，故序云「大鼠也」。』魏國，今河北縣。考其方物，宜謂此鼠非鼫也。此又于『鼫鼠』之外，别有所謂『大鼠』者。而所云或謂之『雀鼠』者，郭注爾雅『鼫鼠』即云：『關西呼「鼩」，音雀鼠〔二六〕。』是郭氏已不從其説。恐疏泥于『鼫』『碩』字殊，謂當從陸説，誤矣。

爰得我直

傳謂行其直道。箋云：『直，猶正也。』按此箋與傳相足，其説自不可易。論語：『人之生也直。』『得我直』，謂得遂其性，不違生人之正道。或謂什而取一，取民正道：得我直，不重斂也。或謂居上者導利惠民，上之直也；居下者安生樂業，下之直也。『爰得我直』，蓋謂可以安生樂業也。説亦可通。至集傳訓『直』爲『宜』，失之矣。

校　記

〔一〕之　當作『云』，下文爲引述之文。
〔二〕牡　原作『肚』，據詩經還『兩肩』『兩牡』文改。
〔三〕時　原作『詩』，據詩經駟驖改。
〔四〕田　原作『曰』，『牡』原作『牝』，據毛詩後箋改。此處係用後箋語。
〔五〕章　原作『首』，據毛詩後箋改。此處係用後箋語。
〔六〕漢　原作『漠』，據下爲引漢書文改。
〔七〕鎮　原無，據左思齊都賦及水經注補。
〔八〕傳　原作『傳』，據鄭箋改。
〔九〕悟　原作『悮』，據毛詩後箋改。此處係用後箋語。
〔一〇〕爲證　二字原互乙，據文意改。
〔一一〕容　原作『客』，據毛詩後箋改。此處係用後箋語。
〔一二〕此句引文係説文解字語，前當有『説文』字樣。
〔一三〕汶　原作『文』，據毛詩後箋改。此處係用後箋語。

〔一四〕酈　原作「鄭」，據下文爲引水經注而改。

〔一五〕注　原重出，據毛詩後箋删。此處係用後箋語。

〔一六〕「東」下原有「山」字，據山海經删。

〔一七〕如　原作「洳」，據文意及水經注改。

〔一八〕以　原作「似」，據毛詩後箋改。此處係用後箋語。

〔一九〕赤節節一葉　原作「赤節三葉」，據毛詩正義及陸璣疏改。

〔二〇〕前　原無，據毛詩正義及陸璣疏改。

〔二一〕漣　原作「瀾」，據説文解字改。

〔二二〕田　原無，據許伯政詩深改。此處係引詩深文。

〔二三〕十十　原作「十二」，據徐嶽數術記遺改。「二」當是重字記號。

〔二四〕幾　原作「口」，據毛詩正義改。

〔二五〕萬萬　原作「萬二」，據毛詩後箋改。此處係後箋文。「二」當是重字記號。

〔二六〕雀鼠　原作「音雀」，據爾雅郭注改。

學詩堂經解卷六

唐一之十

唐

蘇氏轍曰：『晉詩而謂之「唐」，以爲此堯之舊，而非晉德之所及也。』范氏處義曰：『晉之爲晉久矣，而詩謂之「唐」者，以堯之遺澤在人心者，萬世如一日也。故存「唐」之名，使不忘堯也。』按：晉地在河東，本唐堯所居，有先王遺教，故范蘇二氏云云。劉氏瑾又云：『叔虞封唐，燮侯，號「晉」。十七傳至晉侯緡，爲曲沃武公所并。然武公能滅晉之宗，而不能滅「唐」之號；能冒「晉」之號〔一〕，而不能繼唐之統。君子欲絶武公于晉而不可，故總名其詩爲「唐」，以示意焉。』此説更得風人之本旨矣。

蟋蟀在堂，歲聿其莫

考七月篇説蟋蟀之事，云『九月在户』，今傳言『九月在堂』，正義云：『在室户之外，與户相近，是九月可知。時當九月，則歲未暮，而云「歲聿其暮」者，言過此月後則歲將暮耳，謂十月以後爲歲暮也〔二〕。』『小明云：「歲聿云暮，采蕭穫菽。」是九月之事。歲聿云暮，其意與此同也。』而陸堂詩學曰：『據邠風，則自九月而十月矣。歲聿其暮，可徵晉用夏正。』『日知録又謂平王以前，晉國仍用周正，至曲沃莊公改用夏正。』不知『莫』者，晚也。九月以後，自秋徂冬，歲事已晚，不必定爲歲終。似可不必泥于周正、夏正之異耳。

職思其居，『職』字

傳：『職，主也。』考左傳晉范武子責戎云：『言語漏洩，則職汝之由。』『職』亦訓『主』，言主當如此，非實字也。詩『職思其居』謂主思其所居之處，意在『居』，不在『職』也。乃集傳云〔三〕：『不廢其職事，而更思其外。』蘇氏詩傳曰：『既思職，又思其職之外。』蓋皆以既訓『職』爲『主』，復訓顧念其職之所居，則又以爲職任之意，是自相矛盾矣。歐陽本義『職』爲職事〔四〕，爲集傳之所本，失之矣。

山樞刺昭公

序云：『山有樞，刺晉昭公也。』呂記曰：『詩人豈真欲昭公馳驅飲樂也乎？蓋曰是物也，行且爲他人所有，曾不若及今爲樂之爲愈，所以激勸之，非勸其爲樂也。』朱氏通義曰：『唐俗儉嗇，不應此詩忽作曠達語〔五〕。』『是時曲沃成師勢盛，昭公不能制，日就危亡，故詩人作此以諷之。其詞不直斥昭公，託爲同儕相告語者，憂危之情最爲迫切。乃朱子以爲答蟋蟀之詩，相勸行樂。果爾，此何關于理亂而夫子録之乎？』今按：蟋蟀本非行樂之詩。若又以此爲答前篇之意，則前篇當以好樂無荒爲戒，而勸之者乃遽怵以死期將至、他人且來，是相率而爲流蕩放曠之域，烏得爲陶唐之遺風哉？

山有樞

釋文：『樞，本或作「藲」，烏侯反。』爾雅『藲，荎』，郭氏引詩『山有藲』〔六〕。漢地理志『山蓲』〔七〕，師古曰：『蓲音甌。』段氏詩小學曰：『石經魯詩作「藲」。毛詩當作「蓲」，亦作「藲」。唐石經譌爲户樞字，而俗本因之。』今按：説文『藲』下云：『草也。』不以爲樞荎字。是毛詩作『樞』，爾雅加『草』于首，所以别户樞字耳。其實毛詩此字本用户樞之字，但其讀則烏侯反，此以音爲别。隸釋載魯詩作『樞』，亦字之借，釋文所作非也。毛詩既不作

『藴』，亦不作『藴』，故説文草、木二部皆無『藴』字，此漢志之譌也。

他人是愉，『愉』字

傳：『愉，樂也。』箋云：『愉，讀曰偷。偷，取也。』按：説文：『愲，愉也。』『愉，薄也。』『愲』本閒静之意，則『愉薄』當如段注作『薄樂』，故『愉』下引論語『私覿愉愉如也』。愉愉，和氣之薄發于色也。毛于此詩訓『愉』爲『樂』，是其本意。又説文女部：『媮，巧黠。』引伸之則爲偷盜。古無『偷』字〔八〕，當即作『媮』，故漢書地理志下引『他人是媮』。文選西京賦：『鑒戒唐詩，他人是媮。』意必三家詩『愉』即『媮』字。鄭氏以三家詩有作『媮』者，遂讀『愉』爲『媮』。然毛于首章言『樂』，次章言『安』，語有次第。如鄭以是『愉』爲『媮取』，『是保』爲『居』，則次章『取』、末章『入室』意義無别。當以毛詩爲是也。

栲

傳云：『栲，山樗〔九〕。』爾雅釋木云：『栲，山樗。』舍人云：『栲，名山樗〔一〇〕。』郭璞曰：『栲，似樗。』今按：栲名山樗，而實非樗類。郭注爾雅云『似樗』者，或謂葉及皮色之似耳。邠風、小雅，傳皆云：『樗，惡木也。』此詩取興于山隰之木，可爲材用。且栲杻並舉，杻既彊韌，中爲車輞，則不應云惡木也。惟陸疏以『栲』爲栲櫟，可爲車輞者，近之。説文『栲』作『柷』，云：『從木，尻聲。』苦浩切。或謂許慎『栲』讀爲『槔』，今人言考者，失其聲。殊不知『柷』從尻聲，苦刀切，未嘗不可讀『栲』，亦未嘗不與『杻』叶也。

杻

傳：『杻，檍也。』説本爾雅。説文無『杻』字。檍，説文作『檍』，云：『梓屬。』『小者可爲弓材。』與考工記『取幹之道七，柘爲上，檍次之』合。先鄭注周禮『檍』，讀爲『億萬』之億，與陸疏『官園種之，名爲萬載』者合。或謂説文自有『億』字，云『杶也，從木，意聲』。然考韻會云説文作『檍』，今文作『檍』，可知『檍』『檍』爲一，不必别有『檍』字。今考郭注爾雅云：『杻似棣，細葉』，『材中車輞』，『一名土橿』。山海經西山經：『英山，其上多杻橿。』『大時之山，下多杻橿。』每以『杻橿』連言。橿，枋也。枋木可作車。然則杻與栲亦同爲彊韌有用之木，可知矣。

子有廷内

按：内，謂堂與室也。考周禮寺人『王之正内五人』，鄭注曰：『正内，路寢。』夏小正傳曰：『燕操泥而就家，人人内。』此兼堂室而言之者。亦有以室爲内，如明堂位正義引尚書大傳曰：『天子堂廣九雉，三分其廣，以二爲内。』是也。詩『子有廷内』，廷是中廷，内即堂與室也。蓋此詩一章之『衣裳』『車馬』，二章之『廷内』『鐘鼓』，皆二字平列，字各爲義。或曰『廷内』爲廷之内，則失之矣。

揚之水非叛者所作

序云：『揚之水，刺晉昭公也〔一一〕。昭公分國以封沃，沃盛强，昭公微弱，國人將叛而歸沃焉。』按：詩所刺其君者，非徒刺之已也，必實有愛君憂國之心，而事有不容顯言者。故其慮深，其情切，而其詞轉隱，且有詭詞以託意，反言以著事者。如此託爲叛者之詞，云既見桓叔而樂，又反言聞命而不敢告焉，乃正所以告之。此所謂主文譎諫，風人之旨也。揚之水、椒聊皆刺晉昭，而詩反似言桓叔之美，與鄭風之叔于田、大叔于田皆刺鄭莊而詩反似言叔段之美同意。蓋言其美，非真美也。彼以大都耦國，人所歸附，爲之上者任其包藏禍心，而不早爲之所，其可刺孰甚焉？故此序云刺晉昭公，是國史推見至隱之語。其下云『沃甚强，昭公微弱，國人將叛而歸之』，乃是據事直書。鄭箋泥于此文，遂有『桓叔除民所惡，得以有禮義』之説〔一二〕。惟嚴緝云昭公時，晉人之心尚未涣散，其樂從沃者，沃之黨耳。作詩者設爲國人相語之詞，曰『我聞有命，不敢以告人』，正所以泄沃黨之謀，而非叛晉者之所自作也。此説得序意，乃集傳以爲叛者自作。天下有欲叛之人，而乃爲此以自彰其事乎？且叛人之詩，又何録焉？此不煩言而破者也。

素衣朱襮

傳云：『襮，領也。諸侯繡黼丹朱中衣。』説文：『襮，黼領也。從衣，暴聲。詩曰：「素衣朱襮。」』即全用毛意。似傳當作『襮，黼領也』。毛既訓『襮』爲黼領，故下即引郊特牲之『繡黼丹朱中衣』。考焦氏易林否之師曰：『衣素表朱，游戲皋沃〔一三〕。』其文實本于詩。黄氏生義府據吕覽高誘注〔一四〕，訓『襮』爲『表』，遂謂朱襮非領。不知郊特牲繡黼、丹朱二事，繡黼爲黼領之襮，丹朱當從鄭注爲中衣之純。經傳未有言中衣以朱爲表者。詩之『朱襮』，亦祇謂中衣以朱爲緣，以黼刺領。首章之『襮』、次章之『繡』，其義一也。易林改『襮』爲『表』，其殆本于三家與？

素衣朱繡

傳：『繡，黼也。』釋文云：『繡，音秀。』諸家申毛並依序。正義云：『傳言「繡，黼」者，謂于繒之上繡刺以爲黼，非訓「繡」爲「黼」也。孫炎注爾雅云：「繡，刺黼文以爲領。」是取毛「繡黼」爲義。』而鄭氏康成據魯詩：『素衣朱綃。』據鄭之意，以考工記：『白與黑謂之黼，五色備謂之繡。』若五色聚居，則黑與白共爲繡文，不得別爲黼稱。繡黼不得同處，明知非『繡』字也，故破『繡』爲『綃』。不知『繡』既爲刺繡，自不妨與『黼』連文。漢書郊祀歌『黼繡周張』，賈誼詩『美者黼繡』，皆以二字連稱，似不必破『繡』爲『綃』也。

鵠

傳：『鵠，曲沃邑也。』水經注：『涑水又西南逕左邑縣故城南，故曲沃也。晉武公自晉陽徙此，秦改爲左邑縣，詩所謂「從子于鵠」者也。』按：此說微有所誤。漢書地理志：河東郡『左邑，莽曰兆亭』〔一五〕。『聞喜，故曲沃。晉武公自晉陽徙此。漢武帝元鼎六年行過更名。』考武帝本紀：『將幸緱氏，行至左邑桐鄉，聞南粤破，以爲「聞喜縣」。』今左邑在聞喜縣東三十里，桐鄉在今平陽府曲沃縣西南四十里。酈注以左邑爲詩之『鵠』，則是以爲即故曲沃，非也。但二地相去不遠，故傳祇云『鵠，曲沃邑』。正義謂都在曲沃，旁更有邑者，得之。

椒聊

按椒種不一。秦椒色黄黑，似蜀椒而大，即爾雅『檓』也。蜀椒則陸疏所謂『似茱萸，有刺』者，皮紫赤色。晉地近秦，當指秦椒。山海經北山經曰：『景山，其草多秦椒。』郭注：『子似椒而細葉草也。』水經注：『涑水與景水合，水出景山。』太平寰宇記云景山在聞喜縣東南十八里，則『椒』爲秦椒明矣。秦椒，本經列木中品，而山海經以爲草，散文則通耳。至『聊』，舊訓爲語詞，非也。毛傳：『椒聊，椒也。』竊意椒聊『椒也』二字上，必脱一『捄』字。鄭箋云『一捄之實』，意實承傳而述言之，緣傳已專訓，不必再爲『聊，捄也』之訓也。

碩大無朋

傳：『朋，比也。』箋云：『無朋，均平，不朋黨。』釋文云：『王肅申毛必履反，無比例也。一音必二反。鄭云不朋黨，則申毛作毗至反。』正義引孫毓云：『桓叔阻邑不臣，以孼傾宗，與潘父比，至殺昭公而求入焉，能均平而不朋黨？』斯不然矣。按：孫氏之論，最合經旨。傳以『朋』爲『比』。無比者，陳敬仲占詞『莫之與京』之意。次章『碩大且篤』〔一六〕，傳：『篤，厚。』即鄭子封謂叔段『厚將得衆』之意。箋以『無朋』爲不朋黨，乃易傳，非申傳也。陸氏謂鄭申毛，是誤以鄭意爲毛意，未可信也。

蕃衍盈匊

傳：『兩手曰匊。』宋董氏引崔集注，謂匊大于升。古升上徑一寸，下徑六分，深八寸。陳氏祥道、吕氏大臨亦言二升曰掬。周禮考工記陶人疏引小爾雅云：『匊二升，二匊爲豆，豆四升。』陳吕之説，蓋本于此。今按：埤雅云先盈升，後盈匊。則古者匊大而升小。升之所容，不足以盈匊故也。或謂廣雅以爲兩手謂之匊，三升也。故是詩先言升，後言匊，相備而已。然考廣雅無『兩手謂匊』語，當即小爾雅文。但賈疏所據二升爲匊，必當不誤。自御覽諸書引孔叢子『兩手爲匊』，蓋宋以後已誤『二升』爲『兩手』。此傳當本作『二升』，後人改爲『兩手』耳。是可參考而得之也。

綢繆束薪

傳云：『興也。綢繆，猶纏綿也。男女待禮而成，若薪待人而束也。』考説文：『綢，繆也。』『繆，枲之十絜也。一曰綢繆。』楚詞九歌『薜荔拍兮蕙綢』，王逸注云：『綢，束縛也。』莊子庚桑篇『内韄者不可綢而捉』，崔譔注云：『繆，綢繆也。』毛言綢繆即此意也〔一七〕。至以爲興，確自不可改易。潁濱詩傳、放齋詩説皆與毛意相發明。鄭箋乃謂『束薪于野』，『爲三月之末，四月之中，見于東方，故云不得其時』。則以束薪爲賦矣。集傳既從毛爲興，而又云：『詩人敘其婦與夫之詞，曰方綢繆以束薪也，而仰見三星之在天。』則似此夫婦自爲束薪之事矣，是皆不及傳義之允也。

三星在天

考詩人之詠三星，蓋因婚姻而及之。毛鄭之説昏姻不同，故説三星亦不同也。傳云：『三星，參也。』『三星在天，可以嫁娶矣。』毛以秋冬爲昏姻正時，十月參見東方，自此至正月皆可嫁娶，故陳昏姻之正時以刺亂。鄭以嫁娶用仲春，則以三星爲心，心爲大火，三月火始見，則時已晚矣。疏家于毛鄭昏期異説，往往兩存之。今按：古謂參爲三星，即今諺語猶然。『參』之與『三』，古字通也。故小星云『三五在東』，又云『惟參與昴』。若心則謂之『火』，或謂之『辰』，無稱『三星』者。且經傳以星紀候，自堯典〔一八〕、夏小正以至春秋内、外傳，無不指其見者言之。從無既指某爲候，而又取其將見未見以言之者。箋言三星爲心，『心有尊卑、夫婦、父子之象，又爲二月之合宿，故嫁娶者以爲候焉。昏而火星不見，嫁娶之時也。』夫既不見矣，何以爲候乎？古人觀象授時，所以明民。民所不見，于何示之？是知傳義之優于箋説也。

良人

傳訓『良人』爲『美室』。正義申之曰：『下云「見此粲者」，「粲」是三女，故是「良人」爲美室。「良」訓「善」，故稱「美」也。』而朱子集傳以古無目女子爲良人者，遂指爲夫稱。馮氏復京又引儀禮注『婦人稱夫爲良』之語爲證。不知『良』訓爲『善』，男女皆得爲良。故國策：『賣僕妾售乎閭巷者，良僕妾也。出婦嫁于鄉曲者，良婦也。』此婦人稱『良』之證，又何疑傳説之創乎？

子兮子兮

毛傳云：『子兮者，嗟茲也。』正義云：『茲，此也，嗟嘆此身不得見良人。』按：訓『茲』爲『此』，非傳意也。『嗟茲』即『嗟嗞』。説文：『嗞，嗟也。』廣韻：『嗞嗟，憂聲也。』秦策曰：『嗟嗞乎，司空焉。』説苑貴德篇：『嗟嗞乎，我窮必矣。』或作『嗟子』。楚策曰『嗟子乎』。是『嗟子』與『嗟嗞』同。經言『子兮』，猶曰『嗟子乎』『嗟嗞乎』，故傳以『子兮』爲『嗟嗞』。箋謂『子兮子兮』斥娶者，失其義矣，然猶詩人子此娶者。至集傳云男女自謂曰『子兮』，則從無自稱爲『子』者矣。其説亦誤甚。

邂逅

傳云：『邂逅，解悦之貌。』按此與鄭野有蔓草同言『邂逅』，傳云『不期而會曰邂逅』，此云『解悦之貌』，意當日經文必有不同。鄭風釋文云：『逅，本亦作「遘」。』此釋文：『邂，本亦作「解」。』『逅，本亦作「覯」。』此字形互異也。或者謂説文『不期而會』是『邂逅』本訓〔一九〕，鄭詩正當此訓。唐詩『邂逅』指昏姻，昏姻之禮必相約而成，未可言不期而會也，宜毛公别有所釋。不知説文『邂逅』係新附字，以爲説文本文則非。要之，『邂逅』字總當作『邂遘』，無分期與不期，俱爲會合之意。淮南俶真訓『孰肯邂遘人間之事』，高注：『邂遘，猶會合也。』蓋凡君臣、朋友、男女之遇合，皆可言之。傳云『解悦之貌』，即因會合而心解意悦耳。

湑湑、菁菁

傳云：『湑湑，枝葉不相比也。』『菁菁，葉盛也。』正義曰：『裳裳者華亦曰「其葉湑兮」，則「湑湑」與「菁菁」皆茂盛之貌。傳于此云「湑湑，枝葉不相比」，「菁菁，葉盛」，互相明耳。言葉雖茂盛而枝條稀疏，以喻宗族雖强，不相親睦也。』此疏申傳甚當。蓋傳意『湑湑』『菁菁』

皆爲葉盛，其云『枝葉不相比』者，則『杕』爲『特貌』。凡樹木必枝葉相兼，始見扶疏茂盛之狀。特生之杜有幹無枝，雖其葉繁密，而枝條稀疏，不相比次，其幹之孤特自若也。猶獨行之人，宗族雖多而離心離德，不相親附，其身之孤立自若也。

胡不佽焉，『佽』字

傳：『佽，助也。』箋云：『何不相撫佽而助之。』正義云：『佽，古「次」字。欲使相撫以次第助之耳。非訓「佽」爲「助」。』今按：吕記引崔靈恩集注云『佽』作『次』。車攻『決拾既佽』箋云『謂手指相次比也』，亦是以『佽』爲『次』。『次』與『比』義同。此『胡不佽』，與上『胡不比』正同。『比』既訓爲『輔』，『佽』非不可訓爲『助』也。又『次』『且』一聲之轉，『佽』之爲『助』，猶『趑』之爲『趄』也。

同姓

傳：『同姓，同祖也。』按：古稱『同姓』，有親疏之别。周官司儀：『土揖庶姓，時揖異姓，天揖同姓。』注云：『庶姓，無親者。異姓，昏姻也。』則此『同姓』乃統宗族言之。襄十二年左傳『同姓于廟』注云：『所出王之廟。』此『同姓』亦統言之。禮大傳〔二〇〕：『五世祖免，殺同姓也。』疏云：『謂共承高祖之父者也。』此詩對他人言之，則『同姓』當謂共始祖者。上章『同父』，以至親者言之。此『同姓』，以至疏者言之。所謂以兩頭該中間也。

居居、究究

傳云：『居居，懷惡不相親比之貌。』『究究，獨居也。』按爾雅釋訓云：『居居、究究，惡也。』正義引李巡注爾雅曰：『居居，不狎習之惡。』又引孫炎注爾雅曰：『究究，窮極人之惡。』考曹憲廣雅音云『今居』乃『箕居』字，故『居』又與『倨』通。説文：『倨，不遜也。』倨傲無禮，故爲惡也。王逸楚詞九歎章句曰：『究究，不止貌也。』説與爾雅合。朱子以『居居』『究究』文止見爾雅，未敢據以解經，故云此詩『不知所謂』。今釋『居居』、『究究』必非頌美之詞，況爾雅之訓興于中古，毛據此意以釋詩，亦説之最當者也。

無衣美武公

序云：『無衣，美晉武公也。武公始併晉，其大夫爲之請命于天子之使而作是詩。』『美』字，注疏本有作『刺』者，此疑武公非所當美，而唐譜正義有『無衣、有杕之杜皆刺武公』語，故據以改『美』爲『刺』。如以是爲美，吾恐賞奸旌惡，非所以爲教也。然序下正義屢言美武公，則序本作『美』可知。至不當美而美，則于言外見之矣。張氏詩貫曰：『此詩人述其賂王請命之意，似恭而實倨，以著其無王之心也。』許氏詩深曰：『此詩美武公，作者美之，非序者美之也。』韓氏讀詩傳曰：『此詩作自曲沃之大夫，當其作之之始，亦止據事直陳，初不知其爲美爲刺也。而序詩者亦以爲美武公，正以著曲沃大夫黨惡之情』，其刺意即在于美之中已。此皆善于讀序者。

不如子之衣，『子』字

考『子』字，毛鄭皆未明言所指。集傳以『子』爲天子，然古無斥天子爲『子』者。即武公有無王之心，然方其請命，必且謬爲恭敬，何敢爲此倨傲之詞乎？或以『子』指武公，如公子翬謂隱公曰：『百姓安子，諸侯説子。』是諸侯之臣亦呼君爲『子』。以此爲作于晉大夫美其君始得王命之時。然使果謂武公服其命服『安且吉兮』，則命服章數有定，次章何又以『衣六』爲言乎？惟嚴緝以『子』爲指王使者，得之。考傳言：『天子之卿六命，車旂、衣服以六爲節。』推序云『請命于天子之使而作是詩』，則傳所謂『天子之卿』即天子之使也。因使者有六命之衣，愧己未受命于王，不如使者之安燠耳。至首章言『七』，禮，天子大夫出封加一等，此天子之使來使于晉，亦假以七章之服矣。故兩言『子之衣』，一其加命。故此述其請命之詞曰，子之衣乃王命之服也，今晉君未得王命，則雖有衣七、衣六，而不如子服命服之『安且吉』『安且燠』也。所以要之，欲其請命于王，以賜服耳。則『子』爲天子之使明甚。

噬肯適我，『噬』字

傳：『噬，逮也。』毛于日月『逝不古處』云：『逝，逮也。』次章『逝不相好』云：『不及我以相好。』是訓『逝』爲『逮』，訓『逮』爲『及』。此訓『逝』爲『逮』，蓋以『噬』爲『逝』之假借。故釋文引韓詩作『逝』，云：『逝，及也。』是毛韓意相同也。『噬肯適我』，言及今可以適我。箋訓『噬』爲『至』，則與『適我來遊』語意相複，不若訓『及』之爲允也。

曷飲食之

按：此諸説不一。謂其教武公求賢之法，何但飲食而已。此疏申箋意也。謂使武公誠有好賢之心，惟恐無以飲食賢者。此呂記引陳氏説也。謂好賢恐不足以致之，無自而飲食之。此集傳説也。謂君不能養賢，國人自致其意，何以飲食之。此嚴緝説也。今按：君子適我而來遊，若果中心好之，何不飲食之？病其不能飲食。所謂悦賢不能舉，又不能養也。故蘇氏詩傳云：苟誠好之，曷不試飲食之，庶幾肯從我乎？是以『曷』爲曷不矣。蓋緩言之曰『曷不』，如『曷不肅雝』是也。

予美亡此，誰與獨處

箋云：『予，我。亡，無也。言我所美之人無于此，謂其君子也。吾誰與居乎？獨處家耳。』毛鄭詩考正曰：『既曰其夫今不在此，而又曰「誰與」，非義也。「與」當音餘，「誰與」，自問也。誰與獨處，與檀弓「誰與哭者」語同。其夫從征役不歸，生死未可知。婦嘆無所依托，故以葛蘞之必得所依爲興，而言予所美之人不在此，尚誰獨處哉！』毛詩寫官記亦引檀弓以證此『誰與』爲婦人自問之辭，其説是也。若田間詩學、陸堂詩學又謂此四字兩韻，如易之『匪寇，婚媾』，説亦可通。然下二章『獨息』『獨旦』，又非韻矣。詩中恐無此例也。

首陽

集傳：『首陽，首山之南也。』夫山南爲陽，經有明文，而此『陽』字不得訓爲山南。蓋『首陽』，山名也。考首陽山在河東蒲坂縣南，李氏樗以爲雷首山是也。朱子以『首』爲山名，殆拘于左傳『田首山』之語耳。劉氏瑾言此豈徒名其山，則曰『首山』主山南而言，則又獨得『首陽』之稱乎？ 亦非確論也。

人之爲言

鄭氏箋曰：『爲言，謂人爲善言以稱薦之。』今考詩序刺聽讒，讒者言人之不善，何反云『爲善言以稱薦』？ 則『爲』字當必是『譌』字也。堯典『平秩南訛』，小司馬本作『南爲』，漢書作『南譌』，是『爲』『譌』古通用之字。晉語云『譌言誤衆』，亦其義也。釋文云：『爲，于僞反。或如字，下文皆同。本或作「譌」字，非。』陸意因箋言『爲人』，故讀經『爲言』如『相爲』之『爲』，以作『譌』之本爲誤矣。傳以采苓細事喻小行，首陽幽僻無徵。夫無徵之言必譌言也，則毛意似當作『譌言』，與鄭異義。正義云：『人之詐僞之言，君亦勿得信之。』是亦以『爲言』爲『譌言』也。

秦一之十一

寺人

傳云：『寺人，内小臣也。』陳氏稽古編曰：『閽氏守門，古制也。欲見國君者俾之傳告，不過使令賤役耳。』『嚴緝謂三代時，侍御僕從罔非正人，今秦用寺人爲失〔二一〕。夫侍御僕從，豈給使令賤役者乎？楊用修因其語，遂激論之』，毋乃過與？正義：周禮：『内小臣，奄上士四人。』『寺人，王之内正五人〔二二〕。』不知此傳言『寺人』，非内小臣之官。内小臣者，猶文王世子之『内豎』耳，不必以周禮官名相例也。考左傳晉有寺人孟張，齊有寺人賈舉；魯『公果、公賁使寺人僚祖告公』，尤足爲寺人傳言之證。而或者謂秦仲大夫，不宜有寺人之官，因謂此詩作于秦襄公之世。然考左傳齊崔杼『使圉人駕，寺人御而出』，則大夫得有寺人也。意秦初溺于戎俗，及爲大夫，得見周京聲物之盛，效而爲之，亦情理所有者乎？

並坐鼓瑟

傳云：『又見其禮樂焉。』吕記及戴氏續記謂『並坐』爲簡易，未有禮節之繁。何氏古義又云：『是伶官之輩與其儕侶並坐，以供鼓瑟之事，非君臣並坐。』此皆泥于『並』字之誤也。考此『並坐』非『並不横肱』之『並』。燕禮：『公以賓及卿大夫皆坐，乃安〔二三〕。』此『並坐』猶云『皆坐』也。秦之先僻處西陲，日事苟簡，至秦仲始大，能具燕樂之禮，君若臣共相享之，誠有如傳所言者。而鄭氏亦曰：『並坐鼓瑟，君臣以閒暇燕飲爲安樂也。』是與傳義合矣。

駟鐵

説文引詩『四鐵孔阜』，今詩『四』作『駟』。考詩言『四牡』『四駱』『四騏』『四黄』，皆作『四』，下一字皆馬名也； 言『駟介』『俴駟』，皆作『駟』，謂有所以加乎駟者〔二四〕。駟，謂一乘也。故言馬四則但謂之『四』，言施乎四馬者乃謂之『駟』。今詩『四』謞爲『駟』，猶賴有説文所引以證之耳。鐵，傳言『鐵驪』。禮月令『孟冬駕鐵驪』，注云：『鐵驪，色如鐵。』考爾雅釋畜無鐵，是『鐵』本馬色，即因以爲馬名也。

公之媚子

考秦之爲大夫始于仲，故上篇稱『君子』； 其爲諸侯始于襄，故此篇稱『公』焉。媚子，傳云：『能以道媚于上下者。』箋云：『媚于上下，謂使君臣和合〔二五〕，言襄公能親賢也。』然按此詩稱其始爲諸侯，未必能用賢，非如『媚于天子』『媚于庶人』之謂也，祇不過言人君之奉稍備焉。『媚子』大約指左右便嬖而言，如上章『寺人』之類也。

奉時辰牡

傳以『辰』爲『時』，『冬獻狼，夏獻麋，春秋各獻鹿豕羣獸』。箋云：『奉是辰牡者，謂虞人也。』正義云：『「冬獻狼」以下皆天官獸人文。』『按，獸人所獻之獸以供膳。傳引獸人所獻，以證虞人奉之者。』『獸人獻時節之獸以供膳，故虞人驅時節之獸待射。』此合傳箋釋之，其義自諦當。乃或者謂虞人驅時禽以待射，斷無冬但驅狼、夏但驅麋之理。『辰』當讀爲『慎』，周禮注『五歲曰慎』，是獸之最大者，故下曰『辰牡孔碩』。或又據後鄭注周禮『慎』讀爲『麎』，此『辰牡』當作『麎牡』，與『騋牝』句法相似。不知周禮『獸人掌罟田獸，辨其名物』，注謂『以網取其所當田之獸』。是獸人亦能取獸，非但獻以供膳。但下文『舍拔則獲』言射禽之事，故箋以爲虞人驅禽以待射。且古人田獵自有因時擇物之道，如春蒐索取不孕者，夏苗除害苗稼者，未嘗無所辨擇。驅時牡以待射，容或有之，正不必拘于冬但驅狼、夏但驅麋之理，擅改經字以駁傳意也。

公曰左之

箋云：『左之者，從禽之左射之也。』正義云：『公命御者從禽之左逐之。』此誤會箋語也。箋云『從禽之左射之』者，謂當禽之左射之。若逐禽而出其左，則轉不便於射矣。或曰周人尚右，何以射禽必左乃爲中殺？ 蓋射必有傷，以實鼎俎近於不虔。殺其左而右體俱整，仍是尚右之意。古之逐禽，射於車上，與今騎射不同。騎射奔馬可以逐獸，故有順驅而殺者。若車上射獸，亦必有步騎合圍，驅獸逆來，然後左向射之，能以中左。若車順驅，雖在獸左，人不能射其左也。公之有命，使御右車者，非爲中殺。以獸逆車而來，必在車左，而去車遠者，矢不能貫獸，故命媚子徹車以迎獸，自便于射耳。

載獫歇驕

箋云：『載，始也，始田犬者，謂達其搏噬，始成之也。此皆遊于北園時所爲也。』乃後儒謂以輶車載犬，其説始于文選張銑注。五臣多謬説，不可取信。集傳又引韓愈畫記爲據，後世事恐難以證古。嚴氏詩緝引補傳，謂『歇驕』非犬名，以車載犬，所以歇其驕逸。其説爲不倫也。

小戎

傳謂『小戎』爲兵車。箋又謂『爲羣臣之兵車』，説亦可通。六月云：『元戎十乘，以先啓行。』元，大也。先啓行之車，謂之大戎。從後行者，謂之小戎。羣臣在元戎之後。而其同爲兵車則一也。或又據齊語韋昭之注，以爲七十二人爲大戎，五十人爲小戎。其説可存而不論者。至釋文引王肅云『小戎，駕兩馬』者，然下二章並未别言車名，而曰『四牡』、曰『俴駟』，則王説恐非矣。乃埤雅猶爲之説曰：首章『駕我騏馵』，故王言『兩馬』。不知首章之『五楘梁輈』，所以馭兩服也；『游環』二句，所以馭兩驂也。若止兩馬，則『游環脅驅』何所用之？度肅之解詩，好與傳箋異，故爲此説。又何得從而取自信乎？

俴收

傳謂『收』爲『軫』。或謂輿下四面相合而收輿者。考工記注謂輿後橫木，蓋據一面言之。詩疏兼及前後，則其旁可知。陳祥道據注駁疏，非與？今按：考工記：『軫之方也，以象地也。』又曰：『六尺六寸之輪，軹崇三尺有三寸，加軫與轐焉，四尺也。』又曰：『輪人爲蓋有四尺，謂之庛軫。』又曰：『五分其軫間，以其一爲之軸圍。』試以禮證詩，使獨爲輿後橫木，則不得言『方以象地』。且軫之旁木加於軸，故加軫與轐爲四尺。若輿後橫木，安得加轐軹之上乎？且底軫指左右兩旁而言，非指輿後明矣。況言『五分其軫間』，若獨爲輿前橫木，則不言『間』矣。又史記天官書：『軫爲車主風。』索隱引宋均云軫四星居中，又謂二星爲左右轄車之象也。此亦四面爲軫之明證也。蓋軫所以收衆材者，故又謂之

『收』。中庸『振河海而不洩』注：『振，收也。』『軫』『振』音義俱同。晏子春秋『棧軫之車而牝馬』，即小戎義也。況證之易『井收，勿幕』，釋文引陸績注云：『收，井軫也。』是井闌謂之收，收有遮闌之義。軫爲輿下四面相合，亦有闌義，故亦謂之『收』。上至收而謂之『俴』者，俴，淺也。凡車之制，廣皆六尺六寸，其平地任載者爲大車，則軫深八尺。兵車軫深四尺四寸，故曰『俴收』。蓋兵車以馳突攻擊爲事，取其便利，故從淺也。

五楘梁輈

傳：『五，五束也。楘，歴録也。』梁輈，之上『句衡也。一輈五束，束有歴録。』考傳言『歴録』，則歴録自爲一物。集傳云歴録然，文章之貌。然未聞以歴録狀文章，此或因『歴録』『陸離』聲相近而附會之乎？說文：『楘，車歴録束交也。』束交者，束之互相交，如畫卦交爻作『乂』也。韻會引『交』作『文』，恐誤。廣雅曰：『䌟車爲歴鹿。』歴鹿，即歴録也。許慎說『著絲於筟車』爲『䌟』。筟車者，紡車也。紡車相維之繩，上下轉相縈。則是歴録者，紡車交縈之名，而借以言車之楘也。輈之束有五，蓋輈體不可柄鑿，恐致脆折，故皆用束。于束之上，更以絲交縈，如紡車之左右交縈木爲纏固。此之謂歴録，何文章之有？集傳以『歴録』爲『文章貌』〔二六〕，語本孔疏，漢傳無此解也。

游環脅驅

或謂弭轅謂之勒，即引靷環也。夫以游環爲靷環，則與陰靷混而爲一矣。且游環所以貫轡，非以貫靷也。轡以御馬，靷以引車，何得混爲一？是説也未可盡信。釋文：『靳環，居覲反，本又作「靷」。沈云舊本皆作「靳」。靳者，言無常處，游在驂馬背上。以驂馬外轡貫之，以止驂之出，無取于靷也。』按陸氏之説是也。説文：『靳，當膺也。』鄭司農注巾車云：『纓，謂當胸。』即當膺也。又説文：『鞅，頸靼也。』靳與鞅爲一物。蓋鞅壅服馬之頸，所以負軛。而上繫于衡，其下則當服馬之胸，故謂之『頸靼』，又謂之『當膺』。其上有環，可以貫驂馬之外轡，以禁其出。驂馬之首，齊服馬之胸，胸上有靳。故左傳冉猛曰：『吾從子，如驂之靳。』其環又謂之『游環』者，以其游動于服馬胸背之間，而能制驂馬之外出故也。夫驂馬，懼其外出也，故貫驂之轡有游環。而驂馬，懼其内入也，故護服之脅有脅驅。脅驅，慎駕具也。

陰靷

傳云：『陰，揜軓也。靷，所以引也。』考陰者，輿前軾下板也。軓之爲物，蓋在輿前軫下正中，略如伏兔，爲半規形以圍輈身。輈與輿之力在後軫則有任正以持之〔二七〕，在前軫則有軓以銜之，故左右轉戾不至敗折。此陰版揜乎輈前内空處〔二八〕，下垂至輈上，幷軓亦揜之使不見，故陰即名『揜軓』，且爲輿前容飾也。至箋云『揜軓在軾前垂輈上』，所言衹有一面。正義謂『以木板横列車前，所以陰映此軓』。則似車左右亦有陰版，恐非也。若陰靷者，謂陰下之靷。正義謂靷以皮爲之，繫于陰版之上，亦非也。説文：『靷，軸也。』哀二年左傳郵良曰：『我兩靷將絶，吾能止之。』如靷繫于陰版之上，非挽輿得力之處，何以引車？詩以『陰靷』連言者，殆以其自下而出于揜軓之前，以係于衡，故曰『陰靷』耳。

鋈續、鋈觼、鋈錞

或按：廣雅曰『白銅謂之鋈』，言鋈乃白銅之名，從無沃灌之義。詩言鋈錦者〔二九〕，大約即今之嵌銅事件。作者必鑿鐵成竅，而以揀成銅片嵌入之。若以銅液澒沃，則生熟不相沾洽，其上之漫出者，施以錯鑢，必動摇而不固矣。釋名乃云：『鋈，沃也，冶白金以沃灌靷環也。』集傳惑於其説，以之釋詩，於『鋈續』云『銷白金以沃灌其環』，於『鋈觼軜』亦云『消沃白金以爲飾』，於『鋈錞』云『白金沃矛之下端平底』，則尤誤矣。世豈有已成之鐵可用他金沃灌而得相沾合哉？今按：傳但云：『鋈，白金也。』本不以爲沃灌。箋云『白金飾續靷之環』，又云『軜之觼以白金爲飾』，説者遂以嵌銅。其實毛意以『鋈』爲白金，『鋈續』者即以白金爲續靷之環；『鋈以觼軜』者，以白金爲繫軜之觼；『鋈錞』者，以白金爲矛下之錞也。

文茵暢轂

傳：『文茵，虎皮也。』或謂『虎』上脱『文』字。爾雅斥山文皮謂虎豹之皮。説文：『彪，虎文也。』『彪，虎文也。』續漢書輿服志云：『文虎服軾。』此皆爲『虎』上有『文』之證。傳不釋『茵』者，以人所易知也。許慎則云：『茵，車中重席。』釋名：『文茵，車中所坐也。』而或又以爲車中之飾，非所以坐也。考大雅『淺幭』，即以虎皮蒙軾，原不盡爲坐具。然成二年傳云：『丑父寢于轏中。』又襄二十四年傳云：張骼、輔躒『皆踞轉而鼓琴』。服虔曰〔三〇〕：『轉，軫阿也。』是兵車亦有可箕踞坐臥之處，固未必無茵以藉之耳。暢轂，長轂也。正義曰：大車轂長尺五寸，兵車轂長三尺二寸。或謂兵車轂長謂圍三尺二寸，依古算法，則兵車轂徑一尺六寸有奇，未可謂之『長轂』也。不知考工記以其長爲之圍，是轂長即轂圍也，何得以徑庭爲轂長？司馬法曰：『後方一里，出長轂一乘。』即此所謂『暢轂』也。是兵車馳驅險阻，轂短，虞其脱輻，故長比大車過之也。

温其如玉

朱子曰：『温其如玉，美之之辭。』古之君子比德于玉，以玉有温潤之質耳。此詩言婦人念其君子，以此車馬往伐西戎，誠爲大義之不容辭，但以私情言之，彼温然和厚之君子，如玉之可愛，而乃馳驅於王事，恐其不堪勞苦。序所謂『閔之』是也。下二句乃敘其離別之情，可見婦人能知大體，勇于赴敵矣。

騏駵是中，騧驪是驂

箋云：『中，中服也。驂，内騑也。』陸氏埤雅曰：『騏駵中駟，騧驪上駟，故服以騏駵，驂以騧驪。淮南子曰：「驂欲馳，服欲步。」』何氏古義因之以說詩。不知駕車本以服馬任重爲主，何得云服用中駟、驂用上駟？列女傳言：『湯伐夏，左驂牝驪，右驂牝靡；武王伐商，左驂牝騏，右驂牝黄。』此可見古人驂或用牝，若服則必用牡，未聞服可劣于驂也。

駵

箋云：『赤身黑鬣曰駵。』何氏古義乃謂之『此章之「騏駵」即上章之「騏馵」，而爾雅之所謂「騂，白駁」者也』。蓋馬兼騂白色者也，『名之曰駁』。『特上章因其足之白而題之以「馵」，此章則因其騂之在體而題之以「騂」耳。』今按：爾雅無單言『騂』者，有『騂馬白腹，騵』，『騂馬黄脊，騝』。則此詩單言『騂』者，自以箋『赤身黑鬣』之爲正。且『騂白，駁』與『左白，馵』，爾雅明列爲二，何容混而一之乎？

鋈以觼軜

傳云：『軜，驂内轡也。』箋云：『軜，繫于軾前。』正義曰：『四馬八轡，而經傳皆言「六轡」，以有二轡當係之馬之有轡者，所以制馬之左右，令之隨逐人意。驂馬欲入，則偪於脅驅，内轡不須牽挽。故知軜者，納驂内轡〔三一〕，係于軾前，其係之處以白金爲觼也。』按：説文：『軜，驂馬内轡繫于軾前者。』即詩『鋈以觼軜』。荀子正論篇『三公奉軛持納』，楊注：『納，與軜同。』大戴禮盛德篇：『六官以爲轡，司會均入以爲軜。』盧注：『軜在軾前，斂六轡之餘。』詩曰：『鋈以觼軜。』王氏裨疏因此謂以轡比六官，則轡止于六而無八。不知此説非也。如盧注所云『斂六轡之餘』，正指驂内二轡爲餘。若車止六轡，則但云『斂六轡』是矣，何必言『其餘』？似不足據此爲四馬六轡之證也。

俴駟

毛傳云：『俴駟，四介馬也。』箋云：『俴，淺也。謂以薄金爲介之札。介，甲也。』釋文引韓詩云：『駟馬不著甲曰俴駟。』此則與管子叁患篇『甲不堅密，與俴者同實』，『將徒人與俴者同實』，二『俴』字相近。考成二年左傳，齊侯與晉戰，『不介馬而馳之』，本非兵家之常。此詩方言兵甲之備，豈反不以介馬爲詞乎？是韓義之不如毛矣。

厹矛

傳：『厹，三隅矛也。』書顧命疏引鄭注：『戣、瞿，蓋今三鋒矛。』三鋒即三隅，鋒謂稜也。『戣』『瞿』與『厹』聲亦相轉。釋名用器、兵器兩言『仇矛』。兵器篇云『言可以討仇敵之矛也』。劉意以『仇矛』當考工記之『酋矛』，亦即毛詩之『厹矛』。按：『仇』『厹』字相通。如國策『厹由』，吕覽、韓非、史記、淮南皆作『仇由』是也〔三二〕。至兵器篇有仇、厹、矛，須有三義，則微與三隅不合耳。

虎韔鏤膺

朱子集傳曰：『虎韔，以虎皮爲弓室也。鏤膺，鏤金以飾馬，當胸帶也。』孔氏詩正義曰：

『兵車馬帶用力尤多，故以金爲膺飾，取其堅牢。』然考『鏤膺』與『虎韔』連言，下文又有『交韔二弓，竹閉緄縢』，皆言弓也。似不得以『馬帶』釋之。惟范氏處義曰：『以金鏤飾其膺之胸也，謂弓室胸也。』其説得之矣。

竹閉緄縢，『閉』字

傳：『閉，紲也。』正義云：『説文：「紲，繫也。」謂置弓鞬裏，以繩紲之，因名鞬爲「紲」。』按鄭注周禮考工記，引詩『竹鞁』；注儀禮經文，又引詩『竹柲』。儀禮經文作『柲』者，説文：『柲，欑也。』『欑，積竹杖〔三三〕。』蓋凡戈柄，皆積竹而謂之『柲』，弓檠殆亦積竹爲之，故亦得名『柲』。毛詩作『閉』者，閉猶欑也。欑，一曰叢木。左傳哀六年謀『潛師閉塗』，史記楚世家索隱曰：『閉塗，猶攢塗也。』『攢』與『欑』同，是『閉』『柲』皆有『攢』義。故毛詩作『閉』，儀禮作『柲』，其實一也。傳云『閉紲』者，即訓『閉』爲『紲』，非謂以繩紲鞬。若以紲爲繫，則與縢約意複矣。小雅角弓傳曰：『不善紲檠巧用〔三四〕，則翩然而反。』蓋檠者，藏弓定體之器。檠、紲同物，以其能持弓謂之檠，以其能縛之謂之紲。紲又名『閉』，以竹爲之，故曰『竹閉』。『紲』字又作『枻』，荀子非相『接人則用枻』注云：『枻者，檠枻也，正弓弩之器。』是也。

所謂伊人

集傳云：『伊人，猶言彼人也』，『不知其何所指』。乃鄭氏以爲知周禮之賢人，乃在大水之一邊。呂氏東萊曰：『所謂伊人，猶言所謂禮，蓋指周禮也。襄公所以未用周禮者，疑其迂也。故詩人諷之以禮。若此，其易且近，特人求之非其道耳。』此皆泥于序說。今反覆詩詞，曰『從之』、曰『宛在』，似若有高人逸士隱處水濱，可望而不可即也。則『伊人』當釋爲賢人，即以此詩爲思賢之詠歌可也。

道阻且長，『道』字

毛詩於『遡洄從之』二句云：『逆禮則莫能以至也。』于『遡游從』二句云〔二五〕：『順禮求濟，道來迎之。』按傳言『逆禮則莫能以至』，是本以經文『道』爲道路。下文云『順禮求濟，道來迎之』，此『道』即指『道阻』之『道』。謂須禮，則道路漸移而近。由一方而至中央，是雖人往觀道，實不啻道來迎人耳。至王肅誤認傳中『道』字爲『理道』，呂氏因之，非與？

在水之湄

傳以『湄』爲水隒。考爾雅：『水草交爲湄。』小雅巧言『居河之麋』，傳云：『水草交謂之麋。』此用爾雅文，以『麋』爲『湄』之假借也。而此傳獨以『湄』爲『隒』者，按説文：『隒，崖也。』『崖，高邊也〔三六〕。』下文『道阻且躋』，『躋』爲『升』義，故此言水隒，見其高意。若從『水草交』之訓，則不合。故不用爾雅之文以釋之。傳義可謂精矣。

道阻且右

傳：『右，出其右。』箋云：『右者，言其迂迴也。』正義曰：『出其右，亦迂迴也。言「右」者，取其與「涘」「沚」韻叶。』不知此言『右』者，疑亦有順逆之意。謂右逆而左順也。傳於『道阻且長』曰：『逆禮則莫能以至。』于『宛在水中央』云：『順禮來濟，道來迎之。』此『道阻且右』，亦謂逆禮則莫能以濟；下文『宛在水中沚』，亦謂順禮而求，乃不在右，而在左矣。何以知之？傳云：『小渚曰沚。』釋名：『水出其右曰沚邱。沚，止也，西方義氣有所制止也。』然則『小渚曰沚』，或亦因水出其右而名。夫水出其右，則沚已在左。此雖云水中之沚，然已自右而左也，亦即所謂『求濟道來迎之』者。故此章以『沚』與『右』相承爲義，不但謂取其韻也。

宛在水中沚

傳云：『小渚曰沚。』考爾雅釋水：『小渚曰沚。』説文水部：『沚，小渚曰沚。從水，止聲。』玉篇水部：『沚，之以切，小渚也。』左傳隱三年『澗溪沼沚之毛』注：『沚，水中小渚也[三七]。』是沚爲小渚明矣。文選李善注引韓詩章句：『大渚曰涛。』是韓詩作『涛』，毛詩作『沚』。考穆天子傳曰『飲于枝涛之中』，郭璞注：『水歧成涛。涛音沚。』爾雅釋文亦云『沚』本作『涛』，音義亦可通。但以爲大渚則誤矣。疑『大』蓋『小』字之譌耳。

終南

傳：『終南，周之名山中南也。』漢書地理志：右扶風武功縣東有大壹山，古義以爲終南。蓋大壹山爲終南主峯，故班志注于武功下。初學記引五經要義曰：『終南山，長安南山也，一名太一。』則非專指武功可知。蓋終南西至秦隴，東徹藍田，綿亘至廣。平王岐西之地賜襄，岐周名山莫如終南，舉終南可以該岐西北。箋云：君子至止者，『受命服于天子而來』。是襄公受賜之後，道經終南，大夫因以起興，亦未可知也。

有條有梅

傳：『條，槄。』爾雅：『槄，山榎。』又云：『柚，條。』何氏古義曰：『條，自名柚，無緣以槄爲條。』馬元伯以爲『柚條』即『槄條』之異文。不知爾雅郭璞『柚，條』之注原本説文以柚條爲橘柚[三八]，本自不誤。毛以『條』爲『槄』借，必知非『柚條』之『條』者，以橘柚非終南所有耳。古字攸聲、舀聲同音假借。論語『滔滔』者，鄭本作『悠悠』，是其證例。正義引孫炎注爾雅，於『槄，山榎』下引詩『有條有梅』[三九]，可謂得毛意矣。傳于『梅』訓爲『枏』。爾雅釋木云：『梅，枏。』孫炎曰：『荆州曰梅，揚州曰枏。』陸璣疏云：『梅樹皮葉似豫樟[四〇]。今江南及新城、上庸多樟枏，終南與上庸、新城接壤，故得有枏也。』

錦衣狐裘

傳以『狐裘』爲『朝廷之服』。箋云：『諸侯狐裘，錦衣以裼之。』正義謂諸侯在天子之朝廷服此服，引曾子問以證『諸侯受天子之賜，歸則服之以告廟而已，于後不復服之』。此雖臆説，義或近之。陳氏禮書乃以狐白裘爲人君燕服，云：『終南之詩，始之以「錦衣狐裘」，終之以「黻衣繡裳」，蓋先言燕服，而繼之以祭服也。』按：下文：『顏如渥丹，其君也哉。』方言儀貌尊嚴，而獨舉其燕服，有是理乎？且先燕服，而後祭服，又何義也？古人之裘，狐白爲重，天子以爲朝服，諸侯以爲賜服。凡在朝，君臣同服，惟卿大夫得衣之。又别其裼衣，天子諸侯以錦，卿大夫以素，蓋禮服之重也。是時襄公受天子之賜，故得衣錦衣之狐裘。陳氏乃以爲燕服，誤矣。

紀堂

傳：『紀，基也。堂，畢道平如堂也。』箋云：『畢也，堂也，亦高大之山所宜有也。畢，終南之道名，道如堂之牆然。』按：『畢』與『邊』變聲。大戴禮係傳篇注：『坐不邊蹕。』『蹕』與『畢』同，是『畢』即『邊』也，故鄭箋云云。或引爾雅『畢，堂牆』，謂畢爲堂之牆，堂如畢中間之道。中間道平如堂，兩畔岸高如牆。毛云『畢道平如堂』，據其平處解經之『堂』也。箋因注言『畢』，故用爾雅解『畢』爲兩邊之如牆。其大旨，要自互相發明也。

黻衣繡裳

傳：『黑與青謂之黻，五色備謂之繡。』正義云：『鄭于周禮之注差次章色，黻皆在裳，言黻衣者，衣爲大名，與繡裳異其文耳。』陳氏禮書云：爾雅『衮，黻也』，舉其章之末者，則餘章著矣。何氏古義曰：『九章盡于黻，故以黻該之。「黻衣繡裳」，猶言此有黻之衣，其繡之則在裳也。』今按：正義但引考工記之文，本不以此『黻衣』爲九章之『黻』。鄭注考工記云文、章、黼、黻、繡五者，言刺繡所用也。故爾雅『黼黻，彰也』，謂黼黻者，文章之事，非十二章之『黼黻』也。又云：『衮，黻也。』故鄭注云：『黻，祭服之衣也。』詩『黻衣』與『繡裳』對言〔四一〕，非必謂刺裳之黻。諸家泥于九章之次，必謂舉在裳之黻以該衣，誤矣。

晨風

傳：『鴥，疾飛貌。晨風，鸇也。』晨，依字當爲『鷐』。説文鳥部：『鸇，晨風也。』又羽部：『翰，一名鷐風。』毛詩作『晨』，古文假借耳。戴侗六書故云〔四二〕：『晨風，朝風也，猶云朝雲夜雨。鴥，言風之迅也。風迅而林木披靡，故曰「鬱彼北林」。若晨風爲鸇，則當言集彼北林，不得言「鬱」。』然考古詩：『晨風懷苦心，蟋蟀傷局促。』又：『諒無晨風翼，焉得凌風翔。』曹丕詩：『願爲晨風鳥，雙飛翔北林。』若非鸇，何以言『鳥』言『翼』，何以與『蟋蟀』並稱乎？易小畜之革云『晨風之翰』，又豫之咸云：『晨風文翰，隨時就温，雄雌相知，不憂危殆。』亦足爲鳥名之證。據此，不得以『晨風』爲朝風也。

六駮

傳云：『駮，如馬，倨牙，食虎豹。』陸疏以『駮』爲『梓榆』。據下『山有苞棣，隰有樹檖』皆山木相配，不宜云獸。近人又據爾雅之『駮，赤李』，及『㕙九葉』樊光本『㕙』作『駮』者〔四三〕，以易陸疏之『駮』。總由泥于櫟木與駮獸之不類耳。然風人之托興，未可盡拘。如『林有樸樕，野有死鹿』，以及鵲巢『旨苕』『甓』『旨鷊』之類〔四四〕，似不必謂駮與櫟不爲類也。至傳不解『六』字，正義引王肅云，言『六』，據所見而言，恐未必然。『六』字當犖之聲借，『六駮』即『犖駮』，言其文采也。故廣韻直云『六駮，獸名』。吳都賦『驀六駮』，劉淵林注即引此詩。一切經音義云：『魏黄初三年，六駮再見于野。』亦引此詩。是皆『六駮』爲獸名，誠有如毛傳所言者。

無衣刺用兵

序：『無衣，刺用兵也。』不指某公。自宋以來，諸家異議紛紜。金氏前編、何氏古義以爲秦莊公時，許氏名物鈔、李氏解頤以爲襄公時，陸堂詩學又以爲穆公時。此皆泥詩『王于興師』之語，以爲衰周之世，列國無有奉王命征伐者耳。不知莊公、襄公之奉王命伐西戎，皆以敵王所愾。穆公會晉，晉納王，事見史記，亦勤王之事。皆可美者，而何以云刺？惟鄭康成以爲刺康公，其説得之。康公之時，有令狐河曲之戰，修私怨，亟用兵，故詩人刺之。此條又嘗見一説伍子胥滅楚，申包胥乞師于秦，弗許，包胥哭于秦廷七日，秦人義之，許其出師，爲之賦無衣。所謂『與子同仇』『與子偕作』『與子偕行』者，『子』字皆指申包胥，謂與其同往救楚也。然此亦救災恤鄰之事，何以云刺？抑或當時之人惡楚，而怪秦之恃强耶？未知孰是，姑附識之。

與子同澤

傳云：『澤，潤澤也。』箋云：褻，近汙垢。釋文云：『澤，如字。毛〔四五〕：澤，潤澤也。鄭：褻衣也。説文作「襗」，云：袴也。』正義云易傳爲『襗』〔四六〕，乃依鄭義異字以曉人，非謂經傳字作『澤』、箋字作『襗』也。據此知箋字亦作『澤』。釋文所據箋本自作『澤』，正義則云易傳爲『襗』，是孔所見箋本與陸不同。周禮玉府注：『燕衣服者，巾絮、寢衣、袍襗之屬。』賈疏引詩『與子同襗』，則並『澤』字亦改爲『襗』矣。然箋不云『澤』當爲『襗』。説文『襗』下又不引詩，可知未嘗以『澤』爲『襗』也。傳云『澤，潤澤也』，蓋本以『澤』爲衣名。其曰『潤澤』者，猶釋名『汗衣，詩謂之「澤」，受汗澤也』。傳文簡質耳。箋云『澤，褻衣，近汙垢』，所以申傳『潤澤』之意也。

渭陽

孔氏穎達曰：『雍在渭南，水北曰陽。晉在秦東，行必渡渭。』『地理志：「右扶風渭城縣，故咸陽也。」其地在渭水之北。』王氏應麟曰：水經『渭水逕長安城北』注：即咸陽也。郡縣志：京兆府咸陽縣本秦舊縣，渭水南去縣三里。秦咸陽在今縣東二十二里。曰至渭陽者，蓋東行送至于咸陽之地也。

夏屋

傳：『夏，大也。』箋云：『屋，具也。言君始于我，厚設禮食大具以食我。』其説本于爾雅釋言。王肅述毛，以『夏屋』爲所居之屋。孔疏申鄭，以全詩皆設飲食之事，不得言屋宅，故『知爲禮物大具』。今按：何氏古義引檀弓『見若伏夏屋者』，楚詞大招『夏屋廣大』，崔駰七依『夏屋渠渠』，以證古文言『夏屋』則爲大屋。毛於『屋』字無傳，自以屋室常語，不煩再訓。惟鄭箋『大具』之訓，大合經旨。始則大具，今則無餘，文意自相承也。或謂『夏屋』即食俎，猶閟宮之『大房』也。大凡半體之俎，足下有跗，如堂房也。然箋義出于爾雅正訓，不必援『大凡』以爲證也。

四簋

傳：『四簋，黍、稷、稻、粱。』孔疏申毛，引公食大夫禮注及秋官掌客注皆簠盛稻粱、簋盛黍稷，而云『四簋，黍、稷、稻、粱』，『以公食大夫禮有稻有粱，知此四簋之内兼有稻粱。公食大夫禮，是主國之君與聘客禮，食，備設器物，故稻粱在簠。此言「每食」則是平常燕食，器物不具，故稻粱在簋。』今按：鄭注三禮分簋爲黍稷器，簠爲稻粱器，此對文則别之例。統言之，亦可盛稻粱。如玉藻『朔日四簋』注云：『日食稻粱各一簋而已。』疏即引此詩爲簋盛稻粱之證。故馮氏名物疏云：『此章「四簋」，伐木「八簋」，皆以天子諸侯朔日之盛食，禮賢者及諸舅也。』

校　記

〔一〕之號　二字原互乙，據劉瑾七經小傳改。此處係七經小傳語。
〔二〕『謂』前原有『非』字，據毛詩正義删。
〔三〕本　原作『正』，據歐陽修詩本義書名及下引爲詩本義改。
〔四〕事　原作『焉』，據毛詩後箋改。此處係用後箋文。
〔五〕作　原作『在』，據四部叢刊本吕氏家塾讀詩記改。

〔六〕藍　原作『樞』，據爾雅郭注改。

〔七〕蘊　原作『樞』，據漢書地理志改。

〔八〕偷　原作『婾』，據毛詩後箋改。此處係用後箋文。

〔九〕山樗　原作『三雩』，據毛傳改。

〔一〇〕山　原作『三』，據經典釋文改。此處係用經典釋文語。

〔一一〕刺　原作『制』，據詩序改。

〔一二〕所惡　原作『所害惡惡』，據鄭箋删。

〔一三〕游戲　四部叢刊本、掃葉山房本焦氏易林作『戲遊』。

〔一四〕義　原作『意』，據黄生義府書名改。

〔一五〕兆　原作『北』，據漢書地理志改。

〔一六〕章　原作『意』，據下引爲椒聊次章改。

〔一七〕繆　原作『綢』，據毛傳改。

〔一八〕典　原作『曲』，據毛詩後箋改。此處係用後箋文。

〔一九〕説　原作『釋』，據下引爲説文解字文改。

〔二〇〕『禮』下應有『記』字，下引爲禮記大傳文。

〔二一〕令　原作『令』，據毛詩稽古編改。

〔二二〕王　原作『主』，據毛詩正義及周禮改。

〔二三〕安　原作『出』，據儀禮改。

〔二四〕加　原作『如』，據説文解字注改。此處係説文解字注文。

〔二五〕合　原作『會』，據鄭箋改。

〔二六〕傳　原無，據下爲引述朱熹詩集傳補。

〔二七〕持　原作『牡』，據阮元車制圖解改。此處係用車制圖解文。

〔二八〕空　原作『二』，據阮元車制圖解改。此處係用車制圖解文。

〔二九〕鋈錦　此詩無『鋈錦』字樣，『錦』當是『續』字之誤。

〔三〇〕虔　原作『虎』，據下爲引服虔左傳注改。

〔三一〕内　原作『四』，據毛詩正義改。

〔三二〕淮　原作『准』，據下涉淮南子改。

〔三三〕杖　原作『枝』，據説文解字改。

〔三四〕巧　原作『功』，據毛傳改。

〔三五〕依上文例，『從』下當有『之』字。

〔三六〕崖　原作『岸』，據説文解字改。

〔三七〕中　原無，據杜預左傳注改。

〔三八〕原本説文　原作『原文本説』，據毛詩後箋改。此處係用後箋語。

〔三九〕於　原作『錢』，據毛詩後箋改。此處係用後箋語。

〔四〇〕樟　原作「章」，據陸璣疏改。

〔四一〕與繡　二字原互乙，據詩經終南「黻衣繡裳」文改。

〔四二〕故　原作「古」，據下爲引六書故文改。

〔四三〕及　原作「乃」，據毛詩後箋改。此處係用後箋語。

〔四四〕鵲巢　當作「防有鵲巢」，下引爲防有鵲巢文，非鵲巢文。

〔四五〕毛　原無，據經典釋文補。

〔四六〕義　原作「易」，據下爲毛詩正義語改。

學詩堂經解卷七

陳一之十二

子之湯兮，『子』字斥大夫

考序云：『宛邱，刺幽公也。』故鄭氏康成以『子之湯兮』之『子』指幽公而言。而毛傳則以爲『子』斥大夫，謂經之所陳是大夫之事，由君爲此惡，化之使然，故舉大夫之惡以刺君。夫序明云『刺幽公』，而傳以經文『子』字斥大夫，後儒因疑毛公不見詩序。然詩中就事直陳，而序則推求原本，往往有之。如此，及東門之枌皆言士大夫之淫荒，而實幽公風化之所行，正所謂一國之事，繫一人之本者。未可爲傳與序異。集傳以『子』爲泛指遊蕩之人，則擊鼓舞羽至于『無冬無夏』，似非里巷細民之所爲。其說不足信也。

『湯』字

傳：『湯，蕩也。』考『湯』本古『蕩』字。王逸引此詩正作『子之蕩兮』，云『蕩』猶蕩蕩，無思慮繞也。古文論語『君子坦蕩蕩』，鄭注：魯論作『坦湯湯』。是古皆以『湯』爲『蕩』。陸氏釋文云『他浪反』。又『放蕩』之『蕩』，依字當作『愓』。説文：『愓，放也。』方言：『婸、蕩，遊也。』經典多通作『蕩』。古文或又借『湯』字爲之。此傳正謂經借『湯』爲『蕩』，初非以『蕩』訓『湯』也。

宛邱

傳：『四方高，中央下，曰宛邱。』正義曰：『釋邱云：「宛中，宛丘〔一〕。」言其中央宛宛然。是爲四方高、中央下也。郭璞曰：「宛邱，謂中央隆峻，狀如負一邱耳。」與傳相反。按爾雅上文備説邱形有左高、右高、前高、後高，若此宛邱中央隆峻，言中央高矣，何以變言宛中？毛傳是也。故李巡、孫炎云「中央下」，取此傳爲説。』爾雅釋文：『宛，施于阮反。孫云謂中汙也。郭于粉反，謂蘊聚隆高也。』元和郡縣志載爾雅舊注：『四方高、中央下，曰宛。』與傳同。施博士于阮反，義與李孫合。郭于粉反，音蘊，與毛傳、李、孫以爲『四方高、中央下』者異。蓋上文『水潦所止泥邱』，又下云『邱上有邱曰宛邱』，作者嫌人不了然，故重箋云。既言『邱上有邱』，非中央隆高而何？此郭所以不從先儒也。然考水潦所止之邱，但頂上汙下耳，非四方高、中央下也。下云『邱上有邱曰宛邱』，謂有上下兩邱，上一邱中央宛下耳，亦非中央高也。

坎其擊鼓，『坎』字

傳：『坎坎，擊鼓聲。』何氏古義曰：『坎，古本通作「竷」。説文：「竷，舞也。」如舊説以「坎」爲擊鼓聲，然則後章「坎其擊缶」又將爲擊缶聲乎？』『按舞必應節，擊鼓所以爲舞節，故曰「坎其擊鼓」。』今按：説文訓『竷』爲『舞』，又引詩『坎坎舞我』，此或用三家詩，與毛異。毛于伐木『坎坎鼓我』無傳，自應與陳風同訓。『坎』是擊鼓聲，故傳以重文形容之。下章『缶』爲瓦器，以凡草木瓦石聲多相近也，亦當爲擊缶之聲乎？

『子仲』之『子』

傳：『子仲，陳大夫氏。』箋云：『之子，男子也。』正義曰：『知子仲是陳大夫氏者，以其風俗之敗，自上行之。今此所刺，宜刺在位之人，若是庶人，不足顯其名氏。此云「子仲之子」，舉氏姓言之，明「子仲」是大夫氏姓也。』路史注云：『子仲氏，陳宣公子，即詩「子仲之子」。』馮氏名物疏云：『此詩作于幽公時，在宣公之前。』恐此説非是。然按新唐書世系表胡公滿後有仲牛甫，仲氏即其後與？至集傳云：『子仲之子，子仲氏之女也。』獨是次章言原氏之女，此章又言子仲之女，兩章皆言『女』，而末章『視爾如荍，貽我握椒』，又爲男女相悦，則上下文之脉絡不相貫通矣。是不如毛傳之説俱優也。

穀旦于差

傳：『穀，善也。』『旦，明。差，擇也。』〔二〕釋文：『旦，本亦作「且」，王七也反，苟且也。徐子餘反。差，鄭初佳反，擇也。王音嗟。韓詩作「嗟」。徐七何反。沈云毛意不作「嗟」。按毛無改字，宜從鄭讀。』今按：韓詩作『嗟』，或古字。差，通作『嗟』，非必即爲嗟義。王肅直以『旦』爲『苟且』，『差』音『吁嗟』，則經文『穀且于嗟』不詞甚矣。徐邈讀『且』爲『士曰既且』之『且』，讀『差』爲七何反，疑即以爲『屢舞傞傞』之『傞』，然于文義亦殊費解。自不如箋訓『旦，明；差，擇』爲是。旦箋以『擇』爲相擇〔三〕，正義曰〔四〕：『發意相擇』，則是男子擇女。是也。後儒誤以爲女擇男，非與？

南方之原

傳：『原，大夫氏。』正義引莊二十七年左傳季友『如陳，葬原仲』〔五〕，爲陳大夫姓原之證。箋以爲原氏之女，言『南方原氏之女，可以爲上處』。正義云：『南方之原氏有美女，國中最上處可從之也〔六〕。』按疏此説似非箋意。原氏之女居在南方，何以見其必爲一國最上之處？邶風『在前上處』，箋云：『在前列上頭也。』疏以爲在舞位之前行而處上頭。竊意此箋『上處』亦是謂舞列之上頭。蓋以南方原氏之女容貌藝嫺，可以居舞列之上頭耳。至歐陽氏修以爲南方之原野，其説可存而不論云。

『原』字叶韻

朱傳于『南方之原』云：『無韻，未詳。』顧氏詩本音亦不入韻。孔氏詩聲類曰：『戈韻爲寒原之陰聲〔七〕，二部每互相轉。大雅皇矣「度其鮮原」與上「阿」「池」韻，生民「時惟姜嫄」與下「何」韻，與此「原」字與「麻」「娑」韻同。』此説之至當者。王氏詩總聞云：『原，今猶呼御靴切，未嘗不叶也。』蓋已見及于此，但據方言恐未能旁引曲證。今更考鄘風『瑳兮瑳兮』與下『展』『絆』『顏』『媛』爲韻，漢書音義『如淳曰：陳宋之俗，言「桓」聲如「和」』；司馬相如子虚賦、馬融廣成頌並以『鼉』與『愿』韻，此皆元桓、戈歌通轉之證也。誰謂『原』字之非叶韻乎？

趣以鬷邁，『鬷』字

傳：『鬷，數。邁，行也。』按毛意訓『鬷』爲『數罟』之『數』。邠風九罭傳『緵罟』，小雅魚麗傳作『數罟』，知『緵』有『數』義。數，音促，數爲攢、湊、總、會之義〔八〕，故商頌『鬷假』傳亦云：『鬷，總。』中庸作『奏假』。奏，猶湊也，會聚之義。然則此傳『鬷，數；邁，行』者，本非男女促數會聚而行。鄭以『數』義難明，故以總數申之，非與毛異。乃王肅述毛云：『鬷，數績麻之縷也。』考布八十縷爲鬷，王肅之意，謂傳以『鬷』爲『緵』之假借耳。然上文既云『不績其麻』矣，何又以麻總而行？其説非與？况玉篇：『緵，數也。詩曰：「越以緵邁」。』此或據三家詩從麻、系作『緵』，必非麻縷。可知其字雖與毛異，其義當與毛同也。

莪

傳：『莪，芘芣也。』爾雅：『莪，莪蚍。』郭注：『今荆葵也。』按：廣雅、陸疏皆以莪爲荆葵，爲郭所本。惟崔豹古今註有以芘芣一名戎葵，一曰蜀葵。然爾雅本有『肩，戎葵』，郭云『今蜀葵也』。自是别草，與芘芣異。崔氏混荆葵、蜀葵爲一，羅願爾雅翼駁之極是。羅氏又云：『荍，荆葵，蜀葵、戎葵之類。比戎葵葉小，故謝氏云：「小草，多華少葉，葉又翹起也。」華似五銖錢大，色粉紅，有紫紋，一名錦葵〔九〕，大抵似蘆菔華。故陸氏云：「似蕪菁華，紫緑色，可食，微苦。」是也。亦以其文采相錯，故陳風男子悦女，比之曰「視爾如荍」，言如戎葵之華，小而可愛也。』此説近之。馮氏名物疏引濮氏説，以爲紫荆。毛詩明辨録又以爲蕎麥，皆臆説不足信者。

衡門誘僖公

序云：『衡門，誘僖公也。愿而無立志，故作是詩以誘掖其君也。』按序之説詩，于十五國風曰美、曰刺、曰勸、曰惡、曰閔之類，厥旨不同。至直陳其事，因事以爲文，而曰『誘』者，獨見于衡門詩。歐陽本義云：『詩人以僖公惟不恣放，可以勉進于善，而惜其懦無立志，故作詩以誘進。』首章言小國亦可以有爲，下章『言大國不可待而得』。范氏處義引甫田以相例，言彼抑之，而此誘之。二説皆善申序義。朱子謂序詩者因僖公之謚而配以此詩，故改爲隱居者無求之詞。然三百篇之作，吟詠性情以諷其上，若徒爲詩人自適，亦復何關政教？且作詩時世雖不可盡知，然序所指者必皆有所作據，決無以謚法强配欺天下後世。其説非與？

衡門

傳：『衡門，横木爲門〔一〇〕，言淺陋也。』正義曰：考工記匠人註云：『衡，古文「横」，假借字也。』『門之深者有阿塾堂宇，此唯横木爲之，言其淺也。』此疏申毛之最善者。或謂門之爲象，縱而不横，若謂横木而爲門于其下，則又不得謂之『横門』矣。因疑『門』爲城門之名。不知此説非也。藝文類聚引劉氏毛詩義曰：横一木而上無屋，謂之衡門。此解最爲明晰。若城乃往來之衝，安得云『可以棲遲』乎？是知傳義爲至當也。

棲遲

傳：『棲遲，游息也。』歐陽氏修曰：『衡門雖淺陋，若居之不以爲陋，則亦可以游息于其下。』熊氏朋來曰：『衡門可棲遲，居不求安也。』説皆與傳合。或據嚴發碑作『西遲衡門』。説文：『西，鳥在巢上。象形。日在西方而鳥棲，故因以爲「東西」之「西」。或作「棲」。』是『西』爲古文『棲』也。按：此特書碑者傳用古文『西』字耳，非必詩本有作『西』者。至婁壽碑『徲俟衡門』，則更與『棲遲』之『棲』異字異義。漢人以音近借用。王伯厚詩考補遺並引之，以爲三家異文，非與？

泌之洋洋

傳：『泌，泉水也。』按：邶風『毖彼泉水』傳云『泉水始出毖然流也』，此云『泌，泉水也』，二傳正相應。抑『毖』字亦當作『泌』，從説文『駛流』之貌。嚴緝云：『毛以彼「毖」與此「泌」字異義同，亦當如泉水之流貌，非謂「泌」爲泉水也。』王氏詩總聞曰：『泌在南陽縣。』今考漢志，南陽郡有比陽縣，應劭曰比水所出。水經亦作『比』，吕氏春秋作『沘』，皆不作『泌』。則『泌』必非水名可知矣。

樂飢，『樂』字

傳云：『可以樂道忘飢。』箋云：『飢者，不足于食也。泌水之流洋洋然，飢者見之，可飲以療飢。』釋文：『樂，本又作「㿬」，毛音洛，鄭力召反。沈云舊皆作「樂」字。逸詩本有作「疒」下「樂」，以形聲言之，殊非其義。㿬，治也。療，或「㿬」字也。』考蔡伯喈郭有道碑、李注太平御覽五十八引詩皆作『可以㿬飢』，或三家詩容有作『㿬』字者，故鄭據之以爲説。然箋不云『樂』讀爲『㿬』者，以『樂』爲『㿬』之假借；『㿬』即三家之『療』字，而于訓釋改其字以顯之也。後人乃因此改經耳。據沈云舊皆作『樂』字，其説是也。唐風蟋蟀詩『休休[一一]，樂道之心』，足證樂道之言爲毛公常説。又韓詩外傳：『子夏曰：「雖居蓬廬，而彈琴以詠先王之風，有人亦樂之，無人亦樂之。」詩曰：「泌之洋洋，可以療飢。」』此引詩雖作『療』，而其云『有人亦樂，無人亦樂』，則與毛傳『樂道忘飢』合矣。

東門之池

傳：『池，城池也。』正義：『以池繫門言之，則此池近在門外。諸詩言東門皆是城門[一二]，故以「池」爲城池。』按：水經渠水注：陳之東門内有池，『池水東西七十步，南北八十許步。水至清潔而不耗竭』。『水中有故台處，詩所謂「東門之池」也。』元和郡縣志亦云東門池在陳州城東門内道南。皆後代遷徙，已非故迹。若毛云『城池』，當在城外矣。

淑姬

正義云：『美女而謂之「姬」者，以黄帝姓姬[一三]，炎帝姓姜，二姓之後子孫昌盛，其家之女美者尤多，遂以「姬」「姜」爲婦人之美稱。成九年左傳引逸詩云：「雖有姬姜，無棄憔悴。」是以「姬」「姜」爲婦人之美稱也。』孔氏之言最爲確據。吕記引董氏曰：『周，姬姓，陳因元女以封，故詩人猶言「淑姬」。』夫謂陳女稱『姬』以太姬之故，天下豈有女子冒母姓以爲稱乎？其説非也。

東門之楊

傳言『男女失時，不待秋冬』。正義曰：『毛以爲作者以楊葉初生興昏之正時〔一四〕，楊葉長大興晚于正時。』『毛以秋冬爲昏之正時，故云「男女失時，不待秋冬」也。』今按：楊葉秋冬焉得生？而云初生爲正時，乃鄭義，非毛義也。毛意但云楊葉既盛，已非秋冬嫁娶之時耳。李解引程説：『楊，最得陽氣之先，言人反不及時。』又云：『陸氏曰楊之發枝首于衆木，婚姻失時則木之不如。』二説略同，皆足以發明興意。至范氏補傳云：『楊葉雖盛，漸至凋落，喻男女失時，正如東門之楊，竟至衰落。』今考經文無衰落之意，此説非也。

牂牂、肺肺

傳：『牂牂然，盛貌。』『肺肺，猶牂牂也。』按易林革之大有：『南山之楊，華葉鏘鏘。』鏘鏘，一本作『將將』，與此『其葉牂牂』正同。禮記内則注云：『將，當爲「牂」。』疏云：『「將」「牂」聲相近。』詩樛木、破斧、正月等，傳並云『將，大也』。北山傳：『將，壯也。』此傳『牂牂然盛貌』，正與『壯大』意近。爾雅釋天：『在午曰敦牂。』開元占經引李巡曰：

『言萬物皆茂壯。』『敦，茂也。牂，壯也。』『將』『牂』『壯』並以聲近故義同。肺，疑爲『朩』之假借。説文朩部云：『朩，草木盛朩朩然。讀若輩。』又艸部〔一五〕：『茷，艸葉多。』茷字又作『旆』，此亦與『肺』聲相近，故『肺肺』亦爲盛意也。

歌以訊之，『訊』與『萃』韻

考釋文：『訊，又作「誶」，音信。徐息悴反。』廣韻六至引詩作『歌以誶止』。王逸注離騷引詩『誶予不顧』。戴氏詩考正、段氏詩小學皆據此以『訊』爲『誶』之誤，説詩者遂謂『誶』音『碎』，可與『萃』韻〔一六〕；訊，音『信』，不可與『萃』韻。不知『訊』古亦讀若『誶』。張衡思玄賦『訊』與『内』『對』爲韻。左思魏都賦『訊』與『匱』『粹』爲韻。學記『多其訊』鄭注曰〔一七〕：『訊』字古讀若『誶』。是『訊』與『誶』俱有『碎』音。故此詩以『訊』『萃』爲韻，其于古音未嘗不協也。

歌以訊之，『之』字作『止』

按廣韻六至『誶』字下引詩『歌以訊止』，此『止』字與上句『止』字相應，爲語辭。凡古人之詩韻在句中者，韻下用字不得或異。若此『止』譌爲『之』，失詩句用韻之通例矣。唐石經已譌作『之』。釋文有『訊之』二字，『之』字蓋亦後人所改。今考列女傳載此詩之文正作『歌以訊止』，與廣韻所引合，是古本亦作『止』之證。『止』之譌爲『之』，猶漢廣之『不可休思』之譌爲『息』也。

防有鵲巢

傳：『防，道也。』續漢書郡國志『陳縣』注引博物記曰：『邛地在縣北，防亭在焉。』集傳用王安石説，以『防』爲捍水之隄，非鳥巢之所。何氏古義引爾雅翼『水大則巢高，小則巢卑』之説，曲爲附會。古語祇云鵲知歲之多風，則去高木而巢低枝，不聞有水小巢卑之説也。

邛

傳：『邛，邱也。』自來説詩者多不言邛之所在。釋文：『邛，其恭反。』竊意『邛』與『郜』古字通。漢志山陽郡郜成侯國，莽曰『郜成』；外戚侯表有『邛成』，『邛成』即『郜成』。墨子『堯葬蛩山之陰』，吕氏春秋云『堯葬穀林』。檀弓『齊穀王姬之喪』注云：『「穀」當爲「告」。』是『邛』『郜』『穀』三字皆聲相近。太平寰宇記：固陵在宛邱縣西北三十里，『高丈三尺』，『今俗呼爲穀陵』。此與博物記所云『邛地在縣北』者合。『邱陵』義同『穀陵』，其即邛邱與？

旨苕

傳：『苕，草也。』正義曰：『苕之華傳云：「苕，陵苕。」此直云「苕，草」。彼陵苕之草，好生下濕，此則生于高邱，與彼異也。陸璣疏云：「苕，苕饒也〔一八〕。幽州謂之翹饒。夏生，形如勞豆而細〔一九〕，葉似蒺藜而青，其莖緑色，可生食，如小豆藿也。」』今考說文：『苕，草也。』即本毛傳。毛既以此與『苕之華』異訓，自當以陸疏所言『苕饒』爲是。

旨鷊

傳：『鷊，綬草也。』爾雅釋草作『虉』。毛詩作『鷊』者，假借字。吕記引董氏曰：『鷊，舊作「鶂」。說文引詩亦作「鶂」。』類篇引詩又作『旨虉』。『虉』『鶂』『虉』三字聲同。或據埤雅曰『鷊』本鳥名，亦名綬鳥，咽下有囊如小綬，具五色。似以『鷊』爲鳥。然考上文『旨苕』，陸疏以爲苕，可生食，此『旨鷊』亦當爲可食之草。毛傳之說確自不易。

佼人

釋文：『佼，字又作「姣」，古卯反。方言曰：「自關而東，河濟之間，凡好謂之姣。」』唐石經『佼』作『姣』〔二〇〕。史記司馬相如傳索隱、一切經音義九皆引詩『姣人嫽兮』。今按：毛詩『佼』爲『姣』之借字。説文：『姣，好也。』小徐引史記『長姣，美人』是也。荀子非相篇『古者桀紂長巨佼美』，作『佼』；成相篇『君子由有姣以好』，又作『姣』。是二字本多通借也。

舒窈糾兮

傳：『舒，遲也。窈糾，舒之姿也。』按：此詩每章第三句皆有『舒』字，又皆以疊韻字形容『舒』之狀貌。史記司馬相如傳〔二一〕：『青虬蚴蟉于東箱。』正義云：『蚴蟉，行動之貌。』與『窈糾』同。末章『舒夭紹兮』。文選西京賦：『要紹修態，麗服颺菁〔二二〕。』注：『要紹，謂嬋娟作姿容也。』又南都賦『要紹便娟』注云：『要紹，曲貌。』此言『要紹』，皆與『夭紹』同。合上下觀之，則二章『舒懮受兮』文例正同。釋文云：『懮，于久切，舒貌。』玉篇心部云：『懮受，舒遲之貌。』凡此皆疊字形容也。

株林

傳：『株林，夏氏邑也。』按國語：單襄公『假道于陳』，道路若塞，野場若棄，『民將築臺于夏氏』。其下乃言『及陳』，可證夏氏之邑在國都外。韓氏怡曰：『爾雅：「邑外曰郊，郊外曰牧，牧外曰野，野外曰林。」此言百里之國，五十里之界，界各十里。序言朝夕而往，似不宜若是之遠。』考寰宇記，夏亭城在州西華縣三十里。『今此城北五里有株林，即夏氏邑，一名華亭。』按：陳州本古陳國，西華縣在州西八十里，夏亭縣在縣西南三十里。今夏氏之邑去陳國本遠，若元和郡縣志：宋州『柘城縣本陳之株邑』，詩株林是也。故柘城甯陵縣南七十里，此又陳之東北。前漢志淮陽國有柘，然劉昭補注但于『陳縣』下云陳有株林邑，蓋朱襄之地。于『柘』下不言即株，其傳疑之説乎？

有蒲與荷

傳：『荷，芙渠也。』箋云：『芙蕖之莖曰荷，生而佼大。興者，蒲以喻男之性，荷以喻所悦容體也。』按釋草：『荷，芙蕖，其莖茄。』説文：『茄，芙蕖莖。從草，加聲。』『荷，芙蕖葉。從草，何聲。』毛鄭皆以爾雅爲據，與説文並合。但毛讀『荷』音『何』，是毛詩作『荷』字。故鄭爲改『茎』，其意則以『荷』爲『茄』。『荷』『茄』二字，音本相近，但作芙蕖葉説，雖覺顔色之美，未見容體之妍；作芙蕖莖説，則自存綽約之韻，兼之華與葉皆本于莖也。是箋説爲得也。

碩大且儼

傳：『儼，矜莊貌。』以上傳『卷，好』例之，亦謂其儀狀端好也。釋文：『儼，本又作「曮」，魚檢反。』按『曮』字當作『孍』。玉篇云：『孍，女好貌。魚檢切。』釋文一本所作即此『孍』字無疑，傳寫誤作『曮』。猶『碩大且卷』，釋文本又作『婘』，宋時釋文有誤作『睠』者是也。太平御覽引韓詩作『碩大且嬒』，薛君章句曰：『嬒，重頤也。』然考廣雅曰：『嬒，美也。』則『嬒』仍指婦人之貌而言，非必其如章句之言也。

檜一之十三

狐裘以朝

鄭氏箋詩謂『大蜡而息民，則有黄衣狐裘。今以祭服朝，是其好潔衣服也』。蘇氏以狐白爲諸侯朝天子之服，檜君用以視朝。陳氏祥道、方氏慤又以狐白爲燕服。今按：終南『錦衣狐裘』毛傳明云：『狐裘，朝廷之服。』箋引玉藻，以爲狐白，亦云諸侯狐裘，並非止言天子。此箋則以爲黄衣狐裘者，疏云：『諸侯之服狐白裘，惟在天子之朝耳。』若檜君用狐白以朝，則違禮僭上，非徒好潔而已。故鄭氏以祭服而朝之説，自不可易。蘇氏以此狐裘爲狐白，固非。至終南『錦衣狐裘』與『紱衣繡裳』並言，黻爲冕服，則『狐裘』之非燕服可知。似陳方之説尤非，是也。

素冠、素衣、素韠

素冠、素衣、素韠，毛鄭異説。毛以首章『素冠』爲『練冠』；次章以『素冠』故素衣；末章『素韠』無傳，自與『素冠』同例，皆爲練後所有。鄭以三章皆言大祥，于『素冠』引玉藻『縞冠素紕』；于『素衣』引『朝服縞冠』『朝服素裳』，故通稱『素衣』；于『素韠』云『韠從裳色』。孔疏申鄭，言不當名『素』，素謂白絹，知素冠非練也。王肅、孔疏皆以箋爲長。宋儒吕記從毛，嚴緝從鄭。今按：周禮司服：『大禮、大荒、大災，皆素服。』又云：『士之齋服，有玄端、素端。』以『素』與『玄』對，即是『白素』之『素』，不得謂經傳言『素』皆是白絹。郊特牲：『皮弁素服而祭，素服以送終也。』是則喪服稱『素』明矣。且期而小祥乃服練冠練衣，至大祥既除，詩人不見此服，自是當時不復行再期之禮，故序云『刺不能三年也』。若以爲大祥之後，則非矣。以是，箋説之不及傳義也。

棘人

傳云：『棘，急也。』按急，古『瘠』字。或作『痓』，切韻又作『瞇』。字相似，故誤爲『棘』。呂覽任地云：『肥者欲棘。』高注：『棘，羸棘也。』詩云：『棘人之欒欒』，故鄭注曰：『急于哀戚之人狀貌欒欒。』欒，瘦瘠也。蘇氏曰：『君子之居喪，皇皇若無所容者，此所謂棘人也。』正與傳義相合。

猗儺其枝

傳：『猗儺，柔順也。』或謂萇楚之枝柔弱蔓生，故傳箋並以『猗儺』爲『柔順』。但華與實不得言柔順，而亦云『猗儺』，則『猗儺』乃美盛之貌矣。小雅『隰桑有阿，其葉有難』，傳：『阿然，美貌。』『阿難』與『猗儺』同。今按：猗儺，固可以『美盛』言，而亦未嘗無『柔順』之義。高唐賦〔一二三〕：『東西施翼，猗狔豐沛。』此固近于美盛。若上林賦之『紛溶箾蔘，猗狔從風』，南都賦之『阿那蓊茸，風靡雲披』，此皆狀草木之柔靡，不得以『猗儺』專指美盛。至隰桑之『阿難』爲『美盛』，萇楚之『猗儺』爲『柔順』，言各有當，傳義不可易也。若華實皆附于枝，枝既柔順，則華與實亦必從風而靡，即概稱之以『猗儺』亦自不妨也。

匪車偈兮，『偈』字

傳：偈，疾驅貌〔二四〕，『非有道之車』。何氏古義曰：『説文無「偈」字，當依前漢書作「揭」，云高舉也。車升高，則在車上者必震盪而不安。』按廣雅云：『偈，疾也。』衛風『伯兮朅兮』，韓詩作『偈』。文選注引韓詩曰：『偈，桀侹也，疾驅也。』與毛訓正同。白帖十一引此詩，亦作『匪車朅兮』，可知『朅』『偈』古同字。説文：『朅，去也。』疾驅者，有『去』義，則此『偈』字或當爲『朅』之借字。即從漢書作『揭』而以『高舉』訓，亦言其疾驅揚起，非有異義也。

溉之釜鬵，『鬵』字

傳：『鬵，釜屬。』正義曰：『釋器云：「䰝，謂之鬵。鬵，鉹也。」孫炎曰：關東謂甑爲「鬵」，涼州謂甑爲「鉹」。然則鬵是甑，非釜類。烹魚用釜，不用甑。雙舉者，以其俱是食器，故連言耳。』釋文引説文：『鬵，大釜也。一曰鼎大上小下若甑，曰鬵。』陸意從許，以合毛傳『鬵』爲『釜屬』之訓。即説文一説爲鼎，亦曰『若甑』，而非即甑。不必如孔疏『烹魚用釜不用甑』之疑。楚詞九歎云『爨土鬵于中宫』，王逸注云：『鬵，釜也。』亦與毛許意相同也。

曹一之十四

蜉蝣

按：爾雅釋蟲：『蜉蝣，渠略。』舍人曰：『蜉蝣，一名渠略。南陽以東曰蜉蝣，梁宋之間曰渠略。』孫炎曰：『夏小正云：蜉蝣，渠略也。朝生而暮死。』陸璣疏云：『蜉蝣，方言語也，通謂之「渠略」。似甲蟲，有角，大如指，長三四寸。』樊光謂之『糞中蝎蟲』是也。詩取以爲興者，方蜉蝣朝生暮死，而猶美其羽，喻曹君危亡將至，而猶務于奢耳。

楚楚、采采

傳云：『楚楚，鮮明貌。』説文：『䗫，會五采鮮色。詩曰：「衣裳䗫䗫。」』注云：『䗫，其正字；楚，其假借字也。蓋三家詩有作「䗫䗫」者，如毛「革」韓「翰」之比也。』按秦策：『不韋使楚服而見』，高誘注：『楚服，盛服。』此即用『楚楚』之義。次章『采采』，傳云：『采采，衆多也。』文選鸚鵡賦注引韓詩『采采衣服』〔二五〕，薛君曰：『采采，盛貌也。』考檜曹皆小國，詩亦相似。檜之變風始于羔裘，曹風始于蜉蝣。羔裘則潔其衣服，蜉蝣刺好奢而曰『衣裳楚楚』『采采衣服』，亦類也。

蜉蝣掘閱

傳：『掘閱，容閱也。』箋云：『掘閱，掘地解閱，謂其始生時也。』虞東學詩曰：『箋云掘地解閱者，蓋蛣蜣生土中，掘地而出，開解其穴，如闢户然，故云掘閱。』段氏詩小學曰：『古「閱」「穴」通。』[二六]說文『掘』下引『蜉蝣掘閱』是雙字[二七]，猶『孔穴』，言蜉蝣出孔穴中也。傳云『容閱』，即史所謂『容頭過身』。孟子：『事是君則爲容悦。』容悦，即傳之『容閱』也。箋云：『掘閱，掘地解閱。』鄭意謂出于堀中而解脱變化，説『閱』與毛異。今按：傳云：『掘閱，容閱。』則『容』乃解經『掘』字。若以『容閱』爲『容悦』，恐非。鄭箋『掘地解閱』，『掘』當訓『穿』，『閱』當訓『脱』，謂穿地解脱而出。如作『孔穴』解，則『蜉蝣孔穴』殊不成語。蓋『解閱』猶言『解蜕』。廣雅釋詁：『蜕，解也。』山海經中山經『峽山多空奪』注云：『空奪，即蛇皮脱也。』然則傳云『容閱』者[二八]，『容』宜作『空』，『閱』亦讀『脱』。『掘』『空』『閱』『脱』，以聲爲訓。傳箋義同，非有異也。

彼候人兮

傳：『候人，道路送迎賓客者。』『言賢者之官不過候人。』箋云：『是謂遠君子也。』正義：『天子之官，候人是上士、下士，諸侯候人亦應是士。此乃身荷戈祋，謂作候人之徒屬，非候人之官長。』如孔氏所言，蓋泥于周官候人職注云『選士卒以爲之』即此引詩，故以此『候人』非其官長。然傳明言『賢者之官』，則即以爲候人之官長，率其徒屬，以防奸宄〔二九〕，是亦屈于下僚也。至李氏集解引程蘇之説，謂候人守封疆，而共公寵之，使服卿大夫之服。是以『彼其之子』指『候人』而言，微于『三百赤芾』語不相通，且于章内兩『彼』字相混。玩經文兩『彼』字，正相對照。『彼其之子』之『彼』，指在曹朝者言，則上『彼』字專指候人言。一則奔走道涂，一則委蛇朝宁，以彼此之相形，而詩人之意見矣。

何戈與祋

傳：『祋，殳也。』説文『殳也』引或説：『城郭市里高懸羊皮，有不當入而欲入者，暫下以警牛馬，曰祋。』詩曰：「何戈與祋。」』禮記樂記『行其綴兆』注云：『綴，表也。』引詩曰『何戈與綴』，疏以爲齊、魯、韓詩。呂記引董氏曰：『崔靈恩集注亦作「綴」〔三〇〕。』按：『祋』字從殳，『祋』之爲『殳』，其本義也。許氏以其從示聲，故又有『高懸羊皮』一義。懸羊皮者，蓋即用殳懸之，以爲揭示。揭示即『表』也。『祋』有表綴之義，三家詩或有借『綴』字爲『祋』者，而鄭氏述禮即用以證『綴』之爲『表』也。實則其器爲殳，其名爲『祋』，其義爲綴，非有二物也。

不遂其媾，『媾』字

傳：『媾，厚也。』箋云：『遂，猶久也。不久其厚，言終將薄于君也。』自歐陽氏破毛鄭，謂考前代訓詁無『久厚』之訓，而其自爲説，則以爲婚媾之義，貴賤匹耦各以其類，彼在朝小人不從羣小居卑賤而越高位，是處非其宜而失其類也。其説失之。按：『久厚』之訓，其來已古。『媾，厚』者，疊韻爲訓。一切經音義引白虎通義曰：『媾，厚也。重婚曰媾。』故詩疏以『重婚媾者情必深厚』釋之。則此詩之解，自以毛鄭爲正。言小人竊禄高位，可謂厚寵，然而無德以居之，將不能久厚于其寵也。

其儀一兮

箋云：『儀，義也。善人君子其執義當如一也。』按『儀』之爲『義』，毛時通用，故不更爲『儀』字訓。後漢時禮義之『義』與威儀之『儀』截然各異，故鄭於『人而無儀』義也〔三二〕，悉爲分別如此。吕記引董氏曰崔集注作『其義一兮』，此殆依箋説而易之者。然惟言執義一則所包者廣。禮記緇衣：『子曰：義不壹則行無類也。』又曰：『言有物而行有格也。』其末引詩云：『淑人君子，其儀一也。』然則『儀一』謂執義如一，尤有明證。後儒多以『容儀』解之，隘矣。

郇伯

傳：『郇伯，郇侯也。諸侯有事，二伯述職。』箋云：『郇侯，文王之子，爲州伯，有治諸侯之功。』今按：經傳未有郇侯爲州伯之文。惟竹書：『昭王六年，賜郇侯命。』此或郇侯之後，繼世爲方伯者。毛以爲東、西二伯，當時必有所據。此詩末章四語，與小雅黍苗首章略同。彼云『召伯』即召穆公。觀大雅江漢所言，召穆公在宣王時受九命圭瓚秬鬯之賜，明是繼其召康公爲東、西大伯。以彼證此，彼召伯爲大伯，此郇伯亦當爲大伯矣。按春秋釋地曰：『解縣西北有郇城。』水經注曰：『涑水又西逕郇城。』説文云郇在晉地。據此，知郇侯封國在冀州之境。若爲州伯，衹治其當州，諸侯未必遠及兖州之曹，曹人又何爲思之？此必爲東、西大伯，曹國在其所轄，如召南之思召伯云爾。

校記

〔一〕丘　原無，據毛詩正義及爾雅補。

〔二〕此句引文係鄭箋語。按李氏文例，「旦」前當有「箋」字。

〔三〕旦　依文意當作「但」。

〔四〕義　原作「意」，據下爲引毛詩正義文改。

〔五〕季　原作「李」，據毛詩正義及左傳改。

〔六〕「中」下原有「云」字，據毛詩正義删。

〔七〕戈韻　嚴氏家塾本詩聲類作「歌戈」，與下「寒原」同例，當從。

〔八〕義　原作「處」，據毛詩後箋改。此處係用後箋文。

〔九〕錦　原作「蜀」。據爾雅翼改。

〔一〇〕爲門　二字原無，據毛傳補。

〔一一〕休休　原作「依依」，據詩經蟋蟀及毛傳改。

〔一二〕詩　原作「傳」，據毛詩正義改。

〔一三〕姓　原作「性」，據毛詩正義改。

〔一四〕生　原作「起」，據毛詩正義改。

〔一五〕艸　原作「草」，據説文解字改。

〔一六〕與　原作「以」，據毛詩後箋改。此處係用後箋文。

〔一七〕曰　原作『日』，據毛詩後箋改。此處係用後箋文。

〔一八〕饒　原作『餞』，據毛詩正義及陸璣疏改。下『饒』字同。

〔一九〕形　原作『彤』，據毛詩正義及陸璣疏改。

〔二〇〕經　原作『室』，據下爲引唐石經文改。

〔二一〕馬　原作『高』，據史記改。

〔二二〕颺　原無，據文選西京賦補。

〔二三〕高　原作『李』，據下爲引宋玉高唐賦文改。

〔二四〕驅貌　二字原互乙，據毛傳改。

〔二五〕賦　原無，據下爲引禰衡鸚鵡賦文補。

〔二六〕以上引文，檢段玉裁詩經小學無。

〔二七〕兩『掘』字均當作『堀』，説文土部『堀』下引詩『蜉蝣堀閲』。

〔二八〕傳　原作『傅』，據下爲引毛傳文改。

〔二九〕宂　原作『究』，據毛詩後箋改。此處係用後箋文。

〔三〇〕恩　原作『思』，據下爲引崔文改。

〔三一〕鄭於人而無儀　下當有脱文。此處係用毛詩後箋文。後箋云：『鄭於「人而無儀」則云「儀，威儀也」，於此「儀」則云「儀，義也」。』

學詩堂經解卷八

豳一之十五

『豳』爲國名

按：地理志：『栒邑有豳鄉。詩豳國，公劉所都〔一〕。』是豳亦國矣。考世紀：殷祖乙十五年命邠侯高圉，盤庚十九年命邠侯祖紺，武乙元年邠遷于岐周。是豳爲周之舊都。及周公居東，陳詩而仍繫之豳，沿舊號也。豳在今邠州三水縣，皇輿表云今屬西安府是也。或謂爾雅『西至汃國』〔二〕，以『汃』爲『豳』。然考說文，『汃』從水，八聲，徐音府中切。『汃』誤爲『豳』，形聲兩失。其地不同，未免失之。

豳風

考周公上述豳公之化，作七月篇以戒成王，謂之豳風。豳不先二南者，尊文王也。不繼二南者，豳先岐後也。不與王風相屬者，興衰非其類也。屬之變風者，君臣相誚，其詩亦變風也。居變風之終者，亂極則思治，變極則思正，示天道無終窮也。不得爲雅者，豳公之詩，一國之風，周公之詩，一人之事也。次于風雅之間者，言風之所爲終，雅之所爲始也。觀鹿鳴繼作，不恍然于周之所以盛者，實由于周公乎？

豳風、豳雅、豳頌

考周禮春官籥章：『中春晝擊土鼓，歈豳詩以逆暑。中秋夜迎寒，亦如之。凡國祈年于田祖，則歈豳雅，擊土鼓，以樂田畯〔三〕。國祭蜡，則吹豳頌。擊土鼓，以息老物〔四〕。』鄭注以七月之詩當之，其箋詩則自用其説。而集傳非之，以爲風詩不得有雅頌。今按：詩疏謂周禮注以七月首章『流火』『觱發』之類爲豳詩，『于耜』『舉趾』之類爲豳雅，其後章『穫稻』『釀酒』『躋堂』『稱觥』之事爲豳頌，與詩箋小異。詩箋則謂『殆及公子同歸』以上爲豳風，『以介眉壽』以上爲豳雅，『萬壽無疆』以上爲豳頌。信如所言，則割裂穿鑿，誠爲未當。今反覆禮注、詩箋，乃知三分七月者，皆疏家之誤，而鄭氏實未嘗有是也。鄭氏于周禮具有師承，必非無本。籥章首言『掌土鼓豳籥』，可見此一官專掌以籥歈豳，別無他詩，亦別無他器。是所謂『豳詩』『豳雅』『豳頌』者，舍七月一詩，更將誰屬？鄭注『歈豳詩』云：『豳風七月也。歛之者，以籥爲之聲。七月言寒暑之事，迎氣歌其類也。此風也，而言「詩」，「詩」總名也。』又云[五]：『豳雅，亦七月也。七月又言「于耜」「舉趾」「饁彼南畝」之事，是亦歌其類也。謂之「雅」者，以其言男女之正。』又云：『豳頌，亦七月也。七月又言「穫稻」「作酒」「躋彼公堂，稱彼兕觥，萬壽無疆」之事，是亦歌其類也。謂之「頌」者，以其歲終人功之成。』紬繹注意，蓋籥章于每祭皆歌七月全詩，而其取義各異。注云『謂之』者，言因此義而謂之『雅』，因彼意而謂之『頌』耳。又曰『歌其類』者，即左傳『歌詩必類』之義。鄭援舉詩詞，正指類以示人。並箋詩，于『殆及公子同歸』以下繫云『是謂豳風』，『以介眉壽』以下繫云『是謂豳雅』，『萬壽無疆』以下繫云『是謂豳頌』。『是謂』者，猶禮注云『謂之雅』『謂之頌』也。蓋以七月全篇備風、雅、頌之義，皆比類以取義，並非截然以首二章爲風、六章以上爲雅、八章以上爲頌也。孔氏不善讀箋註，妄爲分別，致後人以三分七月之説歸咎鄭君。惟明乎鄭氏『歌其類』之義，則知籥章止言歛豳，必不當求之七月外。籥章言豳詩者，正惟豳風，以其詩固風體也。其曰豳雅、豳頌者，則又以詩入樂，各歌其類，合乎雅頌故也。此可見詩于樂各有取義，亦非于一詩之中隨事而變其音節，如饒氏魯之説也。且風詩義兼雅頌，猶雅詩亦兼風與頌，則不得謂別有邠雅、邠頌而亡之，如王氏安石之説也。

以七月爲首

按周公作是詩，所陳一歲之事備矣。而以七月爲首，何也？范氏補傳曰：『夏正建寅，至七月則過于中。是時以農爲本，前乎此則田功未畢，至七月則耕稼耘耔皆已訖功，止俟其成耳。國君于是而訓農，則卒歲與來歲之事無不畢舉。蓋其意，使之預備，無後時之悔也。』此説本于程子。潛夫論又云：『七月之詩，大小教之，終而復始。』按：小大者，謂上自朝廷纘武、鑿冰，下及閭閻瑣屑之事。終始者，謂卒歲、改歲，終始循環，無有休息也。由此觀之，七月名篇之意不可見乎？

七月流火

傳：『火，大火也。流，下也。』劉氏瑾曰：『堯時仲夏，日在鶉火，故昏而大火中。周公時，『歲差當退十六七度，故六月而後，日在鶉首，昏時大火西流于地之未位』。『此詩上述豳俗而言「七月流火」者，據周公所見而言也。』今考豳詩皆用夏正，不應據周時之星象以述夏初之豳風。堯典：仲夏『日永星火』。夏小正：五月，『初昏大火中』。皆五月午位，則此日當猶在未位。巳、午位俱屬南方，直至七月而火在申位，始流于西耳。況傳以『火』爲『大火』，或即大火之次言之。孟秋之月，初昏在申位，故爲西流也。

一之日、二之日、三之日、四之日，變『月』言『日』傳云：『一之日，十之餘也。』其下又云：『一之日，周正也。』或據此以爲周正所自起，不知十者數之終。十月之後，當復起數，連上言之，則爲十有一；除上言之則直謂之『一』耳。傳先言此者，正欲人知經文但以數紀之意，並非以此爲周正所自起也。戴氏詩考正又曰：『自大撓作甲子，爲十二支，爲十二月建，由來久矣。十二支始正北，子爲一，丑爲二，寅爲三，卯爲四〔六〕。以之繫日，子月可云「一之日」，丑月可云「二之日」，寅月可云「三之日」，卯月可云「四之日」，以次而終于十二。若言「十有一月觱發」「十有二月栗烈」，則失詩詞之體，故變文稱「一之日」「二之日」。下「三之日」「四之日」不復稱「正月」「二月」，連文也。』此説與宋張氏謂變月言日，別無義例，只是文順。然考三百篇中，多用夏正，而此篇設文獨異，未必全無意義。如但以隨文便稱，則十有一月、十有二月以不詞而改爲『一之日』『二之日』可也，若云『正月于耜』『二月舉趾』，未爲不詞也，而何以必曰『三之日』『四之日』乎？蓋周公而陳豳公之事，若用周正而以子爲正月，則非追述夏時之義；如以寅月爲正月，則又礙于周王之正朔，故不得不變其文例，于子丑之月以數紀之。然使言『一月』『二月』，則仍混于周正，且與下『四月』『五月』等稱夏時者不合，故又變月言日，謂『一之日』

『二之日』也。至于寅卯之月，既不可云『正月』『二月』，又不得再言『一之』『二之』，故遂因乘上數稱爲『三』『四』。雖曰變文，亦即所以避夏正、周正之名，而因思其義也。

栗烈

傳：『寒氣也。』釋文云如字。下泉、大東，正義俱引七月作『凜冽』。然四月箋又云：『烈烈，猶栗冽也。』則毛本未必非如字。吕記引董氏曰：『栗烈，集傳作「凜冽」。』『烈，從火，不得爲寒氣。』泥矣。釋文又云：『栗烈，説文作「颲颲」。』今説文『颲』讀若『栗』，『颲』讀若『烈』，而不引詩，或陸所據本有之。許書字之『颲颲』，或所見毛詩不同，或兼采三家詩，未可知也。

公子

傳云：『春女悲，秋士悲，感其物化也。』『邠公子躬率其民〔七〕，同時出，同時歸也。』集傳云：『悲，則始有與公子同歸之志，欲嫁焉。』按傳箋言『公子』，皆以爲豳公之女公子。考公之女亦稱『公子』，正義引公羊傳『于羣公子之舍則已卑矣』是也。左傳亦有之：桓三年傳曰：『公子，則下卿送之。于大國，雖公子，亦上卿送之。』莊三十二年傳曰：『女公子觀之。』是也。『殆及公子同歸』者，與邠公之女同勤蠶桑也。至朱子則以『公子同歸』爲嫁于公子，則采蘩之女不勝其多矣，思歸公子已屬妄想，更計及于遠離不又太早？當以傳箋爲正。

蠶月

集傳：『蠶月，治蠶之月也。』王安石曰：『蠶月，非一月，故不指言某月。』程子亦曰：『蠶月，當蠶長之月。計生氣之早晚，不可指定爲幾月。』然考『蠶月』雖不可指定爲幾月，今以條取大桑『猗彼女桑』計之，大約當在建辰之月，其時蠶正盛矣。先儒以此詩獨缺三月，意『蠶月』或當三月乎？此説庶幾得之。

條桑

箋云：『條桑，枝落之采其葉也。』玉篇：『挑，撥也。詩曰：「蠶月挑桑。」』桑，釋文云：『條桑，枝落也，不備取耳。』此亦謂『條』爲挑撥而取之，故云『不備取』。蓋『條』有『挑』義，字或作『挑』。總之，條桑之説若以爲落其枝，則下不應復言『伐』；若謂不落其枝而采其葉，則又與『猗彼女桑』同。竊意『蠶月條桑』一語乃總下文『伐遠揚』『猗女桑』二事皆爲條桑。條者，取也。釋文：『沈暢遥反。』此蓋讀『條』爲『鈔』。説文：『鈔，叉取也〔八〕。』蓋『條桑』者，取桑之總名。曰『伐』、曰『猗』，正條桑之事。是當以沈重所讀爲正。

猗彼女桑，『猗』字

蘇傳訓『猗』爲『長』，則用節南山注『猗，長也』之義。然此詩言采桑之事，不當僅言桑條之狀〔九〕。嚴緝又云：『猗，倚也。倚取之者，不斬其條，但就樹以采其葉。』考文選七發注引詩『猗彼女桑』，嚴説似非無本，然究不以『猗』爲『倚樹』之『倚』。今按：傳云：『角而束之曰猗。』説文：『犄，偏引也。』毛詩字雖作『猗』，義當與『犄』同。故詩正義引左傳『諸戎犄之』以爲證。吕記引董氏曰：『齊詩「猗彼女桑」作「犄」，蓋犄而束也。』可見毛義與三家同。至傳所云『角而束之』者，廣雅釋言：『捔，犄也。』『角』與『捔』同。束，疑本作『刺』。説文：『刺，戾也。從束，從刀。』刀者，刺之也。戾，曲也。蓋女桑枝弱，不伐其條，但牽引使曲而采之也。

鵙

傳：『鵙，伯勞也。』其説本于爾雅。正義引樊光注，即春秋傳之『伯趙』，司至者也。夏小正作『伯鷯』，趙注孟子作『博勞』，皆以音近而誤。郭璞注爾雅曰：『似鶷鶡而大。』初學記引通俗文曰白頭鳥，謂之鶷鶡。禽經注謂形似鴝鵒，鴝鵒喙黄，伯勞喙黑〔一〇〕。方言謂爲鶡旦。國史補謂爲布穀。丹鉛録謂爲架犂。其説不一，總不如傳引爾雅之爲允也。文選注引服虔云：『題鴂，一名鶪，伯勞。順陰氣而生，賊害之鳥也。』『鴂』『鶪』音相近，要之其字當作『鶪』，作『鴂』者，字之借耳。孟子『南蠻鴃舌』注〔一一〕：鴃，亦作『鶪』，古役反。然『鴃』字『鳥』旁則當仍在左也。

七月鳴鶪，王肅作『五月從鶪』

按：春秋傳云：少皞氏以鳥名官。伯趙氏，司至。伯趙，鶪也，以夏至來，冬至去。他如月令：『中夏，鶪始鳴。』夏小正：『五月鴂鳴。』逸周書：『芒種，又五鶪始鳴。』及吕覽、淮南等，注皆云：『五月夏至後，鶪應而鳴。』與左傳『伯趙司至』悉合。此詩言七月者，或據周正言之。然詩皆用夏正，不應于此獨用周正。王肅以古『五』字如『七』字，經文『七月』乃『五月』之誤。然趙注孟子引詩亦作『七月』，未必皆經文之誤也。大約月令諸書言『五月』者，紀其始鳴；詩則但言其鳴爲將寒之候，以起下文『載績』，故以『七月』『八月』連言之，不必定指始鳴也。況是詩紀月之例，其有相距不止一月者，則必轉韻以别之。如『七月流火，八月萑葦』韻，而下句『蠶月條桑』則與『取彼斧斨』爲韻；『四月秀葽』與『五月鳴蜩』韻，而下句『八月其穫』則與『十月隕籜』爲韻。蓋八月之去蠶月、五月之去八月，中間甚遠，則必轉韻以别之。此七月一篇之例也。若作『五月鳴鵙』，則與『八月載績』相距兩月，文甫二句，而義已參差，韻既不别，于例又不倫。王肅之説，未可信也。

四月秀葽

傳云：『葽，葽草也。』箋云：『夏小正：「四月，王萯秀。」葽，其是乎？』孔疏以爲不然。今考本草云：『萯生田中，葉青，刺人。有實，七月采，陰乾。』言七月采之，又非四月已秀。正義駁箋，不爲無理。陳氏則以爲夏小正之『秀幽』。戴氏詩考正用之，引戰國策『幽，秀之幼也，似禾』爲證。夫小正之『四月秀幽』，謂『幽』爲『葽』之轉則可，謂『葽』即『秀』則不可。且以程氏九穀考之『莠秀于六月，而非四月』，即莠亦有一名『葽』者。穆天子傳郭注曰：『葽，莠屬。』但不當以爲詩之『秀葽』耳。至馮氏名物鈔據漢書唐山夫人歌『豐草葽』注云：『葽，盛貌。』以爲詩泛言草之盛秀。夫詩記物成，專取秀之最早者爲言，豈有泛言草盛之理。恐諸説未盡合也。今按：説文：『葽，草也。』即用毛詩。故引詩曰『四月秀葽』。又云：『劉向説此味苦之葽也。』此必劉向説詩之語，故引以證。爾雅：『葽繞，蕀葽。』郭注：『今遠志也。』廣雅：『蕀苑，遠志也。其上謂之小草。』故曹氏詩説以葽爲遠志。夫爾雅亦有『葽繞』之訓，劉向又有『苦葽』之稱。許愼已宗劉説，張揖復同雅訓，曹氏又據以爲訓，是詩之『秀葽』其爲遠志無疑矣。

五月鳴蜩

傳云：『蜩，螗也。』嚴緝云：『蕩詩「如蜩如螗」，不得爲一物。毛于彼傳云：「蜩，蟬也。螗，蝘也。」其説是矣。此云「蜩，螗也」，恐字有誤。』不知此説非也。按夏小正，『五月良蜩鳴，又螗蜩鳴』。爾雅：『蜩、蜋蜩，螗蜩。』方言：『蟬，楚謂之蜩，陳蔡之間謂之蜋蜩，宋衛之間謂之螗蜩。』是蟬可名蜩，亦可名螗。蕩傳以對文則别，此以散文通稱，又何疑乎？

二之日其同

朱子曰：『同，竭力以狩也。』程子曰：『其同，謂會聚共事也。』考周禮小司徒云：『凡起役，毋過家一人，以其餘爲羨，惟田與追胥竭作〔一二〕。』注云：惟田獵事、逐捕寇盜，則正卒、羨卒盡行焉。又大司馬云：『仲冬教大閲，遂以狩田。』是以習兵而田獵也。禮言『仲冬』，詩言『二之日』即是季冬，不用仲冬矣。邠地晚寒，故習兵晚也。四時皆習兵，而獨及冬獵者，以取皮在冬，且大閱禮備故也。

斯螽、莎鷄、蟋蟀非一物

傳：『斯螽，蚣蝑也。莎鷄，羽成而振訊之。』及考陸璣疏云：『莎鷄如蝗而班色，毛翅數重，下翅正赤，或謂之天鷄。』崔豹古今注曰：『莎鷄，一名促織，一名絡緯，一名蟋蟀。』是誤以斯螽、莎鷄爲一物矣。考其誤始于程正叔，而正叔之誤又由于崔正熊。正熊混莎鷄、蟋蟀爲一，正叔又混入斯螽，可謂誤中之誤。而朱子又仍之云：『一物隨時變化而異其名。』今以經文核之，一曰『動股』，一曰『振羽』，各不相同。即謂隨時變化，則斯螽一月而變爲莎鷄，莎鷄一月而變爲蟋蟀，蟋蟀又何以歷八月、九月、十月而不變乎？惟馮氏名物疏云：『斯螽，蟲之以股鳴者。莎鷄，蟲之以翼鳴者。蟋蟀，蟲之以注鳴者。迥然三物也。』據此，則知非一物名矣。

曰爲改歲

考『歲』字之義，有以天時一周而言者，有以正朔所紀而言者。天時一周，始于孟春而終于季冬，首章所言二之日『何以卒歲』是也。正朔所紀，除舊更新之象，此十月之『改歲』是也。東萊呂氏曰：『十月而曰「改歲」，三正之通于民俗尚矣，周特舉而迭用之。』按：夏曰『歲』，歲星行一周也；周曰『年』，取禾一熟也。此時豳人用夏正，而于十月言『改歲』者，蓋其俗素以禾熟紀歲功之成，殘歲無復事矣，故歲雖未終而謂之歲改也。

六月食鬱及薁

傳：『鬱，棣屬。薁，蘡薁也。』按：傳云『鬱，棣屬』，是以『鬱』爲唐棣之屬。正義引劉氏楨云：『「其樹高五六尺，其實大如李，正赤，食之甜。」本草云：「鬱一名雀李，一名車下李，一名棣。生高山川谷或平田中，五月時實。」言「一名棣」，則與棣相類，故云棣屬。』此疏是也。古人多以鬱與棣並言。史記司馬相如傳『隱夫鬱棣』，漢書作『薁棣』，太平御覽引曹毗魏都賦『若榴郁棣』，此所謂『棣』，皆唐棣；『薁』『郁』皆鬱之通稱。唐棣單稱棣，而鬱乃棣之類。一種之中，又微有別。故晉宮閣銘云：『華林園中有車下李一百一十四株，薁李一株。』此『薁李』即鬱，與『蘡薁』之薁不同。正義乃謂車下李即鬱，薁李即薁。蘡薁者，亦是鬱類而小別。然毛但云『鬱，棣屬』，未嘗云『薁，鬱屬』。孔氏之説誤。況薁李係木生，蘡薁係蔓生。玉篇云：『蘡，草也。』廣韻云：『蘡，薁籐也。』是薁李樹不可名爲蘡薁。

蘡薁自是蒲萄之屬，蔓生結子者。齊民要術引陸璣詩義疏云：『櫻薁，實大如龍眼，黑色，今車鞅縢實是。』又引疏云：『櫐，似燕薁，連蔓生。』唐本草注云：『蘡薁與蒲萄相似。』宋開寶草木注云：『蘡薁是山蒲萄，可以作酒。』毛公釋詩，傳正謂此草也。

八月剥棗

按夏小正『八月剥棗』傳云：『剥者，取也。』此渾言之也。詩毛傳云：『剥，擊也。』此切言之也。莊子人間世：『夫柤梨、橘柚，果蓏之屬，實熟則剥，剥則辱〔一三〕：大枝折，小枝泄。』此『剥』亦爲『擊』義。齊民要術云：『棗全赤則收。收法，撼而落之爲上。』與此稍異。説文注謂『剥』即『攴』之假借，引釋文普本切以證之。攴，今字作『朴』，朴亦有『擊』之義焉。

爲此春酒

毛傳：『春酒，凍醪也。』孔氏穎達曰：『凍時醪之，故稱凍醪。』考天官酒正辨三酒之物：『一曰事酒，二曰昔酒，三曰清酒。』注云：『事酒，今之醳酒也。昔酒，今之酋久白酒，所謂舊醳也。清酒，今之中山冬釀，接夏而成者。』詩『爲此春酒』，其即三酒中之清酒乎？呂氏春秋又引月令：『仲冬麴蘗必時。』注云：『古者穫稻而漬米麴，至春而爲酒。』

洵如是説，則詩當云『春爲此酒』，何以云『爲此春酒』？有以知其説之誤矣。

八月斷壺

毛傳：『壺，瓠也。』此非訓『壺』爲『瓠』，乃借經『壺』爲『瓠』。故傳謂『壺』即『瓠』字，于六書爲假借也。爾雅釋木有『壺棗』，郭注云：『今江東呼棗大而鋭上者爲壺。壺，猶瓠也。』借『壺』作『瓠』，與毛詩正同。釋文引孫炎注云：『棗形上小下大，似瓠，故曰壺也。』

宵爾索綯

毛傳云：『綯，絞也。』鄭箋曰：『夜作絞索。』按：索者，糾繩之名。索綯，猶言糾繩。『于茅』『索綯』，文正相對。趙岐注孟子曰『晝取茅草，夜索以爲綯者』是也。爾雅釋言：『綯，繩之絞也。』郭璞注方言亦云：『綯，亦繩名。』又廣雅釋詁曰：『紉、紆、紉，索也。』淮南子氾論訓：『緂麻，索縷。』高誘注曰：『索，切也。』『切』與『紉』同。論切撚之使緊也。是説『糾繩之名』也，康成謂『夜作絞索』，則是以『索』爲繩索之索矣，毋乃誤乎？

其始播百穀

按：此毛無傳。不過謂經冬入春，農事方興耳。荀子大略篇：『子貢曰：賜願息耕』，孔子引詩云：『「其始播百穀。」耕難，耕焉可息哉？』此亦第以播穀爲耕事也。毛詩出於荀卿，當與之同。箋云：『謂祈來年百穀于公社。』正義曰：毛以爲『邠公又其始爲民播種百穀之故，而祈祭社稷。田事不久，故預修廬舍。』此以鄭意述毛，未必得毛意也。

鑿冰沖沖

傳：『沖沖，鑿冰之意。』正義曰：『非貌非聲，故云「鑿冰之意」。』説文：『沖，涌繇也。從冰，中聲，讀若動。』按：『繇』與『摇』同。涌繇者，狀水之動。此『鑿冰沖沖』亦是狀冰凌被鑿動摇之意。正義以爲『非貌非聲』，得之矣。小雅蓼蕭『鞗革沖沖』，傳曰：『沖沖，垂飾貌。』亦非動摇也。七月釋文：『沖沖，聲也。』失之偏矣。

朋酒

傳云：『饗者，鄉人以狗，大夫加以羔羊。』正義曰：『掃場是農人之事，則「斯饗」是民自飲酒。故言饗禮者，鄉人飲酒，以狗爲牲，大夫與焉，則加以羔羊。』細繹正義，知傳本作『饗者，鄉人飲酒也，鄉人以狗，大夫加以羔羊』。因兩『鄉人』複，而脱數字故也。考説文：『饗，鄉人飲酒也。』即本毛傳。蓋七月詩歷言邠民農桑之事，于其畢也，終歲勤動，乃得斗酒相勞。故此『饗』斷爲民自飲酒無疑。而鄭毛乃以『斯饗』爲國君饗羣臣之事，則與上文『滌場』不相屬矣。或謂鄉人自爲飲酒，何以稱『躋彼公堂』？不知公堂即黨正『屬民而飲酒于序』之『序』，謂黨之序學也。以公法爲學，故稱公焉。或謂『萬壽無疆』當爲人臣祝君之詞，不知舉觴稱壽乃古人飲酒之常。士冠禮祝詞有曰『眉壽萬年』，亦不盡爲祝君之詞。彼鄉人飲酒，又何不可相頌禱乎？

桑土作『桑杜』

傳云：『桑土，桑根也。』釋文：『桑土，韓詩作桑杜，義同。』夫謂義與毛同，是亦訓『桑杜』爲『桑根』也。按：方言卷三：『荄杜，言根也。齊東曰杜，或謂荄。』郭注引詩曰：『徹彼桑土。』是亦從韓詩説。又説文木部：『杜，甘棠也。從木，土聲。』是『杜』字從『土』得音，故毛詩省作『土』。説文：『杜』字雖無『桑根』之訓，然據方言所訓，則韓詩以『桑土』爲『桑根』，未始不與『桑土』同音也。

予手拮据

傳：『拮据，撠挶也。』按『拮据』『撠挶』皆雙聲字。撠，當本作『戟』。哀二十五年左傳：『褚師出〔一五〕，公戟其手。』抵徒手屈肘如戟形。是也。挶，音如『臼』同。説文：『臼，叉手也。』玉篇：『兩手捧物曰臼。』然則『戟挶』者，謂屈兩肘如戟形以捧物也。詩釋文引韓詩曰：『口足爲事曰拮据。』然經本以『拮据』屬手，二字皆從手，則當以毛義爲正也。

予所蓄租

傳云：『租，爲也。』何氏古義曰：『租，通作「蒩」。説文：「蒩，毛藉也。」禮：封諸侯以土，蒩以白茅。周禮音義：「蒩」，亦作「租」。上文「綢繆牖户」，必取桑根之皮，此但納茅秀于窠中以爲之藉，蓋作窠之始事也。』今按：傳以『爲』訓『租』者，疑是『荐』字之誤。篆文『爲』與『荐』字形相似。毛訓『租』爲『荐』者，猶説文之『且，荐也』。韓詩訓『租』爲『積』，積聚所以爲荐藉，義亦相近。釋文『租』又作『祖』者，乃古字之通借。正義謂『祖』訓『始』，物之初始必有爲之者，故云『租，爲』。其説不免于迂迴矣。

東山

東山，傳箋不言其地。嚴緝云：屯兵『必依山爲固，故以「東山」言之』。王氏詩考曰[一六]：『商故都在河北。唐杜牧以河北爲山東。或謂山東、山西者，皆指太行山。東山，即商地。』李氏詩説解頤曰：『東山即魯之東山。魯，古之奄國也。書所云「王來自奄」，即東征而歸之事也。』今按：詩考所言，即是山東，非東山。惟李氏之説，庶幾近之。破斧傳云：『四國者，管、蔡、商、奄也。』尚書大傳：『奄君蒲姑謂禄父曰：「武王既死矣，今王尚幼矣，周公見疑矣，此百世一時，請舉事。」然後禄父及三監叛也。周公以成王之命殺禄父。』説文：『奄，周公所誅，國在魯。』鄭注多方云：『奄國在淮夷之北。』趙岐孟子注：『奄，東方國。』據此可知孟子『登東山而小魯』，即詩之東山也。然則東征殘奄，已入魯境，東山當是師行所至之地也。

蠋

傳：『蠋，桑蟲也。』正義曰：『釋蟲云：「蚅，烏蠋。」樊光引此詩。郭璞云：「蟲大如指，似蠶。」』説文云：『蜀，葵中蟲。』諸家據之以説詩，疑蠋非桑蟲。又謂葵，菜之甘者也。今蠋食葵之甘，故其體肥大。亦食藿，而不食桑。詩乃稱『烝在桑野』者，葵藿之下，乃桑野之地也。考爾雅釋文引説文本作『桑中蟲也』，與毛傳合，今本説文『桒』乃『桑』字之誤。至食藿之蟲，亦有『蠋』名。莊子庚桑楚篇：『奔蜂不能化藿蠋。』釋文引司馬彪云：『藿蠋，桑葉中小青蟲也。』若詩之蟲，則斷爲桑中之蟲明矣。

町畽鹿場

傳：『町畽，鹿踐也。』諸家多以『町畽』爲泛言舍旁畦隴，惟説文『町』下云『田踐處曰町』，『畽』下云〔一七〕：『禽獸所踐處也。詩曰：「町畽鹿場。」』或注『町』下云『踐處』之『踐』〔一八〕，疑淺人所增。廣韻、集韻『町』但曰『田處』。諸書『町』字多謂『平坦』，于『踐』義不相涉。又注『畽』字云：『獸足蹂地曰厹，其所踐之處曰畽，本不專謂鹿，詩則言鹿而已。』今按：町，雖義爲『平坦』，然亦可爲『踐處』。『踐』字未必後增。若祇云『田處』，又不成文義。埤雅又云：小爾雅云『鹿之所息謂之場』。蓋其所踐者，乃其所息之處，故曰『町畽鹿場』也。

鸛鳴于垤

傳云：『鸛，好水，長鳴而喜也。』箋云：『鸛，水鳥也。將陰雨則鳴。』李善注張華情詩，引韓詩亦云：『鸛，水鳥也。巢處知風，穴則知雨。天將雨而蟻出壅土，鸛鳥見之，長鳴而喜。』是諸家皆以鸛爲水鳥，其説與上『零雨其濛』意相合。釋文：『鸛，本作「雚」。』説文雚部：『雚，小爵也。從雈，吅聲。詩曰：「雚鳴于垤。」』按雚，今字作『鸛』；小爵，『小』字疑『水』之誤，正與諸家水鳥之説合也。

于今三年

箋云：『周公歸，三監及淮夷叛〔一九〕。周公乃東伐之，三年而後歸。』其説非也。三年，猶言『三秋』。統計自居東至東征而歸，不過二年有餘，而謂之『三年』者，古人每以二年有餘即謂之三年也。考書金縢所言以『居東之二年』，稱『居東二年』而所謂于後及『秋大熟』者，並不言第三年，則爲成王二年之事。而管、蔡、殷之畔，周公之討，亦皆爲成王二年之事。前遡出避之初，當必在成王元年之秋。然則周公自出避至征伐既畢，實不過年半而已，斯亦可以歸矣。而云『于今三年』，可見周公之歸，必不在成王三年之春夏，而在成王三年之秋也。

結縭

傳：『縭，婦人之褘也。母戒女施衿結帨。』其説出于士昏禮文。孔穎達正義申之，其説自詳。今考列女傳云：『母譙房之中，結其衿褵。』後漢書馬融傳云：『施衿結褵，申父母之戒。』張華女史箴曰：『施衿結縭，虔恭中饋。』此皆用士昏禮文，總以『褵』字代『帨』字。然則『褵』之爲『帨』明矣。士昏禮注云：『帨，佩巾也。』母送女，重結其所係，使之侍執巾櫛，必敬必戒，無違夫子也。爾雅釋器曰：『婦人之褘，謂之褵。褵，緌也。』孫炎曰：『褘，帨巾也。』説與毛傳合。乃郭璞則以爲『今之香纓』。夫香纓，乃男女未冠笄者佩以容臭，非所以示繫屬也。而陳氏禮書據此以爲説，反指結帨爲誤，毋乃非與？

九十其儀

詩言『九十其儀』者，言儀之多也。夫昏之儀不可悉數，即如始締良姻，則有納采問名之儀、設筵禮客之儀。將行昏禮，則有納采納徵之儀、十日請期之儀。其儀之見于幣者，則元纁束帛儷皮是；其儀之見于服者，則爵弁纁裳緇袘是；其儀之見于迎昏者，則父迎壻以入廟門是；其儀之見于授壻者，則父母承女以授壻是。他如逆揖婦而入，入門之儀也；共牢而食，合巹之儀也；贄用棗栗，見舅之儀也；贄用腶脩，見姑之儀也；一獻而畢饗，婦之儀也；　三月而祭，廟見之儀也。總之，美不勝紀。以文爲貴，亦以多爲貴也。

四國

傳：　『四國，管、蔡、商、奄也。』正義云：　『書序云「成王既黜殷命」〔二〇〕，「成王既伐淮夷，遂踐奄」。皆東征時事，故知四國是管、蔡、商、奄。不數淮夷，以淮夷是淮水之上東方之夷耳，此言四國謂諸夏之國，故知不數之也。』李氏毛詩集解又云：　『淮，本即奄也。』何氏古義曰：　集傳以『四國』爲『四方之國』，『然書多方篇曰「告爾四國多方」，既于「四國」之下復言「多方」，則「四國」並非泛指四方明矣。』今按：　逸周書作雒解：　『周公立相天子三叔及殷東徐奄及熊盈以略。』其下云：　『凡所征熊盈族十有七國〔二一〕，俘維九邑。俘殷縣民遷于九畢。』然則當時東方之國叛者尚多，周公所征不止管、蔡、商、奄，言『四國』者，舉其重者耳。

四國是皇，『皇』字

傳：　『皇，匡也。』鄭箋又轉爲『正』。按：　爾雅『皇』『匡』幷有『正』義，故『皇』又可訓『匡』。古人于字義同者，轉相爲訓，此類甚多。而或者以『皇』爲『匡』之假借，非與？　呂記引董氏曰：皇，齊詩作『匡』，『賈公彦引以爲據』。考周禮大司馬疏引詩『四國是皇』〔二二〕，與今詩異，與董氏所見疏本亦異。即古本齊詩作『匡』者，亦是與毛義同字異，非必齊用正字、毛用借字也。

錡

傳：『鑿屬曰錡。』説文：『錡，鉏鋙也。從金，奇聲。』『鋙，鋤或從吾。』齒部注云：『齟齬，齒不相值也。鉏鋙，蓋亦器之能相抵拒錯摩者。』『詩「又缺我錡」即所謂鉏鋙者。』按：考工記玉人：『大琮十有二寸，射四寸。』注云：『射，其外鉏牙。』疏云：『言其外八角鋒〔二三〕。』是則器之有鋒稜錯立，謂之鉏牙。鉏牙者，鉏鋙也。爾雅釋樂注：『敔，狀如伏虎，背上有二十七齟齬。』亦取如齒不相值之意。傳以『錡』爲『鑿屬』者，高誘注淮南本經訓云：『鑿齒，獸名。齒長三尺』，『狀如鑿』。當亦取其鋒稜齟齬。錡爲鉏鋙，故曰『鑿屬』，是許與毛合也。

四國是吪

傳：『吪，化也。』或曰此謂假借。蓋以『吪』爲『化』之假借。按王風兔爰、小雅無羊，傳幷云：『吪，動也。』説文『吪』字即用此義。此訓『吪』爲『化』，乃『動』字引申之義，似非假『吪』爲『化』也。至釋文云：『吪』又作『訛』，郭注釋言：『訛，化也』，引詩『四國是訛』，此則以『訛』爲『化』之假借耳。

銶

傳：『木屬曰銶。』説文：『梂，一曰鑿首。』注云：詩釋文引韓詩曰：『銶，鑿屬。』許蓋用韓説也。鑿，所以空木也。鑿首謂鑿柄，鑿柄必以木爲之，故字從木。按：器之以木爲者多矣，要不得爲木屬。韓以『銶』爲鑿屬，毛以『銶』爲木屬，此師承各異。然『木屬』二字殊不成文義，竊以『木』爲『芣』字之誤。説文：『芣，兩刃臿也。從木、丫，象形。』方言：『臿，宋魏之間謂之鏵。』『芣』『鏵』蓋古今字。今人猶謂之『鏵鍬』。釋名：『臿，插也，掘地起土也。』銶蓋亦起土之物，故傳以銶爲芣屬也。

四國是遒

傳訓『遒』爲『固』。箋云：『遒，斂也。』正義云：『「遒」訓爲聚，亦堅固之義，故爲固。言使四國之民心之堅固也。箋以爲不安，故易之。釋詁云：「遒、斂，聚也。」是「遒」得爲

「歛」，言四國之民於是歛聚不流散也。』今按：商頌『百禄是遒』傳云：『遒，聚也。』彼『遒』，説文引作『揫』。此『四國是遒』，董氏引崔集注本亦作『揫』。説文：『遒，迫也。』『揫，束也。』『迫』與『束』義略同。『堅固』『歛聚』皆『迫』『束』引伸之義。是箋申傳，非易傳也。

九罭

傳：『九罭，緵罟，小魚之網也。』歐陽本義云：『九罭』之義，『以文理考之，毛説爲是。爾雅云「緵罟謂之九罭」者，謬也。當云「緵罟謂之罭」。前儒解爲囊，謂緵罟百囊網也。然則網之有囊，當有多有少。』『罭之多少，隨網之大小。大網百囊，小網九囊。』『九罭自爲小網，則毛説得矣〔二四〕。』今按：爾雅但云『九罭』，其『百囊』之名，郭注自取時驗。然緵罟即數罟，魚麗傳、集注作『緵罟』，定本作『數罟』。爾雅『緵罟』，傳指九罭之罟，不得以爲大網。歐陽從毛是矣，以爾雅爲謬則非也。説文無『罭』字，古字當只作『域』。文選西都賦『布九罭』注云：與『域』同。蓋『域』『緎』皆有界畫之義，網之界畫祇九，其爲促目小網可知。孔疏云：『以其緵促網目能得小魚，不得謂網身小。』此泥于『百囊』之説。其實既是小魚之網，即網目、網身皆當小也。御覽引韓詩章句：『九罭，取蝦芘也。』然則韓詩亦以九罭爲魚具之小者，其取興亦當與毛同也。

載疐其尾，『疐』字

傳：『疐，跲也。』說文：『疐，礙不行也。從叀〔二五〕，引而止之也。叀如叀馬之鼻，從冂〔二六〕。此與「牽」同義。詩曰：「載疐其尾。」』釋言云：『疐，跲也。』邠風毛傳同。足部：『躓，跲也。』大學『懥』亦作『懫』〔二七〕。推之，則『疐』即『躓』字，音義皆同。許氏謂一字殊其義者，依字形而爲之說也。如許說，則爾雅、毛詩傳假爲『躓』，足部引詩『載躓其尾』必三家詩之異也。

公孫碩膚

傳云：『公孫，成王也。』傳以小雅稱『曾孫』皆是成王，以其爲豳公之孫也。王肅云：『言周公所以進退有難者，以俟成王之長大，有大美之德，能服盛服以行禮也。』鄭箋讀『孫』如『公孫于齊』之『孫』，言周公既致太平，乃孫遁避此成功之大美。孫毓云：『詩書名例，未有稱天子爲「公孫」者，成王之去邠公甚遠矣。又此篇美周公不美成王，何以言成王之大美乎？「公」宜爲周公，當以箋義爲長。』今按：古人質樸，不嫌以天子爲公孫。鄭譜云：

『主意于邠公之事，故别其事以爲變風焉。』夫周之追王，衹及太王、王季。太王以上，皆推先公。邠風推本于后稷、公劉，則稱成王爲『公孫』，固其宜也。且商頌烈祖祀中宗〔二八〕，則稱湯孫。魯頌閟宫稱僖公爲周公之孫，其去湯與周公亦遠矣。周公，輔成王者，美成王即所以美周公也。則傳義較勝于箋説矣。

校記

〔一〕都　當從漢書作『邑』。

〔二〕汃　當從爾雅作『邠』。爾雅釋地有『西至於邠國』句，據阮元校勘記，爾雅此處無異文。

〔三〕畯　原作『峻』，據周禮改。

〔四〕物　原作『農』，據周禮改。

〔五〕云　原作『去』，據下爲引文改。

〔六〕四　原作『三』，據戴震毛鄭詩考正改。

〔七〕子　原無，據毛傳補。

〔八〕叉　原作『義』，據説文解字改。

〔九〕狀　原作『傳』，據毛詩後箋改。此處係用後箋語。

〔一〇〕兩『喙』字原均作『啄』，據張華禽經注改。

〔一一〕注　原作『駐』，據下爲引趙岐孟子注而改。

〔一二〕與　原作『事』，據周禮改。

〔一三〕剥剥則辱　原缺一『剥』字，據中華書局莊子集釋補。

〔一四〕以　原作『與』，據毛詩正義改。

〔一五〕出　原作『云』，據左傳改。

〔一六〕詩考　當作『詩地理考』。下所引爲詩地理考文，非詩考文。

〔一七〕疃　原無，據説文解字補。

〔一八〕踐　原作『蹠』，據説文解字注改。此處係用説文注語。

〔一九〕及　原作『令』，據鄭箋改。

〔二〇〕成　原作『武』，據詩序改。

〔二一〕盈　原無，據四部叢刊本逸周書補。

〔二二〕是　原無，據周禮疏及詩經東山補。

〔二三〕八　原無，據毛詩正義補。

〔二四〕得　原重出，據歐陽修詩本義删。

〔二五〕叀　原作『車』，據説文解字改。

〔二六〕冂　原作『門』，據説文解字注改。

〔二七〕憤　原作『憒』，據中華書局本禮記改。

〔二八〕烈　原作『列』，據詩經商頌改。

學詩堂經解卷九

小雅二

鹿鳴之什二之一

鹿鳴非刺詩

鹿鳴一詩，序云：『燕羣臣嘉賓也。』洵爲千古不易之論。乃考史記云：『仁義陵遲，鹿鳴刺焉。』文選琴賦注引蔡邕琴操曰：『鹿鳴者，周大臣之所作也。王道衰，大臣知賢者幽隱，故彈琴風諫。』困學紀聞云：『鹿鳴在小雅之首，馬蔡以爲風刺。蓋齊、魯、韓三家之説。猶關雎刺時，作風也。』獨不思鹿鳴之詩，古謂之舊雅樂，凡燕射、鄉飲酒等禮，皆歌之，安得謂之刺詩乎？按：左傳穆叔曰：『鹿鳴，君所以嘉寡君也。』即此一語，決非刺詩。陸賈新語道基篇：『鹿鳴以仁求其羣。』淮南泰族訓：『鹿鳴興于獸，君子大之，取其見食而相呼也。』此皆與序説相合。即三家亦不過謂陳古以諷，非謂此詩作于衰周也。初何得泥于諸説而取信乎？

呦呦鹿鳴

傳以此爲興：『鹿得苹，呦呦然鳴而相呼，懇誠發乎中。以興嘉樂賓客，當有懇誠相招呼以成禮也。』正義引鄭駁異義解此詩之意云〔一〕：『君有飲食，欲與羣臣嘉賓宴樂之，如鹿得苹草，以爲飲食，呦呦然鳴相呼，以款誠之意盡在于此耳。』據疏，此駁必是許稱經師舊説，如疏所云『或以爲兩鹿相呼，喻兩臣相招，謂羣臣相呼以成禮』者〔二〕，與毛異義，實不如毛意之長也。而或者又謂鹿呼同類，其理自正；如君呼臣子，嫌于鳥獸爲比。然古人立言，何所拘忌？即如魚藻之詩，明以『魚在』『王在』對言之，則此何不可以鹿鳴興乎？

食野之苹

毛傳以『苹』爲『蓱』，鄭氏康成以『苹』爲『藾蒿』。正義曰：『易傳者，爾雅云：「苹，蓱。其大者爲蘋。」是水中之草』，『非鹿所食，故箋易之』。按：爾雅翼云：『古人以水草之交爲麋』，『鹿亦食水草，今鹿豕亦就水旁食』，『何嫌于鹿不食蓱乎？』莊子齊物論：『麋鹿食薦。』漢書景帝紀：『或地饒廣薦〔三〕，草莽水泉。』如淳注引莊子：『麋鹿食曰薦。』黄山谷帖云：胡居士言鹿食九草，其中即有水芹。是鹿未嘗不食水草也，傳説白不可易。

嘉賓

序云：『鹿鳴，燕羣臣嘉賓也。』吕記引范氏曰：『羣臣，在位者也。嘉賓，聘而未受禄者也。』是分序説，釋而爲二矣。然按經文『但有嘉賓』，故序以『羣臣』言之，明詩所謂『嘉賓』即羣臣之爲賓者也。聘未受禄，其説不足信。孔穎達又引燕禮『與四方之賓燕』以爲證，以此嘉賓之中容有四方之賓。然考序云『盡心』，傳云『竭力』，是己之臣子可知，又何必兼四方言之乎？蓋朝廷無賓，於燕飲立賓。燕禮：君設酒殽，羣臣皆在，君爲之主，羣臣總爲賓也。故鄧氏元錫曰：『鹿鳴，賓臣也。自古賓臣者帝，師臣者王。尊之故賓之，賓之故燕樂之。吾乃知周之盛德，與周之所以王也。』

承筐是將

按：筐，所以盛幣帛者也。箋云：『飲之而有幣，酬幣也。食之而有幣，侑幣也。』正義引公食大夫禮：公授宰夫束帛以侑。又聘禮：君不親食，使大夫朝服，致之以侑幣。又曰：『致饗以酬幣，亦如之。』明親食有侑幣，親饗有酬幣。故此箋以飲爲饗禮、食爲食禮。

今考箋于此亦因序言『幣帛筐篚』，故通言饗食之大法。其實序首云『燕羣臣』，則全篇皆止言燕禮。以經文證之：一則曰『嘉賓式燕以敖』，一則曰『以燕樂嘉賓之心』，明不兼言食、饗也。或疑燕禮無用幣之文。考周語云：『體解節折而共飲食之，于是乎折俎加豆，酬幣宴貨，以示容合好。』則燕亦未嘗不用幣也。『承筐是將』者，君之所以致誠意于臣也。

視民不恌

鄭氏康成云：『視，古「示」字。飲酒之禮』，與嘉賓語，皆以『先王德教甚明，可以示天下之民，使之不踰于禮義』。及考杜預注左傳曰：『恌，偷也。言明德君子必愛民。』林堯叟因謂君子德聲孔甚昭明，視民如傷，不敢偷薄。則『視』作以目視物之『視』，言嘉賓之視民甚厚，蓋不敢薄待斯民之意。嚴緝引曹氏粹中説亦謂『視民』與『視民如傷』同義。黄實夫亦云：『視民不恌』，言其視民之不薄也。此皆與杜解略同。不知此當言君子之德音可以使民歸厚，故爲人所則傚，自以箋説爲正。若如杜説，則與詩上下文義皆不順矣。

君子是則是傚

傳：『言可法傚也。』箋云：『是乃君子所法傚。』今按：『君子』即『嘉賓』。傳云『可法傚』者，謂君子可爲民所法傚。鄭注鄉飲酒、燕禮，皆以嘉賓有明德可則傚，而箋詩乃謂嘉賓爲君子所則傚。考左傳昭七年：仲尼曰：『能補過者，君子也。詩曰：「君子是則是傚。」孟僖子可則傚已矣。』此引詩意亦謂君子可爲人所則傚，非君子之則傚人也。呂記引程氏曰：『此章又言所燕禮，嘉賓聞望昭明，示民以厚之之意，使儀法之。』此與左傳義合。朱子集傳從箋，誤矣。

食野之芩

傳：『芩，草也。』正義曰：『陸璣云：「莖如釵股，葉如竹蔓，生澤中下地鹹處，爲草貞實，牛馬亦喜食之。」』按：芩，釋草無文，惟廣雅：『菦蒩、黄文、内虚，黄芩也。』或即以爲此詩之『芩』。然御覽引吳普本草云：『黄芩二月生，赤黄，葉兩兩四四相值，莖空中，或方員，高三四尺，四月花紫紅赤。』與陸疏所言不合。説文以『荃』爲黄荃；而『芩』則云『草也』，與毛同，并引詩『食野之芩』，明與今之黄芩别矣。陸氏之説得之。

周道

傳『周道』爲『岐周之道』。正義曰：『以時未稱王。』而説者謂使臣越國非一境，此既爲文王率諸侯朝聘之詩，似不得僅言其本國之道。故程氏以『通途』釋之，朱傳以『大道』解之。今按：呂記云：使臣初發，蓋自岐周往，『故以「周道」言』。其義最爲明晰。況傳云：『周公作樂，以歌文王之道，爲後世法。』則此勞使臣之詩屬于文王，而詩則作于周公，故正小雅實兼文武之法。當武王、周公之時，天下莫非周道矣，其義不更可例定乎？

鵻

傳云：『鵻，夫不也。』箋云：『夫不，鳥之愨謹者。人皆愛之。』爾雅：『鵻其，夫不。』李巡注云：『夫不，一名鵻。今楚鳩也。』幽州人謂之鵓鴿，梁宋之間謂之鵻。説文云：『鵻，祝鳩也。』按：鳩有大小之別，大則有斑，小則無斑。鳩之大者，如鶌鳩、鶻鵰，是此云鵻，鳩之小者也。

將母來諗

傳：『諗，念也。』箋云：『諗，告也。』正義述毛云：『是用作此詩之歌以勞汝，知汝以養母之志而來念。』是以『作歌』爲上之所作也。箋易傳，云以『是用作歌，將母來諗』亦序使臣之意。明爲使臣作此詩之歌，其『來諗』不得不爲告也。按：毛訓本爾雅，鄭説本左傳，皆有依據。國語：魯莊公因里克斷罟，命有司藏之，曰：『使吾無忘諗。』韋注雖訓『諗』爲『告』，然即謂念此不忘，義亦可通。且勞者歌其事，養母來念，猶云念來養母。詩中多有此倒裝之例，不必因作歌之文，謂當訓爲『告』。至鄭氏言：『人之思，恆思親者，再言將母，亦其情也。』其解義實爲明晰耳。

駪駪征夫

傳云：『駪駪，衆多之貌。』夫毛以『駪駪』爲衆多貌者，以文連『每懷』。懷者，和也。『和』非一人之事，必以衆見。『每懷靡及』，則謂衆人雖和，猶恐知有不及，故諏、謀、度、詢，必咨于周，文義相承。集傳于『衆多』下增『疾行』二字，其見淺矣。説文：『駪，馬衆多貌。』火部又云：『燊，盛貌，讀若詩曰「莘莘征夫」。』國語、説苑引詩皆作『莘莘』。韋注國語：『莘莘，衆多也。』此蓋三家詩，與毛字異而義同者。王逸註招魂引作『侁侁征夫』，云：『侁侁，行聲也。』亦以行者衆多，故有聲耳，未始不與毛相合也。

每懷靡及

傳：『每，雖。懷，和也。』箋云：『春秋外傳曰：「懷私爲每懷也。」「和」當爲「私」。衆征夫既受君命，當速行，每人懷其私相稽留，則于事將無所及。』其説與傳異。按：魯語穆子曰：『懷和爲每懷。』韋注引後鄭司農云：『和』當作『私』。是則魯語原文本作『和』。其作『私』者，亦即鄭説耳。而正義曰：『鄭所以引外傳而破之者，以毛傳云「懷，和」，是用外傳爲義，故引而破之，言毛傳亦爲「私」也。如鄭此意，則傳本無「每雖」二字。若「每」爲「雖」，縱使變「和」爲「私」，亦不得與毛同也。』不知『懷』『和』以雙聲得義。外傳以『懷和』釋『每懷』，毛傳即以『和』釋『懷』，未始非本于外傳。而鄭必改『和』爲『私』，非傳之疏，實箋之説也。且以『雖和』爲『雖私』，文亦不可通。此疏又以『每雖』後人所加，此曲爲鄭諱耳。今考末章傳云：『雖有中和，當自謂無所及。』王肅、孫毓述毛，謂『雖有中和』即『每雖懷和』之意，此係毛傳上下自相申成其説，深得毛意。蓋『中』謂『禮』，『和』謂『樂』。必達夫禮樂之原，乃能通中和之德。傳曰『中和』，與序曰『禮樂』正合。言使臣雖有中和之德，猶自謂靡及，必將周咨之，究與『懷私』之意渺不相涉也。

常棣是周公所作

序云：『常棣，燕兄弟也。閔管蔡之失道〔四〕，故作常棣焉。』箋云：『周公弔二叔之不咸，而使兄弟之恩疏。召公爲作此詩，而歌以親之。』而正義引外傳曰：『周文公之詩曰：

「兄弟鬩于牆，外禦其侮。」明此爲周公所作，以親兄弟。』又引左傳杜注：『周公作詩，召公歌之。』以常棣爲周公之詩，其説甚當。而或者以魚麗序云：『文武以天保以上治内，常棣爲周公在成王時所作，不應入天保以上。不知鹿鳴以下皆文武之事，而周公作樂以歌詠之。毛於四牡傳云：『周公作樂以歌文王之道，爲後世法。』此爲正小雅鹿鳴至魚麗之總例。范氏補傳曰：『周公遭管蔡之變，因思文武能燕樂兄弟如此』，『故作是詩，蓋閔之也』。然則謂文武燕兄弟于當時，周公追詠其事于後，于理亦通。吕記引朱子初説曰：『文武之際，固有燕兄弟之詩矣，周公以管蔡之爲亂也，故制作之間更爲是詩，委曲致意，以申兄弟之好。蓋燕兄弟者，文武之政；而閔管蔡者，周公之心也。』二説皆爲得之。

常棣

傳：『常棣，棣也。』釋文：『本或作「常棣栘」。常棣，「棣」作「栘」者非。』今按：傳文正當以作『栘』者爲是，陸氏轉以爲非，誤矣。常棣一名夫栘，故晁氏詩説、王氏詩考並據韓詩序云：『夫栘，燕兄弟也。』陸疏釋『常棣』以許慎謂爲白棣樹，雖誤，然其云：『如李而小，似櫻桃，正白，今官園種之。又有赤棣樹，葉如刺榆葉而微圓，子正赤似郁李而小，五月始熟，自關西、天水、隴西多有之。』所言與郭注爾雅『常棣』正合，是亦『常棣』爲『栘』矣。

原隰裒矣

傳：『裒，聚也。』箋云：『原也，隰也，以相與聚居之故，故能定高下之名。』按：說文手部：『捊，引聚也。從手，孚聲。』玉篇：『捊，說文：「引聚也。」詩曰：「原隰捊矣。」捊，聚也。本亦作「裒」。』據此，如『裒』當作『捊』字，而其義則當爲『引聚』。禮運註：『田人所捊治也。』正義言『捊』謂『以手捊聚』。緜『捄之陾之』，箋云：『捄，捊也。築牆者捊聚壤土。』是『捊』爲『聚』義之一證也。

脊令

傳云：『脊令，雝渠也。飛則鳴，行則摇，不能自舍耳。』箋云：『雝渠，水鳥，而今在原矣，失其常處，則飛鳴求其類，天性也。猶兄弟之於急難。』嚴緝云脊令非水中之鳥，以箋説爲非。按：說文：『雃，石鳥，一名雝渠，一曰精列。』廣雅：『碼鳥、精列、雝鶏，雃也。』雝渠，與爾雅同。精列，實『脊令』之轉聲。上林賦：『煩鶩庸渠，箴疵鵁盧，羣浮於其上。』『庸渠』亦即『雝渠』，則其爲水鳥明甚。漢書東方朔傳：『日夜孳孳，敏行而不敢怠，辟若鵙鴒飛且鳴矣。』顔注云：『鵙鴒，雍渠，小青雀。飛則鳴，行則摇，言其勤苦也。』毛傳『不能自舍』亦狀其勤苦之意。鄭箋乃因經文『在原』，更推其飛鳴求類之故，二義實相成也。

飲酒之飫

傳：『飫，私也。不脱屨升堂謂之飫。』按：傳當作『飫，燕私也。脱履升堂謂之飫』。脱屨升堂，惟燕私爲然。飫，韓詩作『䭰』。其説曰：『脱屨升席曰宴。能者飫，不能者已，曰䭰。』宴、飫一事。毛公渾言之。毛公謂『飫』乃『䭰』之假借也。左思賦曰『愔愔醧讌』，以古韻訂之，從酉，區聲，乃與『豆』『具』『孺』叶。韓用正字，毛用假借。毛云『脱履升堂謂之飫』，即韓之『脱屨升席謂之宴』也。蓋于下文『兄弟既具，和樂且孺』傳云：『九族會曰和。孺，屬也。王與親戚宴，則尚毛。』可見傳意謂飫即是燕。經文四句相承，非必上二句言飫，下二句言燕。鄭箋牽于國語之文，而以『圖非常』『議大疑』爲飫，是謂飫別于燕。孔疏因之，遂謂此詩飫燕雜陳，不特非經意，亦非毛旨也。

伐木兼饗、食、燕之禮

考禮有享，有食，有燕。饗禮，太牢以禮賓。食禮，無樂，有飯有殽，雖設酒而不飲。燕禮，一獻之禮既畢，皆坐而飲酒，其爵無算，其樂亦無算。今考伐木之詩，言『既有肥牡』『肥羜』，是用太牢，則同于饗矣。言『陳饋八簋』，『籩豆有踐』，是有飯有殽，則同于食矣。言『有酒湑我，無酒酤我』，是無算爵；言『坎坎鼓我，蹲蹲舞我』，是無算樂，則同于燕矣。兼三者而備之，此禮之盛也。

伐木三章，章十二句

伐木之詩，毛分爲六章，章六句。劉氏以伐木爲首章，分爲三章。吕記、朱傳從之，其説良然。今按：凡傳箋下疏語統釋一章者，例置每章之末。此詩若從毛，當作六句一疏，分爲六條。今乃總十二句爲一疏，作三次申述。又序下疏指『伐木許許』爲一章上二句，『伐木于阪』爲卒章上二句，又指『諸父』『諸舅』爲二章，『兄弟無遠』爲卒章。是此詩三章，章十二句，確不可易矣。

鳥鳴嚶嚶

按此『鳥鳴』之『鳥』，先儒未嘗定指爲何鳥。宋羅願以鶯當之，説亦可通。禽經云『鶯鳴嚶嚶』，又言鶯是蟄鳥，冬以泥自裹，至春破土而出。此正出谷遷喬之事。玉篇云：『鶯，有友鳥。』殆本詩『求友』語，則以伐木之『鳥』爲鶯，其來久矣。又漢張衡歸田賦：『王雎鼓翼，倉庚哀鳴。交頸頡頏，關關嚶嚶。』又東京賦：『雎鳩鸝黄，關關嚶嚶。』蓋倉庚、鸝黄，即所謂鶯也，故以『嚶嚶』言之。唐人省試早鶯求友詩，又鶯出谷詩，梁元帝言志賦『聞鶯而懷友』，此皆引用『鳥鳴嚶嚶』之文者也。

伐木許許

傳：『許許，柹貌。』按：『柹』字當作『柹』。説文：『𣏟，削木札樸也。』字又借作『肺』。史記『諸侯子弟若肺腑』，索隱曰：肺，音柹，『木札也』，『以喻人之疏末之親，如木札出于木』也。太玄親『次八』曰『肺附乾侯』，注云：『削曰柹。』此正用毛詩義。疑古説詩家或有以伐木之柹喻親舊之依附者，故太玄用之〔五〕。許許者，削柹衆多之貌，如晉書『木柹蔽江而下也』。後漢書朱穆傳注、顔氏家訓書證篇引詩皆作『滸滸』，唐石經初刻亦作『滸滸』。此蓋本無其字，依聲託義，韓奕傳『訏訏，大也』，『甫甫然大也』之類。説文：『所，伐木聲。』引詩『伐木所所』。考『許』『所』，古通字。禮説曰：所者，削柹，猶『斯』者析薪，故『斯』『所』皆從斤。夫『許許』固柹貌，而削柹亦當有聲，許慎之訓，其義與傳本相足。正義曰『伐之爲聲而有柹』是也。乃朱傳引淮南子：『舉大木者，呼邪許。』然『邪許』者，舉木之聲邪？許，文子作『邪』；軒，劉子作『嘘』；嗅，吕氏春秋作『輿謣』。挽車者呼『邪軒』，牽石拖舟者歌『嘘噢』，舉大木者呼『輿謣』，皆勸力之歌，前呼後應，非伐木聲也。況以『伐』爲『舉』，不又失經旨乎？其説恐非也。

無酒酤我

傳：『酤，一宿酒也。』箋云：『酤，買也。』釋文：『酤，毛音户，鄭音顧，又音沽。』正義曰：『毛以爲，言無酒，明是倉卒爲之，故云「一宿酒」。』『箋以經傳無名一宿酒爲酤，既有一宿之酒，不得謂之「無酒」。論語：「酤酒市脯不食。」是古買酒爲酤，故易之爲「酤，買也」。』今按：『酤，買』之説不足爲訓。考説文：『酤，一宿酒也。』『一曰買酒也』。以買酒爲别一義，蓋以其非古耳。説文：『醴，一宿熟也。』周禮酒正注曰：『醴，猶體也。成而滓汁相將，如今甜酒矣。』蓋上傳云：『以藪曰湑』，『湑，莤之也』。埤蒼曰：『湑，滑美也。』是『有酒湑我』謂久釀之酒已經泲莤，則清滑而美；此『無酒酤我』謂始釀之酒未經澄濾，所以應倉卒之求而已。小徐注説文云：『一宿酒，謂造一夜而熟，若今鷄鳴酒。』是也。尋文考義，當以毛説爲長。

俾爾單厚

傳：『單，信也。或曰君子也。』潛夫論慎微篇引詩作『俾爾亶厚』。『亶』與『單』同，古今字。盤庚『誕告用亶』，馬融本『亶』作『單』。周頌『單厥心』，國語引作『亶』，是其證也。爾雅『亶』字兩見：一云『亶，誠也』，一云『亶，厚也』。疏引某氏亦稱詩『亶厚』，故說詩疑毛兩釋皆以『單』爲『亶』之假借。考說文『亶』訓『多穀』，『單』訓『大』，引申皆『信厚』之義。故柔桑『逢天僤怒』，傳亦云：『僤，厚也。』至『單』既爲『厚』，而經以『單厚』連文，即如正義謂之『厚德厚天下』，亦不嫌于文義複疊也。

何福不除

按：蟋蟀『日月其除』，傳云：『除，去也。』小明『日月方除』，傳云：『除陳生新也。』二傳略同。此云『何福不除』，自不當用『除，出』之義，故傳訓『除』爲『開』，如開通道路謂之『除』是也。乃呂記、嚴緝諸家多從『除舊生新』之解，夫除而又生，何以但言『除』不言『生』乎？則『除』訓『開』，自不可易。福事不一，故歷歷開而與之也。孔穎達曰：『除者，如閉藏蓄積，今開出之。』斯爲深得毛義矣。

俾爾戩穀

傳：『戩，福。穀，禄也。』此係爾雅文。集傳取聞人滋之説，謂『戩』與『翦』同，而訓爲『盡』。吕記、嚴緝從之。按：聞人氏之説，祇因説文『戩』字引魯頌『實始翦商』爲證，故合『戩』『翦』爲一耳。今考説文『戩，滅也』，乃『戩』字本訓。若爾雅之『戩，福』，當時自有此訓。生民疏引孫炎云：『祓除之福。』爾雅釋文又引孫炎云『戩』音『箭』，此從晉轉聲。『祓』既爲祓除之『福』，則『戩』當爲進薦之福，古人本有此訓。毛傳之用爾雅，多因詩文立義。于此『戩』訓爲『福』者，當由下文『罄無不宜』。『罄』乃訓『盡』，不應『戩』亦訓『盡』，故以『戩穀』爲『福禄』。而下文『受天百禄，降爾遐福』正承此二字申言之耳。

于公先王

傳：『公，事也。』箋云：『先公，謂后稷至諸盩。』考周之追王，雖止太王、王季，然后稷以下亦統稱『先王』。如書武城稱后稷爲『先王』，周禮大宗伯大享皆稱『先王』，外傳不窋稱『先王』，又數后稷至文爲十五王。此詩言『先王』，足兼諸盩以上，則『公』訓爲『事』，傳義自不可易。且上文『禴祠烝嘗』，時享止及親廟，本非徧及先公。周初親廟，雖有先公在焉，然祭以天子之禮，自可概稱『先王』。故毛訓謂『以四時之祭事其先王』。如箋以『公』爲先公，無論時祭不盡及先公，且必如正義云：『經于「公」上不言「先」者，以「先王」在「公」後，王尚言「先」，則公爲「先」可知，故省文以宛句〔六〕。』此于經文，不免于周折矣。

羣黎百姓

傳：『百姓，百官族姓也。』按：古者族姓之始，由于有官爵者，如黄帝之子二十五人，得姓者十四而已。姓者，百氏不改。族，即氏也。左傳云：『天子建德，因生以賜姓，胙之土而命以氏。諸侯以字爲謚，因以爲族。』韋昭注國語云：『百姓，百官有世功者。』又云：『百姓，百官也。官有世功，受氏姓也。』此傳以『百姓』爲百官族姓者，亦以族姓出于官，縱其後亦有無官爵者，然庶民不得有姓，故言此以別于上文日用飲食之民耳。

如月之恆

傳：『恆，弦。』箋云：『月上弦而就盈。』釋文：『恆，本亦作「緪」，同，古鄧反。沈古恆反。』今據釋文反切，似與本當訓『常』之『恆』音義各別。嚴緝謂『恆』無『弦』義，止有『常久』之義，解爲『常盈而不虧』。夫古無盈而不虧之月，乃以稱頌其君乎？按正義云：『緪』字，集注、定本作『恆』。是正義同釋文，亦作『恆』也。白帖一引詩亦作『緪』。然説文引詩作『恆』，則毛詩本字作『恆』，而傳訓爲『弦』，自以『恆』爲『緪』之假借耳。又下傳云：『升，出也。言俱進也。』以此例之，則經謂如日之方出、月之將盈，皆喻方盛之象，『恆久』非其義矣。

歲亦陽止

傳：『陽，歷陽月也。』箋云：『十月爲陽。時坤卦用事，嫌于無陽，故以名此月爲陽。』正義述毛謂『歷陽月』者，『以十一月爲始，陰消陽息，復卦用事。至四月，純乾用事。五月受之以姤，陽消陰息〔七〕。至九月而剥，仍一陽在。至十月而陽盡爲坤。則從十一月至九月，凡十有一月，已經歷此有陽之月。而至坤爲十月，故云「歷陽月」。以類上「莫止」，則不得歷過十月。明傳又爲然。』又云：『鄭以傳言涉歷陽月，不據十月，故從爾雅，「十月爲陽」。』按：此疏説皆誤之甚者。傳云『歷陽月』者，正謂歸期須經十月，故首章云『歲亦莫止』。雖九月亦得爲歲晚，然末章『雨雪霏霏』傳云：『霏霏，甚也。』若未經十月，雪不至甚矣。如必謂去年十一月以來，歷過有陽之月凡十有一月，則經中薇作柳依，遣戍已在仲春，何嘗徧歷有陽之月乎？然則陽月者，正指當年之十月。鄭箋則承毛傳而申之，曰十月爲陽月，並非與毛異義。陳氏稽古編，專宗毛者，而于此亦誤沿孔疏謂毛鄭異義，鄭説爲長。

斯亦臆見矣。

彼路斯何

正義以『路』爲路車，歷引左傳晉賜鄭子蟜、王賜叔孫豹大路，以爲卿車稱『路』之證。今按：爾雅釋詁：『路，大也。』書疏引舍人注：『輅，車之大者。』此詩之『路』，以爲車之大則可，若寔以爲車名，則與『彼爾』之文不相稱矣。考上文『彼爾維何』傳云〔八〕：『爾，華盛貌。』說文引詩作『薾』，亦云『華盛貌』。『彼爾』爲華盛之貌，而非即華名，則『彼路』亦當爲大車之貌，而非即車名可知矣。

小人所腓

傳：『腓，辟也。』箋云：『「腓」當爲「芘」。此言戎車者，將帥之所依乘，戍役之所芘倚。』正義曰：『傳文質略。王述之云：「所以避患也。」鄭以「君子所依」依戎車也，「小人所腓」亦當腓戎車，安得更有避患意？故易之爲「芘」。』陳氏稽古編曰：『「腓」字三見詩。此詩「腓」字及生民篇「牛羊腓字」，毛詩皆訓「辟」；四月篇「百卉俱腓」，毛訓「病」。鄭于彼兩詩皆從毛，獨此詩破字。夫以「辟」爲避患，王之述毛然也。其實毛意未必如此。毛當謂此戎車者，君子所依而乘，小人所避而弗乘。』『獨是解「辟」字以爲避不敢乘，未深得經旨。詳玩經中兩「所」字，正當言戎車爲君子、小人同其利賴也。傳訓「腓」爲「辟」者，「辟」爲隱蔽之意。』何氏古義曰：『「腓」即「厞」字。「説文、爾雅皆云「隱也」。此「小人所腓」者，言庶士亦藉是車以自隱蔽也。』何氏此解甚爲切當。文選東京賦『設三乏，厞司旌』，薛琮注亦引爾雅：『厞，隱也。』『隱』與『避』義本同。蓋兵凶戰危，兩軍相當，士卒之受患最深。惟戎車戰則馳突，止則營衛，皆倚此以爲隱蔽。故王肅『避患』之解，善得毛旨。鄭箋『芘倚』亦所以申傳『辟』字。『芘蔭』與『隱蔽』義同，鄭雖破字，意實相承也。

象弭

傳：『象弭，弓反末也，所以解紒也。』箋云：『弭弓反末彆者，以象骨爲之，以助御者解轡紒，宜骨也。』説文云：『弭，弓無緣，可以解轡紒者。』按：説文此語正合爾雅、毛傳之訓，最爲明晰。詩正義引釋器云：『「弓有緣者謂之弓。」孫炎云：「緣謂繁束而漆之。」又：「無緣者謂之弭。」孫炎曰：「不以繁束骨飾兩頭者也。」』孫炎此注較勝李巡〔九〕、郭璞。蓋繁兩頭而漆者，得弓之大名，則謂之『弓』。骨飾兩頭者爲『弭』，即指弓兩頭之名，非以『弭』爲弓之名，亦非謂此弓皆用骨也。其下以金者，謂之『銑』，云亦皆因其飾以名之。儀禮既夕禮『有弭飾焉』〔一〇〕，『弭』非弓名可知。左傳疏引李巡曰：『骨飾兩頭曰「弓」，不以骨飾兩頭曰「弭」。』此蓋以爾雅之『緣』爲骨飾。然弭既不以骨飾矣，何爲而詩以『象弭』連文也？郭注爾雅『無緣者謂之弭』：『今之角弓也。』藝文類聚引郭璞毛詩拾遺云：『弭，弓反末，以象骨爲之，蓋俗説之誤也。』御覽又引拾遺云：『左執鞭弭，弭者，弓之别名，謂以象牙爲弓〔一一〕。今西方有以犀角及鹿角爲弓者。』此自用其雅注之説，皆由不善讀爾雅，以『弭』與上文『弓』對，誤以爲亦弓名耳。詩稗疏謂弭者，角不纏之名，亦承郭之誤者也。

魚服

傳：『魚服，魚皮也。』箋云：『服，矢服也。』左傳『歸夫人魚軒』，服虔注云：『魚，獸名。』而陸璣以爲魚獸似豬，其皮背上斑文，腹下純青，雖乾燥爲弓鞬矢服經年，海水潮及天將雨，其毛皆起，水潮還及天晴，其毛復如故。與博物所載東海半體魚狀如牛之説合。羅端良又以『魚』爲鮫魚，謂其皮有珠文而堅勁，可飾物者。故陳祥道云所謂『魚服』者，魚皮之堅者皆可爲之，不必定魚獸也。説俱可通。至初學記云：『織竹曰箙，以皮曰服。』直訓『魚服』爲『魚皮』，則似『皮』訓『服』矣。『魚皮』專釋『魚』字，傳語簡直，故不言以魚皮爲服耳，箋故以『服』爲『矢服』申明之。矢，房本當『箙』字，從竹，經傳特借『服』爲之。如以爲以

『皮』訓『服』，非與？

出車『我』字

出車之詩言『我』者不一。何氏古義曰：『首二章言「我」，文王之辭。中二章言「我」者，代爲南仲之辭。』今按：首章『我出我車』箋云：『上「我」，我殷王也。下「我」，將帥自謂也。』三章『天子命我』，箋云：『此「我」，我戍役也。』詳采薇序云：『文王以天子之命，命將帥遣戍役。』此詩首二章之『我』，當我文王。蓋文王得專征伐，既承王命出師，因復自命率屬帥以勤王。觀毛傳于首章云：『出車就馬于牧也。』當指文王，言『我』者非文王而何？三章『王命南仲』，毛以下文又云『天子命我』，恐人以『王』爲文王，故特著之云：『王，殷王也。南仲，文王之屬。』『王命南仲』，謂文王以王命命之。其下『天子命我』，南仲自我，言其受命于方伯，猶受命于天子也。至四章之『昔我』亦指南仲。五章『我心則降』，自是我西戎之諸侯也。

朔方

傳：『朔方，北方也。』正義曰：『北方大名皆言「朔方」。堯典：「宅朔方。」爾雅：「朔，北方也。」皆其廣號。』按：傳與疏皆不指『朔方』爲何地，朱傳以靈夏等州當之。宋靈夏在漢爲朔方郡，似矣。然漢自借詩語以名郡，豈可援漢郡以釋周詩乎？又靈夏爲陝之極邊，去長安千餘里。商之末造，邠岐皆淪于戎狄〔一二〕，南仲雖良將，安能于一年中窮兵直到北陲，連平二寇耶？『朔方』爲靈夏，未爲得之地。詩之『朔方』，大約指周之北界接于玁狁者，其地要在今之榆林一帶。自此以北，即戰國時雲中九原之地，正玁狁之所出没。文王奉殷王之命，命將率往城，當在于此。至宣王時，玁狁孔熾，侵鎬及方，亦即謂此朔方也。

簡書

傳：『簡書，戒命也。鄰國有急，以簡書相告，則奔命救之。』朱子集傳載一說。前説同毛氏，後説云：『或曰簡書，出命臨遣之詞也。』『此是天子戒命，不得謂之鄰國也。』門人潘時舉疑之，答曰：『後説爲長。』今按：説文：『簡，牒也。』『牒，札也。』翻譯名義引文選注〔一三〕：『大竹曰策，小竹曰簡。』蓋古編竹爲策，不編爲簡。字多書於策，字少書於簡。簡以單札爲之。國有急難，不暇聯簡爲策，但以單札相告，故謂之簡書。此詩『簡書』正指鄰國告急。蓋上文王命祇有城朔方一事，『薄伐西戎』確是城畢移師，雖亦由于王命，而義取奔命救鄰。但云『簡書』，若謂是臨遣之策命，則經文何以但言『天子命我，城彼朔方』

乎？是知毛義之不可易也。

執訊獲醜

傳：『訊，辭也。』考爾雅釋言云：『訊，言也。』正月傳曰：『訊，問也。』此釋『訊』爲『辭』，辭者，謂所生得敵人而聽其詞。周禮小司寇曰：『附于刑，用情訊之。』又曰：『求民情，一曰辭聽。』辭聽者，聽其辭以弊其罪，此傳義也。傳于『獲』字無訓，但訓『醜』爲『衆』，蓋義見于皇矣篇曰『馘，獲也。不服者殺而獻其左耳曰馘』。彼傳釋『馘』爲『獲』，則此詩『獲』字即『馘』之假借。生者訊之，殺者馘之，此所以有還歸之樂也。

憂我父母

傳箋皆無文。正義曰此『實夫也，謂之「父母」，由己尊之〔一四〕，又親之也』。『日月「父兮母兮」，莊姜稱莊公爲「父母」，與此同也。』李氏以爲曲説。後多謂此婦人稱夫之父母爲『父母』。嚴緝云：『婦人以事舅姑爲職。汝墳勉其夫以正，則曰「父母孔邇」，蓋謂不必憂家也。此詩望其夫婦，則曰「憂我父母」，蓋謂父母思之，當早歸也。』二説較正義爲允。又姚氏識名解曰〔一五〕：『此當爲遥想征夫在役之事，念其陟山采杞，而以父母爲憂，與北山詞旨正合。故上文云「女心傷悲」，而此獨云「憂我父母」也。』此亦説之可通者。

檀車幝幝

傳：『幝幝，敝貌。』稽古編曰：『説文：「幝，車敝。」引詩「檀車幝幝」，昌善切。「緂，偏緩」，尺善切。音正同。釋文：「韓詩作緂。」然則偏緩者，亦車敝之狀，與又玉海載文云韓詩作「檀車㹀㹀」音同，恐誤。』今按：説文古本當是『巾，敝貌』，故從巾。詩以爲車敝者，則其引申之義也，故假『幝』爲之。後漢劉陶傳注引詩作『檀車嘽嘽』，則又假『嘽』爲之矣。

四牡痯痯

傳：『痯痯，罷貌。』何氏古義曰：爾雅：『痯痯，病也。』『説文無「痯」字。當通作「蹇」，跛也。』按：大雅板云『靡聖管管』，傳云：『管管，無所依也。』廣韻十四緩引詩傳作『悹悹，無所依也』。是毛詩『管』字乃『悹』字之借。此『痯』字乃亦『悹』之借。説文：『悹，憂也。』引申之爲『無所依』也，又引申之爲『罷僋』，其義皆相因也。

白華之什二之二

魚麗于罶，『麗』字

傳：『麗，歷也。』按『麗』『歷』本疊韻字。爾雅：『歷，傅也。』『傅』與『附』同，謂附著。周禮大司寇注：『麗，附也。』『麗』『歷』皆有附著之義，故以爲訓。考詩總聞曰：『鄭有「魚麗陳」，前後左右中各五陳，每一陳具五陳，大率敵人入者無不有所著。今漁人置魚器『相小道錯綜橫布之。常使試之于地，頗類陳形』。淮南兵略訓云：『羊腸道發笱門，一人守隘而千人莫敢過也。』高注云：『笱，竹笱，所以捕魚。其門可入，而不可出。』則軍行行陣自有布置如魚笱者，是可據此以釋詩耳。

罶

傳：『罶，曲梁也，寡婦之笱也。』考爾雅釋訓：『凡曲者爲罶。』此似非專指魚器，謂以曲薄爲之者，通得『罶』名。惟釋訓以『罶』爲凡曲之大名，故釋器：『寡婦之笱謂之罶』，由其亦以曲爲之，故亦得『罶』名耳。毛傳『罶，曲梁』，則分別以曲爲梁者專屬之寡婦之笱，非用釋訓『凡曲者爲罶』之『罶』也。説文：『罶，曲梁，寡婦之笱，魚所留也。』廣雅：『曲梁謂之罶。』此皆本毛傳者。説文：『笱，曲竹捕魚笱也。』惟以薄爲梁，以笱承之者，則謂之『寡婦之笱』。説文注云：『曲梁以别于凡梁，寡婦之笱以别于凡笱。』是也。『笱』與『罶』本非一物，以其相爲用，故爾雅云『寡婦之笱謂之罶』。毛本此以釋詩，誠爲得之。

鱨鯊

『鱨，揚也。鯊，鮀也〔一六〕。』正義曰：『鱨，揚』者，釋魚無文。『惟陸疏云：「鱨，一名黄頰魚，大而有力，解飛者。徐州人謂之揚。黄頰，通語也。」「鯊，鮀」，釋魚文。郭璞曰：「今吹沙也。」陸疏云：「魚狹而小，常張口吹沙。」』按：山海經之『鰊』，郭注以爲黄頰魚。鰊魚，魚之健者，與陸疏『有力』説合。稽古編引孟詵食療本草有黄顙魚〔一七〕，一名䱀䰲，以爲即此詩之『鱨』。然考廣雅有『䱋，䰲也』。廣韻：『䰲，䱀䰲，魚名。』李時珍云：『此魚似即今所謂參鰷者，所在有之，長不盈尺。』與陸疏『大而有力』之説不合，非詩之『鱨』可知。當以陸疏爲是。至陸疏、郭注以『鯊鮀』爲吹沙，亦不誤。後漢書注亦引郭泰恭廣志曰：『吹沙大如指，沙中行。』説文『魦出樂浪潘國』者〔一八〕，此别一種，非詩之『鯊鮀』亦可知矣。

君子有酒，旨且多

箋云：『酒美而此魚又多也。』釋文云：『「有酒旨」絶句，「且多」二字爲句。』正義曰：『言「且多」文承「有酒」之下，則似酒多也。而以爲魚多者，以此篇下三章還復上三章也。首章言「旨且多」，四章言「物其多矣」』，下二章『皆疊上章句末之字謂之爲「物」。若酒則人所爲，非自然之物，以此知「且多」「且旨」「且有」皆是魚也。』稽古編曰：『集傳于「酒」字斷句，句法較渾成。但「旨多」「多旨」「旨有」六字皆承酒言〔一九〕，下三章文義未順。』惟虞東學詩之説較勝，言『釋文以「君子有酒旨」爲句以就箋訓，其實康成未嘗作此句讀也。箋云「酒美而此魚又多」，明以下三字爲句矣。以「多」屬「魚」者，其意以下三章「物」字當爲魚也。潁濱則以「旨多」皆屬「酒」，而朱子從之。吕記、嚴緝、范傳皆用其説者，以下三字承「酒」爲文也。然如鄭説，則此詩但言魚、酒，非美萬物盛多能備禮之意』。『如蘇説，則接入下三章，又多費周折。李氏謂君子爲酒醴以宴賓，而其物旨且多，不必言酒與魚也。』今按：虞東謂鄭箋本以『旨且多』爲句，陸氏誤讀此解，甚精；其從李氏集解以『物』不專指魚、酒，所見甚確，甚有合于序云『萬物盛多』之義也。

魴鱧

傳：『鱧，鮦也。』正義曰：『釋魚云：「鱧，鯇。」舍人曰：「鱧，名鯇。」』按：作『鯇』爲是，若作『鮦』則非也。考説文以『鱧』爲『鱯』，以『鰈』爲『鱧』，與毛師承不同，並不以『鱧』爲『鮦』。其云：『鱧，一曰鱶也。』『鱶，鮦也。』『鱶』與『鱧』異物異字。『鱶』，本草經傳作『蠡』。陶隱居云：『蠡，今皆作「鱧」字。』此由郭璞誤以『鱧』爲『鮦』，後人遂以鱶、鱧爲一魚，而不知爾雅『鱧』自名『鯇』。若鮦，則下文有『大鰹』『小鮵』之目，而與鱧絶不相涉。然則詩之所詠必非鮦魚。毛傳『鮦』當是『鯇』字之誤。觀釋文『鮎』下云毛及前儒『鱧』爲『鯇』，是也。不可以考訂而正其失乎？

鰋鯉

傳：『鰋，鮎也。』釋文：『鰋音鮎。郭云：今鰋額白魚。鮎，乃兼反，江東呼爲鮧。』『毛及前儒皆以「鮎」釋「鰋」，「鱧」爲「鯇」〔二〇〕，「鱣」爲「鯉」〔二一〕，惟郭注爾雅是六魚之名。今目驗爾雅與世不協〔二二〕，或恐古今名異，逐世移耳。』稽古編曰：『爾雅：「鰋，鮎。」孫炎以爲一魚。』『惟郭璞爲分二，云：「鰋，今鰋額白魚。鮎，別名鯷。」』『埤雅既引郭注，又溷孫炎注爲一。』今按：郭云『鰋，今鰋額白魚』，『鰋額』當作『偃額』。偃者，仰也。此即鮎魚之狀。爾雅翼云：『鮧魚偃額，兩目上陳，頭大尾小，身滑無鱗，謂之鮎魚。』是也。蓋以其仰額，故名『鰋』；以其身滑無鱗，故名『鮎』。郭氏分其所不當分，而陸德明乃謂目驗與毛不合，何耶？

『嘉』『偕』『時』三字通義

『物其多矣，惟其嘉矣。』箋云：『魚既多又善。』『物其旨矣，惟其偕矣。』箋云：『魚既美又齊等[二三]。』『物其有矣，惟其時矣。』箋云：『魚既有又得其時。』不知此三章，每章上一字皆承上三章末一字而言。『多』『旨』『有』，皆指『物』；其下一句『嘉』『偕』『時』不指『物』，皆謂政之善，即首章傳云『取之有道，用之有時，皆物之所以盛多也』。又『嘉』『旨』『時』三字相通。廣雅曰：『皆，嘉也。』『皆』與『偕』通。賓之初筵『飲酒孔嘉』『飲酒孔偕』，『偕』亦『嘉』也，語之轉耳。此『偕』與『嘉』同義之證。頍弁『爾酒既旨，爾肴既嘉』，『爾酒既旨，爾肴既時』，傳：『時，善也。』此『時』與『嘉』同義之證也。蓋『嘉』既言政之善，則『偕』與『時』亦言政之善也。

烝然罩罩，『烝』字

釋文引王肅述毛云：『烝，衆也。』鄭箋以『烝』爲『塵』，以『塵』爲『久』。按：南有嘉魚序云：『樂與賢也。太平之君子至誠，樂與賢共之也。』稽古篇曰：『序「至誠」當斷句。惟致誠則能致賢之來，又能任賢之久。』『康成釋「蒸然」爲「久如」，以合序「至誠」之意。』然其云：『南方水中有善魚，人將久如而俱罩之，喻天下有賢者，在位之人將久如而並致之于朝。』曰『俱』曰『並』，仍不失『衆』意。蓋經文重言『罩罩』，正承『烝然』而來。則訓『烝』爲『衆』，似合經旨。傳義洵不易也。

罩罩、汕汕

傳云：『罩罩，籗也。』『汕汕，樔也。』正義引爾雅：『籗，謂之罩。』『樔，謂之汕。』或謂傳當作『罩，籗也』，『汕，樔也』，不當疊字。罩罩者，以罩罩魚也。汕汕者，以汕汕魚也。按經『罩罩』『汕汕』，自是取魚之名。傳以取魚由魚具得名〔一四〕，故釋『罩』爲『籗』，釋『汕』爲『樔』。經言其用，傳言其體，又相成也。傳于單文者每以疊字形容之，如『洸洸，武也』，『潰潰，怒也』之類。此則重文者，又以單字釋其實義。此訓詁之精也。

臺

傳：『臺，夫須也。』正義曰：『「臺，夫須」，釋草文。舍人曰：「臺，一名夫須。」陸璣疏云：「舊説夫須，莎草也。」』本草別録謂莎一名夫須。稽古編引爾雅『薃侯，莎』，與夫須爲一草。不知爾雅之『薃侯』即夏小正之『緹縞』，羅端良以爲其根即香附子者爲是，要與臺絶不相涉。木草之名固多同者，臺亦不妨有『莎』名。究不得以『夫須』爲『薃侯』，則陳氏之誤也。

萊

傳：『萊，草也。』正義曰：『十月之交：「田卒汙萊。」又周禮云：「萊五十畝。」萊爲草之總名，非有別草名爲萊。』今以上下文考之，『皆指草木之名』，則此『萊』不得泛指爲草名。此乃正義誤會傳意而云然。傳本當作『萊，萊草也』。凡傳言某某草也，以爾雅無明文，亦或以其草爲人所共知，故但云某某草足矣。如召南『蓬，草也』，王風『蒲，草也』之類，皆與此『萊，草也』一例。傳非以『萊』爲草之總名也。何氏古義引爾雅『釐，蔓華』以當之；邵氏正義幷據説文作『萊，蔓華』，徐鍇以爲『釐』『萊』同音，似矣。然『蔓華』非習見之名，果萊即是釐，毛氏無容不注。齊民要術引陸疏：『萊，藜也。莖葉皆似菉、王芻。今兖州人蒸以爲茹，謂之萊烝。』玉篇、廣韻並云：『萊，藜草也。』詩之『萊』不從可識乎？

『燕笑語兮』『孔燕豈弟』，『燕』字非『燕饗』之『燕』

朱子集傳：『諸侯朝于天子，天子與之燕，以示慈惠。』解『燕笑語兮』之『燕』爲『飲』。嚴氏粲因解『孔燕』爲『盛燕』，謂其禮盛設也。今以詩次第觀之，此爲諸侯朝見天子，并未見飲酒之事，不當以『飲』釋之。兩『燕』字，皆當訓爲『安』。左傳襄二十六年：晉侯享齊侯、鄭伯，齊侯賦蓼蕭。叔向命晉侯拜曰：『寡君敢拜齊君之安我先君之宗祊也。』正義引沈曰：『賦蓼蕭，喻晉侯德澤及諸侯，言晉侯有德，是安我宗廟也。』其即『燕笑』『孔燕』之義乎？

既見君子

箋疏皆以『君子』指天子，其說至當。集傳始創爲『天子美諸侯』之說。嚴緝則云湛露、彤弓是燕饗諸侯之詩，『「顯允君子」，「我有嘉賓」，正指稱諸侯之美』。『蓼蕭之詩以「零露」喻王澤，以「見君子」稱天子，其下皆稱贊天子之詞。』說與箋疏合。考此詩三章，二章而下皆頌君也。『爲龍爲光』，是諸侯以得見天子，爲遇恩寵而被光耀。『令德壽豈』，言天子有令德，以致壽豈。『萬福攸同』，言天子爲萬福之所聚，而與諸侯同之。王雪山謂二章以下皆頌天子者，是也。何得謂爲美諸侯乎？

譽處

鄭箋『譽』爲名譽之譽，不知此承上『燕笑語兮』言之，『譽』當訓爲『樂』。蘇氏詩傳曰：「『譽』「豫」通。凡詩之「譽」皆言「樂」也。」爾雅曰：『豫，樂也。』又：『安也。』則『譽』有安樂之意，非名譽之謂也。鄭注失之。且此與裳裳者華文相同，『是以』者，承上之文。裳華言『我覯之子』而寫憂，是以有此『譽處』；蓼蕭言『既見君子』而『燕笑』，是以有此『譽處』，而『譽處』皆當言『有此安樂處』耳。

湛露燕諸侯兼同異姓言

序云：『湛露，天子燕諸侯也。』文四年左傳：『諸侯朝正于王，王燕樂之，于是乎賦湛露。』此皆統言諸侯，不分同姓異姓。六月序云：『湛露廢，則萬國離矣。』尤可見此兼同異姓言之。或曰：次章有『在宗載考』之文，似當專指同姓言。不知此乃於同姓諸侯，爲之加厚耳。特鄭箋分三章爲庶姓，四章爲二王之後。此乃經文之所無，無以見其必然也。

在宗載考

傳經言宗者，古人謂同姓爲宗。如左傳『肸之宗十一族』，及『宗不避余』之類。在者，於也。『在宗』，猶言於同姓也。傳云『夜飲必于宗室』者，『宗室』即謂同宗。於者，於其人，非於其地。言必於同姓，乃有夜飲之禮。自後人以傳『宗室』爲夜飲之地，其説多不可通。有謂采蘋傳云『宗室，大宗之廟』，湛露之『在宗』乃天子之燕禮，則『宗室』者直謂宗廟之寢室也。夫諸侯燕在路寢，禮有明文，天子當亦同之。此燕朝正諸侯，非祭畢之燕，豈晝在路寢〔二五〕，至夜飲而忽移于廟後之寢室乎？且采蘋本言『宗室』，此詩但言『在宗』，非可以采蘋比也。或又謂首章傳曰『宗子將有事，則族人皆侍』，此傳云宗室者，謂宗子之室。天子同姓諸侯燕于宗子之廟，以宗子爲主人。然傳引宗子與族人燕者，箋謂天子燕諸侯之禮，無假宗子與族人燕之説耳。周禮王燕則膳夫爲主人，未嘗分同、異姓也。若燕同姓諸侯于宗子之廟，將天子就之而爲此夜飲乎？抑惟使宗子主之而天子不與乎？千古無徵，殊爲臆説。然則『在宗』之以人言，明矣。

校記

〔一〕義　原作「異」，據下爲引毛詩正義文改。
〔二〕謂　原作「爲」，據毛詩正義改。
〔三〕地　原作「帝」，據漢書景帝紀改。
〔四〕閔　原作「因」，據詩序改。
〔五〕玄　原作「原」，據上爲引揚雄太玄文改。
〔六〕宛　原作「完」，據毛詩正義改。
〔七〕原作「陰消陽息」，據毛詩正義改。
〔八〕維　原作「爲」，據詩采薇改。
〔九〕巡　原作「遜」，據此指釋爾雅之李巡而改。
〔一〇〕弭飾　「飾」原作「餌」，據儀禮改。
〔一一〕以　原作「之」，據四部叢刊本太平御覽改。
〔一二〕戎　原作「戒」，據毛詩後箋改。此處係用後箋語。
〔一三〕翻　原作「番」，據下爲引翻譯名義文改。
〔一四〕由　原無，據毛詩正義補。
〔一五〕識　原作「釋」，據下爲引詩識名解文改。
〔一六〕「鱠揚」至「鮀也」係毛傳文，據李氏文例，前當有「傳」字。

〔一七〕食療　二字原重出，據孟詵食療本草書名删。

〔一八〕潘　原作「瀋」，據説文解字改。

〔一九〕酒　原作「洒」，據毛詩稽古編改。

〔二〇〕鱧　原作「鯉」，據經典釋文改。

〔二一〕鯉　原作「鱢」，據經典釋文改。

〔二二〕爾雅　經典釋文作「傳解」，當從。

〔二三〕魚　原作「物」，據鄭箋改。

〔二四〕具　原作「俱」，據毛詩後箋改。此處係用後箋語。

〔二五〕畫　原作「盡」，據毛詩後箋改。此處係用後箋語。

學詩堂經解卷十

彤弓之什二之三

彤弓

傳訓『彤弓』爲『朱弓』。定四年公羊傳何休注：『天子彫弓，諸侯彤弓，大夫嬰弓，士盧弓。』釋文：『嬰弓，見司馬法。』荀子大略篇：『天子彫弓，諸侯彤弓，大夫黑弓，禮。』所言與司馬法合。毛學於荀卿，故云之。考彤弓爲諸侯之制，此天子賜有功諸侯者。正義謂色以赤者爲時王之所尚，其説非是。如果爲時王所尚，則不應天子以彫弓，而諸侯以彤弓矣。疑古之器物，彫與彤以精粗爲等。如周禮司几筵注：『朝者彫几，聘者彤几。』以其差次而言之也。

受言藏之

『毛以「藏之」者爲藏之于家，以示子孫。先櫜之，乃載之以歸，後始藏於其家。以藏爲重，故先言者。』正義云。首章爲總目，下二章分而述，以相承也。鄭亦以首章爲總，但以爲藏載于車即是受時之時，爲異耳。按：襄公八年左傳：范宣子曰：『城濮之役，我先君文公獻功於衡雍〔一〕，受彤弓于襄王，以爲子孫藏。』即此詩『受言藏之』也。尚書『文侯之命』，東晉孔傳云：『彤弓，以講德習射，藏示子孫。』與毛傳並合。若鄭箋謂『受出藏之，乃反入也』，則是藏之于車，與下『櫜之』又複其説，非與？

右之、醻之

傳：『右，勸也。』『醻，報也。』箋云：『右之者，主人獻之，賓受爵，奠于薦右。既祭俎，乃席末坐，卒爵之謂也。』『醻之者，飲酒之禮，主人獻賓，賓酢主人，主人又飲而酌賓，謂之醻。醻，厚也。』是箋意主燕禮而言。按：此二章並承上章饗禮而言，而以燕禮爲解，似非爵盈不飲之義。且上言『鐘鼓是設』，則『右』『醻』是饗時之事，亦不當如傳以勸報有功釋之。蓋『右之』『醻之』，當主侑幣〔二〕、酬幣言也。何氏古義曰：『禮，于食有侑賓勸飽之幣，上章言「右」是也；于飲有酬賓送酒之幣，下章言「醻」是也。』考何氏『右』爲侑幣，『醻』爲酬幣，其説極合。然牽合于食燕之禮，則非也。左傳莊十八年：『虢公、晉侯朝王，王饗禮，命之宥，皆賜玉五瑴、馬三匹。』是饗禮本有侑幣，王禮或有玉與馬。郊特牲：『君三重席而酢，三獻之介，君專席而酢。』有酢必有酬，此所以用酬幣也。此詩『右之』『醻之』，即饗時之侑幣、酬幣，不必牽及於食燕矣。

菁莪育才

詩序曰：『菁菁者莪，樂育材也。』孔氏穎達曰：『作菁莪者，樂育材也。』陳氏鵬飛曰：小雅二十二詩，皆因其事而歌之。菁莪詩，則宜何歌其天子行於學校、而燕飲歌之者乎？考鹿鳴之三、魚麗之三，皆所以尊賢也。天保以上治内，采薇以下治外，皆得賢人而用之也。顧尊而用之者，在朝廷；育而教之者，在學校。學校無材，朝廷不可得而用。故師儒之選，不可以不慎，而教化之道，不可以不明也。且聖人之教，非强人之具也。人性皆善，因其天良而啓迪之，使之油然而不容已，則樂之矣。因其樂善而輔導之，以威儀定命，則能自立矣。篇中言『樂且有儀』，所由學成于一而治隆于上也。讀菁莪之詩者，不可恍然于育材之道乎？

莪

傳云：『莪、羅，蒿也。』此傳上二字用爾雅文，以『羅』釋詩之『莪』，下一字乃毛自爲文以釋爾雅之『莪』『羅』。自陸疏云『莪亦名蘿蒿』，是讀傳『蘿蒿也』三字爲句。正義因之，云：『言菁菁然茂盛者，蘿蒿也。』不知爾雅以疊韻爲訓，猶釋蟲之『蛬，羅』也。毛傳既引爾雅，而後明『莪』爲蒿類，自不當讀爲『蘿蒿』明矣。

樂且有儀

箋云：『又以禮儀相接。』稽古編曰：據箋『是「樂」主見者言〔三〕，「有儀」主君子言』，及讀嚴緝云見善教之作成，『是「有儀」主賢才言』，較之箋説爲得之。『東萊詩記曰：「長育人材之道，固多術矣，而莫先于禮儀。禮儀者，内外兼養，非心過行無所從入，此人才所以成。故曰菁菁者莪廢則無禮儀。」旨哉，斯言！嚴説應本乎此。』序云『君子能長育人材』，則『既見君子』自應主育材者言，『樂且有儀』當主賢才言之矣。

百朋

箋云：『古者貨貝，五貝爲朋。』正義曰：『五貝者，漢書食貨志以爲大貝、壯貝、幺貝、小貝、不成貝，爲五貝也。言爲朋者，謂小貝以上四種，各二貝爲一朋。而不成貝者，不爲朋。鄭因經[四]，廣解之言[五]，有五種之貝，貝中以相與爲朋，非總五貝爲一朋也[六]。』季氏詩説解頤曰[七]：『百朋者，元龜之直至重者也。元龜長尺二寸，直二千一百六十，爲大貝十朋[八]。蓋二貝爲朋。凡言朋者，蓋以貝言也。至于十朋以上，則爲龜矣。此班固食貨志「龜」「貝」之品也。況百朋又十倍于十朋者。』説文：『古者，貨貝而寶龜。』注云：『食貨志王莽貨貝五品』，『皆二枚爲一朋』。『龜貨四品，元龜當大貝十朋，公龜當壯貝十朋，侯龜當幺貝十朋，子龜當小貝十朋。此自莽法。鄭箋詩云古者五貝爲朋，注易「十朋」以爾雅之「十龜」，未嘗用莽歆法也。』説文注説，誠爲得之。

六月，宣王不親征

六月序云：『宣王北伐也。』或泥于詩説以爲宣王親征：篇中『以佐天子』，『王于出征』，『王』指親征之事。不知『王于出征』與秦風之『王于興師』文法正同。彼疏云：『王法于是興師。』可知『王于』云者，不必定是王。凡奉王命勤王事，皆可如此言之。『以佐天子』言天子征伐耳，不必從王而後爲佐也。毛傳以首章及二章首二句皆教練之事，『既成我服』以下乃言出師，正指吉甫言。末章傳云：『使文武之臣征伐[九]，與孝友之臣處内[一〇]。』王不親征，文義本明，知序説未可泥也。

我是用急

按：鹽鐵論繇役篇作『我是用戒』。毛鄭詩考正曰：『戒，猶備也。治軍事爲備禦曰戒。譌作「急」。』段氏詩小學云：『謝靈運述征賦：「宣王用棘于玁狁。」是六朝時詩本有作「棘」者。』按：『匪棘其欲』，箋：『棘，急也。』正義曰：『棘，急。釋言文〔一二〕。』『棘』與『急』音義皆同。若引作『戒』，則不合。考此詩與杕杜之『豈不日戒』不同，彼上文正言軍中之事，故以備戒爲詞；此詩方言『簡閲』，不應遽作備禦。經文兩言『六月』，明有非時舉事之意。故箋云：『記六月者，盛夏出兵，明其急也。』然則『我是用急』正承『六月』二句而言也。

以奏膚公，『公』字

傳：『公，功也。』考爾雅：『公，事也。』毛詩天保、靈臺、江漢、酌，傳並取爾雅爲説。『事』與『公』義相近。七月『上入執宫公』，正義云：『定本作「執宫功」。』江漢『肇敏戎公』，後漢書作『戎功』。故此傳『公，功也』者，當即以『公』爲『功』之假借也。漢書劉歆傳引此詩，正作『功』字，不爲臆説。

焦穫

傳：『焦穫，周地接于玁狁者。』而陳氏稽古編以傳説爲非，言『焦穫又名瓠口，在今涇陽縣北。今涇陽縣即漢池陽縣也，在西安府城北七十里。而咸陽縣亦在府城西北五十里。縣城東二十五里爲古鎬京，焦穫去之僅數十里耳，何得便與玁狁爲鄰？此傳之誤也。』不知非傳之誤，乃陳氏自誤解耳。以焦穫爲池陽瓠中者，郭璞注爾雅云耳。毛公此傳並不用爾雅『周有焦穫』之文。即爾雅所云『周有焦穫』者，亦與周禮職方雍州之藪不合。吕覽、淮南所載『九藪』，皆無焦穫。説文言九州之藪不及焦穫，漢書言地理志『池陽』下並不及焦穫。則傳所云『焦穫，周地』者，必不指池陽之瓠中可知矣。陳氏又謂：『以詩之文勢合之今之地里，涇陽其即焦穫乎？焦穫是最近京畿，玁狁犯周至是而止。詩數玁狁之惡，故先言焦穫，見其縱兵深入，迫處内地，繼又追本其始，自遠而來，故言「侵鎬及方」。』此尤爲説之誤者。詩先言『整居』，然後曰『侵』曰『及』曰『至』，于文勢一順，自是由遠而近。易林未濟之睽曰：『玁狁未度，治兵焦穫。侵鎬及方，與周爭疆。』夫曰『治兵』，則非周之近郊而後治兵；曰『爭疆』，則鎬與方必皆周之邊境可知。故王基據劉向言『千里之鎬』，以爲當去周京千里。况焦穫又遠于鎬方，何能云近京？則以爲周地之接于玁狁者，又何所疑乎？

織文鳥章

按：此句毛詩無傳。箋云：『織，徽織也。鳥章，鳥隼之文章，將帥以下，衣皆著焉。』說者謂『織文』無傳，蓋讀與禹貢『厥篚織文』同。下『白旆央央』，『白』，爾雅注作『帛』。『鳥章』『白旆』，皆織帛爲之。鄭箋易爲『徽織』，則其字當作『識』。周禮註、左傳註及說文解字皆作『徽識』，箋與之同。今按：玉藻『士不衣織』注：『織，染絲織之，士衣染繒也。』據此，知『織』與『繒』爲二物。染而後織者，功多色重，謂之『織』。素絲所織，謂之『繒』。繒者，帛也。詩『織』與『帛』對舉。『織文鳥章』者，說旗之全體，織爲鳥隼于旗上，故傳云：『錯革鳥爲章。』呂記：『所謂日月爲常、交龍爲旗之類，皆織之文也。「鳥章」特其一耳。』正不必『徽織』識之。箋以『織』爲『徽識』者，乃因旌旗而推及于衣服。呂記曰以其古之軍制，故附見焉。是也。

白旆央央

按『白旆央央』者，指旗下之尾也。自當依孫炎注爾雅引作『帛』。帛者，織而後染者。正義曰：『言帛旆者，謂絳帛。猶通帛爲旃，亦是絳也。』毛傳雖用爾雅『繼旐爲旆』之文，其實九旗皆當有旆。觀上文用爾雅『錯革鳥』之文，明是言『旟』即繼之以『白旆繼旐』者也。必非以旐末之旆設于鳥革之旟，又不應上句言『旟』，下句言『旐』。故正義曰：『此旟而言旐者，散則通名也。』然則織貴于帛，故爲旗身；帛次于織，故爲旗尾。織以爲文，故曰『鳥章』；白但有色，故曰『央央』也。

以先啓行

傳：『夏后氏曰鉤車先正也，殷曰寅車先疾也，周曰元戎先良也。』箋云：『二者及元戎，皆可以先前啓突敵陳之前行。』史記三王世家集解引韓詩薛君章句曰：『元戎，大戎，謂兵車也。車有大戎十乘，謂車縵輪，馬被甲，衡軛之上盡有劍戟，名曰陷軍之車，所以冒突先啓敵家之行伍也。』此訓詁與箋略同。鄭曰『先前啓突』，薛曰『冒突先啓』，則『啓』有『開』義〔一二〕。行，讀户郎反。凡軍陳在前曰啓，義與此同。馬融注論語曰：『前曰啓，後曰殿。』逸周書武順解：『一卒居前曰開，一卒居後曰敦，左右一卒曰閭。』注云：『皆陳名。

開，即啓也。』左傳正義云：『服虔引司馬法謀帥篇曰：「大車驅，啓，乘車，大晨、倅車屬焉。」』『如服言，古人有名軍爲啓者。』據此，是啓即前驅之車。乃稗疏因左傳有『先驅』『申驅』，謂『以先啓行』者，乃先啓而行，即所謂先驅。此則用王介甫之説，讀『行』爲如字，誤矣。

如輊如軒

按輊軒者，低昂之謂也。樂記：『武，坐致右憲左。』鄭云：『致，謂膝至地也。憲，讀爲「軒」，聲之誤也。』此亦與『輊軒』同義。淮南人間訓：『道者，置之前而不輊，錯之後而不軒。』後漢書馬援傳云〔一三〕：『居前不能令人輊，居後不能令人軒。』皆謂平均調適，無所輕重低昂之意。凡車，輊前者必軒後。然使從後視之，不見有輊狀，則前必過于輕〔一四〕；從前視之，不見有軒狀，則後必過于重。故曰：『如輊如軒。』非真有輊軒而不啻其輊軒，則一低一昂自然調適。箋云：『從後視之如輊，從前視之如軒，然後調適也。』可謂善于形容矣。

四牡既佶

傳：『佶，正也。』說文：『佶，正也。』即用毛詩傳，並引詩『既佶且閑』。書甘誓『御非其馬之正』，彼疏云：御以正馬，『詩之「兩驂如手」傳云：「進止如御者之手。」是爲馬之正也。』此傳所謂『正』，即此義。箋云：『佶，狀健之貌。』蓋以『狀健』乃可以狀馬。然此詩上二句言車之善，車以平均調適爲善，馬以整齊訓習爲善：佶者整齊，閑者馴習，其義至當。必如鄭氏以『壯健』釋之，則不盡然也。

太原

考廣平曰原，爾雅載之；上平曰原，公羊傳載之；大而高平者謂之太原，尚書大傳載之；高平曰太原，春秋說題辭載之，是『太原』字義本無定名。今欲知太原之地之所在，必先求涇陽之所在〔一五〕，而後太原可得而明也。漢書地理志安定郡有涇陽縣。又注：涇陽縣屬安定，在原州。郡縣志：平涼縣本漢涇陽縣地。然則太原當即今之平涼，而後魏立爲原州，亦是取古太原之名爾。而朱、吕、嚴三家以陽曲爲太原，其誤與？孔穎達泥杜氏說，謂『千畝』在西河之介林，而以爲晉地，正自相同。計周人之禦玁狁，必在涇原之間。若晉陽之太原，在大河之東，距周京千五百里，豈有寇從西來、兵從東出者乎？近人以國語宣王料民于太原一事駁之，其説最爲得之。

其車三千

箋云：『司馬法：「兵車一乘，甲士三人，步卒七十二人〔一六〕。」宣王乘亂，羨卒盡起。』正義引小司徒『起軍之法』：『家出一人，故鄉爲一軍』，『唯田與追胥竭作』。『今以敵强，與追寇無異，故羨卒盡起』。上中下地，『三等之家，通爲率之，家有二人半耳。縱令盡起，惟二千五百乘。所以得有三千者，蓋出六遂以足之』。『或出于公邑，不必皆鄉遂也』。王介甫又以爲會諸侯之師，非特鄉遂之兵而已。後儒多疑詩不過極言其盛，本非實數。或又謂此詩『其車三千』一語而三言之，必紀實之詞，非虚張之數。何氏古義又據尚書孔疏，謂：『出車一乘，則有兩車。輕車備戰陳，士卒共七十五人；重車載輜重，用二十五人。合兩車總百人。其車三千，内兵車一千五百乘，計甲士、步卒共得十一萬二千五百人；重車一千五百乘，計炊家子等共得三萬七千五百人，合之爲十五萬人，天子六鄉、六遂之衆也。』今按：詩雖詠歌之文，不同紀事之史，然必無鑿空妄語者。其車三千，自是實數。惟依鄭孔之説，三千乘當有甲士九千、步卒二十一萬六千。三代用兵，必不若此之多。且以方叔『克壯其猶』，而伐『蠢爾』之『蠻荆』，安用士卒之衆如此？又六鄉地居四同，合上中下地正羨卒通而率之，家二人半，一鄉得三萬一千五百人，六鄉共十八萬七千五百人。乃空國而授之方叔，使百里之地曠然無人，此尤必無之事。何氏以此詩前三章爲大閱之事，而又謂合兵車、重車爲三千。夫大閱究非出師，但當乘兵車以習戰陣，何必並重車而徵發之？則其說亦未可信。竊考周禮大司馬云『王六軍』，正與詩之三言『六師』合。然則六軍者，王國之大法也。然六月之『元戎』『啓行』，止言『十乘』，采芑即用多車，亦何至三千之衆？此則後儒以爲治兵之禮，陳其六軍，于義爲近也。

旂旐央央

箋云：『蛟龍爲旂。龜蛇爲旐。此言衆將帥之車皆備。』考大司馬『中秋教治兵』，『王載太常，諸侯載旂，軍吏載旗，師都載旜，鄉遂載物，郊野載旐，百官載旟』。而司常：『大閱，贊司馬頒旗物。王建太常，諸侯建旂，孤卿建旜，大夫士建物，師都建旗，州里建旟，縣都建旐，道車載旞，斿車載旌，皆畫其象焉。』據此，惟常、旂二物與大司馬文同，其他各異者，彼爲四時講武之禮，此爲三年大閱之禮〔一七〕，故所建不同。此詩亦三年大閱，然王不親行，特命方叔往莅其事。九旂中，如太常、旞、旌三者以皆王旗，非人臣所敢建，其餘六旂始于旂、終于旐。旂或方叔所建，所謂天子之卿視侯也。自方叔而下，如小司馬、軍司馬、輿司馬、行司馬，則孤卿大夫之類，及師都、州里、縣鄙莫不畢至。則盡乎六鄉、六遂之中，擧旂旐而旃物旃旟可以該矣，故箋云『軍衆將帥之車皆備也』。

約軝錯衡

傳：『軝，長轂之軝也，朱而約之。』戴氏詩考正曰：『軝，説文亦作「軧」，從革。孔沖遠以「軝」爲長轂名，非也。軝即考工記之「幬革」。朱而約之者，朱其革以幬于轂也。惟長轂長飾大車，短轂則無飾，故曰「長轂之軝」。』今按：考工：『五分其轂之長，去一以爲賢，去三以爲軹，容轂必直，陳篆必正，施膠必厚，施筋必數，幬必負榦。既摩，革色青白，謂之轂之善。』此言飾轂之善法。軹，本當作『軝』。長轂之軝，軝在置轂軸之外矣。注解『篆』爲轂約，其約軝之謂乎？輪人所言亦概謂治轂之法有此數者耳。不得泥于陳篆列在幬革之先，遂謂刻畫其文，即以革縷約之。蓋治通轂之制，既幬而後加以朱漆。幬者轂之所同，朱則軝之所獨。第朱其軝，而無他飾者，謂之縵。巾車：『卿乘夏縵。』晉語：『乘縵不擧。』注云：『縵，車無文也。』既朱，而復約束之以爲文者，謂之篆。巾車『孤乘夏篆』，先鄭云：『夏，赤色。』後鄭云：『畫轂約也。』傳云『朱而約之』，明是既朱其革，復加約束也。錯衡，傳又云『文衡也』。正義曰：『錯者，雜也。雜物在衡，是有文飾。』朱氏通義曰：『説文：「錯，金塗也。」蓋車軛曰衡，塗金于衡，所以爲文。鄭解商頌「錯衡」亦曰「金飾」。』『荀子云：「雜衡以養目，和鸞之聲以養耳[一八]。」』此『約軝錯衡』之大略也[一九]。

鉦人伐鼓

『伐，擊也。鉦以静之，鼓以動之。』[二〇]正義曰：『周禮有錞、鐲、鐃。鉦，説文：「鉦，鐃也，似鈴，柄中上下通。」然則鉦即鐃也。鼓人云：「以金鐃止鼓。」大司馬云：「鳴鐃且卻。」聞鉦而止，以是鉦以静之。大司馬又云：「鼓人三鼓，車徒皆作。」聞鼓而起，是鼓以動之也。』按：孔疏所言特據大司馬教大閲鼓退鳴鐃之文，以爲鉦以静之。不知鐲、鐸、鐃皆以鉦爲大名，故周禮分别鐲、鐃之用，不復言鉦。説文曰：『鐲，鉦也。』『鐃，小鉦也。』字皆互通。蓋軍中凡金皆謂之鉦，故詩人但言鉦耳。周禮鼓人雖云以金鐲節鼓，以金鐃止鼓，以金鐲通鼓，似鐲與鐃非所用以止軍也者，然金之爲物，實則進止俱用。故鄭注鼓人云：『鐲，鉦也。』賈疏謂詩有『鉦人伐鼓』，『彼注「鉦以静之」，此解以爲軍行所用不同者，義亦一也。以其動静俱用故也。』大司馬職言振鐸則『羣吏作旗，車徒皆作』。又掩鐸則『羣吏幣旗[二一]，車徒皆坐』。鄭注：『掩上振之。』是則鐸有坐、作兩用。以此例之，是軍鳴金則進，退則静之，似不專指鐃言也。

振旅闐闐

傳云：『入曰振旅，復長幼也。』按：爾雅引詩『振振闐闐』而釋之曰：『出爲治兵，尚威武也；入爲振旅，反尊卑也。』毛云『復長幼』者，或所據爾雅異文。舊説以『振旅』爲方叔南征還師，則『蠢爾蠻荆』何以言于還師之後？考周禮『中春教振旅』，『中秋教治兵』，皆習戰之名。故莊八年穀梁傳曰：『出曰治兵，習戰也；入曰振旅，習戰也。』是振旅亦是南征時習戰之事。箋又云：『戰止將歸，又振旅伐鼓闐闐然。』夫『戰止將歸』仍沿舊説之誤，而以『闐闐』爲鼓聲，亦似不合。按説文口部：『嗔，氣盛也。』引詩『振旅嗔嗔』。郭注爾雅：『闐闐，羣行貌。』説文門部：『闐，盛貌。』廣雅：『闐闐，盛也。』是『嗔』『闐』皆爲衆盛之意，並非伐鼓之聲。惟孟子趙註以『填』爲鼓聲。然詩于伐鼓曰『淵』，又曰『闐闐』，詞不贅乎？是知『闐闐』者，所以形容習戰者羣行之貌也。

『蠻荆』當作『荆蠻』

傳：『蠻荆，荆州之蠻也。』考漢書韋玄成傳引『荆蠻來威』〔二二〕，然則詩當作『荆蠻』，故傳云云。晉語叔向云『楚爲荆蠻』，韋注『荆州之蠻』，正用毛詩爲説。文選吳都賦『跨躡蠻荆』李善注引詩『蠢爾蠻荆』〔二三〕。是唐初詩尚不誤。左思倒字以與『并』『精』『坰』爲韻耳。

按：鄭語史伯曰：『當成周者南有荆蠻。』竹書紀年：『宣王五年秋八月，方叔帥師伐荆蠻。』太平御覽兵部五十八引漢書作『蠢爾荆蠻』。此亦可爲詩作『荆蠻』之證。蓋荆州之地，禹貢所分，其建國非蠻也。若作『蠻荆』〔二四〕，則是以蠻概一州矣，無是理也。

駕言徂東

傳：『東，洛邑也。』箋云：『東都，王城也。』按：漢書地理志：『河南故郟鄏地』，『是爲王城』，『雒陽，周公遷殷民，是爲成周』。傳箋似各言一處。然考逸周書王會解首云成周之會，孔晁注云：『王城既成，大會諸侯及四夷也。』是知王城、成周相去不遠，故周人通目之爲東都也。

甫草

傳：『大也。』箋云：『甫草，甫田之草也。鄭有甫田。』正義曰：『毛以田法芟草爲防，是廣大之處，故訓「甫」爲「大」。箋以下云「搏獸于敖」，敖是地名，則「甫草」亦是地名，不宜爲大，故易之爲「甫田之草」。』不知此箋乃申傳之義，非易傳之文也。經但言『甫草』，故傳祇訓『大』。文選西都賦注、後漢書班固傳、馬融傳注並引韓詩作『圃草』。薛君章句曰：『圃，大也，有博大茂草也。』蓋『圃』『甫』古字通，薛君義與毛同。然博大茂草之處，必係藪澤。周語云：『藪有圃草。』故箋引爾雅『鄭有甫田』，以申成傳義也。

『摶獸』作『薄獸』

箋云：『獸，田獵摶獸也。』考文選東京賦『薄狩于敖』〔一二五〕，李注引詩『薄獸于敖』，又水經濟水篇注引詩『薄獸于敖』，或謂古本詩經作『薄狩』，箋當云：『狩，田獵摶獸也。』薄者，語辭。古『狩』『獸』通。夫謂經『摶』當作『薄』，是也，而謂『獸』當作『狩』，箋上『獸』字亦當作『狩』，則似是而實非也。此經疑本作『薄獸于敖』，猶邠風言『一之日于貉』是也。彼箋云：『于貉，往摶貉以自爲裘也。』『往』訓『于』，『摶貉』訓『貉』，故此箋亦以『摶獸』訓『獸』。然則經當作『薄獸』，箋當『獸，田獵摶獸也』。若經作『狩』而箋云『狩，田獵摶獸也』，則上文已有『駕言行狩』，何不於次章箋之？釋文無『狩』字音，而云『摶獸，音博』，此或爲鄭箋作音，非必經文作『摶』。正義釋經云『往摶取禽獸于敖地』，則經文已誤『薄』爲『摶』矣。至他書引此多作『薄獸』者，由不知古人『摶獸』謂之『獸』，與『于貉』同義，故疑『薄獸』爲不辭，易之爲『狩』耳。要之，鄭所見毛詩自作『獸』，不作『狩』也。

敖

傳云：『敖，地名。』箋云：『敖，鄭地，今近滎陽。』嚴緝謂此章言獵于敖，不應又言圃田。然考圃草澤，今在開封府中牟縣西北七里，敖山在今開封府鄭州河陽縣西北二十里，計二地相去僅百餘里，各舉一名互見其所在，義亦可通。按：續漢書郡國志：河南滎陽縣有敖亭〔二六〕。劉昭補注云：『周宣王狩于敖。左傳宣十二年：「晉師在敖鄗之間。」』呂氏讀詩記並引左傳士季『設七覆于敖前』。則敖山之下可以屯兵，翳薈可以設伏。所謂『東有甫草』即謂此也。蓋敖、鄗、圃田地本相近。周語：『杜伯射王于鄗。』韋注引周春秋『宣王會諸侯田于囿』，杜伯自道左射王云云，此『囿』字當作『圃』，其證也。

赤芾

或曰：芾者，韠也。韠之言蔽。禮云：『韠，君朱。』天子、諸侯玄端朱裳，韠從裳色，故朱焉。此一類也。字又作『紱』。禮云：『一命緼紱』，再命、三命赤紱。此絻弁之芾，又一類也。茲之赤芾謂絻弁也。其飾諸侯，自上而下其色黄朱。黄朱者，朱之淺赤是也。王氏曰：『諸侯莅，其臣庶服赤芾；君會同，于王亦服赤芾，臣道也。』

金舄

傳：『金舄。舄，達屨也。』陳氏稽古編曰：『兩「舄」字中間疑脱「金」字。』今按：毛傳當云：『金舄，達屨也。』蓋衍一『舄』字，非脱一『金』字。觀正義曰：『言金舄達屨者，天官屨人注云舄有三等，冕服之舄下有白舄、黑舄。此云金舄者，即禮之赤舄也。』傳文句讀，此其明證。正義又曰：『箋云：「金舄，黄朱色。」加金爲飾〔二七〕，故謂之金舄。白舄、黑舄猶有在其上者，爲尊末達。其赤舄則所尊莫是過，故曰「達屨」，言是屨之最上達者也。』按：疏説是也。小爾雅：『屨，尊者曰達。』達，猶孟子『達尊』之義。邠風傳云：『赤舄，人君之盛屨。』盛屨，猶『達屨』也。古人文義質實，謂之『金舄』，必是以金爲飾。詩中如『金罍』『金厄』，皆然。或謂金舄之飾直達于鉤，鉤在屨頭，如刀衣鼻，似難飾之以金。故晏子春秋諫篇曰：『景公爲屨，黄金之綦，飾以銀珠，運以良玉之鉤，其長尺。』是古本有以金飾屨之制，又何容疑乎？

決拾既佽

傳云：『決，鉤絃也。拾，遂也。佽，利也。』箋云：『佽，謂手指相次比也。』正義曰：『傳以「佽」爲利，其説不明，故申而成之。』『謂手指比次而後射得和利，故毛云「佽利」，言相次然後射利，非訓「佽」爲「利」也。』按疏説非是。『佽』『利』疊韻爲訓。利者，便利之謂。説文：『佽，便利也。』引詩『決拾既佽』，正用毛義。決以象骨爲之，鉤絃以利發。拾，韜左臂捨其衣袖以利絃。然則既佽者，謂決拾皆便利也。先鄭注周官膳人引詩『決拾既佽』，是所據本作『次』，與『佽』異。此箋亦以『佽』爲『次』，乃與毛異義，非申毛也。但『手指次比』祇可言『決』，於拾著左臂者不合，不如傳訓『佽，利』爲賅括也。

助我舉柴

傳：『柴，積也。』箋云：『既同，已射同復將射之位也。雖不中必助中者，舉積禽也。』正義曰：『田無射禮，謂爲既田，須餘獲射于澤宮。』今考賓之初筵『射夫既同』固是指禮射而言，然石鼓詩有『射夫寫矢，具奪舉𦘦』。其徒盱來，或羣或友。悉索左右，以燕天子』語，與此詩文義大同。而以『射夫舉𦘦』與『悉率左右』連言，則是田獵之射，非澤宮之射矣。蓋『助我舉柴』者，猶言助我田獵也。柴，本當作『骴』。西京賦『收禽舉胔』，『胔』與『骴』同。毛傳作『柴』者，借字。傳云：『柴，積也。』『積』與『漬』同。曲禮：『四足爲漬。』注云：『漬謂相瀸汙而死也。』蓋以『柴』爲禽獸死骨之『骴』，故以『瀸汙』釋之。若但爲積聚之積，則必如鄭箋增『禽』字以足其義矣。

『蕭蕭』作『肅肅』

『蕭蕭馬鳴』，唐石經原刻本作『肅肅馬鳴』。後即于『肅肅』上改爲『蕭蕭』，其迹宛然可見。毛傳云：『肅肅馬鳴，悠悠旆旌，言不讙譁也。』經以本作『肅』爲肅然清静意，故云『不讙譁也』。若經作『蕭』，則爲蕭涼、蕭條之類，不詞甚矣。或謂馬既鳴矣，安得肅然清静？蓋天子親田，士馬衆盛，徒御囂囂。今而聞肅然馬鳴之聲，見悠然旌旆之形，是於煩擾之中而得此整暇景象。此宣王之所以中興也。

吉日維戊〔二八〕

傳：『維戊，順類乘牡也。』箋云：『戊，剛日也，故乘牡爲順類也。』正義曰：『祭必用戊者，日有剛柔，猶馬有牝牡，故禱用剛日，順其剛之類而乘牡馬。』次章『吉日庚午』，傳云：『外事以剛日。』正義曰：『言此者，上章乘牡之類，故言「維戊」。擇馬不取順類，亦用庚爲剛日，故解之，由擇馬是外事故也。』今按：毛於首章馬祭以乘牡，解用剛日之故，而次章之詩又特言『外事以剛日』，則『外事』不指擇馬明矣〔二九〕。擇馬與乘馬豈有二義，而分一爲順類、一爲外事乎？曲禮：『外事以剛日，内事以柔日。』鄭注皆爲祭事。惟正義引崔靈恩云：『外事指用兵之事，内事指宗廟之祭。』觀傳於次章言『外事』，殆亦以差馬從禽近於兵戎之事故與？首章馬祭非外事，而用剛日者，則以乘牡之故，而順其類耳。是崔説正與毛合。

其祁孔有〔三〇〕

傳：『祁，大也。』箋云：『祁，當作麎。麎，麋牝也〔三一〕。』正義曰：『必易傳者，以言「獸之所同」，明獸類非一，故知其所言者皆獸名。』『傳訓爲大，直云其大甚有，究不知大者何物。且釋獸有「麎」之名，故易傳而從爾雅也。』又曰：『注爾雅者某氏亦引詩云：「瞻彼中原，其麎孔有。」與鄭同。』按：唐人引某氏注爾雅，或引作『樊光』。樊光，漢人，其引詩當本之三家，故與鄭合。則改『祁』爲『麎』，本三家詩，非毛義也。考此承上章『獸之所同』言，故但言其形體祁大又甚多，而其爲獸自明，正不必改『祁』爲『麎』以見獸名也。

悉率左右

傳：『驅禽之左右，以安待天子。』箋云：『率，循也。悉驅禽順其左右之宜，以安待天子之射也。』稽古編曰：『箋語釋經文最順，而申傳義猶紆。傳「驅」字更須補出「循」，義方可通耳。玩傳義竟似訓「率」爲「驅」，不如箋之優也〔三二〕。』今按：東京賦：『悉率百禽，鳩諸靈囿。』『悉率』二字即本毛詩。而下系以『百禽』，則『率』不可訓以爲『循』。故薛注云：『率，斂也。』其實『率』亦有『驅』義，故六朝人每以『驅率』連文。梁武帝紀：『驅率貔貅。』何承天安邊論〔三三〕：『疆場之民，難以驅率。』蓋以『率』與『驅』同義。則此傳云『驅禽之左右』，正以經文『悉率左右』者謂盡驅而之左之右。文義自明，不必增字完句也。或疑次章『漆沮之從，天子之所』傳既云『從漆沮驅禽而致天子之所』，此傳又云『驅禽之左右』，文義似複。考車攻疏述傳義：『以田法芟草爲防。』『未田之前，誓士戒衆，教士戰法。』『教戰既畢，士卒出和，乃分地爲屯。既陳，車驅卒奔，驅禽納之于防。然後焚燒此防草，在其中而射之。天子先發』，然後諸侯、大夫、士發。然則此言『漆沮之從，天子之所』者，謂驅禽而納諸防中也。言『悉率左右，以燕天子』者，謂焚燒防草，復驅之以待天子之射也。敘次分明，無嫌于複也。

『鴻鴈』喻流民

毛鄭皆以『鴻鴈』喻流民。毛傳曰：『興也。』箋云：『鴻鴈知避寒暑陰陽。興者，喻民知去無道、就有道也。』歐陽本義謂以喻使臣。然玩卒章曰『哀鳴嗷嗷』，則非可以指使臣也。故范補傳曰〔三四〕：『鴻鴈爲使臣之詩，先儒之説是也。然不必以「鴻雁」比使臣。詩有「哀鳴嗷嗷」之語，使臣豈至是哉？』按：襄十六年左傳：『穆叔如晉聘，且言齊故。』『見范宣子，賦鴻雁之卒章。宣子曰：「匄在此，敢使魯無鳩乎？」』杜注：『鳩，集也。』正義曰：『國有兵寇，則民人不得集聚。』此可爲『鴻雁』喻流民之一證也。

之子于征

詩本義訓『之子』爲『使臣』。朱子則以『之子』爲『流民』，自相矛盾。是謂『劬勞』皆就民説，似不見勞來安集之意。今就全章大旨，按之首章有取于鴻雁羽翮之勞，至于『爰及矜人，哀此鰥寡』，誰及之？誰哀之？實由于上之人耳。二章有取于鴻雁中澤之集，而曰『其究安宅』，以流民所止非其本土，使可爲築室久安之計，誰實使之？實由于上之人耳。三章有取于鴻雁之哀嗷，以離散之餘，雖有定居而生理未復，故不能不哀號，赴訴丁上之人耳。似『之子』當指使臣而言，於經乃相脗合也。

百堵

傳：『一丈爲板，五板爲堵。』箋云：『春秋傳曰：「五板爲堵，五堵爲雉。」雉長三丈，則板六尺。』稽古編曰：『按：毛所云五板，累五板也。鄭所云五堵，接五堵也。累，言其高。接，言其長。板廣二尺，累之則一堵之牆高一丈。其板之長，則毛以爲一丈，鄭以爲六尺。堵雉之長，亦因之異。公羊後于毛，未足深信。然雉長三丈語，鄭又據左傳「都城百雉」之説，於義較優。』今按：左傳隱元年正義曰：『定十二年公羊傳曰：「雉者何？五板而堵，五堵而雉。」何休以堵爲四十尺〔三五〕、雉二百尺。許慎五經異説、戴禮及韓詩説八尺爲板，五板爲堵，五堵爲雉。板廣二尺，積高五板爲一丈。五堵爲雉，雉長四丈。古周禮及左氏説一丈爲板，板廣二尺。五板爲堵，一堵之牆長丈、高丈。三堵爲雉，一雉之牆長三丈〔三六〕、高一丈也〔三七〕。以度爲長者，用其長。以度爲高者，用其高也。』據此，知古人以板爲横數，堵爲直數。板廣二尺，五板爲堵。板長八尺，積五板而其高一丈，其長仍八尺也。板長一丈者，積五板而其高一丈，其長亦一丈也。故戴禮、韓詩以五堵之雉長四丈，周禮、左傳以三堵之雉長三丈。若何注公羊『五板而堵』云八尺曰板，堵凡四十尺，此誤以板爲長數。詩正義謂其取韓詩傳。其實何氏所據韓詩惟『八尺曰板』之文耳。其所云堵四十尺〔三八〕、雉二百尺、百雉二萬尺者，乃自用春秋緯之説，與五經異義所引韓詩説絶異，知其不足信也。詩正義又引王愆期注公羊云：『諸儒皆以爲雉長三丈，堵長一丈，疑「五」誤，當爲「三」。』此正與古周禮、左氏傳合，勝何注多矣。毛公説板以長言，堵以高言，雖不明雉數，亦必以三丈爲雉。可知左氏正義云賈逵、馬融、鄭玄、王肅之徒爲古學者，皆云雉三丈。然則韓詩『雉長四丈』之説，亦不足信也。惟傳箋板數不同，毛詩明辨録云：『六尺之板，築土乃堅〔三九〕，於理爲近。若板長一丈，雖立木以束板，多虞其潰。似乎鄭説爲是。』不知古尺一丈祇當六尺有奇。今之築牆者，正用五六尺板夾束之，而實以土築之、登之，未嘗見其潰也。蓋鄭駁異義時，本古周禮、左氏説。其注考工記亦云：『雉長三丈，高一丈。』是皆謂一丈爲板，並無板長六尺之説。至箋詩時〔四〇〕，牽于公羊『五堵爲雉』，以五板爲高一丈，五雉爲廣三丈，故云『板長六尺』。然不知堵方一丈、三堵而雉之爲定論也。

謂我宣驕

傳：『宣，示也。』或謂『宣驕』與『劬勞』相對爲文，『劬』亦『勞』也，『宣』亦『驕』也，以『宣』爲侈大之意，引易林之『大口宣舌』以爲證。不知首章傳云：『劬勞，病苦也。』『病』非疾病之病。觀次章箋云『女今雖病勞』，可見『病勞』者猶言不勝其勞也。『劬勞』非疊字爲義。蓋病于勞示其驕，正相爲文，不必以『宣』爲侈大乃爲相對也。吕記引王氏説曰：『謂我劬勞者，以我「吁征于垣」爲劬勞也。謂我宣驕者，以我「矜憐撫奄」有類于姑息，則疑爲驕。如巷伯「驕人」，謂王聽信其言所驕縱之人也，故亦以「驕」與「勞」對言』，非其例乎？

夜未央

傳：『央，且也。』釋文：且，『又音旦，經本作「旦」』。正義引王肅云：『央，旦。』則知王肅妄改毛傳『且也』爲『旦也』。而正義、注疏本皆誤從之。或謂且，薦也。凡物薦之則有二層，『未且』猶言未薦進也，與『未艾』『鄉晨』爲次第。若作『旦』字，則與『鄉晨』不別。今按：釋文：『且，七也反，又子徐反。』鄭風『士曰既且』，釋文：『且，音徂，往也。』詳此傳訓『央』爲『且』，亦當音『徂』。凡歲日月時過去者，謂之往。『夜未央』者，夜未往也。至箋云『未央者，猶言夜未渠央也』，顏氏匡謬正俗引秦風之『宛在水中央』、禮月令『中央土』說，說以『央』爲『中』。夜未央者，以夜未中也。箋言『未渠央』，即俗語之『未遽央』。『遽』與『渠』同，謂未遽中耳，與『未往』之意相足而成。是傳箋之説，其意正相近也。

夜未艾

傳：『艾，久也。』箋云：『芟末曰艾，以言夜先鷄鳴時。』正義曰：『毛意「艾」取名于耆艾。艾者，是年之久。從幼至艾爲年之久，似從昏至旦爲夜久。』則是初昏之詞〔四一〕，『時已雞鳴左右，不得謂之未久也，故易之以「芰艾」爲喻』。今按：傳以『艾』爲久者，『久』之爲言『究』也。如説文『镾，長久也』，生民、卷阿傳『彌，終也』之意〔四二〕。則傳『艾，久也』，『久』亦有『終』意。夜未久，猶言夜未終耳。鄭箋『芰末曰艾』，正以『艾』爲將終申明傳義。孔疏以爲易傳，且云『夜未久』是『初昏之詞』，誤矣。

沔水規宣王

序云：『沔水，規宣王也。』嚴緝云：『規其聽讒而諸侯攜貳也。』考宣王承積衰之後，赫然中興，其意鋭于求治，所以責諸侯者太峻，而宵小喜事之徒，爲搆造釁端如魯嫡之廢、杜伯之殺，皆讒言興而諸侯攜貳之證也。首章之『兄弟』『邦人』『諸友』，末章之『我友』，傳箋皆以『諸侯』言之。不斥王而斥諸侯，所謂『規』也。讒言而曰其興者，又有思患預防之道焉。

九皋

傳：『皋，澤也。』箋云：『皋，澤中水溢出所爲坎，自外數至九，喻深遠也。』或曰『鶴鳴于臭』，『臭』古『澤』字。澤爲陰，故曰鶴鳴在陰。傳箋皆作『臭』，後人誤爲『皋』，失其義矣。何氏古義又歷引羣書以爲『皋』『澤』相混之證。今按：毛傳訓『皋』爲『澤』，箋申之以『皋』爲『澤水溢出之坎』，似不得以『皋』爲『澤』之訛字。蓋『皋』『澤』對文則別，如左傳『鳩藪澤』『牧隰皋』是也；散文則通，故此傳云：『皋，澤也。』即如漢書司馬相如傳注：『平皋之廣衍。』此謂水旁地爲皋。賈山傳『江皋』『河瀕』對言，注引李奇以『皋』爲水邊淤地，正與箋云『皋，澤中水溢出所爲坎』者正合。箋又云：『自外數至九。』即韓詩『九折之澤』也。又説文云：『臭，大白澤也。從大、白。古文以爲「澤」字。』考『臭』與『澤』，聲義皆不相近，當是『古文以爲「皋」字』。本部云：『皋，氣皋白之進也。從本、從白。』『臭』『皋』聲既皆近，又皆爲『白』，字或可通，要非並通于『澤』也。

穀

傳：『穀，惡木也。』釋文引説文云：『「楮也。從木，㱿聲〔四三〕」。非從「禾」。以上章上「檀」下「籜」類之』，『故知「穀」惡木也』。按：楮木葉粗枝細，同于灌莽，故毛公以爲惡木也。正義引陸璣『幽州人謂之穀桑』，『中州人謂之楮。殷中宗時，桑穀共生是也』〔四四〕。據此，以桑、穀爲一木。然考書大傳及説苑君道篇、敬慎篇，論衡異虚篇，皆以『共生』爲『俱生』，是漢儒多謂桑、榖二木。則陸説恐非也。

校記

〔一〕公　原作『侯』，據左傳改。

〔二〕主　原作『王』，據毛詩後箋改。此處係用後箋語。

〔三〕言　原無，據毛詩稽古編補。

〔四〕因　原作『言』，據毛詩正義改。

〔五〕言　原無，據毛詩正義補。

〔六〕貝　原作『朋』，據毛詩正義改。

〔七〕季　原作『李』，據下爲引季本詩説解頤文改。

〔八〕『大』前原有『一』字，據詩説解頤删。

〔九〕征　原作『稱』，據毛傳改。

〔一〇〕處　原作『稱』，據毛傳改。

〔一一〕言文　二字原互乙，據毛詩正義改。

〔一二〕啓　原無，據毛詩後箋補。此處係用後箋語。

〔一三〕傳　原作『疏』，據下爲引後漢書馬援傳文改。

〔一四〕輕　原作『輊』，據毛詩後箋改。此處係用後箋語。

〔一五〕求　原無，據四部叢刊本顧炎武日知録補。此處係用日知録語。
〔一六〕七　原作「地」，據鄭箋改。
〔一七〕此　原無，據何楷詩經世本古義補。此處係用詩經世本古義語。
〔一八〕耳　原作「心」，據四部叢刊本荀子改。
〔一九〕軝　原作「祇」，據下引爲詩經采芑改。
〔二〇〕以上引文係毛傳文，按李氏文例，前當有「傳」字。
〔二一〕掩　當作「擁」，見周禮大司馬。
〔二二〕書　原無，據下爲引漢書文補。
〔二三〕賦　原作「城」，據下引爲吳都賦文改。
〔二四〕作　原作「則」，據毛詩後箋改。此處係用後箋語。
〔二五〕于　原無，據東京賦補。
〔二六〕滎　原作「榮」，據續漢書改。
〔二七〕加　原作「如」，據毛詩正義改。
〔二八〕維　原作「爲」，據詩經吉日改。
〔二九〕明　原作「鳴」，據毛詩後箋改。此處係用後箋語。
〔三〇〕此條「祁」字原均作「祈」，據詩經吉日改。
〔三一〕牝　原作「鹿」，據鄭箋改。

〔三二〕如　原作『知』，據毛詩稽古編改。

〔三三〕安　原作『按』，據毛詩後箋改。此處係用後箋語。

〔三四〕范補傳　依李氏文例，『范』下當有『氏』字。

〔三五〕〔三八〕尺　原作『丈』，據左傳正義改。

〔三六〕長　原作『高』，據左傳正義改。

〔三七〕高　原作『長』，據左傳正義改。

〔三九〕堅　原作『豎』，據毛詩後箋引沈青崖毛詩明辨録改。

〔四〇〕時　原作『將』，據毛詩後箋改。此處係用後箋語。

〔四一〕以下文『故異之』視之，『則』上當脱毛詩正義『箋以夜未久』文。

〔四二〕彌　原重出，據毛傳删。

〔四三〕骰　原作『穀』，據説文解字改。

〔四四〕桑　原作『梁』，據毛詩正義改。

學詩堂經解卷十一

祈父之什二之四[一]

祈父，予王之爪牙

箋云：『予，我也。』『此勇力之士責司馬之詞也。我乃王之爪牙。』按：襄十六年左傳：『穆叔如晉聘，且言齊故。』『見中行獻子，賦祈父。』杜注云：『詩人責祈父爲王之爪牙，不修其職，使百姓受困苦之憂而無所止居。』玉篇『牙』下引詩曰：『祈父，維王之爪牙。』此亦以『爪牙』即指祈父，與杜解同。當時必別有所據，或三家本不作『予』字。今以經文例之，三章『亶不聰』仍指祈父而言，則『爪牙』『爪士』當亦指祈父之詞。王之爪牙，猶曰『公侯腹心』爾。

有母之尸饔

傳：『尸，陳也。熟食曰饔。』『已從軍，而母爲父陳饋飲食之具，自傷不得供養也。』[二]蘇傳從異義，以爲使母獨主祭夫，謂母陳祭，則必從軍者爲無父之人。古未有無父不從征役之制。惟如箋説『母爲父陳饋飲食』，則是獨子從軍，不得供養，可恤孰甚焉？國語吴語：越勾踐伐吴，有父母、耆老而無昆弟者皆遣歸。史記魏公子無忌救趙，亦令獨子無兄弟者歸養。故吕記曰：古者親老而無兄弟，則免其征役。『在古必有成，故責其「不聽」。其意謂此法人皆聞之，彼司馬獨不聞乎？』此説申箋正當，得詩人之本旨矣。

場苗場藿

傳：『藿，猶苗也。』毛于首章『場苗』無釋，而此章云『藿猶苗也』，蓋以此爲愛賢而欲留之意，人所共知。言其秣飼之美，則藿與苗同，非謂其字之義亦同也。按蒼頡篇曰：『苗者，禾之未秀者也。』説文：『藿，尗之少也。』少，讀如少幼之『少』。苗爲禾始生，藿爲豆始生也。嚴緝云：『穀之始生曰苗，草之始生亦曰苗。本草多言春夏采苗。』『場，即圃也。言圃中之苗，則菜茹之嫩者，猶今之言菜秧，非禾苗也。若以納稼在場，則不云「苗」矣。下云「場藿」，藿，豆葉，亦菜茹之類。』或又據説文『苗，草生于田者』，集韻『藿，草名』爲説。此皆泥于春夏爲圃，秋冬爲場，禾、苗、豆、藿非秋冬之所有耳。然正義明云：『此宜名「圃」而言「場」者，亦場、圃同地耳。對則四時異名，散則繫其本地，雖夏亦名「場」也。』據此，則嚴説非也。

爾公爾侯

『爾公爾侯』，説者不一。吕氏讀詩記言『爾公爾侯』責當時之在位者悠悠。嚴緝駁之，謂與下文不畫一〔三〕，是也。而嚴自爲説曰：『爾賢者若爲公爲侯，將勤勞國事，無逸豫之期』，不如肥遁之優游自樂。夫詩方刺其不能用賢，而乃勸其速去，殊非經旨。集傳云：『猶言横來〔四〕，大者王，小者侯。』則作詩者非宣王，無自言爵人以公侯之事。王氏總聞云：此必舊爲公侯而今適山林者。尤屬臆測無據。惟傳云『爾公爾侯耶，何爲逸豫無期以反也』，最爲得之。是與愛賢留賢之意相合。下文『慎爾優游』，爲其有公侯才望，而深惜其去，猶望其優游以待時。『勉爾遁思』，猶云行矣自愛也。故毛傳勝於諸家多矣。

在彼空谷

傳：『空，大也。』或據文選西都賦、陸士衡樂府詩，李善注俱引韓詩作『在彼穹谷』；薛君章句曰『穹谷，深谷也』；説文『穹，窮也』，亦爲極深之意：『空』當讀爲『穹』，傳訓爲『大』，作如字讀，不如韓詩義長。然此泥於『空』無『大』訓故也。今考古者『空』與『孔』同義。説文：『孔，通也。』老子『孔德之容』王注：『孔，空谷也。』河上公章句云：『孔，大也。』是『空』亦未嘗不可訓『大』。且傳『空大也』上當疊一『空』字，謂其空大，非訓『空』爲『大』。如芣苢傳：『捋，捋取也。』大叔于田傳：『揚，揚光也。』故訓本有此例。孔疏引桑柔『有空大谷』，是謂『空大之谷』，以述毛旨，當矣。説文：『空，空大也。』廣雅釋詁：『空，深也。』是『空大』即『深』之意。故韓詩作『穹』，毛詩作『空』，字雖殊而義則一也。又何必改毛以從韓乎？

蓫

傳：『蓫，惡菜也。』箋云：『蓫，牛蘈也。』正義曰此釋草無文。今按：釋草：『藬，牛蘈也。』藬，土回反。蓫，敕六反，又它六反。是『藬』『蓫』一聲之轉。鄭所見爾雅當作『蓫，牛蘈』。唐時爾雅本『蓫』作『藬』，故疏以爲釋草無文。説文無『蓫』字，但有『堇，草也，讀若釐』。而廣韻『堇』有許竹、丑六二切。集韻則云『堇』或作『苗』，通作『蓫』，羊蹄也。此本廣雅以『堇』爲羊蹄。蓋『苗』與『笛』同音。笛，周禮笙師職作『蓫』，故『堇』轉爲『苗』，『苗』又爲『蓫』，皆謂羊蹄，實一物也。正義引陸疏云：『蓫，今人謂羊蹄。』齊民要術引義疏云：『今羊蹄似蘆菔，莖赤。煮爲茹，滑而不美。幽州謂之羊蹄，揚州謂之蓫。』據此知羊蹄有『蓫』名，又與傳云『惡菜』相合，可謂定論矣。

葍

傳：『葍，惡菜也。』箋云：『葍，蔔也。』正義曰：『陸璣疏云：「葍，一名蔔，幽州人謂之燕葍。其根正白，可著熱灰中温噉之〔五〕。飢荒之歲，可蒸以禦飢。」』陳氏曰：『爾雅有二葍。葉細花赤者葍，蔓茅也；葉大而花白復香者葍，蔔也。此詩「采葍」，箋以爲蔔，陸疏亦同。然陸又云：其草有兩種。葉細而莖赤者，有臭氣，是葍。蔔之葉復，有細大之分。傳以葍爲惡菜，應指細葉者。』今按：邶風谷風：『采葑采菲。』此二菜者，蔓菁與葍之類也。其根有美時，有惡時。據此葍根可噉，或亦有惡時。陸璣云『荒歲可以禦飢』，則知豐年人所不食，故傳以爲惡菜與？

似續妣祖，『似』字

傳：『似，嗣也。』箋云：『讀如「巳午」之「巳」。續妣祖者，謂已成其宫廟也。』按：此及裳裳者華、卷阿、江漢，傳皆云：『似，嗣也。』或謂『似』爲『嗣』之假借。然説文『似』訓『象』，廣雅：『子、㠯，似也。』『似』之義當本通於『嗣』『續』，不必以爲假借。或又疑『似』爲『嗣』，與『續』複。不知『嗣續』連文，猶杕杜之『繼嗣我日』，古人自有此文例。箋讀爲『巳午』之『巳』者，古人於『巳午』之『巳』本讀爲『已然』之『已』，故亦讀爲『已然』之音。史記律書『巳者，言萬物之盡也』，漢律曆志『巳成之巳』，説文『巳，已也，四月陽氣已出，陰氣已藏』者，皆訓『巳』爲『已然』，即讀爲『已然』之音者也。㠯從反巳。似，從人，㠯聲。故『似』亦讀爲『巳』。周頌『於穆不已』，孟仲子『於穆不似』，是也。鄭既讀『似』爲『巳』，即釋爲『已成宮廟』，因文見義，語甚明晰。唐人蓋讀『已然』爲羊里切，讀『似』及『巳午』之『巳』爲詳里切，故孔疏誤會箋語，以巳午當南方之位，謂在巳地續妣祖之廟。支離穿鑿，殊失鄭旨。惟周頌良耜『以似以續』傳云：『嗣前歲，續往事。』箋依傳爲解，而於此『似』字改讀，文同義異，不如傳説之優也。

妣祖

説者：妣，先妣姜嫄也；祖，先祖也。考特牲、少牢祭祀之禮，皆以其祖配夫而食，無特立妣之廟者。春官大司樂職：『舞大濩，以享先妣。』『舞大武，以享先祖。』妣先於祖用樂别祭，則周之先妣有不繫於夫而特立廟者矣。閟宫、生民二詩言姜嫄生后稷以配天，爲周之王業所自起，則周之先妣特立廟者惟姜嫄耳。此『妣』文亦在『祖』上，故爲姜嫄無疑。祖，先祖，不斥號謚，則后稷、文、武兼親廟皆在其中矣。

西南其户

傳云：『西鄉户，南鄉户也。』箋云：『天子之寢有左右房。西其户者，異於一房者之室户也。又云「南其户」者，宗廟及路寢，制如明堂，每室四户，是室一南户耳。』考上文『築室百堵』，謂築燕寢也。其制度不必與正寢同，故云『爰居爰處，爰笑爰語』。蓋燕則有西户，謂東房之西南隅開一室以入。室南户者，室與堂相通。西户者，左室與堂相通。故兩言之。若止據室户，則當言東其户，何以言『西南其户』？『西南其户』與『南東其畝』之文相似。『南東其畝』者，謂或南其畝、或東其畝，則『西南其户』者，亦謂或西其户、或南其户也。

約之閣閣

傳：『約，束也。閣閣，猶歷歷也。』正義曰：『毛以爲王本作羣寢時，以繩約束之，繩在板上歷歷然均。謂繩均板直，則牆端正也。』今按：周禮匠人注作『約之格格』，吕記引董氏曰：『崔集注亦作「格格」。』方言『俗謂之格』郭注：『所以轉簍輅車也。』又：䋬車，『謂之轣轆車』者，皆謂絡絲之物。格與轣轆皆著絲纏束之貌。詩或作『閣』，或作『格』，皆當讀如『絡』。『絡』『歷』一聲之轉。傳云『猶歷歷』者，即秦風小戎傳之『歷録』，謂以繩束板，疏落適均也。

椓之橐橐

傳：『橐橐，用力也。』集傳：『橐橐，杵聲也。』毛傳言『用力』而不言『聲』者，兔罝『椓之丁丁』傳云：『丁丁，椓杙聲也。』大雅緜『築之登登』傳云：『登登，用力也。』兔罝傳不言『用力』，及緜傳不言『聲』，義互相備也〔六〕。釋文：橐，『或作「柝」』。説文引易『重門擊柝』，字作『㯳』。廣雅：『㯳㯳，聲也。』當即釋此詩。或三家字作『㯳』，毛詩又省作『橐』耳。

君子攸芋

傳：『芋，大也。』箋云：『芋，當作幠〔七〕，幠，覆也。』周禮大司徒『美宮室』注云：『謂約椓攻堅，風雨攸除，各有攸宇。』賈疏：『宇，居也。』或曰此注約舉詩詞，『攸宇』即『攸芋』

也。鄭氏注禮時多用韓詩，蓋韓詩『芓』作『宇』。不知此説非也，當從傳義爲正。按毛詩溱洧、生民、抑，傳『訏』皆訓『大』，此『芓』與『訏』同。方言：『訏』『芓』並云『大也』。孫毓云：『宫室既成，君子處之，所以爲自光大。』其申毛當矣。鄭改『芓』爲『幠』。考鄭注儀禮曰：『冔名出於幠。幠，覆也〔八〕。』此箋詩乃自用其注禮之説。然其注周禮腊人云：『膴者，魚之反覆。膴，又詁曰「大」〔九〕。二者同矣。』是即以膴爲爾雅『幠，大也』之『幠』，蓋兼『覆』『大』二義。此箋殆以毛既訓『大』，故破此爲『幠』，而以『覆』義申成之。其實非易傳也。

如跂斯翼

傳云：『如人之跂竦翼爾。』正義曰：『人手似鳥，「翼」以爲韻。言跂翼，則如人弭手直立，以喻屋壁之上下正直也。』按：此疏泥於『翼』字，以爲人手如鳥。然則下文『如鳥斯革』傳訓『革』爲『翼』，文義不已複乎？其實詩但言『如跂』，傳但云『翼爾』，並無『似鳥』之意。毛於六月、文王有聲、行葦、卷阿並言：『翼，敬也。』則此『翼爾』正謂如人之跂竦爲敬。蓋敬則容貌端嚴，故以喻牆壁之正直也。

如矢斯棘

傳：『棘，棱廉也。』箋云：『棘，戟也〔一〇〕。如人挾弓矢戟其肘〔一一〕。』夫經祇言『如矢』，不言『如人』；祇言『矢棘』，不及于『弓』。增字成文，義近迂滯，不如傳説得之。釋文：『棘，韓詩作「朸」。朸，隅也。』毛云『棱廉』，韓云『隅』，二義相近。考抑詩『維德之隅』，毛云『隅，廉也』。箋申之云：『如宫室之制，内有繩直，則外有廉隅。』是知此詩謂如矢之正直，而外有廉隅也。韓『朸』爲正字，毛『棘』爲假借字。如矢之直，則得其理，而廉隅整飭矣。

如鳥斯革

傳：『革，翼也。』釋文：革，『韓詩作「勒」，云翅也』。或謂釋文『革』字乃『翱』字之譌。釋器『翱、𦐇，翼也』。此用韓詩。韓作『翱』，與毛傳『革』字異字而同音同訓。毛詩故有『翱』字，以假借之法訓之，故曰『翼也』。吕氏讀詩記引釋文亦作『翱』，有自來矣。

如翬斯飛

説文羽部：『翬，大飛也。從羽，軍聲。一曰伊洛而南，雉五采皆備曰翬。詩曰：「如翬斯飛。」』臣鉉等曰：『當從揮省。』寫本徐鍇説文引詩作『有翬斯飛』。九經字樣羽部云：

『翬，音輝，從羽軍聲。詩曰：「有翬斯飛。」』按字樣本之説文，刊於石壁，不容有誤，疑徐楚金爲是者。今毛詩皆同大徐本。考鄭箋毛詩云：『伊洛而南，雉質，五采皆備成章，曰翬。』此章四『如』字皆以形容其美，翬鳥之有文采者也，故以取喻焉。是字當作『如』，『有』爲誤字無疑。不可以字樣通釋相同，遂謂作『有』爲是。鼎臣以『翬』音如『揮』，因云『當從揮省』。不知古音本同，即『揮』亦從『軍』聲也。

噲噲其正、噦噦其冥

傳：『正，長也。冥，幼也。』箋云：『噲噲，猶快快也。正，晝也。噦噦，猶煟煟也。冥，夜也。言晝夜居之皆寬明也。』正義曰：王肅云：『宣王之臣，長者寬博噲噲然，少者閑習噦噦然，相與翔於平正之庭，列於高大之楹，皆少長讓德有禮之士，所以安也。』正義又曰『於「正長」之義不允』，蓋謂宮室不可以長幼言也。然考周禮寺人『王之正内五人』注云：『正内，路寢也。』儀禮『適室』注云：『正寢之室也。』穀梁隱四年傳云：『諸侯與正。』注云：『正，適長也。』正寢之室既謂之『適』，當亦可謂之『長』。左氏哀二十六年傳『監于少寢之庭』，逸周書酆保解『王在酆，昧爽立於少庭』，『少』即幼也。準此，自可有長幼之名。王肅述毛以『長幼』屬人言，恐非毛旨。至康成以『正』爲晝，『冥』爲夜，則不及傳義之優也。

莞簟

箋云：『莞，小蒲之席也。』釋文：『莞，音官，徐又九完反。草叢生水中，莖圓，江南以爲席，形似小蒲而實非也。』按陸氏此言是不用鄭氏『小蒲』之説。若鄭注周禮司几筵以『繅席』，削蒲蒻。又云：『繅柔媆，不如莞清堅。』則明以『莞』與『蒲』爲二物，與此箋不同。詩疏謂司几筵諸侯祭祀之席，蒲筵加莞席，明莞細而用小蒲，以附箋語。非是。疏又引釋草：『莞，苻蘺。』某氏曰：本草白蒲一名苻蘺，楚謂莞蒲。郭璞曰：『今西方人呼蒲爲莞蒲。江東謂之苻蘺。』考説文：『莞，草也，可以爲席。』『蒲，水草也。或作席。』『䓴，夫離也。』『蒚，夫離上也。』並不言可作席〔一二〕。然則莞爲席草而非䓴，蒲亦席草而非苻蘺。爾雅之『莞，苻蘺〔一三〕。其上〔一四〕，蒚』，據郭云〔一五〕：『西方人呼蒲爲莞蒲』，則是方俗稱名。且以『莞蒲』連呼，若單言『莞』則非蒲可知矣。顧命正義引釋草『䓪，鼠莞』，樊光注云：『詩云「下莞上簟」。』郭璞曰：『似莞而纖細，今蜀中所出莞席也。』據此，詩之『莞』乃爾雅之『鼠莞』。疏不引此而專引『莞，苻蘺』之注，非也。簟，箋曰：『竹韋曰簟。』王氏詩稗疏曰：『此詩之「簟」，乃蓋桃枝竹爲之，而鄭氏謂爲竹葦。葦席，今之蘆席〔一六〕，粗惡殊甚，惟喪禮設之。』今按：正義曰：『竹葦曰簟者，以常鋪爲上，宜用緊物，故知竹簟也。且詩每云簟茀用爲車蔽，是竹簟可知。』據此疏兩言『竹簟』而不及『葦』，疑箋本是『竹曰簟』，『葦』乃衍字。今疏中有『竹葦曰簟』者，正義所見箋本有『葦』字。當由轉寫因箋文之衍，亦從而誤耳。

載衣之裼

傳：『裼，褓也。』箋云：『褓，夜衣也。明當主於内事。』釋文：裼，『韓詩作禘』。今按：禘，當從衣作『禘』。説文：『禘，褓也。』引詩『載衣之禘』，蓋用韓詩意。毛詩『裼』爲『禘』之假借字。釋文又云：『齊人名小兒被爲禘。』考高誘注吕覽、史記趙世家集解引徐廣、孟康注漢書宣帝紀皆以『褓』爲小兒被。此箋云『夜衣』者，蓋亦從『被』義，如論語謂被爲『寢衣』是也。詩於女子言『衣之裼』，『明褓之制方，令女子方正事人之道』〔一七〕，故侯苞之引韓詩翼，要其説甚明。

其角濈濈

傳：『聚其角而息濈濈然。』釋文：『本又作「䮖」。』玉篇：『䮖，多角，又角堅貌。』廣韻：『䮖，角多貌。』此因字書而爲之〔一八〕。宋本詩釋文『䮖』又作『湒』。按『䮖』字，説文不載，水部：『湒，雨下也。』『濈，和也。』皆未引詩。毛詩『濈』字，蓋依聲託義。『湒』爲『雨下』，有『衆』意，『濈』爲『和』，傳云『聚其角而息』，兼『衆』與『和』二義耳。

其耳濕濕

傳：『呞而動，其耳濕濕然。』玉篇、廣韻別有『䑋』字。玉篇：『䑋，耳動搖之貌。』廣韻：『䑋，牛耳動也。』此亦因毛傳而造爲之，非詩本有作『䑋』者〔一九〕。埤雅：『濕濕，言潤澤也。』『牛之爲物，病則耳燥，安則溫潤而澤，故古之視牛者以耳。』董氏曰：『牛臥則耳下垂。濕濕者，其垂也。』按：此皆望文生義。考爾雅『牛曰齝』，注云：『食已，復出嚼之。』齝，字亦作『飼』，毛傳作『呞』。凡獸之嚼物，則頰車用力，故耳爲之動。傳說可謂善體物矣。蓋『濕濕』與『䵹䵹』略同。彼傳云：『䵹䵹，和集也。』古『濕』『䵹』同音。釋名：『濕，䵹也。』『䵹，濕意也。』說文：『燮，和也。讀若濕。』其耳濕濕，謂羣牛皆呞而動耳，亦和集之意也。

衆維魚矣

說者謂『衆』乃『螽』之省，說文作『螽』，與『蠡』同。春秋桓五年『蠡』，公羊作『螽』。螽實蝗類。凡池湖陂澤中魚嘯子皆近岸，傍水淺處。若遇歲旱，水不能復其故處，土爲風日所燥，魚子蠕蠕而出，即變爲蝗而食苗。自大河以北，人皆知之。今蝝不爲蝗而爲魚，故以爲豐年之徵。按陸佃曰：『俗云春魚遺子如粟，埋於泥中，明年水及故岸，則皆化而爲魚。如遇旱乾』，水不及故岸，則其子爲日曝，乃生蝗。故説以爲陰陽和則魚多，『豐年魚多，理皆然也』。據此，陸氏已見及也，特未明言『衆』爲『蝝』字耳。然依此解，蝝變爲魚，則下句必當云旐變爲旟矣，恐文義不順也。自當以毛傳『陰陽和則魚衆多』之説爲是。衆魚爲豐年之應，『維』字乃語助之文。考『維』字義或爲『有』，薛綜東京賦注云：『維，有也。』此『衆維魚』，猶言多有魚也。

維石巖巖

傳：『巖巖，積石貌。』『喻三公之位，人所尊嚴。』〔二〇〕而説者因謂經本作『嚴』。釋文『巖巖』如字，本或作『嚴』，音同。羣經音辨吅部云：『嚴嚴，高也。詩：「維石嚴嚴。」』不知所云『尊嚴』乃是喻警之意，非謂其字當作『嚴嚴』。釋文、音辨以爲『嚴嚴』者，殆本於三家與？

憂心如惔

傳曰：『惔，焚也。』釋文：惔，『韓詩作「炎」，字書作「焱」，説文作「羙」，才廉反』。考説文：『羙，小熱也。從火、羊聲。詩曰：「憂心如羙。」』『羙，羊聲』，今誤讀作『夭夭聲』；『小熱也』，誤作『小熟』，皆非也。釋文於此句云：『説文作「夭」。』陸依今本，末由定爲此句之異文。蓋毛詩本作『如夭』。説文：『燔，爇也。』『爇，炟也。』此傳云：『夭，燔也。』瓠葉傳曰：『加火曰燔。』訓正相同。自或從韓詩作『如炎』，又加『忄』作『惔』，憂也。憂心如憂，不成文句，義亦不順矣。

何用不監

傳：『監，視也。』箋云：『女何用爲職，不監察之？』潛夫論愛日篇曰：『詩云：「國既卒斬，何用不監？」傷三公居人尊位，食人重禄，而曾不肯察人之盡瘁也。』此義同傳箋，以『監』爲察視。釋文引韓詩云：『監，領也。』蓋監者，臨也，臨莅有治。領，亦治也。禮記樂記、仲尼燕居，注並云『領』猶『治』。然則韓詩訓『監』爲『領』，猶訓『監』爲『臨』，義取理治，其旨亦與傳箋相近也。

有實其猗，『猗』字

傳云：『猗，長也。』箋云：『猗，倚也。』言『草木滿其旁倚之畎谷，使之齊均也』。今細繹毛意，『有實其猗』與正月『有菀其特』文例正同。彼言阪田之中而有菀然茂特者，不言而可知其爲苗；此謂南山之上而有實然長茂者，不言草木而可知其爲草木。至鄭箋訓『猗』爲『倚』，疑當讀『猗』，如長發『實維阿衡』之『阿』，箋云：『阿，倚。』此旁猗即旁阿。阿者，裏也，曲也。畎谷言『阿』，猶韓詩外傳所云『阿，谷之隧』也。至其言『草木』，則與毛義合。蓋此興師尹之不平。草木，山之實也。山之生物，平均如一。凡草木之生於其上者，無不猗其長而滿其旁阿之畎谷，亦言草木之齊均也。是此與『不平』之意皆相近也。

維周之氐，『氐』字

傳訓『氐』爲『本』。箋云：『氐，當作「桎鎋」之「桎」。』正義曰：『毛讀從「邸」，如四圭有邸，故爲本。』按：『氐』字，毛鄭異訓。鄭固破字，疏謂毛讀從『邸』，豈亦破字乎？毛公釋詩，從不破字。考爾雅『氐』爲『天根』，謂角亢下繫於氐，如木之有根，故曰『天根』。國語『本見而草木節解』，『氐』與『本』義同，不必讀『氐』從『邸』。至箋當作『桎』，釋文：『桎，之實反，又丁履反，礙也。』考康成破字多取音同，今丁履反，不當爲『桎』字之音，此當是『抵』

字之誤。別體字『抵』作『抵』,『抵』與『梐』字形相近,是也。箋必有易傳者,正義又以『太師』爲周之本,『謂臣爲本,則於義不允,故易之』。不知此説亦非也。君、相皆當爲國本,猶後人言中書爲政本。況尹氏,大族;太師,尊官也,以貴族世秉國政,豈非所謂國本乎?

均

傳箋訓『均』爲『平』,言持政之平,任至重也。而朱子云『均』本當作『鈞』,如所謂泥之在鈞者。潘氏又從而附會之,謂均是造瓦器,所謂車盤是也,運動愈急則成其器愈快,詩『秉國之均』同此義也。今按:周禮地官大司徒『地均之法』注:『均,平也。』中庸『國家可均也』注:『均,平治也。』從無旋轉之意,而訓爲造瓦之具者。是當以傳箋之説爲允也。

天子是毗

傳:『毗,厚也。』箋云:『毗,輔也。』釋文:『王作「埤」。埤,厚也。』今按:毛義當同王,本作『埤』。北門傳云:『埤,厚也。』此正字。此傳『毗厚』是假借字。荀子宥坐篇引是作『天子是庳』,『庳』亦『埤』之假借,爲毛義之所從出。楊倞注云:『庳,讀爲「毗」。』轉同鄭意作『輔』,非也。

君子如届

傳：『届，極。』箋云：『届，至也。』集傳從之，言『君子無所苟而用，其至則必躬，而民之亂心息矣』。今按：箋于『靡有夷届』訓『届』爲『極』，謂『爲之無常，亦無止息』。據彼箋訓爲『極』，義取『止息』，則此傳『届，極』亦爲『止息』，與下句『闋息』義更協。言君子如息其爭心，則民鞠訩之心亦息矣。乃箋于此又訓『届』爲『至』，而云『如行至誠之道』，恐非傳意與？

四牡項領

傳：『項，大也。』箋云：『四牡者，人君所乘駕。今但養大其領，不肯爲用。喻大臣自恣，王不能使也。』按：新序雜事五云：『處事不便，豈可以量功校能哉？詩不云乎：「駕彼四牡，四牡項領。」夫久駕而長不得行，項領不亦宜乎？易林履、否、噬嗑、未濟等卦並云：「名成德就，項領不試。」』潛夫論三式篇曰〔二〕：『周公之戒，不使大臣怨乎不以。詩云：「駕彼四牡，四牡項領。」』中論爵禄篇云：『君子不患道德之不建，而患時世之不遇。詩曰：「駕彼四牡，四牡項領。」』詳此四書引詩之意，皆謂士不見用，如四牡久駕不行，至於項領。然則『項領』之『項』不爲『大』義。此傳既訓『項』爲『大』，自當如箋所申，以爲養其大領。新序等所據大約出於三家之義，非毛之本旨。況南山全詩皆言大臣專恣致亂，並無感士不遇之意。是『項領』之喻，仍當以箋説爲長。

正月繁霜

按：毛傳『四月』『六月』『七月』『十月』作傳者，皆謂夏正之月，獨於正月一詩乃爲去聲，蓋謂夏之四月，非建寅之正月也。昭公十七年夏，『日有食之』〔二二〕，祝史請用幣，平子曰：『惟正月朔，慝未作，日有食之，於是伐鼓用幣』，禮也。『其餘則否。』此所謂『正月』與左傳所謂『正月』同。孟夏之四月，正陽之月，陰慝未作，不宜有霜，陽微而爲陰所勝，則霜爲之降，故四月而繁霜方爲災害。建寅之正月有霜，即不得爲災矣，詩人又何必舉以爲刺耶？

瘋憂以痒，『瘋』字

『瘋、痒皆病也。』〔二三〕爾雅釋詁：『瘋，病也。』舍人注云：『瘋，心憂憊之甚也。』孫炎曰：『畏之病也。』呂大臨曰：此與雨無正『鼠思泣血』文小異而義同。按：説文無『瘋』字，據釋文，字林乃有之。蓋古祇借『鼠』爲『瘋』，後人乃加疒旁。淮南子説山訓〔二四〕：『貍首已鼠。』山海經中山經：『脱扈之山有草焉』，『名曰植楮，可以已癙』。郭注：『癙，病也。』並引淮南之言。是『癙』即『鼠』也。舍人以『癙』爲憂憊之貌，是『癙』兼『病』『憂』二義。毛以『癙憂』相連，故從爾雅訓爲『病』之説。

父母生我

傳：『父母，謂文武也。我，我天下。』箋云：『天使父母生我，何故不長遂我，而使我遭此暴虐之政而病？』正義曰：『上言「念我獨兮」，因此而告天，先訴此身，未及論天下也。文武雖受命之王，年世久遠，念當時之虐政，訴於先世之哲王，非人情也。故知訴天使父母生我也。』按：傳以『父母』謂文武者，自文武以來，厚澤深仁，休養涵濡之久，何以至今日而遭此暴虐？正與下『不自我先，不自我後』相接。若如箋以『父母』己之父母，則所謂『先』『後』者，正義以爲非父祖即子孫。既曰我之父母生我，而謂不自我之父祖及子孫，文義與語意皆不順矣。即如小宛『念昔先人』傳云：『先人，文武也。』其訓義當必有以受之矣。

憂心愈愈

傳：『愈，憂懼也。』爾雅：『病也。』郭注：『賢人懷憂病也。』邢疏引詩『憂心愈愈』。何氏古義曰：『愈』當作『瘐』。『説文云：忘也。瘐瘐，含深也。蓋至含憂之深，而至善忘也〔二五〕。』按何氏之説，最爲得之。廣雅：『悆、懩、懷，憂也。』此傳説必皆經師之古訓。王氏、蘇氏以『愈愈』爲『益甚』，此皆就後世之文義以改古人之訓詁，曾何足據乎？

于誰之屋

傳：『富人之屋，烏所集也。』按：此傳意以『屋』即末章『佌佌』者所有之『屋』，則『富人』即『哿矣』之『富人』。末章言『民今無禄』，維佌佌蔌蔌者爲富人。此章上云『念我無禄』，又云『哀我人斯，于何從禄』，故傳云『富人之屋，烏所集也』。言禄之所在，皆歸小人。試觀烏之爰止，『于誰之屋』，夫非佌佌者所有之屋乎？　自説者以爲烏集富人之屋，喻民求賢君而歸之，非傳意也。

維號斯言

鄭氏箋詩，言『維民號呼而發此言〔二六〕，皆有道理，所以至然者，非徒苟妄爲誣辭』。後儒多用其説。按：『斯言』承上兩『謂』字：『謂天蓋高，不敢不局；謂地蓋厚，不敢不蹐。』此言上下畏罪而無所自容也。夫天高地厚，其詞危急，故鄭以『號』爲『號呼』，於義最允。戴氏岷隱以爲小人無忌憚，號此訛言。似非經旨。至董氏春秋繁露引此詩以『號』爲『名號』，其殆出於三家與？

虺蜴

傳：『蜴，螈也。』按：毛於斯干『爲虺爲蛇』無傳，此亦但以『螈』釋『蜴』，而不釋『虺』。蓋古以虺即蛇，虺小蛇大。斯干『虺蛇』連言，自無庸傳。此亦不及虺者，以斯干明之可知。爾雅本不釋『虺』，其釋魚云『蝮，虺』者，此別一種蛇，『蝮』其正名。『虺』乃蛇之統名，『蝮』可連『虺』，『虺』不得單言『蝮』也。爾雅無文者，毛多不釋，殆以『虺』爲小蛇通名，當時所共知與？自舍人、孫炎注爾雅以蝮一名『虺』，詩疏引郭氏音義有云：『蝮蛇，亦名反鼻，如虺類。』後人遂專以虺爲毒蛇。然顔氏家訓云『螝』，古『虺』字，見古今字詁。疑後人所謂毒蛇之『虺』字，古祇借『螝』字爲之，而『虺』則蛇之通名也。説文：『虺，以注鳴者。』引詩『胡爲虺蜥』。與『蜥』『蝘』『蜓』『蚖』諸篆類廁，初未詳其形狀。蓋蜥蜴似蛇而有足，而虺似蜥蜴之小蛇。『蜥蜴』出於爾雅，而説文單作『蜥』。詩『虺蜴』之『蜴』，經皆當同説文作『蜥』。

蓋『蜴』即『蜥』之或體。因其亦蜥易，或又誤『易』爲『蜴』耳。陸璣疏云：『虺蜴，一名蠑螈，水蜴也。或謂之蛇醫。如蜥蜴，青緑色，大如指』云云。但毛傳衹以『螈』訓『蜴』，而不連『虺』，明是二物。陸疏合而一之，誤矣。

執我仇仇

傳：『仇仇，猶謷謷也。』箋云：『王既得我，執留我，其禮待我謷謷然，亦不問我在位之功力。言其有好賢之名，而無用賢之實。』或謂『仇仇』或作『扏扏』。廣雅：『扏扏，緩也。』集韻云〔二七〕：『扏扏，緩持也。』緇衣注：『執我仇仇，然不堅固。』即是緩持之意。義與廣雅、集韻同，與傳箋皆異，蓋本於三家。今按：爾雅：『仇仇、敖敖，傲也。』郭注曰：『皆傲慢賢者。』仇，疑爲『㕣』之借。説文：『㕣，高氣。從口，九聲。』『㕣』與『仇』通。國策西周策注：『「㕣由」，或作「仇首」〔二八〕。』是也。『高氣』與『傲』義近。大戴禮文王官人篇：『好臨人以色，高人以氣，謂傲慢也。』即有『緩』意。然則鄭緇衣注以『仇仇』爲『不堅固』，與此傳『猶謷謷』者，義實相成與？

褒姒威之，『威』字不作『滅』

傳：『威，滅也。』或謂與『滅』義相同，詩人必變『滅』言『威』者，一字分二韻〔二九〕，則別二字書之，義同字變之例也。今按『滅』『威』本非同字，似不得爲義同字變之例。釋文云『威，本或作「滅」』者，乃後人所爲。左傳昭九年、吕覽疑似篇注、列女傳、漢書外戚傳皆引作『滅』者，由傳寫之誤，未必當時即有作『滅』之本。漢書五行志引仍作『威』，此其未誤者。釋文：『威，呼悦反，齊人語也。』此雖不著所本，亦可見古讀『威』字與『滅』異音矣。

蔌蔌方有穀，釋文無『有』字

釋文：『方穀，本或作「方有穀」者，非也。』或以陸氏作『蔌蔌方有穀』爲是。自唐石經以下皆衍『有』字。此四句，『佌佌彼有屋』五字與『民今之無禄』相諧，『蔌蔌方穀』與『夭夭是椓』相諧，其爲無『有』字可知。今按：正義云：『其蔌蔌窶陋者，方有爵禄之貴矣。』是正義本明與釋文本不同。經中如此者甚多，不能決其孔非而陸是。後漢書蔡邕釋誨：『速速方穀，夭夭是加。』彼係對文，自不得用『有』字。且以『穀』爲『轂』，注謂『小人乘寵，方轂而行』。中間自無『有』字。若毛鄭本作『穀』，『有屋』『有穀』當爲疊句，如上章『旨酒』『嘉殽』之疊『有』字。即章懷注引小雅『速速方穀』無『有』字，不過順史記成文，非所見詩本如此，不得遽謂詩無『有』字也。

夭夭是椓

傳：『君夭之，在位椓之。』箋云：『民于今而無禄者，天以薦瘥夭殺之，是王者之政又復椓椓破之。』按毛於大雅『昏椓靡共』解云：『椓，夭椓也。』以『夭』明『椓』，則斯『椓』字亦與箋同耳。正義於大雅述毛義，云：『傳義以正月云「夭夭是椓」，「夭」謂夭殺，「椓」謂椓破。』是也。而述正月傳義，則云：『在位又椓譖之。』是與大雅正義相歧。蓋正義非出於一人之手，宜其異也。夫謂在位椓之，言此蔌蔌者刻剥之。在位之於小民，無所用其譖也。漢書蔡邕釋誨云『速速方穀，夭夭是加』，説者以爲譌字。若此文上下俱用駢對〔三〇〕，則『夭夭』自對『速速』，乃屬文裁剪之法。且毛於召旻傳以『夭』訓『椓』，則『椓』亦是『夭』，故以『夭椓』爲『夭夭』。既以『椓』爲『夭』，則不云『是椓』而云『是加』。夭夭是加，猶云『夭椓是加』。不得依毛傳謂蔡爲譌字，亦不得依蔡而改詩爲『夭夭』也。

哿以富人

傳以『哿』爲『可』。箋云：『富人猶可。』按：與『哀』相對成文。哀者，憂悲；哿者，歡樂也。言樂矣彼有屋之富人，悲哉此無禄之惸獨也。雨無正篇：『哀哉不能言，匪舌是出，維躬是瘁。哿以能言，巧言如流，俾躬處休。』『哀』與『哿』亦相對成文，言悲哉不能言之人，其身困瘁；樂矣能言之人，身處於安。此文勢正相同。玉篇：『哿，嘉也。』鄭注禮云：『嘉，樂也。』是『嘉』亦訓『樂』。『哿』『嘉』俱以『加』爲聲，而義實相近，故『哿』亦通訓爲『嘉』。傳箋訓『哿』爲『可』，『哿』亦快心滿意之稱，是亦以爲樂矣富人也。

十月之交，刺幽王之詩

序云：『十月之交，大夫刺幽王也。』箋云：『當以爲刺厲王，作訓詁傳時移其篇第，因改之耳。節刺師尹不平，亂靡有定。此篇譏皇父擅恣，日月告凶。正月惡褒氏滅周，此篇疾豔妻煽方處。又幽王時，司徒乃鄭桓公友，非此篇之所云番也。是以知然。』今按：十月之交以下四篇，毛鄭分主幽厲。正義雖言各從其家，然其意實右鄭。王肅、皇甫謐申毛之説，佚而不存。後儒既據大衍述義虞劆之説，推得幽王六年辛卯朔日有食，此係確有可憑，則此詩爲刺幽王明矣。其正義申明各説，皆有可辨者。如節刺師尹，此篇譏皇父專權，不得並時而有二人。按：節之尹氏爲太師，此皇父則卿士，明係二官。如常武之卿士爲南仲，其太師爲皇父，彼同爲宣王之將帥，此同爲幽王之大臣，何害於一時而有二人也？

又云：『正月惡褒姒滅周，此篇疾豔妻煽方處。敵夫曰妻，王無二后。褒姒，幽王所嬖豔妻，非幽王之后。』按：天子八十一御妻，不必正后乃得名『妻』。況幽王既黜申后，固已立褒姒爲后也。又云：『毛以「豔妻」爲褒姒。美色曰豔。鄭必以爲別人者，以詩論天子之后』，『不當以色名之』。不知正著其以色升，非以德選也。又據桓公初爲司徒，褒姒當未爲后，詩以番爲司徒，在『豔妻』方盛之時。司徒一官，不得有二人，桓公又非代番爲之。然國語言幽王八年，桓公始爲司徒，而史記言幽王二年已嬖褒姒。番爲司徒，自在桓公之先。褒姒未爲后以前，怙寵專房，豈不得爲煽處乎？而況七子之私親，山川之變故，爲幽王時事，證之外傳、史記而皆合，而厲王時則未聞有是也。故鄭箋以爲厲王並未能質言所據，正義始援緯爲證耳。其戾於序說也實甚。

『朔日』作『朔月』

按『朔日』之『日』，明監本以上皆作『月』。劉向封事、後漢丁鴻傳、李賢注章帝紀皆作『月』。吕氏讀詩記、范氏補傳、嚴氏詩緝、劉氏克詩說亦皆作『月』。范氏以『朔月』證詩人於夏正皆言『月』，爲陳氏所駁。然其爲『朔月』，則不誤矣。劉氏云：『其日爲朔日而曰「朔月」，日之食在月朔。』是宋人詩本皆作『朔月』。集傳作『朔日』，是傳寫之誤耳。考『朔』

字從月，説文：『朔，月一日始蘇也。』故古人朔日稱朔月。儀禮、禮記皆有『朔月』之文。尚書或稱『元日』『上日』，而不曰『朔日』，知詩經文定當從『朔月』是也。

皇父卿士

箋云：『六人之中，雖官有尊卑，權寵相連，朋黨于朝，是以疾焉。皇父則爲之端首，兼擅羣職，故但目以卿士云。』正義曰：『言兼擅者，於六卿之外，更爲都官，總統六官之事。或曰卿士即六卿之士，周禮太宰之屬有上士、中士，公羊所謂宰士，尚書所謂「周公以蔡仲爲卿士」是也。蓋以宰屬而兼統六官，位卑而權重也。』今按：周禮六卿分職，三公不過兼官，都官之制非制所有。若上士、中士兼總六官，則古今又無其事。公羊所謂『宰士』，蓋以春秋之例，上士、中士書名，宰咺書名則非。冢宰，未嘗言其兼總六官也。周公以蔡仲爲己卿士。周禮：畿内之國得有孟仲二卿，特爲己之私屬，亦不得執王朝之政也。今考『卿士』者，執政之通稱。左傳『鄭武公、莊公爲平王卿士』，杜注云：『卿士，王卿之執政者。』又曰『虢公忌父始作卿士於周』，杜注云：『周人於是遂畀之以政。』竹書紀年：周穆王時有『王命卿士祭公謀父』之語，蓋周初官制，冢宰總百官〔三一〕，後來改制，總百官者謂之『卿士』。此章首言『皇甫卿士』，下二章又專責皇父，則此『卿士』當是六卿之長也。

家伯冢宰

鄭氏箋詩以『宰』爲冢宰。考周禮有太宰卿、小宰卿、大夫、宰夫、下大夫。鄭司農『宰夫』注曰：『詩曰：「家伯維宰」，謂此宰夫也。』王肅又以此『宰』爲小宰。然考『宰夫』等，經傳未有單言『宰』者，小宰亦不得單稱『宰』。當以鄭氏所言『冢宰』者爲是。今按：正義謂此詩大率以官高爲先，而有不次者，便文以取韻。考雲漢『冢宰』亦在『庶正』之下，或由取韻。若此詩則當如周禮賈疏謂太宰在司徒下者，彼以權寵爲次，不以尊卑。故内史中大夫在膳夫上士之下，師氏中大夫在趣馬之下。漢書古今人表亦作太宰、家伯。如鄭箋之有本矣。

豔妻

毛傳以『豔妻』爲褒姒，『美色曰豔』，是以爲幽王之所嬖。鄭箋獨以爲厲王淫於色，『豔妻』當以爲厲王之妻。正義云：『正月惡褒氏滅周，此篇疾豔妻煽方處。毛以「豔妻」爲褒姒，鄭必爲别人者，以詩論天子之后不當以色名之。』不知正著其以色升，而非以德選也。又引中候摘雒戒曰：『昌受符，厲倡嬖。』及『剡者，配姬以放賢』。以『剡』對『姬』，則『剡』爲其姓，故知非褒姒。然考宣王元舅是申伯，則厲王后自應姜姓，何得姓㚱？陳氏稽古編辨之極是。漢書谷永傳：上書曰：『昔褒姒用國，宗周以滅；閻妻驕煽，日以不滅。』又云：『幽王惑於褒姒，周德降亡。』又云：『絶驕慢之端，抑褒閻之亂。』書前後屢用十月詩中詩，而惟言幽王並不及厲，則其以『褒姒』『閻妻』對舉者，是一人一事相麗爲詞。又外戚傳班婕妤賦：『悲晨婦之作戒兮，哀褒閻之爲郵。』亦以『褒閻』連稱。顔師古注云：『小雅刺幽王，曰「褒姒滅之」，「閻妻煽方處」。』『閻』『豔』字古通，褒閻，猶『褒豔』也。此詩言褒姒之以豔色見寵，其勢正盛，乃致亂之本也。

『煽方處』三字義

傳：『煽，熾也。』釋文云：『煽，説文作傓，云：熾盛也。處，一本作熾。熾，尺志反，盛也。』按：小徐本説文引詩作『豔妻傓方熾』，是與釋文一本同。不知『處』與上『馬』『夫』『徒』爲韻，不得作『熾』。且傳既訓『煽』爲『熾』，經文安得又作『方熾』？可知一本作『熾』，殆因箋『方熾』之文而誤乎？然考箋云：『七子皆用后嬖寵方盛之時，並處大位。』此以『方熾』釋經『煽』字，以『並處』釋『方處』，其文明甚。非以『方熾』訓『方處』。詩歷敘七子而終以豔妻，所以見七子皆由豔妻而進。正義以『方處』爲『七人並處大位』，是也。

曰予不戕

箋云：『戕，殘也。言皇父既不自知不是，反云我不戕敗女田事。』釋文『戕』，『王作「臧」』。臧，善也。孫毓評以鄭爲改字』。按上文『子何不臧』，箋云：『臧，善也。』此『曰予不戕』，箋云：『戕，賊也。』『臧』字『戕』字最有區別。設使鄭改『臧』字爲『戕』，宜云『戕』當作『臧』，聲之誤也，必不遽易本經。蓋三家詩本有作『臧』者，故肅據之以改毛，而與鄭異。陸氏謂孫毓朋於王，故反誣鄭也。按：『曰予不戕』正與上『豈曰不時』『曰』字相應。惟其自以爲時，故不以徹屋妨農爲戕害也。

作都于向

傳以『向』爲邑，未明言何地。按春秋時向地名四見：一爲隱二年莒人入向，寰宇記所云向城在密州莒縣南二十五里者也。一爲襄十四年會吳於向，此當爲吳地，方輿隅紀要向城在鳳陽府懷遠縣東北四十五里者也。二者皆不在東都畿内。一爲隱十一年桓王與鄭之邑，寰宇記曰向城在孟州河陽縣二十五里，今擬河南懷慶府濟源縣西南有向城是也。一爲襄十一年諸侯伐鄭，會於北林，師於向，杜預云向城在潁川長社縣東北。水經渠水

注：沙水『首受洧水於長縣東，東北逕向岡西，即鄭之向鄉也』。長明溝『又東逕向城北，城側有向岡，左傳「諸侯伐鄭，師於向」者也』。方隅紀要云在開封府尉氏縣西南五十里。此二向皆在東都畿内。詩言皇父『作都于向』〔三二〕，正義引左傳桓王與鄭之邑以爲説，其在是乎？

擇三有事

傳：『有司國之三卿。』陳氏稽古編曰：『司』當作『同』。是也。正義曰：箋云『禮畿内諸侯二卿』者，『太宰云：「乃施，則於都鄙，而建其長，立其兩。」注云：「兩謂兩卿。」言都鄙是畿内，故王制注云：「畿内之國二卿。」是也。』『言此者，明皇父當二卿。今立三有事，是自同畿外增一卿，以比列國也。』按此疏所言，雖係釋箋，然曰『自同畿外』，曰『以比列國』，即依傳義爲文。若傳作『有司國之三卿』，文義似不順矣。

悠悠我里，『里』字

傳：『悠悠，憂也。里，居也。痗，病也。』箋云：『里，居也。悠悠乎，我居今之世亦甚困病。』釋文：『里，如字，本或作「瘇」，後人改也。』吕記引董氏曰：里，『顧野王作「瘇」。爾雅以「疸」爲「病」。集注同之。今毛以里爲「病」，蓋當毛作傳時，字爲「疸」也。』爾雅：『疸，病也。』邢疏引『悠悠我里』爲證，而云『里』『疸』同音義。總觀諸説，方知傳文不免於有誤矣。凡箋義與傳同者，例不重訓。毛果訓『里』爲『居』，無容複出。孔述毛云：爲此而病，指『里』也；亦甚困病，指『孔痗』。又言鄭『里，居』與毛異。合之呂記、邢疏，則毛傳『里』字訓『病』，不訓『居』，明甚。是傳文當云：『里，病也。』中間『居也痗』三字乃淺人妄增耳。伯兮『心痗』，傳已有釋，故此詩傳訓『里』字。俗儒怪『病』義非『里』字常訓，因增入『痗』字以當之；見『里』字無釋，則謀箋文『居也』以實之。但呂謂毛作傳時字當作『疸』，此未必然。古字多通用，當借『里』耳。毛義由師授，不必望文生訓。後儒據爾雅改爲『疸』，容或如陸氏之所云也。

雨無正

序云：『雨無正，大夫刺幽王也。』劉元城謂韓詩有雨無極篇，序云：『雨無極，正大夫刺幽王也。』篇首多『雨無其極，傷我稼穡』八字，故説文多從韓詩。今考韓詩世罕有其書，或出於好事者之附會耳。且是詩七章，前二章今皆十句，加以二句已不可信。彼蓋以『正大夫』乃詩中之語，故欲以『正大夫刺幽王』合之。不知此詩正大夫離居之後，暬御之臣所作，其曰『正大夫刺幽王』，非也。況詩中篇名，有但原作詩之由，而詩中並無其語者。如周頌酌謂『酌先祖之道』，賚謂『錫予善人』，求之詩中詞旨，渺不相涉。可見古詩自有此例，不得執篇名以疑序説也。

旻天疾威，『旻』字當作『昊』字

箋云：『王既不駿昊天之德，今昊天又疾其政，以刑罰威恐天下。』正義曰：『上有「昊天」，明此亦「昊天」。定本皆作「昊天」。俗本皆作「旻天」，誤也。』按定本出於顔師古等，故顔注漢書敘傳亦引此詩作『昊天』，釋文則以本作『昊天』者爲非，當不其然矣。即如首章三言『昊天』，是其例也。

淪胥以鋪，『淪』字

傳訓『淪』爲『率』。箋説亦同。晉灼注漢書敘傳引齊、魯、韓作『薰』〔三三〕。『薰，帥也。從人得罪相坐之刑也。』或據易『厲薰心』，虞翻本作『閽』，應劭漢書注引詩『淪胥以鋪』，云：胥靡，刑名也。謂詩言王赦有罪之辜，而反坐無罪者以薰胥之刑。不知以『薰胥』爲刑名，則後文之『淪胥以敗』『淪胥以亡』皆不可通矣。毛詩以作『淪』，韓詩作『薰』，皆同訓爲

『率』。考爾雅：『淪，率也。』率者，類也。釋文：『率，音類。』胥者，相也。淪胥，猶言『類相』，是一概之詞，亦即『牽率』之義。此必當時成語，故毛詩之言『淪胥以鋪』，謂類相與受其病；『淪胥以敗』『淪胥以亡』，謂類相與入於敗亡也。三家『淪』作『薰』者，或謂以同韻假借。其實『淪』『薰』二字，古讀雙聲〔三四〕，如『綸』與『淪』同『侖』聲，而讀古還反。薰，亦作『葷』，亦作『焄』。然則『淪』之爲『薰』，猶『鮌』之爲『鯤』、『蟫』之爲『琨』。『薰』亦訓『率』者，又如『鍰』之爲『率』，皆由聲之轉而字變者也。

三事大夫

箋云『三公』。正義曰：鄭以卿則當有六人，『孤則無主事，故知「三事大夫」惟三公耳』。『王肅又以「三事」爲三公，「大夫」謂其屬。』按：上言『正大夫』，爲長官之大夫，當指六卿之長，其中即兼三公。下文『邦君諸侯』是統言，不當以『三事大夫』分爲二。三事大夫，疑在内卿大夫之總稱；對下『邦君』句，爲在外諸侯之通稱。尚書立政云：『立政，任人、準夫、牧作三事。』其上文云：『宅乃事，宅乃牧，宅乃準。』下文云：『立政、準人、牧夫。』又曰『三宅』，曰『三有宅』，皆謂有此三等官職。任人，謂任事之官。準夫，謂立法之官。牧，謂養民之官。作三事者，言作此三事。其下虎賁、綴衣至司徒、司馬、馬空、亞旅，皆有此三事之責者。詩『三事大夫』，當亦是統言之。大夫者，丈夫之成名，故公卿以下皆可統通稱也。

暬御

傳：『暬御，侍御也。』按此詩係暬御之臣所作，而序云『大夫刺幽王』，則『暬御』未必是小臣之稱〔三五〕。楚語『君寢則有褻御之箴』，韋注：『褻，近也。』『褻』與『贄』同。崧高『王命傳御』〔三六〕，云『治事之官也』。然則此『暬御』當是近臣之治事者。毛以『侍御』訓『暬御』，則當爲左右親近之臣。故章末傳云：『遭亂世，義不得去。』則其非小臣可知矣。箋以左右小臣，恐非毛旨。

聽言則答，『答』字

傳：『以言進退人也。』是傳以『進』釋『答』字。答，本當作『對』。大雅桑柔『聽言則對』，與此同。蕩『流言以對』傳云：『對，遂也。』『遂』之義爲『進』，謂彊禦多懟之人爲流言以進於主。爾雅：『對，遂也。』郭注引詩『對揚王休』。『對揚』謂進揚，故江漢傳亦云『對，遂』。此詩，傳意蓋謂『聽言則對』，言有時聽淺近之言，則進用其人；下『譖言則退』，謂有時受讒譖之言，則排退其人。漢書賈山傳、新序雜事篇兩引此詩，與傳皆相近。鄭箋乃曰：『答，猶距也。有可聽用之言，則以其辭距而違之。』夫經但言『答』，何由知其必違距而不受乎？其説非也。

校記

〔一〕祈　原作『祁』，據詩經祈父改。
〔二〕以上引文係鄭箋語，依李氏文例，前當有『箋』字。
〔三〕與　原無，據毛詩後箋補。此處係用後箋語。
〔四〕横　原作『若』，據朱熹詩集傳改。
〔五〕著　原作『煮』，據毛詩正義改。
〔六〕備　原作『傳』，據毛詩後箋改。此處係用後箋語。
〔七〕幠　原作『膴』，據鄭箋改。下『幠』字同。
〔八〕冔名出於幠幠覆也　原作『吁名出於憮之覆也』，據儀禮鄭玄注改。
〔九〕又　原作『義』，據周禮鄭玄注改。
〔一〇〕棘戟　原作『楝戟』，據鄭箋改。
〔一一〕戟　原作『戟』，據鄭箋改。
〔一二〕不　原作『亦』，據毛詩後箋改。此處係用後箋語。

〔一三〕苻　原無，據爾雅補。

〔一四〕其　原作『下』，據爾雅改。

〔一五〕云　原作『公』，據下引爲爾雅郭璞注改。按李氏文例，無稱郭璞爲『郭公』者。

〔一六〕席　原無，據王夫之詩稗疏補。

〔一七〕令　原作『今』，據毛詩正義引侯苞語改。

〔一八〕書　原作『晝』，據毛詩後箋改。此處係用後箋語。

〔一九〕本　原作『非』，據毛詩後箋改。此處係用後箋語。

〔二〇〕以上引文係鄭箋語，依李氏文例，前當有『箋』字。

〔二一〕式　原作『十』，據下引爲潛夫論三式篇文改。

〔二二〕日有食之　此爲春秋語。以下至『則否』爲左傳語。

〔二三〕『瘋痒皆病也』係毛傳語，依李氏文例，前當有『傳』字。

〔二四〕山　原無，據下引爲淮南子説山訓文補。

〔二五〕而　原作『面』，據何楷詩經世本古義改。此處係用古義語。

〔二六〕此　原作『者』，據鄭箋改。

〔二七〕韻　原無，據下引爲集韻文補。

〔二八〕或　原無，據戰國策高誘注補。

〔二九〕二　原無，據阮元揅經室集文補。此處係用揅經室集文。

〔三〇〕騂　原作「平」，據毛詩後箋改。此處係用後箋語。

〔三一〕總　原作「冢」，據毛詩後箋改。此處係用後箋語。

〔三二〕于　原作「子」，據詩經十月之交文改。

〔三三〕薫　原作「董」，據漢書晉灼注改。此段他處凡原作「董」而三家詩作「薫」者，皆徑改作「薫」。

〔三四〕雙　原作「反」，據毛詩後箋改。此處係用後箋語。

〔三五〕御　原無，據毛詩後箋補。此處係用後箋語。

〔三六〕王　原作「天」，據詩經嵩高文改。

學詩堂經解卷十二

小旻之什二之五

謀猶

朱子集傳曰：『猶，謀也。』姚氏舜牧曰：『議論曰謀。由是見之，於施爲曰猶。』按：『謀猶』是雙聲疊韻字。篇中『謀猶』字凡三見。其單言『謀』者，『謀之其臧』『謀之不臧』『如匪行邁謀』『如彼築室於道謀』是也。其單言『猶』者，『不我告猶』、『哀哉爲猶』、『匪大猶是經』是也。此發端二語，乃一篇之大旨。言之重，詞之複，皆反覆申明，歎息痛恨於國維之不振，將不知所届也。

回遹

傳：『回，邪。遹，辟也。』按說文：『遹，回避也。』避，當依韻會作『辟』。『辟』謂邪僻。大雅抑、桑柔皆有『回遹』，箋皆訓爲『維邪』。『維』『回』聲之轉，『邪』『僻』又相成耳。此詩言天使王之謀猶邪僻，無日而止也。釋文引韓詩『遹』作『㰟』，文選西征賦注引作『泬』，幽通賦引作『穴』，皆假借字也。

潝潝訿訿

傳：『潝潝然，患其上。訿訿然，思不稱乎上。』潝潝，説文作『詥詥』。訿訿，説文作『呰呰』：『不思稱意也。』故詩正義申傳云：思不稱乎上，謂不思稱乎上也。按：『詥詥』有彊禦之義。『潝』讀爲『是』，謂『脅君』之『脅』。傳云『患其上』，言與上爲患也。『訿訿』有病弱之義。漢書地理志注：『應劭曰：呰，弱也。』『呰』與『訿』同。傳曰不思稱乎上，言不思報稱乎上意也。韓詩云：『潝潝訿訿，不善之貌。』又考荀子修身篇云：小人致亂『而惡人之非己也，致不肖而欲人之賢己也，心如虎狼、行如禽獸而又惡人之賊己也』。『詩曰：「潝潝呰呰，亦孔之哀。」』漢書劉向封事曰：『衆小在位而從邪議，歙歙相是而背君子，故其詩曰：「詥詥訿訿，亦孔之哀。」』宋儒王氏、蘇氏皆本此，以『潝潝』爲苟相合同，『訿訿』爲苟相詆毁，以異於毛。其實毛意與荀劉二説相引申。惟其黨同伐異，背公徇私，故足以爲上之患，而不思勤其職事以報稱乎上。荀劉之説，推其原；毛傳之訓，指其實耳。

如匪行邁謀，『匪』字不作『彼』字

箋云：『匪，非也。君臣之謀事如此，與不行而坐圖遠近，是於道路無進於跬步何以異乎？』左氏襄八年傳：子駟：詩曰『如匪行邁謀，是用不得於道』。杜注：『匪，彼也。行邁謀，謀於路人也。不得於道，衆無適從也。』説詩者皆本左傳，謂古『匪』『彼』通用。或謂雨無正『如彼行邁』及此詩下章『如彼築室於道謀』語意相同，則『匪』即『彼』也。今按：『如彼行邁，則靡所臻』，言行而無所至，故可言『如彼』。築室道謀，理宜不成，故亦可云『如彼』。至此句『行邁謀』，『行』爲行路，『邁』亦訓『行』，又訓『遠行』，又訓『往』，如此而已。若云如彼行而遠謀，則正宜得道。故箋以『匪』爲『非』，謀不得行而坐圖，乃與下句相承接。故杜注以『匪』爲『彼』，則文義不順矣。

邇言是爭

傳：『邇，近也。爭爲近言。』箋云：『聽順近言之同者，爭言之異者。』今按：傳云『爭爲近言』，是謂上之人維邇言是聽，則下爭爲邇言以迎之。『邇』爲近，即左所云『肉食者鄙，未能遠謀』也。鹽鐵論復古篇：『文學曰：扇水都尉所言當時之利，權一切之術也，不可以久行而傳世。』引詩云：『「維邇言是聽」，詩人刺不通於王道而善爲權利者。』其釋『邇言』甚明〔一〕。箋謂『爭近言之異者』，乃與毛别義。孔疏用以述毛，誤歟？

民雖靡膴

箋云：『膴，法也。』正義曰：『鄭訓「膴」音「模」，爲「法」。王肅讀爲「幠」。幠，大也。無大，猶言少也。國雖小，民雖少，猶有此六事〔二〕。未審毛意如何，今同之鄭說。』今按：毛以『靡止』爲『小』，蓋訓『止』爲『基止』。國無基止，故言小。則『靡膴』不當從箋說。釋文引韓詩作『靡腜』，云『猶謂幾何』。王氏以『靡膴』言『少』，其即本於韓詩乎？大雅緜『周原膴膴』，文選魏都賦注引韓詩『膴』亦作『腜』。僖二十八年『原田每每』，左傳亦作與『腜』同。『每』之義，爲草盛上出。是『膴』『腜』『每』，盛多之義。『靡膴』言少〔三〕，即毛義也。

宛彼鳴鳩

傳：『鳴鳩，鶻鵰也。』按：毛於『吁嗟鳩兮』傳云：『鳩，鶻鳩也。』據月令『鳴鳩拂其羽，戴勝降於桑』二語，是桑間之鳩自爲鶻鳩。此詩言『鳴鳩』〔四〕，又與月令『鳴鳩』同，故傳以爲鶻鵰，即氓傳之『鶻鳩』也。爾雅：『鶌鳩，鶻鵃。』孫炎注云：『鶻鵃，一名鳩。』用毛傳也。毛云『宛，小貌』者，方言：『鳩，大者謂之頒鳩，小者謂之鶻鳩。』釋文引字林云：『鶻鳩，小種鳩也。』實與毛合。至埤雅以爲即莊子之『鷽鳩』，『鷽』與『鶻』聲相轉〔五〕。莊子言鷽鳩『決起而飛，槍榆枋，時則不至，而控於地』，與毛傳取興『行小人之道，責高明之功，終不可得』者，意義爲尤合也。

念昔先人

傳：『先人，文武也。』禮記祭義：『詩云：「明發不寐，有懷二人。」文王之詩也。』正義曰：『此幽王小雅小宛之篇，而云「文王詩也」者，引詩斷章取義。且詩人陳文王之德以刺幽王，亦得爲文王之詩也。』按：孔子閒居引詩云：『崧高維嶽，峻極于天』云云，而曰：『此文武之德也。』引『明明天子，令聞不已』，曰：『此三代之德也。』引『施其文德，協此四國』，曰：『此太王之德也。』凡此，皆取象其德，而所謂取義斷章也。若此云『文王之詩』，則是文王當是時實有此『明發不寐』二語，不當如疏以爲斷章。小宛詩人殆見稱述舊德，故以『念昔先人』引起。毛詩直指爲文武，蓋必有所受之矣。

人之齊聖

毛傳云：『齊，正也。』鄭箋云：『中正通知之人。』按：齊聖，乃聰明睿知之稱，與下文『彼昏不知』相對。齊者，如慮之敏也。史記五帝紀『幼而徇齊』，徐廣解『徇齊』引墨子：『年逾五十，則聰明心慮，無不徇通矣。』索隱引大戴禮作『叡齊』，一本作『慧齊』，皆明知之稱也。索隱又曰：爾雅『齊』『速』俱訓爲『疾』。引尚書大傳曰：『多聞爲齊疾。』鄭注曰：『齊，疾也。』荀子終身篇曰：『齊，明而不竭也。』非子十二篇曰：『聰明聖知，不以窮人；齊給速通，不以失人。』然則速通謂之『齊』，大通謂之『聖』。文十八年左傳曰：『齊聖廣淵，明允篤誠。』並與此同。毛以『齊』爲『正』，鄭又以爲『中』，皆未允也。

螟蛉有子，蜾蠃負之

傳：『螟蛉，桑蟲也。蜾蠃，蒲盧也。負，持也。』箋云：『蒲盧取桑蟲之子，負持而出，煦嫗養之以成其子，喻有萬民不能治，則能治者將得之。』按：揚子法言學行篇曰：『螟蛉之子殪而逢蜾蠃，祝之曰：「類我！類我！」則肖之矣。』説文：『蠣蠃，蒲盧，細腰土蜂也。天地之性，細腰純雄無子。詩云：「螟蛉有子，蠣蠃負之。」』此説本揚雄，亦與列子『純雄其名稺蜂』、莊子『細腰者化』、淮南子『貞蟲動以毒螫』諸説皆合〔六〕。然則傳箋之説不可易矣。獨陶隱居注本草有『細腰蜂捕青蟲以俟其子大爲糧』之説，其後葉大慶考古質疑、范處義解頤新語、戴侗六書故〔七〕、楊慎丹鉛録皆用其説。且云：剖蜾蠃之巢，親見有細卵如粟，寄螟蛉身上，久則螟蛉盡枯，其卵日益長大，乃爲蜾蠃之形，穴竅而出。然李含光本草音義又云咒變成子，近亦數有見者。是不得因彼而疑此。況以經文注證之，若如諸説謂蜾蠃寄蛉螟身上，則詩當云『蜾蠃有子，螟蛉負之』矣〔八〕。此固不待煩言而知其非者也。

桑扈

傳：『桑扈，竊脂也。』箋云：『竊脂肉食，今無肉而率場啄粟，失其天性，不能自活。』按：爾雅釋鳥有兩『桑扈，竊脂』，説者遂謂有兩種：一種盜竊脂膏者，與『鳲鳩』『剖葦』相對文，皆指其性；一種淺白色如脂者，與『竊玄』『竊藍』『竊黄』等相廁，乃指其色。范氏補傳則謂二者實一物耳。謂一名有二義則可，謂一物有二種則不可。邵氏爾雅正義猶據賈逵、舍人、樊光及説文，獨斷諸書所述『九扈』次第，斷爲唐石經重出『桑扈竊脂』於『冬扈』之下，唐後諸儒皆沿其誤，爲立七政以明之。其論最當。至左傳疏謂竊脂爲淺白，不信盜竊脂膏之名，孔疏亦定爲淺白，當由未識此鳥，以臆決之。三百篇中，善言物性，前後互見，宜得其會通。詩不云乎：『交交桑扈，有鶯其羽。』毛傳云：『鶯然有文章。』是鶯者，指其色之青翠而言。後世以黄鸝爲黄鶯，亦言其文采也。若如孔疏以桑扈爲淺白之鳥，則白鷹、白鷺亦可云『有鶯其羽』乎？故郭注、陸疏及高誘注淮南，皆以爲青雀。則桑扈爲青翠有文采者，審矣。至『竊脂肉食』者，非必盡盜竊脂，凡蟲蟻亦脂膏肉食者也。傳言桑扈啄粟喻『上爲亂政』，箋以『失其天性』申之，可謂善於體物者矣。

宜岸宜獄

傳：『岸，訟也。』釋文：『岸，如字，韋昭注漢書同。韓詩作「犴」，云鄉亭之繫曰犴，朝廷曰獄。』按毛詩以『岸』爲『犴』之假借。説文：『豻，胡地野狗。從豸，干聲。或從犬，作犴。』引詩曰『宜岸宜獄』。蓋『犴』『獄』字皆從犬者，取犬所以守之義。鹽鐵刑德篇、周禮射人注引詩皆作『犴』。荀子宥坐篇亦引作『犴』，從韓本也。傳訓『岸』爲『訟』者，訟爲訟繫，獄則讞成，故韓詩以鄉亭、朝廷分之歟？

握粟出卜

考周禮司巫『共葙館』，一説『葙館』蓋糈籍也。淮南子曰：『巫用糈籍。』中山經曰：『糈用五種之精。』離騷經注糈米是也。然則精米古用以卜矣。又管子曰：『守龜不兆，握粟而筮者屢中。』莊子曰：『鼓筴播精。』鼓筴，揲蓍。播精，卜卦。鼓之播之，皆卜之法。其法用六，六觚爲一握，故曰『握粟』。詩言『握粟出卜』，因填寡不能自直以求自善之道也。

小弁非伯奇之詩

序云：『小弁，刺幽王也。太子之傅作焉。』趙注孟子云：『小弁，小雅之篇，伯奇之詩也。』夫趙爲此説者，殆有見於琴操『尹吉甫愛後妻子而棄其適子伯奇』者。或以爲韓詩説。蓋趙注言詩，往往從韓。如引摽有梅之『摽』作『莩』，解『以御于家邦』之『御』爲『享』，與毛異趣。足見所傳之不確也。況太平御覽引韓詩及曹植令禽惡鳥論皆以黍離爲伯奇之弟伯封所作，而不言伯奇作小弁之詩，是仍當以序説爲正。

鸒斯

傳：『鸒，卑居。卑居，雅烏也〔九〕。』正義曰：『「鸒，卑居」，釋鳥文也。卑居又名雅烏。郭璞曰：「雅烏小而多羣，腹下白，江東呼爲鵯烏。」是也。此鳥名「鸒」〔一〇〕，而云「斯」者，語詞。』按：此『鸒斯』之『斯』，自與『柳斯』『鹿斯』一例，是詩人協句之言。後人注爾雅添一『斯』字，俗本遂『斯』旁作『鳥』，謬誤已甚。而陸氏詩釋文又云：『鷽斯音豫，一云斯，語詞。』轉似『鷽斯』二字本爲鳥名者，何其無定見也。或據法言『頻頻之黨，甚於鷽斯』，以『斯』非語詞。不知此古人屬詞之法，取便成句耳。至玉篇、廣韻，皆依誤本爾雅而衍『斯』字。説文佳部：『雅，楚烏也，一名鷽。』鳥部：『鷽，卑居也。』皆無『斯』字。不此之信，而別從誤本以立異，未免於惑矣。

惄焉如擣，『擣』字

毛傳云：『擣，心疾也。』説文云：『擣，手推。一曰築也。』釋文云：『韓詩作「㿒」。』薛詩作『疛』，皆從疒。是毛韓直以爲心疾之名，則『擣』字特借耳。或謂説文無『擣』而『疛』訓『小腹痛』，與心疾不合。然考説文『疛』雖訓『腹痛』，而『心』『腹』義本可通。玉篇云：『疛，心腹疾也。』引吕氏春秋云：『身盡疛腫。』是『疛』不專訓腹疾矣。毛殆以『擣』爲『疛』之借，故且訓爲『心疾』歟？

伐木掎矣，析薪扡矣

傳：『伐木者掎其巔，析薪者隨其理。』按：『掎』與邠風『猗彼女桑』之『猗』，字異而義同。

說文：『掎，偏引也。』蓋仆大木者，以繩繫其巔，徐而引之，防其驟蹶也。今之伐木者，尚如是矣。扡，唐石經作『杝』。玉篇引詩『析薪杝矣』，謂隨其理也。今經文作『扡』者，當是借字。蓋此二句即上文『舒究』之喻。凡伐木析薪者，皆緩引其巔，徐觀其理。以言王之聽讒，有來即受，不復舒謀，所以舍彼譖人之罪而妄加於太子之身，曾伐木析薪之不若矣。嚴緝以『伐木』『析薪』比譖人，失之矣。

君子無易由言

箋云：『由，用也。王無輕用讒人之言，人將有屬耳於壁而聽之者。』不知謂王易讒言，又戒之以屬垣，豈反代讒人慮其言之不密乎？箋說非也。今按：大雅抑『無易由言』箋云：『由，於也。』此文與彼正同，何得又訓『由』爲『用』？當是戒王無易于言，致爲左右窺探意旨耳。考宜臼奔申之時，尚未見廢。國語、史記謂王欲殺太子以成伯服，必求之申，是也。此詩云然者，惓惓慮王醉飽之昏，或有溺愛輕許之語，則羽翼服者愈多，而孽宜臼者益甚。人皆集于菀，誰肯集于枯，勢不至廢立不止矣。此詩人戒王之深也。

巧言傷讒

按：詩以『悠悠昊天』發端，而取五章之『巧言』名篇，蓋讒人之言非巧不入，詩人所深惡也。序云『大夫傷於讒』者，非獨一己傷困於讒，謂大夫傷痛讒言之亂政。故其詩屢言『亂』而深望君子之能察而止之也。蓋人主喜怒一正，讒言無自而生。然即輕喜易怒火，猶有所畏忌，而君子之言尚可乘機而進。乃或優柔寡斷，牽裾流涕，置若罔聞；累牘連章，留中不發；而肘腋之間，近習之地，有陰爲播美於其中者，外廷遂無可如何。此詩所以深望君子之『如怒』『如祉』也。始未嘗不知其爲譖言也，但欲兼聽並觀，姑含容之以爲馭下之術，迨涵之既久，遂爲譖言所化矣。始未嘗不知其爲盜言也，但欲調停中立，姑盟約之以消朋黨之風，迨盟之至屢，遂謂盜言所奪矣。是則輕信生於多欲，多疑生於多欲，故詩人歷指巧言之亂而言之也。

予慎無罪

傳：『慎，誠也。』宋儒以其不入俗，改爲『謹慎』之『慎』。持『慎爾優游』『考慎其相』，猶可釋爲『謹慎』，至巧言兩『予慎』，非『誠』意不通。經典『誠僞』之『誠』無用『真』字者，然觀爾雅『慎誠』之訓，當即以『慎』爲『真』字之假借。『慎』從真聲，即兼真意。韓非解老云：

『真者，慎之固也。』非其證乎？傳訓『慎』爲『誠』，蓋深明爾雅假借之例乎？

僭始既涵，『僭』字

傳訓『僭』爲『數』。箋云：『僭，不信也。』釋文：『僭，毛側蔭反，鄭子念反。』按：毛意自以『僭』爲『譖』之借。古『僭』『譖』字本通，抑『不僭不賊』，桑柔『朋友已譖』，瞻卬『譖始竟背』，釋文皆云：『譖，本作「僭」。』一切經音義五引此詩作『譖始既涵』，是也。毛訓『數』者，『數』與『愬』同。説文：『譖，愬也。』毛蓋謂亂之初生，由於譖愬始入，王既受而容之。此傳本爲明順。至箋以『僭』爲『不信』，説亦可通。

『涵』字

傳云：『涵，容也。』鄭音『咸』，云：『涵，同也。』韓詩作『減』。減，少也。按：毛既以『涵』爲『容』，當以省文作『圅』。『圅』本與『咸』通。周禮『伊耆氏共其杖咸』注云：『咸，讀爲函。』司馬相如封禪文『上咸五』，徐廣曰：『咸，亦作「函」。』是其證也。至以『減』爲『少』，當謂亂萌初起〔一一〕，僭端尚少。而證之下文，則未盡合矣。

『止共』作『止恭』

箋以『匪其止共』爲『不共其職事』。呂記引董氏曰：『止共，韓詩作「止恭」。』按：釋文但云『共，本又作「恭」』，不言韓詩，董殆據外傳之文。王伯厚詩考云外傳作『恭』，是也。外傳兩引此詩，字皆作『恭』，言不恭其職事而病其主也。禮記緇衣引詩曰『匪其止恭』，注云：『言臣不止於恭敬其職，惟使王之勞。』此注以『共』爲『恭』，當本於三家。蓋詩言『止恭』，故云止於恭敬，其義爲順。若謂共其職事，則『止』爲贅字矣。説苑政理篇：孔子曰：『「匪其止共，維王之卬。」此傷奸臣蔽王以爲亂者也。』夫曰蔽王爲亂，則不但子不供其職事而已。故知恭敬之義爲長。

秩秩大猷

傳：『秩秩，進知也。』按：爾雅：『秩秩，智也。』小戎『秩秩德音』傳：『秩，有智也。』正用爾雅文。此云『進知也』者，蓋『秩』義爲『積』，積有次第之義，故爲『進知』，謂遞進愈知之大道也。説文大部：『戴，大也。讀若詩曰「戴戴大猷」』也。此引詩第比方其音耳，而其字仍作『秩秩』爲是也。

遇犬獲之

箋云：『遇犬，犬之馴者，謂田犬也。』按戰國秦策高誘注云：『他人有毁傷之心，己忖度之。』『喻狡兔騰躍，以爲難得也。或時遇犬獲之，喻讒如毁傷人，遇明君則治女罪也。』集解引韓詩章句曰：『狡兔數往來，逃匿其迹，有時遇犬，獲之。』據此，薛君章句及國策高注皆以『遇』爲『遇值』之『遇』。毛于『遇犬』無傳〔一二〕，當與韓同。正義：『王肅云：言其雖騰躍，逃隱其迹，或適與犬遇而見獲。』此正用韓説以述毛義。若箋以『遇犬』爲『犬之馴者』，自是以『遇』爲『愚』，與上『毚兔爲狡』相對，此亦説之可通者。

蛇蛇碩言

按：『蛇蛇』與孟子『訑訑』同。孫氏音義云〔一三〕：『訑訑，張吐禾切。蓋言辭不正，欺罔於人，自夸大之貌。』此字當本作『詑』，説文：『沇州謂欺人曰詑。』今方言作『訑』，孟子作『訑』，皆一字也。凡欺謾者，雖爲大言，而其器量實淺，故毛傳以『蛇蛇』爲『淺意』。夫傳云『淺意』者，合下句『出自口矣』爲形容之詞。言但出口，而不從心，其淺甚矣。

何人斯，蘇公刺暴公之詩

序云：『何人斯，蘇公刺暴公也。暴公爲卿士而譖蘇公焉，故蘇公作是詩以絶之。』按：箋云：『暴也，蘇也，皆畿内國名。』考春秋文公八年，『公子遂會雒戎』，盟於此。則暴必近雒，意暴亦東都畿内國。路史：暴，辛公采地。其地今在懷慶府原武縣。或曰蘇者，蘇忿生之國，今懷慶府温縣。蘇暴二國境地犬牙相錯，故嫌忌而相謗。王志長謂蘇公被譖之事，必有關於社稷安危者，若止同列得謗相詬厲之言，何足登之於雅？張氏又謂平王之廢暴公，實陰搆其閒，而蘇公乃因之得禍。此乃臆説，不足據之以釋詩。夫君臣、朋友，人之大倫，此詩雖止絶交，而其詞反覆推詳，婉而不激，所以爲温柔敦厚之教。彼谷風亦朋友相怨之詩，又何得以國事搆釁耶？

胡逝我陳，『陳』字

傳：『陳，堂塗也。』或曰『塗』當作『涂』。周禮匠人『堂涂』注引爾雅釋宫『堂涂』字〔一四〕。釋宫曰：『堂涂謂之陳。』蓋毛所本也。孫炎、郭璞注並云：『堂下至門徑。』堂在門内。詩曰『逝陳』，則入門矣。而不入我室，所以聞聲而不見身也。箋以『堂塗』爲公館之堂塗，但公館在他處，與『我聞其聲』文不相屬，其説不可從。戴氏又以『陳』爲屋壁塗茨之類，尤爲臆説。

壹者之來

按：壹者之來，即指上『逝梁』『逝陳』之事。壹者，猶言『乃者』。高誘注吕氏春秋知節篇云：『壹，猶乃也。』漢書曹參傳：『乃者，吾使諫君也。』注云：『乃者，謂曩日也。』蓋此章是言其過去之時，謂爾若安行，何以不暇舍息？爾若急行，何以有暇脂車？非徐非急，行蹤莫測，而乃僅逝我梁我陳而來，云何不使我有攪心之憂乎？下章又言其行相反之時，謂若還而告我，則我悦也；今還而不入，則與諸譖我情事不難知也。而乃逝我梁陳而來，則惟使我有攪心之痛而已。上『來』字對『舍』字言，謂但來而不舍息；下『來』字對『入』字言，謂但來而不入唁。總之，自蘇公言『來』，定是來見蘇公。正義述毛，以『壹者之來』爲來見王。夫蘇公遭譖，則已不在王所，其於見王之人祇應言『往』，不應言『來』也。且下章明云『還』矣，而仍以『來』爲見王，豈往返皆見王乎？有以知其説之不可通焉矣。

壎篪

考樂器，土曰壎，大如鵝子，鋭上，平底，似稱錘，六孔。周禮小職作『塤』，古今字。竹曰篪，長尺四寸，圍三寸，七孔。一孔上出，徑三分。凡八孔，横吹之。篪，本作『鯱』，又作『笹』。詩言『伯氏吹壎，仲氏吹篪』者，伯仲，兄弟也。俱爲王臣，則有伯仲之義。吹壎吹篪者，言相與謀國之時，一議一論相爲附和。而『及爾如貫』，今乃不我知而譖我乎？是以壎篪爲喻也。世本云：『暴辛公作塤，蘇成公作篪。』譙周古史考云：『古有壎篪，尚矣。周幽王時，二公善其事。』其説非歟？

有靦面目

傳：『靦，姡也。』箋云：『姡然有面目，女乃人也。』正義曰：『説文云：「靦，面見人。」「姡，面靦也。」然則「靦」與「姡」皆面見人之貌也。』或曰：釋文：『姡，面醜也。』與孔疏異。按：韋昭國語注云：『靦，面目之貌。』未及『醜』義。詩亦但言其與人相見無窮極耳，並無可醜之意，當以疏引説文爲正。按：毛用爾雅文。説文『姡，面靦也』，正與爾雅相轉注。今本説文及爾雅、詩釋文作『面醜』者，字之誤耳。國語范蠡曰：『余雖靦然，而人面哉！』詳其詞意，當謂面貌靦然，猶之儼然人面耳。爾雅釋文引舍人注云：『靦，擅也。一曰面貌也。謂自專擅之貌。』義亦相近矣。

巷伯

序云：『巷伯，刺幽王也。寺人傷於讒，故作是詩也。』箋云：『巷伯，奄官。寺人，内小臣也。讒人讒寺人，寺人又傷其將及巷伯，故以名篇焉。』而宋之説詩者，謂寺人即巷伯。考詩爲寺人所作，而名篇以『巷伯』，故箋有『寺人傷將及巷伯』之語。然詩中未見此意。末言『凡百君子』，則不止於將及巷伯矣。故宋儒以寺人即巷伯，亦非無理。蓋詩篇名有作詩者名，有采詩者所名。此詩，或作者自稱『寺人』，而采詩者名之以『巷伯』。巷伯，不見周官，惟見於襄九年左傳：宋災，『令司宫、巷伯儆宫』。杜注即以『巷伯』爲寺人。意巷伯本内奄之通稱，故經文『寺人』，序稱『巷伯』與？漢書司馬遷傳贊云：『述其所以自傷悼小雅巷伯之倫。』漢書宦者傳序云：『詩之小雅亦有巷伯刺讒之篇。』詳其詞意，皆以此詩即巷伯所作。然則以巷伯即寺人，其説不始於宋人矣。

哆兮侈兮

傳：『哆，大貌。南箕，箕星也。侈之言是必有因也，斯人自謂避嫌之不審也。』或〔一五〕：説文『誃』字引詩『侈兮哆兮』，王伯厚詩考引之而作『誃兮哆兮』，其所據本多譌作『誃』也，又引崔靈恩集注本作『侈兮哆兮』。然則毛詩古本上『侈』下『哆』，唐後乃倒易之。按：今本毛傳先釋『哆』，即釋『南箕』，然後言『侈』。倒亂經文，傳無此例。足知毛傳皆以『哆侈』連文爲疊聲疊韻之字。鄭箋云：『因箕星之哆而侈大之。』斷無經文上『侈』下『哆』之理也。

緝緝翩翩

傳：『緝緝，口舌聲也。』説文：『咠，聶語也。從口、耳〔一六〕。詩曰：「咠咠幡幡。」』『聶，附耳私語也。』釋文引説文云：『咠，鬲語也。』按：經『緝』字自當爲『咠』之假借。釋文云『鬲語』者，如今『胸膈』字，亦謂小語無聲，若在鬲間之意。傳云『口舌聲』者，曲盡聶語之狀。後儒或云緝人之罪，或云緝緝有條理，皆望文生義也。至説文引『緝緝幡幡』，『幡幡』二字，當云『翩翩』，而誤舉下章之『幡幡』。猶生民『或舂或舀』而誤云『或簸或舂』，是也。

捷捷幡幡

傳：『捷捷，猶緝緝也。幡幡，猶翩翩也。』釋文：『捷，如字，又音妾。』漢書揚雄傳蘇林注：『捷，音詩「唼唼幡幡」之「唼」。』是讀詩『捷』字作『唼』。古字『捷』『接』多通，故亦通作『唼』。史記彭越傳集解引徐廣曰：『喋，亦作「唼」。』索隱引服虔曰：『口舌爲喋。』蓋此無正字，作『喋』作『唼』，又假『倢』假『捷』爲之，故集韻云〔一七〕：『捷捷，譖言。或從人，亦作唼。』總之皆口舌多言之貌，故傳云『捷捷，猶緝緝也』。又幡者，反也。賓之初筵傳：『幡幡，失威儀。』瓠葉傳：『幡幡，瓠葉貌。』角弓：『翩其反而。』蓋『偏』『翻』疊韻語，皆形容反覆不定之貌，故傳云『幡幡，猶翩翩也』。

好好、草草

傳：『好好，喜也。草草，勞心也。』或曰：爾雅『旭旭，憍也』，郭注云：『小人得志憍蹇之貌。』讀『旭』爲『好』。按邶風『旭日始旦』，釋文引説文『旭讀若好』，字林呼老反，是『旭』『好』聲同字通。毛傳訓『喜』者，自是『好』字引申之義。爾雅作『旭』，或古本詩借『旭』爲『好』。又爾雅『慅慅，勞也』，邢疏引詩『勞人慅慅』。邢昺在北宋初，或猶及見韓詩説。慅，動也。此則三家用其正字，毛詩又借『草』爲之耳。

『謀』『虎』爲韻

或謂『彼譖人者』爲衍文，疑『謀』字不入韻。或謂與『虎』爲韻，或謂首句複次章以起下文，爲無韻之句。説皆未當。惟段氏音韻表云『謀』本音在之咍部，『巷伯以合韻者「虎」字，猶

「母」本音亦在第一部，蝃蝀以韻「雨」。是也。孔氏詩聲類云：「「謀」字，詩凡九見，或讀爲「媒」，或讀爲「每」。惟小旻「民雖靡膴，或哲或謀」及巷伯六章似皆讀爲「姥」。且巷伯一篇之中，二章以「謀」協「箕」，六章以「謀」協「虎」，是在當時固有兩讀矣。今廣韻上聲有「謀」字，交甫切。」按：『皇皇者華，周原咨謀』，淮南修務訓作『諮謨』。史記陳杞世家集解引徐廣曰：『謀，亦作「謨」。』是『謀』『謨』同字〔一八〕，亦當同音，故可協『膴』『虎』。猶『集』讀爲『就』、『躬』讀爲『身』之例也。

楊園、畝邱

傳：『楊園，園名。猗，加也。畝邱，邱名。』箋云：『欲知楊園之道，當先歷畝邱。以言此讒人欲譖大臣，故先從近小者始。』按：『猗』與『倚』同字。倚者，依也。凡因依者，皆自此加彼之意。故傳云：『猗，加也。』毛意當以楊園喻近小，畝邱喻高大。謂譖人由近而加遠，由小而加大，如楊園之道而横侵及畝邱也。康成之箋似與傳意相反云。

谷風刺幽王

序云：『刺幽王也。天下俗薄，朋友道絶矣。』按此序首句但言『刺幽王』，詩中『寘予』『棄予』等語焉知非君臣道睽、進若加膝、退若墜淵之謂？而序下及傳獨以爲朋友之詩，自當有所受之也。韓詩外傳載宋玉讓其友，引詩曰：『將安將樂，棄予如遺。』是毛韓意略同。蔡邕正交論、朱穆絶交論、風俗通窮通篇並云谷風有棄予之怨，是漢儒無不以此爲朋友之詩。然朋友之道絶，實由於上之所化。風俗淳良，爲上者親親以睦，友不棄賢，不遺故舊，而民德歸厚，亦能信於朋友，伐木之詩所爲作也。今幽王不能親親、尊賢、敬故，而天下俗薄，民亦從而化之，此谷風所以刺也夫！

維風及頽

傳：『頽，風之焚輪者也。風薄相扶而上，喻朋友相須而成。』孔疏云：『風薄』指頽風，『相扶』指谷風。頽風力薄，不能上升，賴谷風扶之而上，以喻友之相成如此。而嚴氏譏毛以『猋』釋『頽』，誤矣。夫猋從下而上，頽從上而上，是李巡、孫炎之説，而郭璞因之耳。據爾雅正文，恐未必然也。『扶摇謂之猋』，即南華之『扶摇』，信從下而上矣。『焚輪謂之頽』，取象於火，火乃炎上之物，安能自上而下乎？注爾雅者止因『頽』是下墜之名，故爲此解。然以字義考之，『頽』從秃，貴聲，秃貌，又暴風也。『隤』從𨸏，貴聲，下墜也，俗通作『頽』。是『隤』、『頽』本各一字，不得將下墜之『隤』釋暴風之『頽』矣。或謂風之鋭而上者爲猋，風之旋而上者爲積。引莊子曰『摶扶摇羊角而上者九萬里』，『扶摇』即猋是也，『羊角』即積是也，今羊角旋轉而上，如焰焚車輪之象也。按：莊子釋文引司馬彪云：『風上行謂之扶摇，風曲上行若羊角謂之羊角。』或曰應本此。合之爾雅，則上行如焚，旋轉如輪，名義允協，可正景純之誤。然所焰焚車輪之説，尚非古義。考『焚』『輪』爲疊韻字，文選封禪文『紛綸葳蕤』注云：『張揖云：「紛綸，亂貌。」』江賦『混淪乎泥沙』注：『渾淪，輪之貌。』此皆疊韻形容字，與『焚輪』同。積風曰焚輪者，謂其回旋糾亂之狀，猶之乎『紛綸』『混淪』。蓋旋風回轉無定，其力自薄，且不能久，得當方應候之谷風助之，而其升愈速，故傳云『風薄相扶而上』也。

匪莪伊蒿

箋云：『莪已蓼蓼長大，我視之以爲非莪，反謂之蒿。興者，喻憂思，雖在役中，心不精誠其事。』吕記謂莪蒿不能報天地之生育，猶人子不能報父母之劬勞也。説本歐陽，但於『匪』『伊』二字無著。朱傳以莪爲美菜，蒿爲惡草，以比父母生我以爲美材，而今乃不能終養。本於蘇傳。然『莪』與『蒿』本非二物。『菁菁者莪』傳云：『莪，蘿蒿也。』是莪乃蒿之一種耳。陳氏長發『莪美蒿賤』之説未知何據，是也。嚴緝據爾雅『蘩之醜〔一九〕，秋爲蒿』，及彼注疏蘩蕭莪蔚之類始生，氣味各異，其名不同，『至秋老成，則皆蒿』之語，以爲『莪始生香美可食，至秋高大則粗惡不可食』，喻子初生猶是美材，至於長大乃是無用之人。此說取喻最合，且與『蓼蓼長大』句及下文『生我劬勞』語意尤爲融貫也。

瓶罄、罍恥

傳：『瓶小而罍大。罄，盡也。』箋云：『瓶小而罄，罍大而盈。言爲罍恥者，刺王不能富分貧、衆恤寡。』正義申箋云：『言爲罍恥者，是爲主罍者之恥，即酌者也。』按：經言罍恥，不言酌罍者之恥，正義之説未免於事外添設。集傳以瓶比父母，罍比子，語意倒置，實非經意。劉氏瑾謂『但取相資之義，而不取於瓶罍之大小』，究有未安。嚴緝則據易『羸其瓶』、儀禮『罍水在洗東』，謂『瓶以汲水，罍以盛水』，『瓶竭則罍無所資，爲罍之恥，猶子困窮則貽親之羞』。此說雖勝集傳，然序言『刺幽王』，仍當以箋説爲正。但大旨謂民勞失養，乃國家之恥，猶所謂四郊多壘，卿大夫之恥者，不必以罍富衆爲喻，而瓶即以喻貧寡也。

鮮民之生

傳：『鮮，寡也。』箋云：『此言供養日寡矣，而我尚不得終養，恨之言也。』按此箋似非經意，亦失傳意。傳以『鮮』爲『寡』者，蓋『鮮民』猶言『孤子』，即下文『無父』『無母』之謂。放齋詩説曰：『以無怙恃，故謂之「鮮民」，言其薄德而寡怙也。』戴氏東原曰：『春秋傳「葬鮮」者，不得以壽終爲鮮，「鮮」似有少福之意。故無怙恃者曰「鮮民」。』二説義亦可通。或據『鮮』『斯』字通，謂『鮮民』如論語『斯民』之例。然末章兩言『民莫不穀』，皆對『我獨』而言，是言斯民同處亂世而未抱恨終天，則猶勝於我，不應此章乃統言斯民之生，不如死之久矣。其説非歟？

生我、鞠我、拊我、畜我、長我、育我、顧我、復我、腹我

傳：『鞠，養也。腹，厚也。』箋云：『父兮生我者，本其氣也。畜，起也。育，覆育也。顧，旋視也。復，反復也。腹，懷抱也。』正義申釋以『生我』爲『本流氣以生我』，『鞠我』爲『懷妊以養我』，是也。其云：『拊循我〔二〇〕，起止我，長遂我，覆育我，顧視我，反覆我。』分疏皆不甚切當。箋但云『畜，起』，不兼『止』義。『覆育』爲覆近而愛育，『旋視』爲去之而反顧，語亦未斷。按首二句『生我』『鞠我』，自指初生之時，楊子所謂『父母，人之天地與？無天何生？無地何形？』是也。以下三句六『我』字，皆相對爲文。箋云『畜，起也』，自是讀『畜』爲『慉』。説文：『慉，起也。』此『畜我』謂有時作之使起，則『拊我』乃撫之使正也。箋云

『育，覆育也』者，謂覆芘而育之，則『長我』爲培植而長之。如養草木者之或長遂其根，或覆芘其顛也。『顧，旋視』者，謂周旋視之。『復，反覆』者，謂往來視之。箋義似當如此分别。嚴緝謂『拊』謂防其驚，『畜』謂乳之，『長』乃就口食，『育』爲哺之，『顧』爲回首以顧，『復』而爲顧之又顧。文義殊不相比附，非其義也。至『出入腹我』乃統上而總言之〔二一〕。傳云『腹，厚也』，是統言愛厚。箋以『懷抱』申『愛厚』之義，正義以爲易傳，非歟？

南山烈烈、律律

傳：『烈烈然，至難也。』『律律，猶烈烈也。』箋云：『民人自苦見役，視南山則烈烈然，飄風發發然，寒且疾也。』范氏補傳曰：『烈烈、律律，猶言「栗烈」。謂其氣之凜。』按：此申箋義，最爲得之。箋『寒且疾』似不專承『飄風』，蓋謂南山之氣烈烈然寒也。若傳云『烈烈然，至難也』，似不得以爲『寒』義。當如『蜀道難』『行路難』之『難』，以『烈烈』爲險阻之狀。說文：『巁，危高也。讀若厲。』玉篇、廣韻作『巁』〔二二〕，云『巍也』。集韻：『巁，山高貌〔二三〕。』古有巁山氏。禮記祭法注〔二四〕：『厲山氏，炎帝也。起於厲山，或曰有烈山氏。』然則『烈烈』爲山之高峻〔二五〕，故傳以爲『至難』。下章『南山律律』，王介甫以爲『山之崒嵂』。說文無『嵂』字，玉篇有『硉』字，云：『硉，矶危石。』文選七發：『上擊下律。』注云：『當爲「硉」字。』是『律』『硉』同字，故傳云『律律，猶烈烈也』。

棘匕

傳云：『匕，所以載鼎實。』正義曰：『以匕載之，謂出之鼎，升之於俎也。』説文云：『所以比取飯，一名柶。』古者或以匕黍稷，或以匕牲體。吉事用棘匕。特牲饋食禮『棘心匕刻』注云：『刻若金龍頭。』太平御覽三禮圖云：『匕以載牲。體長二尺四寸，葉博三寸，長八寸，漆丹，柄頭疏匕，形如飯操，以棘爲之。』是也。

周道如砥，其直如矢

傳云：『如砥，貢賦平均也。如矢，賞罰不偏也。』此正言『周道』貢賦賞罰之道。韓詩外傳云〔二六〕：『「周道如砥，其直如矢。」言其易也。』鹽鐵論形德篇亦有此語。蓋皆與毛義合。至墨子兼愛下篇引詩『其直如矢，其易若砥』、王逸注楚辭招魂引詩『其平如砥』〔二七〕，字句皆與毛詩異，或出三家詩。然今毛詩與孟子、荀子同，知其源流尤確也。

小東大東

箋云：『小也，大也，謂賦斂之多少也。小亦於東，大亦於東，言其政偏。』歐蘇多從之。惟范氏補傳云：『東方諸侯無小無大』，杼柚皆爲之空。此説較勝於箋義。考此詩序云：『東國困於役，而傷於財。』序之正義云：『言「東」以廣之。』則似『小東大東』爲東方之小國、大國，與言『東國』義合。猶商頌『受小國是達，受大國是達』，亦以『小』『大』言國也。

佻佻公子

傳：『佻佻，獨行貌。』釋文：『佻佻，韓詩作「嬥嬥」，往來貌。』或據説文『嬥，直好貌』以釋詩，言『嬥嬥』是公子之貌，非獨行往來之貌，毛韓皆緣詞生訓，非詩人本意也。今按：爾雅：『佻佻、契契，愈遐急也。』此句明爲『大東』作釋。下文『契契寤歎』傳云：『契契，憂苦也。』爾雅以『佻佻』『契契』並言，自不得謂『佻佻』爲好貌。爾雅釋文引詩云：『佻佻，獨行歎息也。』『詩』下當脱『傳』字。疑陸所見毛傳『獨行』下尚有『歎息』二字。爾雅『愈遐急』者，當是遠行急切之意，乃就本詩大旨爲釋。毛訓『獨行』，則意重在『獨』，不在『行』。蓋『佻』本音苕，字又作『苕』。楚辭九歎注引詩作『苕苕公子』。西京賦『狀亭亭以苕苕』，固爲高貌，亦孤迴無依之意。此『佻佻』亦謂其獨行無依，故下云『使我心疚』也。

有洌氿泉

傳：『洌，寒意也。』正義云：『七月云「二之日栗洌」，是「洌」爲寒氣也。説文：「洌，寒貌」。故字從冰。』今考説文仌部無『洌』字，有『瀨』字，云：『寒也。從仌，賴聲。』據孔氏所引，知唐初本有『洌』字，古訓瀨，聲同。説文蓋以『洌』爲正字，『瀨』爲重文。李善注文選嘯賦引字林：『洌，寒貌。』蓋本説文，是其證。

舟人之子

傳：『舟人，舟楫之人。』箋云：『舟，當作「周」。周人之子，謂世臣於周之子孫，退在賤官』者。按：上句則概言『東人』，與『西人』對，未嘗明説譚人，則『西』人亦不明説某地之人，乃與『東人』文勢相順。此下則舟楫之人，私家之子，亦各就一事指陳之。而鄭獨謂『舟』當作『周』，夫使『周人』仍與『西人』無別，且經言『人』不言臣也，『舟人』『私人』自即於西人之中，時舉其卑賤者，以見官之師旅不勝其富耳。韓詩外傳：『禿姓舟人，則周滅之。』韋注：『舟人，國名。』夫謂『舟人』爲國名，仍非傳意。何氏古義云：『説苑載晉平公使叔向聘於吴，吴人拭舟以逆之，左五百人，右五百人，有繡衣而豹裘者，有錦衣而狐裘者。』『此即所謂「舟人之子，熊羆是裘」者也。」

熊羆是裘

傳：『熊羆是裘，言富也。』箋云：『裘，當作「求」，聲相近故也。周人之子，退在賤官，使搏熊羆，任冥氏、穴氏之職。』今按：箋説非也。『舟人』是舟檝之人，舉其卑賤者，以見官之師旅不勝其富耳。或又疑熊羆不可爲裘，不知周禮『穴氏掌攻蟄獸〔二八〕，獻其皮革』，注即以爲熊羆之屬。禹貢『梁則貢熊羆狐狸』，莊子『豐狐文羆』，蓋皆爲裘之用，正不必以後世無熊羆之裘爲疑也。

鞙鞙佩璲

傳：『鞙鞙，玉貌。璲，瑞也。』箋云：『佩璲者，以瑞玉爲佩。佩之鞙鞙然，居其官職，非其才之所長也。徒美其佩，而無其德。』考釋文：『鞙』又作『琄』，爾雅亦作『琄』。説文無『琄』字，作『鞙』爲是。『鞙鞙』謂佩玉鞙鞙然，非謂玉也。傳『玉貌』當作『佩玉貌』，『玉』字上脱『佩』字。續漢書劉昭注〔二九〕：『鞙鞙，佩玉貌。』可證也。説文亦無『璲』字，毛以爲

『璲瑞』者，蓋謂『璲』即『瑞』之假借。至爾雅又云『繸，綬也』，此則謂佩玉之組，與此詩之『璲』專言玉瑞者無涉。續漢志謂『古者君臣佩玉，尊卑有度。上下有韍，貴賤有殊』。『五伯迭興，戰兵不息，佩非戰器，韍非兵旗，於是解去韍佩，留其佩璲以爲章表。故詩曰：「鞙鞙佩璲。」此之謂也。』此誤以爾雅之『繸』當詩之『璲』矣。

終日七襄

傳：『襄，反也。』箋云：『襄，駕也。駕謂更其肆也。從旦至暮，七辰三移，因謂之「七襄」。』正義述毛謂『終一日，歷七辰，至夜而迴反』。又云：『「襄，反」者，謂從日至暮七辰，而復反於夜也。』按：此說非也。經但言『日』，並不及『夜』。況移七襄而至夜，亦不得謂之『迴反』。蓋『反』即更也。此傳言『反』者，亦謂從旦至暮七更其次。鄭箋謂『更其肆』者，乃申傳，非易傳也。爾雅：『襄，除也。』斯干傳：『除，去也。』『除，去』者，變更之義，故毛以『襄』爲『反』。下文『不成報章』傳：『不能反報成章。』此『反』乃『迴反』之『反』。兩『反』字義本異，疏一例釋之，毋乃誤乎？

牽牛

傳：『何鼓謂之牽牛。』正義曰：『何鼓謂之牽牛，爾雅文也。李巡曰：「河鼓、牽牛，皆二十八宿名也。」孫炎曰：「何鼓之旗十二星，在牽牛之北也。或名爲『河鼓』，亦名爲『牽牛』。」』如爾雅之文，則河鼓、牽牛一星也。如李巡、孫炎之意，則二星也。今按：郭注爾雅：『今荆人呼牽牛星爲「擔鼓」。擔者，荷也。』此當以郭注爲是。鼓星在天漢之旁，故名『河鼓』。牽牛在河鼓之下，故謂之『何鼓』〔三〇〕。天官書：牽牛星，『北河鼓』。張守節正義謂河鼓三星，在牽牛北。爾雅當本作『河鼓』，乃『擔何』之『何』，謂何此鼓者爲牽牛，非謂河鼓三星亦名『牽牛』也。李巡雖以河鼓、牽牛爲二星，而誤以河鼓爲二十八宿之名。孫炎雖云河鼓在牽牛北，而皆不知爾雅之『何鼓』，非河鼓。若邢疏則直以河鼓、牽牛爲一矣。詩釋文云：『何鼓，胡可反。』是讀爲『擔何』不誤。其又云：『音河，星名。』則仍混而不別。正義殆據誤本毛傳作『河鼓』，遂誤會爾雅之文，謂以何鼓、牽牛爲一星，非毛義矣。

東有啓明，西有長庚

傳：『日且出，謂明星爲啓明。日既入，而明星爲長庚。庚，續也。』正義曰：『釋天云〔三一〕：「明星謂之啓明。」孫炎曰：「明星，太白也。晨出東方，高三丈，命曰明星。昏出西方，高三舍，命曰太白。」然則啓明是太白矣。長庚不知是何星也。或一星出在東西而異名，或二者別星，未能審也。』鄭夾漈則以長庚爲水星，謂金水二星附日而行，金在日西，故日將出而東見；水在日東，故日將没，則西見。夫水星自名『辰星』，古來載籍未聞以『長庚』呼水星也。乃考張揖廣雅則云太白謂之長庚，或謂大囂。始知長庚、啓明本是一星。故毛傳亦皆指爲明星。似乎每日東西兩見者，乃孟康云太白陰星，出東當伏東、出西當伏西，過半爲經天，謂出東入西，出西入東也。今使每日皆東西兩見，豈每日皆經天乎？夫東、西原非同時，則其晨見東方，去夕見之期甚遠。及其夕見西方，亦去晨見之期甚遠。啓明、長庚正因東、西見而異名耳。何氏古義援之，以爲不能一日東、西兩見，其説非也。考新法表異云：『金星或合太陰而不伏。所以然者，金緯甚大。凡逆行，緯在北七度餘，而合太陽於壽星、大火之宮，則雖與日合，其光不伏。一日晨夕兩見者，正坐此也。』

有捄天畢

傳云：『畢，所以掩兔也。』箋云：『祭器有畢者，所以助載鼎實。』説各不同。正義又云：『掩兔、祭器之畢，俱象畢星爲之。必易傳者，孫毓云：「祭器之狀如畢星，名象所出也。畢戈之畢又取象焉，而因施網於其上。」雖可兩通，箋説爲長。』按：此疏所言，未爲至當。

考史記天官書：『畢曰罕車，爲邊兵，主弋獵。』後漢蘇竟傳：『畢爲天網。』是天官家言皆謂畢爲田器。説文：『畢，田网也。』又『率』下云：『捕鳥畢也。』是畢之制器，亦祇有田器。盧令序：『襄公好田獵，畢弋。』鴛鴦『畢之羅之』傳云：『畢掩而羅之。』是序及詩言『畢』者，皆爲田具。祭器之畢，不見於詩。易繫詞：『佃漁始於庖犧。』茹毛飲血之時，未必即有祭器，自應以田獵之畢取象在先，而助載鼎實者爲後。且本經下句明言『載施之行』，兔罝云『施於中逵』『施於中林』，若非畢翳，何得言『施』乎？然則箋雖亦可通，究當以傳説爲正焉。

維北有斗

正義以爲南斗，蘇傳、李解、吕記〔三二〕、嚴緝皆以爲北斗。集傳兩存其説。今者經言：『維北有斗，西柄之揭。』常西向而高於魁，故云『西柄』，又云『揭』。揭，高舉之名。若北斗之柄，固不常指西。即指西，亦不得云『揭』也。且經先言『南有箕』，後言『北有斗』，明箕、斗南北相連也。古詩曰：『南箕北有斗，牽牛不負軛。』箕、斗與牽牛不甚相遠也。正義之説不其然乎？

先祖

四月，序云：『刺幽王。』韓詩以爲嘆行役。毛無傳，質略不明。王肅述其意，以爲四月行役，六月未得歸，闕一時之祭，故云先祖獨非人乎？王何忍不恤我，使我不得修子道？孔疏非之，以爲序不言征役，傳亦無此意。因引孫毓語謂從征踰年，乃怨文王之師，猶采薇而行，歲暮乃歸。又行役不親祭祀，攝主修之，亦未有闕，豈有數月之闕而以爲刺？又自言首章始闕一祭，已恨王之忍，復闕二祭，彌應多怨，何『秋日』『冬日』之下，更無先祖之言？按序傳雖不言征役，然考此詩第三章與蓼莪第五章，文義皆同。彼爲人民勞苦，孝子不得終養，則此亦當爲征役在外，不得歸祭之詩。且蓼莪五、六兩章亦並不言父母，則此詩首章言『先祖』已見思祭之意，不必以『秋日』『冬日』之下不言先祖爲疑。此詩雖無大夫行祭祀之事，但作序者祇言全詩大旨。此詩以搆禍怨爲重，而苦役特其一端，思祭又苦役之一端，故序不言也。『先祖』之言，毛雖不及祭祀，正當依韓詩。王以申毛義，可耳。

百卉具腓

傳：『腓，病也。』或曰詩『腓』字凡三見，采薇、生民，傳皆訓『避』，獨此傳訓『病』。訓『避』之『腓』與『芘』通，其訓『病』之『腓』則本作『痱』。考李善注文選引韓詩曰『百卉具腓』，薛君曰『腓，變也，俱變爲黄也』，毛萇曰『腓，病也』，今本作『腓』字，非也。據李言則毛詩作『痱』矣。校勘記云：『釋文：「腓，房非反，病也。韓詩云：變也。」不言其字有異，是毛詩經亦作「肥」。但傳訓爲「病」，以爲「痱」字假借。』然玉篇疒部引詩『百卉具痱』，玉篇作釋文之前，是所見毛詩本有作『痱』者也。

校記

〔一〕邇　原無，據毛詩後箋補。此處係用後箋語。
〔二〕事　原作『經』，據毛詩正義改。
〔三〕靡　原作『霏』，據詩經小旻改。
〔四〕詩　原作『事』，據毛詩後箋改。此處係用後箋語。
〔五〕『鶱』原作『鶱』，『轉』原作『傳』，據毛詩後箋改。此處係用後箋語。
〔六〕蟲　原作『之』，據淮南子改。
〔七〕故　原作『考』，據戴侗六書故書名改。
〔八〕〔一一〕當　原作『常』，據毛詩後箋改。此處係用後箋語。
〔九〕烏　原作『鳥』，據毛傳改。此段應作『烏』而作『鳥』者，皆徑改。
〔一〇〕名　原作『云』，據毛詩正義改。
〔一二〕于　原作『以』，據毛詩後箋改。此處係用後箋語。

〔一三〕孫　原無，據下引爲孫奭孟子音義補。
〔一四〕注　原無，據下引爲郭璞爾雅注補。
〔一五〕或　據下爲引段玉裁語，「或」下當有「云」字。
〔一六〕從口耳　原作「從聑聲」，據説文解字改。
〔一七〕韻　原作「傳」，據下引爲集韻文改。
〔一八〕謨　原無，據毛詩後箋補。此處係用後箋語。
〔一九〕蘩　原無，據爾雅補。
〔二〇〕我　原作「者」，據毛詩正義改。
〔二一〕入　原無，據詩經蓼莪補。
〔二二〕韻　原無，據下爲引廣韻補。
〔二三〕高　原作「萬」，據集韻改。
〔二四〕禮　原作「體」，據下爲引禮記改。
〔二五〕山　原無，據毛詩後箋補。此處係用後箋語。
〔二六〕外　原作「引」，據下爲引韓詩外傳文改。
〔二七〕平　原作「手」，據王逸楚辭章句改。
〔二八〕「氏」原作「食」，「蟄」原作「蟄」，據周禮改。
〔二九〕注　原作「德」，據下爲引劉昭續漢書注文補。

〔三〇〕何　原作『河』，據毛詩後箋改。此處係用後箋語。

〔三一〕天　原作『文』，據毛詩正義改。

〔三二〕記　原作『解』，據上文『蘇傳、李解』、下文『嚴緝』皆前姓、後書名而改。

學詩堂經解卷十三

北山之什二之六

率土之濱

傳：『濱，涯也。』正義曰：『詩意言民之所居。民居不盡近水而以「濱」爲言者，古先聖人謂中國爲「九州」者〔一〕，以水中可居曰州，言民居之外皆有水也。鄒子曰中國名赤縣』，『其外有瀛海環之，是地之四畔皆近水也。濱是四畔近水之國，言「率土之濱」，舉其四方所至之內，見其廣也』。或據漢書王莽傳、白虎通義引詩『濱』字作『賓』，疑三家有作『賓』者，爲率土濱服之義。今按：『濱』『賓』古字通用，如孟子萬章、左氏昭七年傳、國策東周策、史記漢書司馬相如傳、荀子、尸子、韓子忠孝諸篇皆作『濱』，可知當爲水涯。不知訓爲『賓服』始與『王臣』義相合也。

我從事獨賢

傳云：『賢，勞也。』箋云：『不均大夫之使，專以我有賢才使從事于役，自苦之辭。』不知『賢』亦『勞』也。孟子萬章篇引此詩釋之曰：『此莫非王事，我獨賢勞。』賢勞，猶言『劬勞』，故毛訓『賢』爲『勞』。至箋以『賢』爲賢才，失其義矣。朱傳云：『王不均平，使我從事獨勞。』此從毛傳，以『賢』爲『勞』。其下又曰：『不言「獨勞」而曰「獨賢」，詩人之忠厚如此。』此則又從箋説，以『賢』爲賢才。然毛鄭異義，不容並爲一解也。

王事傍傍

傳：『傍傍然不得已。』按廣雅：『旁旁，盛也。』『傍』與『旁』通。事多而不已，此亦盛之意。古人言『旁皇』『傍傍』，皆急遽不能自已之意。史記禮書『旁皇周浹』，索隱曰：『旁皇，猶徘徊也。』莊子天運『有上傍徨』，釋文引司馬『旁皇』。吳語：『屏營彷徨於山林之中』，玉篇引注云：『屏營，猶傍徨也。』蓋『旁皇』者，疊韻形容之語，單言之則曰『旁皇』，連言之則曰『旁旁皇皇』，義相似也。

旅力

傳：「旅，衆也。」按：桑柔「靡有旅力」箋云：「朝廷曾無有同力諫諍。」正義曰：「旅，訓衆。衆力非一人所能，故總之而言『靡有』。」是桑柔之「旅力」，可訓爲衆人之力。若此訓爲衆人之力，似與上文「嘉我」「鮮我」二「我」字不順〔一〕，考書秦誓「旅力既愆」，孔傳亦訓「衆」。李迂仲謂此及北山兩「旅力」但指作詩者及「良士」，是一人之力，不得云衆力。秦誓夏氏解曰：「衆力，如目力、耳力、手足力也。」此「旅」亦當如夏氏所訓，故集傳以「膂」易之。或曰古「膂」本作「吕」，説文：「吕，脊骨也。象形。膂，篆文吕，從肉，旅聲。」又方言、廣雅云：「膂，力也。」此是以「力」訓「膂」，非脊骨有力之謂。如詩以「心膂」爲義，則其字當從「膂」矣，似不得援以爲證也。

「叫号」「號」字音

傳：「叫，呼。号，召也。」按「叫号」之義，毛訓「呼召」，孔申之以爲「徵發呼召」。正劬勞之事，不聞之，所以爲安逸也。或謂今「号」字讀平聲，言深居安逸，不聞叫呼之聲，義亦可通。然按匡謬正俗引徐仙民「號」音呼到反，乃從毛義作音。顔師古謂此三章上下句句相韻，宜爲「号呶」之「号」，以徐音爲非，由不悟古無四聲之別耳。

二月初吉

傳云：『初吉，朔日也。』箋云：『乃以二月初日始行，至今則更夏暑冬寒。』陳氏稽古編：此詩，『述毛者皆以「二月」爲始行之時。「昔我往矣」即指始行，「方除」「方奧」即是二月。鄭以「二月」爲始行，與毛相同，而釋「方除」「方奧」爲「四月」，釋「昔我往矣」謂初到艽野，則與毛異』。『夫鄭謂二月始行，四月至艽野，則有未當。凡詩中「昔我往矣」皆言始出時，非既到時。訓「往」爲「到」，不亦迂乎？竊謂詩「二月」，周二月也，建丑之月也。爾雅「余月」，夏四月也，建巳之月也。小明大夫當四月初行，至丑月尚未得歸，而作詩耳。「二月初吉」，正指未歸而作詩之時也。「方除」「方奧」，追憶其始行之時也。「載離寒暑」，總計其自始行至不得歸之時也。時已由暑迄寒矣，暑即「方除」「方奧」，寒即「二月初吉」也〔三〕。』何氏古義曰：『按「二月初吉」文繫在「至於艽野」之下，當是此時作詩之日，非徂征初行之日。玩後章云「昔我往矣，日月方除」，則知此大夫徂西，在前歲之十二月，中歷一歲，至今歲之二月猶未得歸，故云「載離寒暑」也。』張氏曰：『周二月，夏十二月也。』『言自我之徂西，至於艽野之地，其時十二月朔旦。今則已離歷冬寒夏暑，尚未得歸，此心之所以憂而且苦也。』二章、三章乃追敘其始發之時。『除者，除舊布新之謂。』『「奧」與「厥民隩」之義同。』『周以十一月爲歲首』，民寒而聚居於隩。『蓋小明大夫以夏十月始發徂西，而以十二月至於艽野，至明年九月尚未得歸。』此詩『次序甚明，與周正合』。『若以夏正二月而言，則仲春非歲首，不得謂除舊布新。』『自二月至九月，則二月氣已暖，九月肅霜而肇寒，不得以爲離寒暑也。』戴氏詩考正曰：『夏正十二月，周之二月也，故首章曰：「二月初吉，載離寒暑。」』『倘自夏正二月，春温時往，至於其秋，又不得言「載離寒暑」。詩用周正，非夏正，甚明。』今按：諸説皆與經未當〔四〕。『古者行役不踰時，春行秋反，秋往春來。』〔五〕若如箋説，以卯月始行，至采蕭穫菽之時而未歸，不當遽云『其毒太苦』矣。如陳氏謂『二月』爲當年之丑月，何氏謂行役後年之卯月，去啓行時已間一年，皆指『二月』爲作詩之時，則篇中不當但以九月之采蕭穫菽爲久役未歸之詞矣。如張氏、戴氏謂二月爲丑月，與『方除』『方奧』皆追敘其始行之時，然『奧』『隩』雖通，而堯典『厥民隩』謂民避寒就暖則可，究不得謂日月方暖也。惟姜氏廣義云：『此「二月」若云夏正卯月，下不得言「日月方除」；若云周正丑月，又不得言「日月方奧」。按本文「二月初吉」繫「至于艽野」之下，則至艽野之日爲二月。溯其始行之日，乃在正月之初，以夏正言也。下章言「日月方除」，傳云「除舊生新」。』『正月之初，日月始除之後也。』三章『方奧』傳言『暖也』。『正月始和，東風解凍，故又云「方奧」也。』由『方除』而『方奧』，立言之序也。作詩在今年之冬，此『初吉』在追憶至艽野之日也。姜氏之説寔與經旨相發明，亦不悖於傳義，寔勝於諸家之訓。蓋三百篇中兼用夏正周正，但當順經文，正不必偏執一解也。

念彼共人

箋云：『共人，靖共爾位以待賢者之君。』按：此『共人』，後人多指在朝僚友言之。其説較勝於箋。但或謂行役之人，以在朝共職者爲美任，稱其人，羨之也；或謂大夫西征，畏其在朝同列之讒，因作此詩貽之，欲平其怨而彌其間。此二説皆非是。幽王之時，内外岌岌，在朝者亦未必可羨。若謂恐僚友之不容，則又與篇中『共人』『君子』不合。惟輔氏廣曰：『僚友不一而足，有出者，有處者，宜也。己之征役固勞苦矣，然以其所謂「罪罟」「譴怒」「蹙急」「反覆」者觀之，則僚友之處者，亦豈有樂事哉！此所以思之而「涕零如雨」也。』嚴華谷曰：『君子仕於亂世，凜凜畏罪』，『然其勢不可以去也，則惟敬共以聽天命而已』。『蓋以己之所自處者，其志相同也。』二説仍與經旨相合。

鼓鐘刺幽王

序云：『鼓鐘，刺幽王也。』正義曰：『鄭於中候握河注云「昭王時，鼓鐘之詩所爲作」者，鄭時未見毛詩，依三家爲説也。』歐陽本義謂史無幽王東巡之文。范逸齋、嚴華谷皆云經既有之，不當舍經而徵史。其説當矣。姜氏廣義據左傳昭四年椒舉對楚靈王『幽王爲太室之盟，戎狄叛之』二語，以爲淮水出桐柏山，與太室皆豫州山，杜注謂中嶽。然則幽王因太室之盟遨遊桐柏，以證幽王會諸侯於淮上之語，可謂善於援據矣。

憂心且妯

毛傳訓『妯』爲『動』。廣雅云：『妯，擾也。』人不静曰『妯』。所謂『不静』者，即『動』之謂也。輔氏廣曰：『妯甚於悲，謂常動而不息也。』是亦憂思之深者矣。説文云：『怞，朗也。』詩曰：「憂心且怞。」』蓋『朗』亦寓憂意，猶小雅『無思百憂，不出於熲』之意。『熲』與『耿』同，小明也。憂心耿耿，不能出也。『朗』『耿』義通，亦得兼憂而言，非專訓『怞』爲『朗』也。今詩作『妯』，字之俗者也。

笙磬同音

傳：『笙磬，東方之樂也。同音，四縣皆同也。』箋云：『同音者，謂堂上堂下八音克諧。』考鄭不釋『笙磬』，音意與毛同。孔疏申鄭，以笙磬爲二器，未必得鄭意。夫謂笙磬爲二器，殆據熊朋來『堂上樂受笙均，堂下樂受磬均』之説，謂此詩『笙』與『磬』爲二物，與儀禮之『笙磬』不同。不知堂下樂受磬均，固可以商頌之『依我磬聲』爲證。若云鹿鳴『鼓瑟吹笙』爲堂上樂受笙均之證，則非是。鹿鳴『鼓瑟吹笙』自是兩事。儀禮笙詩並不與瑟和，即合樂衆器並作，亦未有以琴瑟之貴而隨堂下匏笙之賤者。熊氏之説，何足爲據？傳以『笙磬』爲『東方之樂』者，即眡瞭之笙磬，與頌磬東西相對。『笙』『頌』皆磬名，並非與笙鏞相應之謂。此詩『鼓瑟鼓琴』舉堂上之樂，而於堂下獨言笙磬者，自以笙磬在阼階東，舉一方以包四面，故又云『同音，四縣皆同也』。鄭注尚書皋陶謨、周禮眡瞭、儀禮大射皆云東方樂謂之笙〔六〕，與毛同義。此箋謂『堂上堂下八音克諧』，亦即『四縣皆同』之意。八音，金石爲重。詩有琴瑟鐘磬，已賅八音，不必更分笙與磬爲二器也。

楚茨以下四詩非公卿之事

按：楚茨以下四詩，序以爲傷今思古。蓋詩人感懷時事，述古陳詞，其所言皆非無爲。周家以穡事開基，而幽王政煩賦重，田卒汙萊，故四詩反覆農事以言之。乃朱子集傳指爲公卿之詩，不獨祊祭求神、鼓鐘送尸非公卿所有，即如絜牛騂牡之牲、君婦諸宰之號、奏寢之樂、燕毛之禮、千倉萬箱之入、四方八蜡之祭，皆非公卿所宜有。則傷今思古之説，不可易也。

楚茨以下四詩或謂之豳雅

朱子集傳引『或説』以楚茨以下四詩爲邠雅。考楚茨、信南山二篇所陳祭祀節次與禮經纖悉皆合，在邠公時不應如此明備。若係周公追敘〔七〕，不得以手定儀文誣其先世之禮〔八〕。即甫田、大田並有『田祖』『田畯』之文，康成亦援籥章爲説。其實祈年吹豳雅，未聞有琴瑟之用，此『邠雅』之説未可信也。

『茨』爲『薺』之假借

按：玉藻『趨以采齊』，鄭氏康成注云：『齊，當讀爲「楚薺」之「薺」。』蓋謂『齊』音當讀如『薺』耳，非謂『采齊』即楚茨詩也。大全載劉瑾語曰：『先儒以楚茨即「采薺」，豈誤讀康成注乎？何昧於文義至此！』考呂記云：『説文：「薺，蒺藜也。」而茨，則以茅葺覆屋之名。然則當康成世，字猶爲「薺」。其爲「茨」者，後人誤也。』今按説文『薺』字下引詩『牆有薺』，是鄘風及此詩皆當以『薺』爲本字。毛詩作『茨』者，其假借字。鄭注禮作『楚薺』，或三家詩有用本字者耳。然鄭但言『薺』，不言『采』，亦爲『楚』。乃或釋之曰『采』『楚』異部而音近，非也。

我庾維億

傳：『露積曰庾。萬萬曰億。』箋云：『倉言「盈」，庾言「億」，亦互詞，喻多也。』或謂『億』亦『盈』也，語之轉耳。億，本作『意』，或作『意』，又作『億』。説文曰：『意，滿也。』方言曰：『臆，滿也。』漢書：『好惡積意。』意者，滿也。言好惡積滿於中也。『意』『意』『臆』並與『億』同。此『億』字，但取盈滿之意而非紀其數，與『萬億及秭』之『億』不同。今按：傳云：『露積曰庾。』説文：『庾，倉無屋者。』應邵注漢書云：『在邑曰倉，在田曰庾。』故正義云：『庾在於空，非有可滿。』明露積者難言滿，故以數紀之。又云：『言互詞者，庾舉億爲多，以至億爲滿也。』是『億』雖紀數，亦未嘗不與『既盈』相對，傳箋之意不可易也〔九〕。

以妥以侑

毛傳曰：『妥，安坐也。侑，勸也。』或曰：妥，西北方言謂之『隓』。士虞禮曰『隓祭』，其音近『綏』，故曾子問、少牢皆作『綏祭』。鄭注曲禮：『綏，讀爲「妥」。』知此『妥』亦可讀爲『綏』。或又曰侑，作『祐』。易大有上九：『自天祐之子。』曰『祐』者，助也。虞氏云，大有

『兑爲口』，口助稱祐。口助者，其即祝之云乎？禮器：『周坐尸〔一〇〕，詔侑武方〔一一〕。』亦即口助之意。則『侑』與『佑』本相同矣。詩言『以妥以侑』，謂以黍稷爲酒食獻之，以祀先祖，既又迎尸，使處神坐而食之，謂其『嫌不飽，祝以主人之詞勸之』，所以勸孝子受大福也。

或剥或亨，或肆或將

傳：『亨，飪之也。肆，陳。將，齊也。或陳于互，或齊其肉。』箋云：『祭祀之禮，各有其事，有解剥其肉者，有煮熟之者，有肆其骨體於俎者，或捧持而進之者。』正義曰：『「將，齊。」釋言文。郭璞曰：謂分齊也。地官牛人云：「凡祭祀，供其牛牲之互。」注云：「互，若今屠家懸肉架〔一二〕。」則「肆」謂既殺乃陳之於互上也。齊其肉者，王肅云：分其肉所當用。則是既陳於互，就互上而齊之也。或肆其將，其事俱在「或亨」之前，以二者事類相將，故進「或亨」於上，以配「或剥」耳。』易傳，『以祭雖有互，不施之於既亨之後，非文次也。孫毓云〔一三〕：此章祭時之事，始於「絜牛羊」，成於「神保饗」，各以次第也。既解剥，則當亨煮之於鑊。既煮熟，則當陳其骨體於俎，然後奉持而進之爲尸羞，不待既亨熟乃分齊所當用也。似箋義爲長。』今按：毛所言是殺牲當朝踐時事，鄭所言是饋食時事。考楚茨所述禮儀節次，頗爲分明：『絜爾牛羊』下祇當言殺牲，至『執爨』以下方是饋食時事。

若方言『絜牛羊』，遽及饋食，不幾遺卻朝踐一節乎？況肆其骨體於俎，與下『爲俎孔碩』又相複，則箋説不及傳義之允也。

祝祭于祊

傳：『祊，門内也。』箋云：『孝子不知神之所在，故使祝博求之平生門内之旁，待賓客之處，祀禮於是甚明。』是傳箋説本相同。正義曰：『釋宫云〔一四〕：「祊謂之門。」彼直言「門」，此言「門内」者，以正祭之禮不宜出廟門也。』又引禮器曰『爲祊于外』，以彼對設祭於堂而言，堂爲正祭，祊爲明日之繹祭，故在門外，『與此不同。以廟門謂之祊，知内外皆有「祊」稱也』。今考説文『祊』作『鬃』，云：『門内祭先祖，所以徬徨。』然則祊祭雖有正祭、繹祭之别，要皆在門内，即禮器所云『設祭於堂，爲祊於外』。蓋對堂而言，則門爲外，非祊在門外也。蓋祝祭於祊，爲行禮之始，略如迎神之類。雖其禮不傳，然祭統稱祭有十倫，首言『鋪筵設同几爲依神也，詔祝於室而出於祊，此交神明之道也』。是則祭祊爲行禮之始之明證也。朱子經傳通解以『祝祭于祊』列於既徹之後者，非與？

或燔或炙

傳：『燔，取膟膋。炙，炙肉也。』箋云：『燔，燔肉也。炙，肝炙也。皆從獻之俎。其爲之於爨，必取肉也、肝也肥碩美者。』正義曰：『易傳者，以燔燎報陽祭初之事，君親爲之，此文承「爲俎」之下，言執爨有容〔一五〕，則序助之人，非君親之也。且膟膋燎之於爐，此燔炙爲之於爨，禮有燔肉炙肝，從獻所用，以此知非報陽燎之事，故易之也。』按郊特牲云：『蕭合黍稷，臭陽達於牆屋，故既奠，然後焫蕭合羶薌。』注云：『奠謂薦熟時也，特牲饋食禮所云「祝酌奠於鉶南」是也。蕭，薌蒿也。染以脂〔一六〕，合黍稷燒之。』此云『蕭合黍稷，既奠，然後焫蕭』，故知當饋熟之時也。凡祭，血腥之時已有膟膋燔燎，故鄭注『詔祝於室』云：『取牲膟膋燎於爐炭，洗肝於鬱鬯而燔之。』是也。至薦熟之時，又取膟膋而燔之，故上經云『蕭合黍稷』，鄭注云『以蕭合燒之』，謂饋熟時也。據此，燔炙有二事。毛於此『或燔或炙』，以『燔』爲『取膟膋』，『炙』爲『炙肉』。生民『取蕭祭脂』傳云：『取蕭合黍稷，臭達牆屋，先奠而後焫蕭，合馨香也』。此雖非宗廟祭祀，然毛意以生民之『載燔載烈』與此詩之『燔』『炙』，皆即郊特牲『既奠焫蕭』之事，故楚茨言於『執爨』之下，不嫌非次。鄭注郊特牲亦引取蕭祭脂，用毛義也。至信南山『取其血膋』，正承『以啓其毛』之下，尚是制祭時事。毛不言者，以本文自明。彼箋云『毛以告純』，『血以告殺，膋以承臭，合之黍稷，實之於蕭，合馨香也。』此亦據『祭奠爇蕭』爲義。若朝踐時制祭燎膟膋，無所謂『蕭合黍稷』也。此箋又以燔肉炙肝爲從獻之俎，既本禮經，且於『爲俎』之文尤相比附。後儒多疑燔膋不宜在執爨之下，故以箋説爲長，蓋由於不考郊特牲『既奠爇蕭』之文耳。

爲豆孔庶，爲賓爲客

傳：『豆，謂内羞、庶羞也。繹而賓尸，及賓客。』正義曰：『毛以豆言甚衆爲過常之辭，而云「爲賓爲客」，則所謂有二事也。然則非但正祭所用，至繹祭又用，故云「繹而賓尸及賓客」也。言於繹祭可以此賓敬於尸而薦之，解「爲賓」也。今又正祭，賓用之爲薦，是「爲客」也。繹雖在後，而尸尊於賓，故先言「爲賓」也。』按儀禮有司徹云：『宰夫羞房中之羞於尸、侑、主人、主婦，皆右之。司士羞庶羞於尸、侑、主人、主婦，皆左之。』注云：『二羞所以盡歡心，房中之羞，其籩則糗餌粉餈，其豆則酏食糝食。庶羞，羊臐豕膮，皆有胾醢。房中之羞，内羞也。内羞在右，陰也。庶羞在左，陽也。』考少牢爲大夫正祭，其羞於尸，庶羞四豆。至賓尸，則尸、侑、主人、主婦，内羞、庶羞兼有之，賓、兄弟、内賓及私人亦有庶羞。若不賓尸，羞於尸亦庶羞四豆。致爵後，則尸、祝、主人、主婦，内羞、庶羞亦兼有之。卒乃羞於賓、兄弟、内賓及私人。辨注謂『乃羞』者，羞庶羞。據此，知大夫正祭，尸祝以外别無羞豆，況天子、諸侯之尊，正祭禮不及賓，故賓長受酢後惟薦尸以羞豆，蓋籩必至繹祭而後及於主祭與助祭者。此詩於『爲豆』之下，專言賓客，自以朝事饋食加羞諸豆，所以事神事尸者，本不待言。特推廣豆之用於賓客者，以見其孔庶。毛善會經旨，故言此豆及繹而賓尸之時，並及於賓客耳。傳『繹而賓尸』爲一句，『及賓客』爲一句。『賓客』即經文之『爲賓爲客』，非以『賓尸』釋『爲賓』，以『賓客』釋『爲客』也。正義以『爲賓』指繹祭之賓尸，以『爲客』指正祭之賓獻。又嫌繹祭在前，而云『尸尊於賓，故先言「爲賓」』，皆誤會傳意。箋於『賓客』句無説，意當同毛。正義申之，謂既以朝獻爲賓客以爲薦，故賓客用而獻酬。蓋疑鄭以『爲賓爲客』屬下『獻酬交錯』爲義耳。然旅酬但有舉觶而無羞豆，不啻牽合爲一，是疏亦誤會鄭意也。

工祝致告

按：楚茨章『工祝致告』凡兩見。第四章『工祝致告』在『徂賚孝孫』之上、『式禮莫愆』二句之下。『孫』與『愆』叶韻，當讀如字。第五章『工祝致告』在『孝孫徂位』三句之下。『告』叶古得切，與上『位』立(力)八切叶韻，則『告』之音『格』，乃第五章『工祝致告』之『告』[一七]，非第四章『工祝致告』之『告』也。況四章之『致告』是祝致神意以嘏主人，五章之『致告』是祝傳尸意，告利成於主人，亦當分別言之。或者不察，乃昧於前之『致告』二字非叶音，後之『致告』二字爲叶音，皆以兩『致告』皆音格，非與？

既齊既稷，既匡既敕

傳：『稷，疾也。敕，固也。』箋云：『齊，減取也。稷之言即也。』『嘏之禮，祝偏取黍稷牢肉魚〔一八〕，擩于醢以受尸，孝孫前就尸受之。天子使宰夫受之以筐，祝則釋嘏詞以敕之。』釋文：『齊，王申毛如字，整齊也。鄭音資，一音才細反，謂分之齊也。』正義曰：『王肅云：執事已整齊，已亟疾，已誠正，已固慎也。傳意或然。』其申箋別據少牢、特牲大夫、士受嘏之禮皆取黍而已〔一九〕，此言偏取黍稷牢魚肉，以『天子與大夫尊卑既殊，禮數有異』。又特牲尸親嘏，少牢命祝嘏，此言『既』即是孝子自就取，則亦尸親嘏，不嫌與士同也。或疑之曰：大夫猶命佐食授祝王尸，何至親嘏主人？且摶黍葅豆，論者猶疑其瑣細，而天子之禮乃偏取豆品以擩於醢，其褻不已甚乎？今按：正義申箋，僅據特牲、少牢比附其事，故後人多不能信。然鄭作箋時所稱天子受嘏之禮，自必別有所據。如宰受以筐之類，豈盡臆說？亦必非僅準大夫、士之禮以爲說。但以『齊』爲『減取』，『稷』爲『前就』，『匡』即爲受物之匡〔二〇〕，『敕』又爲祝釋嘏詞，文義似與經四『既』字語意不順。且上文『徂賚孝孫』既云以嘏之物往予主人〔二一〕，而此又云孝孫前就尸受之，亦不免於自相矛盾。惟毛傳以『稷，疾』『敕，固』爲訓，『稷』當爲『畟』之借。周頌『畟畟良耜』，釋文：『畟，本作稷。』説文：『畟，治稼畟畟進也。』蓋畟者疾入之意，故『稷』有『疾』義。『敕』與『飭』同。説文：『飭，至堅也。讀若敕。』是也。以傳意推之，則『既齊』『既匡』與『稷疾』『敕固』義當一律。肅訓以『整齊』『誠正』者，得之。蓋此承上文『孔熯莫愆』，統言祭祀之得禮，爲下文錫極之本。正義謂『亟疾』『固慎』當指執事者，不知此章惟説受嘏之禮，不得有執事於其間也。

鼓鐘送尸

鄭氏箋詩，引周禮鐘師之文，以爲尸出入鼓鐘以『奏肆夏』。何氏古義從之。是以『鼓』爲『弗鼓弗考』之『鼓』矣。今按：『淮水』〔二二〕、『鼓鐘將將』傳云：『鼓其淫樂。』正義云：『鼓擊其鐘。』白華『鼓鐘于宫』，正義亦云：『鼓擊其鐘。』此篇上文曰『鐘鼓既戒』，此不應變文，當亦曰『鐘鼓送尸』，言送尸之時，樂之無不奏也。宋書禮志四兩引皆曰『鐘鼓送尸』。正義云：『鳴鐘鼓以送尸。』是初不作『鼓鐘』，今本承開成石經之誤耳。

維禹甸之，『甸』字

傳：『甸，治也。』箋云：『信乎，彼南山之野，禹治而邱甸之。』『六十四井爲甸，甸方八里，居一成之中。成方十里，出車一乘，以爲賦法。』嚴緝曰：『言禹甸治之，則平水患、理溝洫皆在其中矣。不必破「甸」爲「乘」也。』今按：傳訓『甸』爲『治』者，古『甸』『田』『敶』字皆通。周禮小宗伯注云：『甸，讀爲「田」。』説文：『田，敶也。』李巡爾雅釋地注云：『田，敶也』，謂『敶列種穀之處』。夫『敶列種穀』已含『治』意。稍人注：『甸，讀與「維禹敶之」之「敶」同。』賈疏以爲韓詩作『敶』。考韓詩字雖作『敶』，訓當同毛訓爲『治』。爾雅：『神，治也。』邵氏以『神』爲『敶』之轉。至鄭注小司徒云：『甸之言乘也。』『乘』亦可訓『治』。豳風『亟其乘屋』，箋云：『乘，治。』是也。此箋必申以『邱乘』者，以下文疆理南畝皆所以奉禹功，故又本甸治之意推言之耳。

我疆我理

傳云：『疆，畫經界也。理，分地理也。』正義曰：『孟子曰：「夫仁政必自經界始。」趙岐注云：「經，亦界也。」』『分地理者，分别地所宜之理，若孝經注云「高田宜黍稷，下田宜稻麥」是也。』或曰：『理』字如此解，方與『疆』義有别。左傳云：『先王疆理天下，物土之宜，而布其利。」杜注云：「布殖之物，各以土宜。」與此詩傳疏同意。宋王氏以「疆」爲大界，「理」爲溝涂，劉氏以「疆」爲「徑〔一三〕、畛、涂、道、路」，「理」爲「遂、溝、洫、澮、川」。彼徒取與「南東其畝」文義相接，而實非古義。按：大雅：「乃疆乃理，乃宣乃畝。」嚴緝謂「宣」是通溝洫，則「理」不得爲治溝涂。總之，溝洫之事，自在下文「南東其畝」中，與「疆」固不相涉也。

中田有廬

箋曰：「中田，田中也。農人作廬焉，以便其田事。」按大雅「于時廬旅」傳：「廬，寄也。」説文：「廬，寄也。秋冬取去，春夏居焉。」與此箋「農人作廬便田事」者正合，而於訓「寄」之意尤明。伐檀傳又云：「一夫之居曰廛。」此即遂人所謂「上地，夫一廛」者。説文：「廛，二畝半也，一家之居。」此「一家」即謂一夫也。但傳於「廛」「廬」並不云有國中、野外之別，即鄭注周禮載師「園廛」，取孟子「五畝之宅，樹之以桑」以解廛，取此詩「中田有廬，疆場有瓜」以解「園」，初不取「公田内二十畝，八家各二畝半」之説。故此箋「田中作廬」云云，當是私田之中，各爲其廬，以便作息耳。周禮疏取趙岐「廬井邑居各二畝半」之説，以園廛二地合成一五畝之宅。不知五畝之宅，自是民之恒居，非止取便田事，必因山水樵汲之便，陰陽向背之宜。云在邑者，民之所聚即爲邑，故十室千室皆曰邑，猶今之村落，然不必定在都邑。孟子之言自以五畝爲一宅，非二畝半之謂。此宅雖可以名『廛』，要與國中市廛無涉，更非中田之廬可比。廬在田中者，猶今人田間草舍，不必在公田中，亦必無二畝半之廣。甫田正義云：『史傳説助貢之法，惟孟子爲明。』『食貨志云：「井方一里，是九夫，八家共之，各受私田百畝、公田十畝，是爲八百八十畝，餘二十畝爲廬舍。」其取孟子爲説，而失其本旨。班固亦有此言』，而『何休之注公羊、范氏之注穀梁、趙岐之注孟子、宋均之注樂緯』，咸從其説，『皆義異於鄭，其理不可通。何則？言井九百畝，其中爲公田，則中央百畝共爲公田，不得家取十畝也。又言八家皆私百畝，則百畝皆屬公矣，何得復以二十畝爲廬舍也？』『若二十畝爲廬舍，則家别二畝半亦入私矣，家别私有百二畝半，何得謂八家皆私百畝也？此皆諸儒之謬。』甫田箋云：『井税一夫，其田百畝。』『是鄭意無家别公田十畝，及二畝半爲廬舍之事。俗以鄭説同於諸儒，是又失鄭旨矣。』按：一井八家，家爲公田十畝，餘二十畝共爲廬舍之説，其誤實始於韓詩外傳，並引詩『中田有廬』爲證。班志特承韓而誤矣〔二四〕。

疆場有瓜

箋云：『於畔上種瓜，瓜成又入其稅。』正義曰：『徧檢書傳，未見天子稅民瓜以供祭祀者。』考周禮地官場人『掌國之場圃，而樹之果蓏珍異之物，以時斂而藏之。凡祭祀，共其果蓏瓜瓠之屬』。又郊特牲曰：『天子樹瓜，華不斂藏之種。』則是天子之瓜，自令有司供之，不稅於民。此乃述成王時〔二五〕，民盡力農桑，『故畔上種瓜，獻諸天子』，以伸其親愛之意也。

祭以清酒

箋云：『清，謂玄酒也。酒，鬱鬯五齊三酒也。』孔氏穎達曰：『春官鬱人：「掌祼器。凡祭祀之祼事，和鬱鬯以實彝而陳之。」』『是祀祼用鬱鬯也。』何氏古義曰：『鄭以「清酒」爲「玄酒」。』『禮運云：「玄酒在室，醴醆在户，粢醍在堂，澄酒在下。」蓋第設之而不用，與此無涉也。』今按：此說非也。考禮運又云：『作其祝號，玄酒以祭，薦其血毛。』與此詩『祭以玄酒』，在『執其鸞刀』之上正同。彼注謂朝踐之時，設此玄酒於五齊之上，以致祭鬼神，此重古設之云云。蓋玄酒是水，言祭以者，即周禮大祝所謂『執明水火而祝號』也。亦未始非祭事所用，不得謂與祭無涉。箋分別『清』爲玄酒，『酒』爲鬱鬯五齊三酒，皆據三禮爲言。此説之最善者，正義申之詳矣。

攸介攸止

箋云：『介，舍也。禮，使民鋤作耘耔，間暇則於廬舍及所止息之處，以道藝相講肄，以進其爲俊士之行。』正義曰：『攸介攸止，毛雖不訓，準生民之傳則不爲舍而止息。王肅云：是君子治道，所大功、所定止。傳意當然。』今按：生民詩，毛傳皆以『歆攸介攸止』爲句，文義本與此絶殊，不得準彼爲訓。此『介止』，毛雖無傳，然其訓『烝』爲『進』，謂『俊士以進』，則毛意當亦謂舍而止息。蓋必有所止舍，而後可進髦士也。文選魏都賦注引韓詩章句曰：『介，界也。』鄭以『介』爲『舍』，凡廬舍必於界上，是鄭義本之於韓詩，亦以申毛義也。

田祖

傳：『田祖，先嗇也。』箋云：『設樂以迎祭先嗇。』正義：『郊特牲注云：「先嗇若神農。」春官籥章注云：「田祖，始耕田者，謂神農。」是也。』『大司徒注云：「田祖，田神，后土及田正之神所依也。詩人謂之田祖。」』『則「田祖」之文雖主於神農，而祭尊可以兼卑，其祭田祖之時，后土、田正皆在焉。」今按：疏謂大司徒言『設其社稷之壝而樹之田主』[二六]，則田主惟社稷，不得有神農。此言『田祖』，其文得兼有后土、后稷。不知毛既以『后土』屬『社』，而於『田祖』但言『先嗇』，則后土爲社神、先嗇爲稷神。漢書郊祀志云：『帝王建立社稷，百王不易。社者，土也。』『稷者，百穀之主，所以奉宗廟，共粢盛，人所食以生活也。王者莫不尊重親祭，自爲之主，禮如宗廟。詩曰：「乃立冢土。」又曰：「以御田祖。」』據此，『田祖』不兼后土明矣。

攘其左右

箋云：『攘，讀爲「饟」。饟，饋也。』『成王來止，謂出觀農事也。』『爲農人之在南畝者，設饋以勸之。司嗇至，則又加之以酒食，饟其左右從行者[二七]。成王親爲嘗其饋美否。』正義曰：『王肅云：教農以閒暇，攘田之左右，除其草萊，嘗其氣旨土和美與否也。』今按：鄭箋之説已爲肅所駁，而其自爲説甚未當。自古無所謂嘗土之法，而後儒各爲解説又不同。或謂攘，取也，取其左右之饋而嘗之。夫奪取曰『攘』，施之於此已爲不合。或又謂『攘』爲攘臂，『左右』爲左右手，此本六書故『攘』爲『捋袂出臂』之説。然攘臂取食，又何須左右舉手乎？或又謂曲禮注：『攘，古「讓」字，言農夫各以其食讓於左右鄰近偕耕者。』

但此承『田畯至喜』之下，而專言農夫之讓食，雖可知民俗之美，不足見上意之勤。惟嚴緝引曹氏曰：『攘，卻也。』謂田畯之官『卻除其左右之從者，而親嘗其饁之旨否，言其上下相親之甚也』。此説近之。

俶載南畝

箋云：『俶，讀爲「熾」。載，讀爲「菑栗」之「菑」。時至，民以其利耜熾菑發所受之地，趨農急也。田一歲曰菑。』正義曰：『此及載芟、良耜皆於「耜」之下言「俶載南畝」，是俶載者，用耜於地之事，故知當爲熾菑。謂耜之熾而入地以菑殺其草，故方言云「入地曰熾，反草曰菑」也。』今按：『菑』與『植』同聲，鄉射禮古文『職』爲『戠』，今文或作『植』。是謂『俶』曰『熾』，猶讀『俶』曰『植』也。耜之入地者，植之使入也。又『載』與『栽』通。中庸『上天之載』注云：『載，讀曰「栽」，謂生物也。』又『栽者培之』注云：『栽讀如「文王初載」之「載」。栽，猶植也。』『今人名草木之植曰「栽」。此箋不言「載」讀爲「栽」者，以栽亦植也，與「俶」義複，故云「讀爲菑栗之菑」。』其義於田事爲尤合也。

既方既皁

傳：『實未堅者曰皁。』箋云：『方，房也。謂孚甲始生而未合時也。』按：『皁』字本當作『草』。説文『草』云：『草斗櫟實也。一曰象斗。』蓋杍櫟之實名曰草斗者，謂其殼也。俗書作『皁』，引申之，凡植物有孚甲皆可稱『皁』。周禮大司徒『其植物宜皁物』，鄭司農云：『皁物，作栗之屬。』今世間柞實爲皁斗，其實栗亦爲皁物。則賈疏以柞實染皁爲名，非矣。此詩『既方』爲孚甲始生而未合，則『既皁』爲孚甲已成而未堅耳。孔疏以『皁』音同『造』，轉訓爲『成』，非其義也。

秉畀炎火

釋文：『秉，如字，執持也。韓詩作卜。卜，報也。』按：『卜』訓『報』者，白虎通義著龜云：『卜，赴也。』小爾雅：『赴，疾也[二八]。』禮記少儀、喪服小記，注並云：『報，讀爲「赴疾」之「赴」。』是訓『卜』爲『報』，猶訓『卜』爲『赴』。『卜畀炎火』者，謂亟取而畀之炎火也。至『炎火』，傳訓爲『盛陽』。箋云：『螟螣之屬，盛陽氣盈則生之。今明君爲政，田祖之神不受此害，持之付與炎火使自消亡。』故釋韓詩者亦曰『卜畀』猶俗言『付與』也。是與鄭意相同。乃李迂仲援唐姚崇捕蝗之事以爲説，非也。蓋詩以明君爲政，能除蟲害，而言田祖以神其事，自不得謂爲實火，故毛傳以『盛陽』解之。疏又申之曰：『以言炎火，恐是火之實，故云「盛陽」也。』『陽盛則蟲起，消之以付於所生之本。』此先儒釋經之精，與後世備荒之政本不相涉，若持此以證經，則失之鑿矣。

有渰萋萋，『渰』字

傳：『渰，雲興貌。』定本、集注云：『渰，陰雲貌。』釋文：『渰，本又作「弇」。』『漢書作「黤」。』按：說文廾部：『弇，蓋也，從廾，從合。』又說文黑部：『黤，青黑也。從黑，奄聲。天將雨則黑雲興於上。』定本、集注作『陰雲貌』，義與漢書、說文同。然說文云『黑雲興於上』，仍用毛義也。文選張景陽雜詩：『淒風起東谷，有渰興南岑。』此正用毛傳以『渰』爲『雲興貌』耳。

『興雨』非『興雲』

說者謂此本作『興雲』，顏氏家訓始以爲作『興雨』。釋文、正義、唐石經皆從其說。呂氏春秋務本論、漢書食貨志、隸釋無極碑、韓詩外傳皆作『興雲』。鹽鐵論、後漢書左雄傳作『興雨』，當亦後人以顏說改之耳。今按：顏『興雨』引班固靈臺詩『祈祈甘雨』爲證，本非無據，李善文選注引毛詩亦作『興雨』。即鹽鐵水旱篇、左雄傳之『興雨』，亦未必盡由追改。或原有兩本，引者各從其家也。若以經文、傳文核之，則『渰』與『萋萋』已是雲貌，自當如顏氏所訓，何勞復言『興雲』？且下文『雨公及私』正形容雨之徐，若作『興雲』，亦於文義不順。況箋云：『古者陰陽和，風雨時，其來祈祈然而不暴疾。』明以『祈祈』屬『雨』，是鄭所見毛詩必作『興雨』矣。

公田

按：此詩言『公田』與周頌言『駿發爾私』，是周有公田之明證。孟子云『惟助爲有公田』者，蓋承上文龍子『莫善於助，莫不善於貢』之言。貢法：民田五十畝，而以五畝之入爲上貢，故不制公田。夏小正：『初服於公田。』解者以『公田』爲君田〔二九〕，即藉田也〔三〇〕。初服者，謂庶人終於千畝。此説近之。故『惟助爲有公田』者，蓋對貢法言之。若徹法，制公田正與助同。故孟子即引此，證雖周亦助。趙注孟子：『周人耕百畝者，徹取十畝以爲賦。』司馬法云：『畝百爲夫，夫三爲屋，屋三爲井。』小司徒云：『九夫爲井。』『是周人井九百畝分之九夫』，『中以十畝爲公田，君取其入而不收餘畝之税』。不知『九夫』以地言，不以人言。箋云『井税一夫，其田百畝』，謂其一夫之地税之，是明有公田百畝矣。或謂殷制同井，公田在私田外。周九夫爲井，公田即在私田中。夫百畝之田，雨澤均被，何由區別？而詩乃先公後私，言之確鑿，不幾成虛語乎？

韎韐有奭

傳：『韐，所以代韠也。』按：傳意似當以『韎韐』爲天子之戎服。候人傳：『芾，韠也。』此云『韐，所以代韠也』，蓋以『芾韠』爲朝祭之服，戎事則以韎韐代之，不應專指士而言。鄭箋泥於禮經『士服韎韐』之文，遂謂此諸侯世子『除三年之喪，服士服而來，未遇爵命之時。時有征伐之事』，『任爲軍將』，使將六軍而出。夫世子未命，即使服士服而來，然既任出征之事，豈不賜之爵命而仍服其士服以任乎？此理之必不可通者。故後儒多據周禮『兵事韋弁服』及左傳『韎韐之跗』注，以爲軍中上下同服，天子至士皆服韎韐也。

裳裳者華

傳：『裳裳，猶堂堂也。』朱氏通義曰：『董氏云：裳，古文作「常」。按：說文：「常，下裙也。從巾〔三二〕，尚聲。」』是『裳』本作『常』。『下云「芸其黃矣」，又云「或黃或白」，或疑即常棣。劉勰文心雕龍云：「雅詠常華，『或黃或白』。」亦以「裳」作「常」。然偏檢諸書，無言常棣華黄者。」『此詩既以其華爲黄白色，則非常棣明矣。』『華谷竟解作常棣』，『若果是常棣，無疊言「常常」之理。恐仍以毛訓「堂堂」爲正』〔一三〕。

校記

〔一〕九　原無，據毛詩正義補。

〔二〕「二我」之「我」原無，據毛詩後箋補。此處係用後箋語。

〔三〕吉　原無，據詩經小明補。

〔四〕據文意，「與」當作「于」。

〔五〕此句引文係鹽鐵論執務篇語。

〔六〕樂　原無，據鄭玄注尚書等文補。

〔七〕係　原作「敘」，據毛詩後箋改。此處係用後箋語。

〔八〕誣　原作「無」，據毛詩後箋改。此處係用後箋語。

〔九〕「可」下原有「得而」二字，據毛詩後箋删。此處係用後箋語。

〔一〇〕坐　原作「立」，據禮記禮器改。

〔一一〕武　原作「無」，據禮記禮器改。

〔一二〕架　原作「深」，據毛詩正義改。按此係毛詩正義引周禮鄭注，今鄭注「架」作「格」。

〔一三〕毓　原作「疏」，據毛詩正義改。

〔一四〕宫　原作「文」，據下爲引爾雅釋宫改。
〔一五〕容　原作「客」，據毛詩正義改。
〔一六〕脂　原作「指」，據禮記鄭注改。
〔一七〕章　原無，據下引爲楚辭第五章補。
〔一八〕魚　原作「于」，據鄭箋改。
〔一九〕取　原作「反」，據毛詩後箋改。此處係用後箋語。
〔二〇〕匡　原作「逕」，據毛詩正義及毛詩後箋改。此處係用後箋語。
〔二一〕徂　原作「但」，據詩經楚茨改。
〔二二〕淮水　二字疑爲衍文。
〔二三〕徑　原作「經」，據毛詩稽古編改。此處係稽古編引劉氏文。
〔二四〕特　原作「將」，據毛詩後箋改。此處係用後箋語。
〔二五〕成　原作「陳」，據毛詩正義改。按此段除鄭箋外，俱爲正義語。
〔二六〕主　原作「祖」，據毛詩正義改。
〔二七〕饟　原作「攘」，據鄭箋改。
〔二八〕疾　原無，據小爾雅補。
〔二九〕爲　原作「以」，據毛詩後箋改。此處係用後箋語。
〔三〇〕田　原無，據毛詩後箋補。此處係用後箋語。

〔三一〕從　原作「以」，據說文解字改。

〔三二〕正　原作「證」，據朱鶴齡毛詩通義改。

學詩堂經解卷十四

桑扈之什二之七

不戢不難

傳：『不戢，戢也。不難，難也。』箋云：『王者位至尊，天所予也。然而不自斂以先王之法，不自難以亡國之戒，而其受福禄亦不多也。』正義曰：毛以爲言王者之德如此，『則天下之民不戢聚而歸之乎？不畏難而順之乎？』按：疏以『不難』爲畏難，乃用鄭箋『難』字之解。然畏難而順，義殊不安。竊意毛傳『不難，難也』未必如鄭以『自難』爲義。據此詩『難』字本作『儺』，傳當讀如『猗儺』之『儺』。隰有萇楚傳云：『猗儺，柔順貌。』則此『不戢』者，言民皆聚而歸之；『不儺』者，言民皆柔而順之。民既歸順，故受福多耳。

有頍者弁，『頍』字

毛傳：『頍，弁貌。』吕記引董氏曰：『頍者，圍項而結之也。禮緇布冠頍弁，無笄者，著頍圍髮際，結項中，隅四綴。則有笄者，亦以固頍。』按：此用儀禮鄭注爲説。毛傳但言『頍，弁貌』，初不以『頍』爲支弁之物。説文：『頍，舉頭也。從頁，支聲。詩曰：「有頍者弁。」』蓋『頍』爲舉頭貌，弁著於首，故亦可言『頍』，義相因耳。鄭注儀禮『緇布冠缺項』云〔一〕：『缺，讀如「有頍者弁」之「頍」。』此不過比方其音。然其下曰『著頍』，曰『頍象』，則是以『頍』爲固冠之物，而非爲弁貌。某氏儀禮漢讀考疑其出三家詩〔二〕。然詩中『有蓬者狐』『有菀者柳』之類，皆形容之辭，則此『有頍』亦當以傳云『弁貌』者爲正。

女蘿

傳：『女蘿，菟絲，松蘿也。』釋文云：『女蘿，在草曰菟絲，在木曰松蘿。』正義曰：『釋草云：「唐蒙，女蘿。」「女蘿，菟絲。」毛意以「菟絲」爲松蘿，故言「松蘿」也。陸璣疏云：「菟絲蔓草上生，黄赤如金。今合藥菟絲子是也，非松蘿。松蘿自蔓松上生，枝正青，與菟絲殊異。」事或當然。』今按：爾雅以『女蘿』爲菟絲，而不言松蘿；廣雅以『女蘿』爲松蘿，而別出菟絲，惟毛公合菟絲、松蘿以釋之『女蘿』，則菟絲、松蘿當爲一物。自陸疏分析爲二，後儒多從其説者，蓋以神農本草菟絲列上品、松蘿列中品故耳。然本草松蘿一名『女蘿』，御覽引吳普云：『菟絲，一名松蘿。』則輾轉通名，仍爲一物可知矣。

爾殺既時

毛傳云：『時，善也。』爾殺既時，爾殺既嘉也。『嘉』亦善也。考經中言『威儀孔時』『孔惠孔時』『以奏爾時』『胡臭亶時』，皆謂爲善。又易既濟象傳『不如西鄰之時也』，言不如西鄰之善也。禮內則云：『某敢用時日』，謂善日也。則此傳之訓爲『善』，不爲臆説。

先集爲霰

傳：『霰，暴雪也。』箋云：『將大雨雪，始必微温。雪自上下，遇温氣而摶〔三〕，謂之霰。久而寒勝，則大雪矣。』正義曰：『以比幽王漸致暴虐。且初爲霰者，久必暴雪，故言「暴雪」耳，非謂霰即暴雪也。』或謂『暴』當作『黍』，黍言其形也。按：此泥於『暴』爲『大』義，霰雪未可爲大耳。廣雅釋詁：『暴，猝也。』猝，通作『卒』。卒，急也。凡卒然者，謂之『暴』。引申之，凡起者亦謂之『暴』。此傳以霰爲暴雪，正謂將有大雪，亦不必改『暴』爲『黍』。宋書符瑞志引韓詩：『霰，英也。』沈約云：『花葉謂之英。』然則霰爲花雪。今按：雪之成花，當在大雪之後，與霰雪先集者不同。是韓義不如毛説之審矣。

間關

傳：『間關，設舝也。』吕記引董氏曰：『説文：「舝，鍵也。」故謂之關。又曰：「舝，車聲也。」車鍵則行有聲，故古人以間關爲聲。又爲馳驅，其説本此。何氏古義曰：「横木持門者爲關，即門牡也。車之横軸似之，加鐵於軸，使鐵與木相間〔四〕，而不得脱，是謂間關。下文言「舝」是也。」今按：雜記云：『叔孫武叔朝，見輪人以其杖關轂而輠輪者。』正義云：『關，穿也。輠，迴也。謂作輪之人以其杖關穿車轂而迴轉其輪。』是『關』義爲『鍵』，亦爲『穿』。舝者，以鐵關穿軸端，而制轂如鍵閉然，行則設之，故曰『間關』也。箋云：『嚴車設其舝。』『嚴』謂鍵制其車，正間關之義。董氏以『間關』爲車行聲，失之矣。

『車舝』作『車轄』誤

左傳昭二十五年：『叔孫昭子賦車轄。』以『舝』爲『轄』。按：二字幷見説文。舝，舛部云：『車軸端鍵也。兩穿相背。從舛，𢊁省聲。𢊁，古文「偰」字。』『轄』入車部，云：『車聲也。從車，害聲。』或謂『轄』既爲『車聲』，又兼『舝』義，故字亦作『轄』。今按：晉灼漢書注云：『舝，古「轄」字。』然二字音義雖同，在説文則『軸端鍵』爲『舝』之本義，『車聲』爲『轄』之本義。毛於泉水傳云：『脂舝其車。』此傳云『設舝』，則但取軸端鍵以爲將行之意，不以『舝』爲車聲矣。

以慰我心

傳：『慰，安也。』箋云：『我得見女之新昏如是，則以慰除我心之憂也。新昏，謂季女也。』釋文：『慰，怨也。於願反。王申爲怨恨之義。韓詩作「以慍我心」。慍，恚也。或本作「慰，安也」。是馬融義。馬昭、張融論之詳矣。』正義曰：『傳以「慰」爲「安」。箋言「慰除」，以憂除則心安，非是異於傳也。孫毓載毛傳云：「慰，怨也。」王肅云：「新昏，謂褒姒也。大夫不見賢女而徒見褒姒讒巧嫉妬，故其心怨恨。」偏檢今本皆爲「慰安」〔五〕。凱風爲「安」，此當與之同也。此詩五章皆思賢女，無緣末句獨見褒姒爲恨。肅之所言，非詩旨矣。定本：「慰，安也。」』按：此詩，陸從王義，孔從馬義。馬融作詩注，康成作毛詩箋，其所據皆作『慰，安』，則毛義『新昏』指『季女』，自不當有『怨』義。韓詩作『以慍我心』，云『慍，恚也』，則『新昏』似指『褒姒』。當各從其家。説文：『慰，安也。』即本毛訓。其一曰：『恚，怨也。』乃別一義也。然按之經文，似毛義爲得之。

賓筵刺時

序云：『賓之初筵，衛武公刺時也。幽王荒廢，媟近小人，飲酒無度，天下化之，君臣上下沉湎淫泆。武公既入，而作是詩也。』後漢書孔融傳注引韓詩序云〔六〕：『衛武公飲酒悔過也。』集傳謂此詩與大雅抑戒相類〔七〕，必武公悔過之作，宜從韓氏。秦氏詩測曰：『玩「既醉而出」四句，應是武公侍酒於王，見同列之人醉而失禮，故作此諷之。諷其既醉，則宜出也。若飲酒悔過，則自爲主，不應轉咎之不出。序說自不可易。』朱氏通義曰：『若祇是悔過，當與衛風淇澳爲同類矣。序云「刺時」者，武公於幽王之時入爲卿士，不敢斥言王惡，借悔過以刺之。』姜氏廣義曰：『以刺時之意爲悔過之詞，猶微子言紂惡而云「我沉湎於酒」也。』按：此二說蓋欲通毛韓兩家而一之，未免多此曲折矣。

立監、佐史

傳：『立酒之監，佐酒之史。』箋云：『立監使視之，又助以史使督酒，令皆醉也。』今按：傳釋『立監』『佐史』，似謂飲酒之正法，未必如鄭言以監、史督酒令醉。鄭注鄉射禮，謂立司正以察儀法，即引此詩，乃詩之本義。此言督令皆醉者，因下文有『不醉反恥』之句故耳。

其實上言監史，爲禮法所當然，下乃言醉者之不臧，反以不醉者爲恥，文義自明，無庸別解。疏以鄭義述毛，恐非毛旨。呂記引董氏曰：『立之監以監之，佐之史以書之，古之慎禮如此。』又引淳于髡説齊威王曰『飲酒大王之側，執法在旁，御史在後』爲證。嚴緝云：『今者飲酒，或有醉，或有醒者，立之監以正其禮，佐之史以書其過，正欲防失禮者也。彼醉者失禮而不善，乃反以醒者爲恥，非立監史之意也。』此諸説皆與經相發明者。

頒首、莘尾

傳：『頒，大首貌。』釋文：『頒，符庸反。説文同。韓詩云：衆貌。』是毛韓字同義異也。正義引釋詁：『墳，大也。』云『頒』與『墳』字雖異，音義同。書正義云：樊光注爾雅引詩『有墳其首』，此即爾雅『墳，大也』之注。意樊所據，必齊、魯詩，又與毛字異而義同者。説文：『頒，大頭。』正用毛義。『有莘其尾』，傳云：『長貌。』毛於螽斯之『詵詵』、桑柔之『甡甡』，皆訓『衆多』，獨以此『莘』爲『長尾』者，自依序云『物得其性』，故當以大首長尾爲魚充肥之貌也。

載驂載駟

鄭箋以『驂』爲『驂乘』，『駟』爲『駟馬』。何氏古義云：『禮記注：「外騑曰驂。」謂服外兩馬。』『此以「驂駟」並言，四馬爲駟，則兩服兩騑並舉，不應重兩騑，當是「驂乘」之「驂」。顏師古云：「乘車之法，尊者居左，御者居中，又一人處右。」是以戎車則曰車右，餘曰驂乘。驂者三也，蓋即三人爲義。』今按：經以『載驂載駟』並言，不應一指三人，一指四馬。且詩中『兩驂如舞』『騧驪是驂』之類，皆言驂馬，未有言驂乘者。蘇傳曰：『駕者既服而三之曰驂，四之曰駟。』季氏詩解頤曰：『自其服外兩驂而言』，曰『驂』；『並兩服而言』，曰『駟』。此文義之最明者。

平平左右

傳：『平平，辯治也。』正義曰：『堯典「平章百姓」，書傳作「辯章」，是「平」「辯」義通，而古今之異耳。故傳云：「平平，辯治。」服虔云：「辯治，不絶之貌。」則「平平」是貌狀也。』今按：尚書大傳無『辯章百姓』之文，蓋有脱佚。服虔注左正用毛訓〔八〕。釋文引韓詩作『平平』，云『閒暇之貌』。訓雖與毛異，其字則『平』『便』本通。爾雅：『便便，辯也。』疑古本自作『平平』。毛蓋用雅訓。今本作『便』者，同音假借耳。

紼纚維之

傳：『紼，繂也。纚，緌也。』箋云：『楊木之舟浮於水上，汎汎然東西無所定。舟人以紼繫其緌，以制行之，猶諸侯之治民，御之以禮法。』正義引孫炎注爾雅以『繂』爲『大索』，李巡注謂『䌌竹爲索，所以維持舟者』，郭璞注：『緌，繫也。』按：爾雅『纚』作『縭』。『紼』『縭』皆繩索之名。說文：『紼，亂系也。』『䌌，素屬。』注以『系』爲『枲』之訛，『素』爲『索』之訛。然則『紼，繂也』者，當是以亂枲爲大索。李巡、孫炎釋『縭緌』之注不見，然緌本冠纓之垂者，引申之凡旌旗之垂者，以及升車之索，皆得『緌』名。箋云以紼繫緌，則紼、纚二物，『繫』以訓『維』甚明。郭注以『緌』爲『繫』，則是以紼而繫維之，似非古義矣。

騂騂角弓

傳：『騂騂，調利也。』釋文：『騂，說文作「弲」，煮全反。』陳氏曰：『按說文：「弲，角弓也。洛陽名弩曰弲。」烏全反，並不引此詩。又說文：「觲，用角低昂便也。從羊、牛、角。詩曰：『觲觲角弓。』」息營反。』『陸豈因說文名角弓爲弲而誤引與？不然則唐說文與今異耳。』說文注云：『此陸氏之誤，當云說文作「觲」，「弲」當訓「角弓」，不訓「弓調利」。』按説文引詩數見而字不同者，如『桃夭』『彼姝』之類，往往多有。蓋其時三家俱存，文字互異，許氏博采而存之。古文『弲』下或亦引詩，陸氏舉『弲』遺『觲』，是其疏也。今詩作『騂』，乃訛字耳。

『胥』字異訓

按：角弓篇：『兄弟婚姻，無胥遠矣。』箋云：『胥，相也。骨肉之親當相親近。』『爾之遠矣，民胥然矣。爾之教矣，民胥傚矣。』箋云：『爾，女，女幽王也。胥，皆也。言王女不親骨肉，則天下之人皆如之。見女之教令無善善惡，所尚者，天下之人皆學之。上之化下，不可不慎。』按：首章『胥』爲『相』，次章『胥』爲『皆』。以王於親旅，故爲『相於』之詞；言天下之人非一，故爲『皆』，蓋觀文之勢而爲訓也。

如食宜饇，如酌孔取

傳：『饇，飽也。』箋云：『王如食老者，則宜令之飽；如飲老者，則當孔取。』『謂度其所勝多少。凡器之孔，其量大小不同，老者氣力弱，故取義焉。王有族食，族燕之義。』今按：『宜饇』與『孔取』對文，箋以『孔』爲器孔，『取』謂度其所勝多少，則『食』亦有『度』意。蓋食量所飽，酌量所取，乃言敬老之正禮。杜鄴所謂恩深者其養謹，愛至者其求詳也。蘇氏詩傳説謂此章『老馬不自爲老而任駒之任，後將不勝而不顧，譬小人任賢者之事，不畏其後之不克』，故告之以食必以其宜爲飽之節，『酌必以其孔爲取之節，食而不以其腹之所宜則病，酌而不以其孔之所容則濫，受爵而不以其量者亦猶是也』。後儒多從之，以此爲終前章『不讓斯亡』之意，然與序『不親九族』之意如風馬牛矣〔九〕。當以傳箋之説爲正。

莫肯下遺，『遺』字

鄭氏箋詩曰：『遺，讀曰「隨」。』『今王不以善政啓小人之心，則無肯謙虚，以禮相卑小。』釋文：『遺，王申毛如字。』按：荀子非相篇引詩『莫肯下隧』，楊注云：『隧，讀爲「隨」，莫肯下隨于人。』毛詩本出於荀卿，故鄭取之，讀『遺』爲『隨』。王肅申毛作如字，乃與毛鄭立異耳。又『隊』通作『墜』。儒效篇『至共頭山隊』注云：『隊，爲墜。』説文：『墜，從高墜也。』『隤，下墜也。』文選歎逝賦注引韓詩章句曰：『隤，猶遺也。』是『隧』『隊』『隤』『遺』數字聲同，皆降下之義。此詩言王不親九族，其惡如雨雪之盛，但欲爲善，則惡亦可消，如其莫肯謙卑下降何也？

如蠻如髦

傳：『蠻，南蠻也。髦，夷髦也。』箋云：『今小人行如夷狄，而王不能變化，我用是爲大憂也。』按：韓詩外傳云：『出則爲宗族患，入則爲鄉黨憂。詩曰：「如蠻如髦，我是用憂。」小人之行也。』箋説似出乎此，與序『不親九族』之意不相合。惟蘇傳云『王之視王族，如蠻如髦之不相及』。吕記、嚴緝皆從之，謂王視骨肉如夷狄然，是詩人之所憂也。此説與經序相發明者。

上帝甚蹈，『蹈』非『神』字

傳：『蹈，動也。』箋云：『蹈，讀曰「悼」。上帝乎者〔一〇〕，愬之也。今幽王暴虐，不可以朝事，甚使我心中悼病，是以不從而近之。』正義曰：『蹈者，踐履之名，可以蹈善，亦可以蹈惡，故爲「動」。言王心無恆，數變動也。』按此疏申傳甚當。經文二句直下，惟其王心變動，故無得自往近之，無得自取其病。兩章詞皆極明順。箋改『蹈』爲『悼』，國策引詩作『上帝甚神』，熊氏朋來經説云〔一一〕：『國策「上帝甚神」，古篆「申」字回轉，故謁「臽」字。』不知『神』當爲譌字。熊説反以『神』誤爲『蹈』，則更非矣。至韓詩外傳引詩作『上帝甚慆』，『蹈』『慆』形聲相近，是韓詩亦當爲『變動』，意與毛同也。

校記

〔一〕鄭　原作「禮」，據毛詩後箋改。此處係用後箋語。

〔二〕「漢」下原有「書」字，據段玉裁儀禮漢讀考書名删。

〔三〕摶　原作「摶」，據鄭箋改。

〔四〕與　原作「典」，據何楷詩經世本古義改。

〔五〕「慰」下原有「爲」字，據毛詩正義删。

〔六〕注　原作「云」，據下爲引後漢書孔融傳注文改。

〔七〕詩　原作「時」，據毛詩後箋改。此處係用後箋語。

〔八〕用　原無，據毛詩後箋補。此處係用後箋語。

〔九〕與　原作「以」，據毛詩後箋改。此處係用後箋語。

〔一〇〕乎　原作「呼」，據鄭箋改。

〔一一〕朋　原作「明」，據下爲引熊朋來經説改。

學詩堂經解卷十五

都人士之什二之八

彼都人士

箋曰：『城郭之域曰都。古明王時，都人之有士行者。』箋疏以『士』爲庶民，嚴緝曾辨其誤，意詩疏殆泥於『臺笠緇撮』爲庶人之物，不知郊特牲言蜡祭，諸侯使者草笠而至，貢於大羅氏，所以尊野服。諸侯使者必士大夫〔一〕。玉藻云：『始冠緇布冠，自諸侯下達，冠而敝之可也。』是未敝之時，貴賤皆緇布也。然則『臺笠緇撮』雖非貴者之常服，要亦有時而服焉，何必定指爲庶民？若庶民，則『臺笠緇撮』是其常服，何爲美之哉？況此詩中三章皆『士』『女』對舉，『士』稱『君子』，『女』則大家之女也。『女』獨舉其貴，不應『士』偏指其賤也。其箋謂都人有士行者〔二〕，本不專指庶民。觀下箋云『其餘萬民寡識者，咸瞻望而法效之』，是明以『士』與『民』對，其義不從可見乎？

綢直如髮

傳：『直如髮也。』箋云：『其性情密緻，操行正直，如髮之本末無隆殺也。』嚴緝引解頤新語曰：『其首飾綢直一如髮之本然，謂不用髮髢爲高髻之類。』戴氏讀詩謂綢所以約髮，其直垂下與髮一色。按：如范逸齋所言，謂髻如本髮，則於經文當增『髻』字，故戴岷隱即以『綢』爲束髮之物。夫以綢束髮，男女皆然，不應專屬之都人之女。爾雅翼曰：『綢直如髮，言髮甚綢直也。』黄氏通解引『或説』云〔三〕，『如』字當作『其』。竊意傳但言『密直如髮』，並不言『密直』爲何事，恐不同於鄭箋以比性行。蓋經言其髮之密直如此，古文倒裝，故云其直者有如此之髮也。傳特順經文而釋之耳。

尹吉

鄭箋云：『吉，讀爲「姞」。尹氏、姞氏，周之婚姻舊姓也。人見都人之女，咸謂尹氏、姞氏之女，言其有禮法也。』考韓奕云：『爲韓姞相攸』，又言『汾王之甥』，是姞與周室爲婚姻也。常武云：『王謂尹氏。』昭二十三年，尹氏立王子朝。是其世爲公卿，明與周室爲婚姻也。李氏曰：所謂『尹』『吉』，猶晉之有王謝，唐之有崔盧也。

垂帶而厲

傳：『厲，帶之垂者。』箋云：『「而」亦「如」也，「而厲」如「鞶厲」也。鞶必垂厲以爲飾。厲」，字當作「裂」。』正義曰：『毛以「垂帶而厲」爲絶句之辭，則「厲」是垂帶之貌，故以「厲」爲帶之垂者。』其申箋云：『以言「如薑」將外物以比髮曲，則「而厲」亦將外物以比帶垂，故云「『而』亦『如』也」。』『「如厲，如鞶厲」者，謂如桓二年左傳云「鞶、厲、游、纓」也。』

按：左傳以鞶、厲、游、纓與帶、裳、幅、舄並言，則鞶與帶爲二物，厲與鞶又爲二物。此傳以『厲』爲『帶之垂者』，明『厲』是垂帶之名〔四〕，不得爲垂帶之貌。惟厲是帶之垂者，故帶亦通名『厲』。方言：『厲，謂之帶。』廣雅：『厲，帶也。』是厲與紳同。玉藻注亦云〔五〕：『紳，帶之垂者也。』『紳』之義爲『垂』，爲『束』，又名『厲』者，言從鄭爲『裂』字之借。説文：『裂，繒餘也。』大帶以繒爲之，垂其餘，故得『裂』名焉。經文『垂帶而厲』，與『琫琫有珌』文法略同，言垂其帶而爲厲也。正不必改『而』爲『如厲』矣〔六〕。

五日、六日

傳：『婦人五日一御。』箋云：『婦人過於時，乃怨曠。五日、六日者，五月之日、六月之日也。期至五月而歸，今六月猶不至〔七〕，是以憂思。』按：箋說於經文增出『月』字，且邠風有『三之日』『四之日』，而不言五、六之日，此詩亦未言『之日』，何得釋爲『五月』『六月』？正義謂毛雖謂『五日一御』，不必謂夫行六日便怨，當是假喻之期日以喻過時〔八〕。此中傳意甚明。而又疑於五日一御爲諸侯御之日數，非庶人之禮，不知諸侯兩媵姪娣弟各有專稱，不得統名爲妾。内則所云『妾未滿五十』者，當通乎大夫以下。王肅云：『五日一御，大夫以下之制。』其說是也。嚴緝亦疑五日、六日爲時未久，故以爲新昏者之怨辭。郝仲興本之，謂古者公旬不過三日。然即令踰三日至五六日，亦不應即以怨曠興刺。總之，『六日』祇爲過期之喻。孔疏言『常時以五日爲御之期』。『至六日而不至，尚以爲恨，況今日月長遠，能無思乎？擧近以喻遠也。』此說最與毛義相發明。

滮池北流

傳：『滮，流貌。』水經渭水注：『鎬水又北流，注與滮池水合。水出鄗池西，而北流入於鎬。毛傳曰：「滮，流浪也。」而世傳以爲水名矣。鄭氏云：豐鎬之間，水北流也。』按：此以『滮』爲水名，又所引毛傳與今詩異。然説文亦云：『滮，水流貌。從水。』『詩：「滮池北流。」』疑酈注『浪』字誤。左思蜀都賦『灑滮池而爲陸澤』，魏都賦『時梗概於滮池』，亦皆以『滮』爲池水之流者耳。惟池乃水之所爲，滮雖流貎，亦或爲水名，故括地志、九域志、寰宇記皆以『滮池』爲名。觀箋云『豐鎬之間，水北流』，謂滮池在豐鎬之間，水北流，非泛言他水。水經注云：渭水又東〔一〇〕，豐水從南來注之，『渭水又東』〔一一〕，與鄗水合，蓋豐鄗二水皆自南來而注於渭。鎬又在豐之東，豐鎬東西之間〔一二〕，滮池北注於鎬〔一三〕，故箋云云。正義乃謂上引豐水復入於豐，其説無據。集傳又謂豐鎬之間水多北流，更失之矣。

念彼碩人

箋云：『碩，大也。妖大之人，謂襃姒也。申后見黜，襃姒之所爲，故憂傷而念之。』正義申之曰：『言「彼」以外之，故知謂襃姒。而曰「大人」，故以爲妖大之人。王肅云：「碩人」謂申后也。孫毓云：申后廢黜失所，故嘯歌傷懷，念之而勞心。毛既不爲之傳，意當與鄭同。』按：疏云：『言「彼」以外之，故知謂襃姒』，則上文『浸彼稻田』、下文『樵彼桑薪』皆言『彼』，何又以喻申后？考衛風『碩人其頎』，『碩人』指莊姜，此詩『碩人』正指申后。莊姜之失位，與申后之見黜略同，故皆以『碩人』稱之。至吕記又從邱氏以『碩人』指幽王，然詩中四言『之子』，一言『念子』，諸家皆以爲斥幽王可也；若謂『碩人』亦斥幽王，則非也。且一篇之中，既斥王爲『之子』，又斥王爲『碩人』，恐屬文亦無是理耳。

有扁斯石

毛傳：『扁，扁石貌，王乘車履之。』箋云：『王后出入之禮，其行登車亦履石。申后始時亦然，今見黜而卑賤。』按：傳但言『王乘車履石』，並不及申后，則傳意不必以后亦履石。夏官隸僕：『王行，洗乘石。』文選李善注引尸子、淮南齊俗訓並云：『周公踐東宮，履乘石。』此皆人君之事。至鄭云王后亦履石者，以意推之也。考『履之卑兮』，『卑』字當屬『石』言。經意似謂有扁之石，可以履之，而卑夫婦敵體，不宜任意踐踏。『卑』字正興下文『遠』字。何氏本義曰：『「履之卑兮」是倒句文法，言此乘石雖其處地卑下，亦時得蒙王之踐履，而我無由與王親近，則是斯石之不如也。』此則以履石爲反興，與二章言申后菅茅之不如，四章桑薪之不如，文意一例。其意亦通。若如箋說，則賦而非興矣。

緜蠻黃鳥

傳：『緜蠻，小鳥貌。』按此與秦風黃鳥傳『交交，小貌』正同。而此以小鳥興微臣，其義尤切。文選李注并引章句以『緜蠻』爲『文貌』〔一四〕，雖與毛異，然皆不以爲鳥聲。惟長樂劉氏始有『緜蠻，鳥聲』之說，實無所本。何氏古義遂以『聯緜不絕』及『南蠻鴃舌』釋之，不知詩中言黄鳥者，惟葛覃以『喈喈』狀其聲耳，其餘皆非聲。周氏柄中曰：『古箕山歌：「甘瓜施兮葉緜蠻」，樹葉亦稱「緜蠻」，則非鳥聲可知矣。』

維其勞矣

箋云：『其道里長遠，邦域又廣闊，言之可卒復。』正義曰：『鄭以「勞」爲「遼遼」，言廣闊之意。毛無改字之理，必不與鄭同，「勞矣」當爲「勞苦」。故王肅云：言遠征戎狄，戍役不息，乃更漸漸之高石，長遠之山川，維其勞苦也。孫毓云〔一五〕：篇義言役人久病於外，故經曰山川悠遠，維其勞苦矣。』『此俱是述毛爲説，傳意或當然也。』又云：『廣闊遼遼之字，當從「遼遠」之「遼」。而作「勞」字者，以古之字少，多相假借，且音既相近，故遂用之。此字義自得通，故不言當作「遼」也。』今按：『勞』『遼』字雖可通，然『遼闊』與『悠遠』義複，不若王孫所述祇作『勞苦』爲安也。

豕烝涉波

傳：『將久雨，則豕進涉波。』姜氏廣義曰：『有豕涉波，向無定説。箋以豕之唐突喻敵之勇悍，王氏詩總聞則云江豕兆雨。』『此皆不足據也。嚴氏祖横渠之説，云：豕性負塗，今涉水，濯其塗而見白蹢，是久雨停潦多故也。然按之本文，終不如傳言雨徵之爲允。」按：邠風東山『鸛鳴于垤』，傳謂『將陰雨則穴處先知，鸛好雨則長鳴而喜』，與此豕之涉波爲雨徵相同。蓋天氣鬱蒸，則衆豕涉波，爲必雨之徵。是與『月離于畢』之意一例也。

牂羊墳首

傳：『牂羊，牝羊也。墳，大也。』『牂羊墳首，言無是道也。』正義曰：『釋畜云：「羊，牡羒，牝牂。」故知牂羊，牝羊也。「墳，大」，釋詁文。牝，小羊也。「首」必稱身，小羊而責大首，必無是道理也。』爾雅翼據廣雅吳羊『牝三歲曰牂』，不得爲小。詩疏欲合『墳，大首』之義，稱爲『牝，小羊』。非是。因謂『墳』即『羒』字，爲牝羊而牡首。其說本於詩總聞。何氏古義從之，並引易林『墳首』作『羵』爲證。按：王氏詩稗疏云：『吳羊，緜羊。夏羊，山羊也。吳羊頭小，角短；山羊頭大，角長。』此說分別甚明。是吳羊之頭本小，而禽獸之體牝更小於牡，故傳以牂羊無大首之道，正不必改『墳』爲『羒』也。

何人不將

傳：『言萬民無不從役。』正義曰：『言萬民何人而不爲將率所將之，以經營四方乎？』

按：上箋以『何日不行』指將率而言，故正義以此『何人不將』爲將率之所將，然此乃鄭意耳。毛傳多訓『將』爲『行』，此言『萬民無不從役』，當訓『將』爲『行』。呂記引邱氏曰：『將，亦行也。』李迂仲曰：『何日不行，以見其一歲之中無日不行。何人不將，以見其一國之中無人得免戰征之苦也。』此二説最合毛義。

校記

〔一〕諸　原作『請』，據毛詩稽古編改。此處係用稽古編文。

〔二〕行　原無，據鄭箋補。

〔三〕解　原無，據下爲引黄佐詩經通解文補。

〔四〕明　原作『名』，據毛詩後箋改。此處係用後箋語。

〔五〕注　原無，據下爲引禮記玉藻注文補。

〔六〕厲　當爲衍文。此係自箋『「而」亦「如」』語而來。

〔七〕六　原無，據鄭箋補。

〔八〕喻之期日　疑『喻』當作『御』。

〔九〕名　原作『明』，據毛詩後箋改。此處係用後箋語。

〔一〇〕〔一一〕渭　原作『謂』，據水經注改。

〔一二〕豐　原無，據毛詩後箋補。此處係用後箋語。

〔一三〕北　原作「非」，據毛詩後箋改。此處係用後箋語。

〔一四〕井　原作「井」，據毛詩後箋改。此處係用後箋語。

〔一五〕毓　原作「疏」，據毛詩正義改。

學詩堂經解卷十六

大雅三

文王之什三之一

文王序云『文王受命作周』

序云：『文王，文王受命作周也。』按：序言周之王業成於文王，是爲受天之命而作周耳。毛於『其命維新』傳曰：『乃新在文王也。』絶無所謂改元稱王之事。即其言『虞芮質成』事，亦但曰『西伯』，則文王未嘗稱王甚明。康誥曰：『天乃大命文王，殪戎殷，誕受厥命。』此不過言周之受命伐商，皆由於文王耳。大明：『有命自天，命此文王。』文王有聲云：『文王受命，有此武功。』皆即此序受命之義。詩中多追述之詞，與康誥所言正同。自鄭箋有『受命王天下』之語，孔疏遂歷引讖諱以爲證，然尚曰『文王受命，毛無明説』。歐陽本義乃云『毛以爲文王受命王天下』，則誤矣。

文王陟降，在帝左右

傳：「言文王升接天，下接人也。」箋云：「在，察也。文王能觀知天意，順其所爲，從而行之。」或曰此箋與傳異義。「升接天」解「陟」字，「下接人」解「降」字。「在帝左右」即是「接天」，而「接人」之意括於內。箋則以「觀知天意」解「在帝」二字，以「順其所爲，從而行之」解「左右」二字，若云察帝而左右之。今按：正義曰：「此言文王之接天而云「在帝左右」，明是察天動作而效之。」此疏所言「左右」，仍屬上「接天」之事。毛既以「接天」「接人」分釋「陟」「降」，則下句未必單言「接天」。經文「左右」恐當屬「接人」言，謂察天之道以左右民。何氏古義曰：「書曰：「予欲左右有民。」易曰：「后以裁成天地之道，輔相天地之宜，以左右民。」此云「左右」即其義也。」

亹亹文王

傳：「亹亹，勉也。」宋徐鉉以說文無「亹」字，欲改「亹」爲「娓」。董氏從而改之，又引崔集注作「娓娓文王」，爲謬誤也。經典字不載說文者多矣，可勝改乎？宋庠國語補音謂經典相承，皆作「亹」字，改之驚俗，當矣。說文新附考曰：「易「定天下之亹亹」〔一〕，釋文音言偉反，「鄭云汶汶也[二]。王肅云：勉也。」據玉篇，「亹」爲「斖」之俗字，知「亹」並「斖」之俗字。蓋「斖」字一變爲「斖」，再變爲「亹」，以音近「文」，俗又加「文」也。」且古「斖」字本有「勉」義，襄二十六年左傳：「夫小人之性，斖於勇。」杜注：「斖，動也。」是「斖」爲奮動之意。「奮」字與「勉」義相近。諸書「斖」多作「亹」。史記高祖紀索隱引應劭云：「斖，呼爲亹。」此形之所以又變爲「亹」也。要其爲「勉」義，則相承不變。棫樸「勉勉我王」，荀子富國篇引作「亹亹我王」[三]，知「亹」「勉」義同。故此傳云「亹亹，勉也」[四]。

陳錫哉周，「周」字

傳：「哉，載也。」箋云：「哉，始也。」考宣十五年、昭十年左傳皆引作「陳錫哉周」，能施也。周語芮良夫引大雅曰：「『陳錫載周』，是不布利而懼難乎？故能載周以至於今。」詩作「哉」，內、外傳皆作「載」，故傳以「載」釋「哉」也。毛傳曰：「哉，載也。」「載見」傳曰：「載，始也。」哉，謂之「載」。載，又謂之「始」。此一義之申引也。序云「受命作周」，左傳曰「文王所以造周」，「作」「造」，皆「始」也。箋：「哉，始也。能敷恩惠之施，以受命造始周國。」是傳箋之意本同，箋謂異義[五]，則失之矣。

厥猶翼翼

毛傳：『翼翼，恭敬也。』或謂『翼翼』，光明也，『厥猶翼翼』言其光大。束皙補亡詩『顯猶翼翼』義本於此，則三家詩必有訓『翼翼』爲『明』者矣。考楚語『明行以宣翼』之『宣』『翼』皆『明』也，廣雅云：『翼翼，明也。』是『翼翼』原有『明』義。但此當如毛傳訓爲『恭敬』爲是。言其傳世豈不顯乎？而其謀猷皆能恭敬如此，是以能爲周之楨幹，而文王賴之以安也。

維周之楨

傳：『楨，幹也。』鄭以爲幹事之臣。按：舍人注爾雅云：『楨，正也。築牆所立兩木也。幹，所以當牆之兩邊障土者。』是楨與幹爲二物。爾雅、毛傳蓋以皆築牆所用之木，故渾言之曰『楨，幹也』。木所立表曰『幹』，因而人之立事亦曰『幹』。此義之引申者，故文言曰『貞固足以幹事』。箋之説，正所以申也。

侯于周服

傳：『盛德不可爲衆也。』箋云：『乃與君九服之中。』今按：此傳用孟子『仁不可爲衆』語，則『服』字當爲『臣服』之義。嚴氏粲曰：釋文云：服，事也，用也。故爲臣而見用謂之『服』。是善承此傳者。若如箋說，此言君于周之九服，義尚可通。而下文『侯服于周』，謂爲君九服于周，則不辭矣。是不如傳義之爲允矣。

殷士

毛傳云：『殷士，殷侯也。』疏謂即前商之孫子。朱子集傳云：『諸侯之大夫入天子之國，曰某士，則「殷士」者，商之孫子之臣屬。』其說本漢書顏師古注。其釋『士』字未免於拘。今按：劉向列傳云：『孔子讀詩至此，傷微子之事周，而痛殷之美士執灌鬯之禮，將事於京師若微子者。』以上諸說或出於三家詩，然以『殷士』爲『殷侯』，皆與毛合。或謂微子身爲商之孫子，當載見祖廟，方以賓禮待之，示不敢臣，何得屈之以士？然觀此詩，一則曰『思皇多士』，一則曰『濟濟多士』，王臣固稱『士』也，則『殷侯』之稱『殷士』，不亦宜乎！

祼將

聞之：宗廟至尊，不灌人道，宗廟尚祼。祼者，祭之大者也。周人尚臭，故祭用鬱鬯之酒灌地以降神。祼者，灌也。『祼』『灌』古字通用。周禮春祠夏禴，灌用鷄彝，爲諸臣之所胙。蓋諸臣之祼鬯獻爵，皆曰『酢』，顧命『奉璋以酢』是也。酢者，胙也，求福胙於神也。夏繹

『祭日復胙』，義亦取是。是爲我周祼鬯之大典。將者，行也。祼爲祭禮所當行，故曰『將』。而周官小宰有『贊祼將』之文，解者又以『將』爲『送』。不知祼時送爵，亦是行之，言雖異而義則同也。蓋舉祼以言，不必寔殷士以助祼之名，據後以美前，並不必泥文王爲行祼之事也。

王之藎臣

傳箋訓『藎』爲『進』。考『藎』本染草之名，詩人以其音同，故借爲『進』。逸周書皇門解：『朕藎臣，夫明爾德，以助予一人憂。』孔晁注：『藎，進也。言我藎之臣。』此釋『藎』字正用也，與鄭義同。而説詩者又解爲忠藎之臣，其説太迂。考此詩前四章皆追述文王受命作周之事，後三章乃戒成王當監殷而法文王，第三章言文王得士之效，故此章戒以念文王進臣之法也。

明明在下，赫赫在上

傳：『明明，察也。文王之德明明于下，故赫赫然著見於天。』嚴緝以首二句泛言天人之理，『「明明在下」，君之善惡不可揜也。「赫赫在上」，天之予奪爲甚嚴也。』按嚴氏之説非是。詩中言『明明』，皆爲美稱，不當兼惡。荀子正論篇言『王道利明不利幽』，引書曰『克明明德』，詩曰『明明在下』。又解蔽篇曰：『「明明在下，赫赫在上。」此言上明而下化也。』據此可見『明』專屬美稱。毛以爲明德者，其義殆本於荀卿焉。

使不挾四方

傳：『挾，達也。』箋云：『今紂居天位，以其爲惡，乃棄絶之，使教令不行於四方。』正義曰：『挾者，周匝之義，故爲「達」。』按：爾雅釋言：『浹，徹也。』徹即『通達』之義，故傳以『挾』爲『達』。韓詩外傳云：『紂貴爲天子，及周師至，而令不行於左右。詩曰：「天位殷適，使不挾四方。」』此亦以『令不行』釋『不挾』，義與毛鄭同。蓋『俠』『挾』『浹』古皆通也。乃或者謂此詩謂天命文武佑啓我周，不應舉亡國之君發凡起例。古讀『殷』聲如『衣』。挾，方言云：『護也，輔也。』不挾之言挾也。言天位依於適子，使之扶持而安護之，文王因之以受方國也。不知首二句揭出天人感通之故，『天位殷適，使不挾四方』，逆天者天必亡之也。『天監在下』，而命集於文王，上帝式臨而保佑乎武王，順天者，天必興之也。初何必曲爲之説乎？

曰嬪于京

傳：『京，大也。』箋云：『京，周國之地，小別名也。從殷商之畿内，嫁爲婦于周之京。』正義曰：『王肅云唯盡其婦道於大國耳，述毛爲説。箋易傳者，以言「于京」，是於其處所，不得漫言「於大」。王肅以爲「大國」，近不辭矣。上篇述文王受命之事，而云「裸將于京」，可得以爲京師。此王季時爲諸侯之子孫耳，追崇其號，得謂之王，不得即以其居爲京師也。孫毓以爲京師，又不通矣。』按：毛以此『京』與文王篇俱訓『大』，即以爲『京師』之『京』。若拘于公羊謂京師天子之居，則雖文王亦不得稱『京』。若據追述之詞，則王季既可稱『王』，亦不害其稱『京』。孫毓之説未爲不通。即王肅以爲大國，亦無不可。至箋以『京』爲周之國，是其地之小別，無論岐周並無此地名，鄭已不能實指；且太任爲嬪當在周都，何獨言其小別之名乎？以此論之，傳義爲允矣。

文王初載

傳訓『載』爲『識』。箋云：『於文王生適有所識，則爲之生配於氣勢之處，使必有賢才。』正義曰：言其幼小即有知識，故訓『載』爲『識』也。釋文不爲『識』字作音，蓋亦以爲『知識』之『識』。蘇傳又以『載』爲『成』，謂文王始成人之時。吕記、嚴緝又以『載』爲『年』。今按：毛公故訓確有師承，鄭箋釋毛。若以『識』爲『知識』，則列子謂文王生而聖，教之以一而識百〔六〕，又何得言適有所識乎？可知孔陸皆未悟傳箋音訓。此『識』似當作『記識』之『識』。國語晉語：『子犯受公子載璧』韋注：『載，記也。』『記』與『識』同。毛以『載』爲『識』者，謂文王生而有所記驗。下文『在洽之陽』，『在渭之涘』，疑即當時記驗之徵。至箋云『適有所識』，其必以爲記驗之徵兆明矣。

在洽之陽

水經注：説文引作『郃』，應劭曰：『在郃之陽也。』今陝西同州府郃陽縣即其地。按：魏世家傳：魏文侯時，西攻秦築雒陽令。『雒』字作『合』。蓋『合』者，水名，毛詩本作『在合之陽』，秦漢間乃製爲『郃』字。今詩作『洽』者，後人以意加水傍耳。

俔天之妹

傳：『俔，磬也。』箋云：『尊之如天之有女弟。』正義曰：『此「俔」字，韓詩作「磬」，則「俔」「磬」義同也。説文：「俔，喻也。」引詩云「俔天之妹」。謂之譬喻，即引此詩。箋云「尊之如天之有女弟」，與譬喻之言合，蓋如今俗語譬喻物云「磬作然」也。』按：傳以『磬』

釋『俔』，箋以『如』申毛，孔疏解以『磬』，是唐時猶有此語，其訓詁由來久矣。說文注謂「俔」者，古語。「磬」者，今語。二字雙聲。是以毛作「俔」」，韓作『磬』。毛傳以『磬』釋『俔』，乃『以今語釋古語』矣。

文定厥祥

傳：『言太姒之有文德也。祥，善也。』箋云：『問名之後，卜而得吉，則文王以禮定其吉祥，謂納幣也。』按：毛鄭意本各别。孔疏申之，既言太姒文德，又言文王以禮定其卜吉之善祥，則文字作兩解。蓋孔疏申傳牽于箋義，其以『卜吉』爲『善祥』，亦非也。毛以『祥』爲『善』者，當是吉祥徵應之謂，與上章『文王初載』相應，言太姒有文德，則其徵應之祥於此益定也。

造舟爲梁

按：『造舟爲梁』謂比舟以爲橋也。釋水云：『天子造舟。』李巡曰：『比其舟而渡曰造。』孫炎曰：『比舟爲梁。』郭璞曰：『比船爲橋。』皆不解『造』義。蓋『造』爲『至』義，言船相至而並比也。考『造』之爲言『曹』也，相比次之名也。故薛綜注東京賦曰：『造舟，以舟相比次而爲橋也。』孫李皆以比舟，正釋『造』字之義。正義轉以爲失之。蓋造舟爲周之制，殷時未有等差。自文王創之後，遂以爲天子之法，故有天子造舟之説也。

造舟濟渭

傳箋皆未明何水。嚴緝以爲渡渭。陳氏稽古篇曰：『岐周與莘皆在渭北。「親迎于渭」，當是循渭而行。嚴説非是。』姚姬傳又謂造舟當在洛上。今按：川流迂曲，即循岸而行者，亦非必盡可直達，況由周至莘約計六七百里，中間豈無山陵國邑之隔？或須取道渭南，始能至彼。造舟而濟，經言『親迎』而繫以『于渭』，即繼以『造舟』，文義明白，故傳箋不復言何水耳。後儒疑郃水入河不入渭，上文『在渭之涘』乃文王所居，非太姒之國。『親迎于渭』，文王自境外迎之，不必渡渭。此皆誤會經文，而疑其所不必疑者也。

莘

傳：『莘，太姒之國也。』按：地之以『莘』名者不一。古有莘氏之國，在河北濮東，晉文公『登有莘氏之墟』是也。地在河汝之間者，荆『敗蔡師于莘』是也。在河南函谷之外者，『神降于虢之莘』是也。蔡虢之莘邑、城濮之莘，古諸侯之國也。若此姒姓之莘，在郃渭涘，非古有莘國。唐書宰相世系表云夏后啓封庶子于莘。夏后，故姒姓，今同州郃陽縣有故莘城是也。

肆伐大商

傳：『肆，疾也。』正義曰：『釋言：「窕，肆也。」郭璞曰：「輕窕者，好放肆。」左傳云：「輕者肆焉〔七〕。」是「肆」爲「疾」之義。』按：傳以『肆』爲『疾』，蓋承上文『鷹揚』言之。鷹揚有疾速之意，所謂征鳥厲疾也。風俗通皇霸篇引詩〔八〕：『亮彼武王，襲伐大商。』襲者，輕兵速至，亦疾意也。又爾雅釋言：『肆，力也。』呂氏春秋尊師篇『疾諷誦』，高誘注云：『疾，力也。』『疾』『力』二字，古每並稱。『肆』之爲『疾』，即『肆』之爲『力』也。史記灌嬰傳『戰疾力』，孟康注謂攻戰速疾。是以『速』訓『疾』，亦『力』即『疾』之證也。

會朝

傳：『會，甲也。不崇朝而天下清明。』王肅云：『以甲子昧爽與紂戰，不崇朝而殺紂，天下乃大清明。定本云『會甲兵』。按：如肅説，以會兵甲子爲『會甲』，則傳文近於不辭。如定本傳作『會甲兵』，則箋不必復訓『會』爲『合』矣。蓋古者多以『甲』爲『一』，如第爲甲第，觀爲甲觀，令爲甲令，夜爲甲夜。戰國策云：『武王將素甲三千，領戰三日，破紂之國，禽其身。』毛公以意説詩，故訓『會朝』爲甲朝，又云『不崇朝』，正申明一朝之意也。

大明

序下疏云：『大明八章，首章、二章、四章、七章皆六句，三章、五章、六章、卒章皆八句。』或曰：注疏本以『大任有身，生此文王』冠下『維此文王』六句爲第三章，朱傳、吕、嚴諸本俱移繫於第二章之後。按：繫二章有韻，冠三章無韻，當必後定。又注疏本以『文王嘉止，大邦有子』冠『大邦有子』六句爲第五章，朱傳、吕、嚴諸本俱移繫於第四章之後。按：繫四章有韻，冠五章無韻，當從後定。今按：此詩，正義所分章句未必爲毛鄭之舊，後人以韻定，可無疑義。考文王篇每章首尾相承，爲三百篇别一格調。此篇雖不必每章相承，然三章之『維此文王』即承次章尾句，五章之『大邦有子』即承四章尾句，以及七章『殷商之旅』承六章之『燮伐大商』〔九〕，八章『牧野洋洋』承七章之『矢於牧野』，格調與文王篇相近。且全詩六句相間成篇，章法亦極齊整，宜乎後人從之也。

緜緜瓜瓞

傳：『緜緜，不絶貌。』大曰瓜，小曰瓞。瓜之近本初生者常小，其蔓不絶，至末而後大也。左傳〔一〇〕：『喻后稷乃帝嚳之胄封於邰，其後公劉失職，遷於豳，居沮漆之地，歷世亦緜緜然。至太王德益盛。』按：襄十七年左傳『緜緜生之瓜瓞』杜注：『由小成大。』但此詩取興似祇爲周家歷世長久之喻，故傳云『緜緜，不絶貌』，不必專以『瓜』喻盛大，瓞喻衰微。正義曰『傳謂喻后稷以下』，固非，後儒又謂『瓞』喻大王之國甚小，『瓜』喻文王始大，則於經文又倒置矣。惟姚氏識名解曰：『瓜生皆由小以至大，始雖爲瓞，繼漸成瓜，瓜又復生瓞，此乃所謂緜緜不絶意耳。』

沮漆爲岐周之水

程氏雍録曰：『「自土沮漆」言有沮有漆之地〔一一〕，大王荒之。』按：凡緜詩所指，自岐爲始，不與居邠之事相涉。而鄭氏言公劉遷邠居沮漆之地，所據蓋沮漆爲岐周之地。潛傳云：『沮漆，岐周之二水也。』則又明二水爲岐周之川矣。但今岐周之地有漆無沮，故正義云：『毛詩之「漆」即岐周之漆，沮則未聞。』今按：漢書『漆縣』下又云：『漆水在西。』説文云：『漆水出扶風杜陽岐山，東入渭。』俞山即岐山，此爲周地之漆無疑。至沮水，康對山武功志謂〔一二〕：乾州有浴水〔一三〕，土人呼「浴」爲「于」，「于」「沮」聲相近〔一四〕。又考水經注所云出杜陽岐山之漆，其所會有「雍水」「横水」「大鑾水」諸名。此數水中容有古之沮水，特後世失其名耳。考禹貢：雍州「漆沮既從」。漆水，寰宇記：自耀州同宫縣東北界，東經華原縣，合沮水。沮水，地志：出北地郡直路縣東。又寰宇記：沮水自坊州昇平縣子午嶺出，俗號「子午水」。下合榆谷、慈馬等川，遂爲沮水。至若扶風之漆，晁氏以爲豳州之漆，非禹貢之「漆」。不知邠岐皆雍州之地，安得漆有兩漆、沮有兩沮乎？意謂漆沮本自邠及岐綿亘而下者，理或然歟？似此解當從「考禹貢」以下爲主，餘皆支離。

自土沮漆，或作「自土漆沮」，非

或謂「自土沮漆」，當從水經注、漢書注「自土漆沮」而以「沮」與「父」爲韻，上文自爲一韻。今按：釋文作音，先「沮」而後「漆」。唐石經亦作「沮漆」。正義之釋經釋傳，皆先「沮」而後「漆」。又續漢書郡國志注本〔一五〕、北堂書鈔地部〔一六〕及詩譜正義引詩並作「自土沮漆」。則經文之作「沮漆」甚明，不得以他書誤倒之字而改不誤之經文也。此章以「瓞」「漆」「穴」「室」爲韻，是「民之初生」與「古公亶父」皆不入韻。若改「漆」以與下「父」字爲韻，則隔絶上文「瓞」字不得與「漆」「穴」「室」爲韻。且「瓞」與「生」非韻而强以爲韻，恐無是理也。

陶復陶穴

傳：『陶其土而復之，陶其壤而穴之。』箋云：『復者〔一七〕，復於土上。鑿地曰穴。皆如陶。』正義曰：『大司徒注云〔一八〕：「壤亦土也。變言耳。以萬物自生焉，則言『土』。土，猶『吐』也。以人所耕而種藝焉，則言『壤』。壤，和緩之貌。」然則土與壤其體雖同，壤言「和緩」，則土堅而壤濡。』『壤是息土之名〔一九〕。』復者，土上爲壤，取於土，『復築而堅之者，故以「土」言之。穴者，鑿地爲之，土無所用，直去其息土而已，故以「壤」言之』。釋文云：『復，累土於地上。説文作「寝」。』正義引説文：『寝，覆於地也。』此與箋同。今言『陶復』，自以復於土地，亦當謂地上，不得謂其地室異義而謂地復於上也。惟傳云『陶其土』『陶其壤』，則『陶』爲埏埴之名。故集傳謂『陶』爲窑竈，復爲重窑，穴爲土室。其説與箋小異耳。

率西水滸

傳：『率，循也。滸，水涯也。』箋云：『率西水厓，沮漆水側也。』何氏引世紀云：『太公避狄，循漆水。』此與鄭同者也。程大昌雍録謂『渭水即在梁山之南，循渭而上，可以達岐』。不知此章定當如避狄以後，度地居民之故，然則沮漆與渭皆由岐周之西而流入於東。『率西水滸』者，概指岐周一帶之水，故傳但云『水厓』，似不必偏主沮漆與渭也。

周原膴膴

箋云：『周原，沮漆之地。』方輿紀要曰：岐山縣在鳳翔府東山之南，周原在焉。扶風縣在鳳翔府東百十里，周之岐陽也。杜陽城在鳳翔府鳳翔縣北九十里。詩譜曰：周原在岐山陽，屬杜陽界，地形險阻，田原肥美。據此知周原在岐山之陽，而沮漆又在周原之西南也。膴膴，美也。周之原地膴膴然肥美也。考『膴』與『飴』『謀』『龜』『時』『兹』同韻，當讀如『梅』。釋文音『武』，失之。張載注文選左思魏都賦引詩作『周原腜腜』，此殆本三家詩說。字雖異而音則同也。

堇

傳以『堇』爲菜名。正義引釋草『芨，堇草』郭注以爲烏頭，因謂此『堇』與内則『堇荁枌榆』不同。『箋云：「性苦者，皆甘爲飴。」若是堇荁之堇〔二〇〕，雖非周原，亦自甘矣。明「堇」是烏頭也。』嚴緝駁之，明『烏頭毒物，縱肥美之地，豈能變毒爲美，是此「堇」當爲堇荁之堇矣』。毛傳於『堇』但言『菜』，於『荼』則言『苦菜』，是經文『如飴』明謂堇固如飴，而荼亦如飴也。

釋文以堇爲藋，然釋文：「藋，堇草也。」並非菜名，不得以當此詩之「堇」也。

爰契我龜

傳：「契，開也。」汪氏毛詩異義：杜子春菙氏注「契」〔二一〕：所以然火而灼龜者也。正義訓爲「開」，與傳同。疏以「開其兆」申傳，則與經文「我龜」不屬。鄭於周禮不從杜注。箋義，以爲疏，與傳異〔二二〕。然以「契」爲「契灼其龜」，及菙氏注謂「楚焞即契」，不若毛杜之解爲得。按：「契」之爲「開」，當通作「刻」。説文云「刻也」。左定九年「盡借邑人之車，契其軸」，杜注亦訓「契」爲「刻」。郭璞云：「今之江東呼刻斷物爲契斷〔二三〕。」「開之灼而卜之〔二四〕。」蓋周禮「契」與「燋焌」並舉，則「契」亦是一物。契本開龜之物，因而開龜亦謂之「契」。詩之「契龜」自當作「開龜」解。「契」「開」雙聲〔二五〕，故傳「契」爲「開」。「馬不契需」鄭司農訓「契」爲「舉」，即「開龜」之證。

自西徂東

箋云：「於是從西方而往東之人，皆於周執事，兢出力也。郊與周原不能自爲西東，據至時從水滸言也。」正義曰：「張逸問郊與周原不能爲東西，何謂？答曰：豳地，今爲栒邑縣廣山北、沮水西，有涇水從此西南行，正東乃得周地，故言東西云。岐山在長安西百里，郊又在岐山西北四百里。如志所言，發郊西南，從沮水之南，然後東行以達周也。』今箋既云郊岐不能爲西東，而云據從水滸言之。然上文『率西水滸』是謂循西來之水厓，非謂循西至東也。至疏引鄭志尤未明晰。自郊至岐，何用牽及於馮翊之沮水及涇水？若從涇水南行，則當正西乃達周矣。又云郊在岐山西四百里，驗之地里，殊爲不合。康成當不至此，或志有脱誤。總之，『自西徂東』繼『疆理宣畝』之後，當是指周原之西東耳。

捄之陾陾，『捄』字

傳：『捄，虆也。』箋云：『捄，捊也。』『築牆，捊取壤土，盛之以虆。』釋文：虆，『劉熙云盛土籠也』。『捄』字從手，謂以手取土。虆者，盛土之器。言『捄，虆』者，謂捄土於虆也。箋以文略，故申成之。説文云：『捊，引取土也。』故以『捄』爲『捊』，言取壤土盛之以虆。仍存『虆』字，與傳不異也〔二六〕。按：此傳文當疊『捄』字〔二七〕。『捄虆也』即捄土於虆，故箋云『捊取壤土，盛之以虆』。正義所申，自不誤耳。

度之薨薨，『度』字

傳：『度，居也。』箋云：『度，猶投也。』釋文引韓詩云：『度，填也。』按：『度』與『宅』同。周禮釋文謂『宅』，古文作『庑』，與『度』相似，因此而誤。漢書注韋玄成傳則云：『古文「宅」「度」同。』此傳以『度』爲『宅』之假借。正義謂王者度地以居民，故以『度』爲『居』，失其義矣。韓詩、鄭箋二訓相近，皆合於義，然曰『填』曰『投』，於傳訓『居』意亦相承也。

皋門、應門

傳：『王之郭門曰皋門。』『王之正門曰應門。』『美大王作郭門以致皋門〔二八〕，作正門以致應門焉。』箋云：『諸侯之宫，外門曰皋門，朝門曰應門，内有路門。天子之宫加以庫雉。』正義引左傳『皋門之晳』爲諸侯之證。何氏古義曰：『考左襄十七年，宋築者謳曰：「澤門之晳，實興我師。」杜注：「澤門，宋東城南門也。」古文以「澤」爲「皋」，爲其字形相混。其實宋有澤門，無皋門〔二九〕。』孔氏所引誤也。『諸侯之有皋應，於書無所經見。明堂位所云』，乃謂魯周公之後，乃有雉兼皋、應之制耳。『然雖制兼皋、應，而名仍「庫」、「雉」，亦可見諸侯有庫、雉而無皋、應也。』『毛傳所言，爲得其實。』戴氏詩考正曰：『門之數，應乎朝者也。』『天子、諸侯皆三朝三門，天子謂之皋門，諸侯謂之庫門。天子謂之應門，諸侯謂之雉門。』考之經傳，不聞天子有庫、雉、諸侯有皋、應。『而禮說曰：天子五門：皋、庫、雉、應、路；諸侯三門：皋、應、路，與此箋說合，但失其傳耳。』『郊特牲云「獻命庫門之内」，亦記者以魯用天子禮樂，故推魯事合於天子耳。』按：天子、諸侯皆三門之説，始於劉原父。戴氏本之，其辨並明。何氏申毛，亦甚有當。下文『乃立冢土』，疏謂冢土非諸侯之制，則皋、應亦非諸侯之制。殷代尚質，必無『皋』『應』名目。傳云『致』者，乃自後推而言之，與大明『造舟』其義正同也。

柞棫二木

箋云：『柞，櫟也。棫，白桵也。』爾雅釋木云：『櫟，其實梂。』不言櫟是柞。陸璣疏云『周秦人謂柞爲櫟』，蓋據時人所名而言之。『棫，白桵』，釋木文。郭璞云：『桵，小木也。叢生有刺，實如耳璫，葉亦可食。』按小雅車舝『析其柞薪』，乃可爲薪之木。采菽：『維柞之枝，其葉蓬蓬。』則柞爲叢生，亦可概見。詩以柞棫並舉〔三〇〕，自是二木。或説謂棫即柞，非與？王氏詩稗疏以爲櫟之一種，樹痺而葉大者，以棫爲蕤仁皆小木，其説當矣。

行道兑矣

傳：『兑，成蹊也。』推毛之意，謂柞棫既拔，而道路至此通，不已介然成蹊哉！皇矣三章謂：『柞棫既拔，松柏斯兑。』傳云：『兑，易直也。』『柞棫拔矣』與『柞棫斯拔』同。惟『兑』字一屬行道，則與『松柏斯兑』有異，故傳有互相發明之説。蓋『兑』與『鋭』古通。道有柞棫則塞，塞猶夫鈍也。柞棫拔則道通，則猶夫鋭也。

昆夷喙矣〔三二〕

傳：『喙，困也。』正義云：『「喙」之爲「困」，則未詳。』考國語郤獻子曰『余病喙短』韋注：『短，氣貌。』方言：『㾗、困，倦也。』郭注：『今江東呼「極」爲「㾗」。』又『㯟，極也』。『江東呼「極」爲「㾗」。』是『喙』『㾗』『㾗』三字通用，以之證毛傳『困』義，足爲有本。惟説文口部：『呬，東夷謂息爲呬。從口，四聲。詩曰：「犬夷喙矣。」』『呬』『喙』字異，或出三家。其曰『犬夷呬矣』，犬夷即昆夷，古人引書自有此例耳。

虞芮質成

傳：『質，成也。成，平也。』二字義同，言二國因文王而得成其和平也。按：成乃鄰國結好之事。左傳『行成』『求成』『董成』，皆此義。『質厥成』猶云『成其成』耳，正指相讓而退，言始息爭田之事。正義謂書傳、家語皆有其事，雖小有異同，然皆言未履文王之庭而自然感化。説苑君道篇亦言文王敬慎持己而虞芮自平，然則『質成』祇屬虞芮。言虞芮之獄，文王成之，其實文王並未斷斯獄也。

文王蹶厥生

蘇氏、嚴緝皆謂感動虞芮之君，使其禮義之心油然而生。不知毛傳云『天下聞之而歸者四十餘國』，正『蹶厥生』之實。故箋云虞芮之質成，而文王動其感奮之心，而盛德大業於此益見。此真善於申傳也。若祇就虞芮一事謂有以動其心，於義隘矣。

棫樸官人

按：序云：『棫樸，文王能官人也。』大戴禮、逸周書皆有文王官人篇，荀子亦云『文王以官人爲能』，並與此序合。故毛於首章傳即以『山木茂盛』爲『賢人衆多』之興。晏子春秋對魯昭公問引詩首章，即繼之曰：『此言古聖王明君之使以善也。』賈誼新書連語篇、容經篇並引此詩首章〔三三〕，即繼之曰：『此言左右以善趨也』，『此蓋謂人君當慎選左右之意』。雖似斷章，然與序『官人』意相發明也。

薪之槱之

傳：『興也。』『槱，積也。山木茂盛，萬民得而薪之。賢人衆多，國家得用蕃興。』箋不爲興，以薪槱爲祀天，左右對越之爲諸臣『助王積薪』。疏引孫毓詩評，以箋義爲長。然以經文考之，毛傳取興之義爲優也。首章見衆賢之集於朝，輔助政教；次章述祀事之得人；三章述戎事之得人，『國之大事，在祀與戎』，舉此二者以明賢才之衆；四章言文王作人之化；末章言文王聖德綱紀，四方無不治理，又總著政教之美、官人之效。經之敘事固有次第矣。説文：『槱，積木〔三四〕。從木、火，酉聲。詩曰：「薪之槱之。」』其下乃引周禮『以槱燎祠司中司命』，又云：『槱或從示，柴祭天也。』是許正用毛義。詩之『薪』『槱』但謂積木供僚，與周官『槱』『燎』不同。至從示之『禉』則專爲燔柴祭天而設，非詩正字，亦非詩本旨也。

左右奉璋

傳：『半圭曰璋。』箋云：『璋瓚也。祭祀之禮，王祼以圭瓚，諸臣助之，亞祼以璋瓚。』正義曰：『傳惟解「璋」而不言「瓚」，則不以此爲祭矣。斯干傳曰：「璋，臣之職。」則謂臣之行禮當執璋。王肅云：羣臣從王行之所奉，顧命曰「太保秉璋以酢」。肅以臣之執璋於禮無文，故引顧命爲證。』按：臣之執璋行禮，惟贊祼時，其他無執璋者。顧命『太保秉璋以酢』亦是受册命然後祭事〔三五〕，彼疏云〔三六〕：『祭統：「君執圭瓚。」』璋亦半圭也，傳特略不及瓚耳。箋之所言，當是申毛義，不得從王氏述毛矣。

六師、六軍

傳：『天子六軍。』箋云：『二千五百人爲師。今王興師行者，殷末之制』，未爲周制。『周禮：五師爲軍，軍萬二千五百人。』正義曰：『詩爲大雅，莫非王治。「造舟爲梁」〔三七〕，「祼將於京」，皆爲天子之禮。而此必爲殷末之制者，以詩人之作，或以後世言之，或論當時之實。若論當時實事，文王未必已備六軍，因言「師」不言「軍」，故爲此解耳。鄭氏之説，未爲定論。』此下歷引鄭志以詩三言『六師』皆謂六軍之師，又鄭注『三軍』、易師卦及秦誓注、公劉箋皆『軍』『師』通稱，以見周禮以前，鄭自言有六軍之法，不當於此獨言殷末。按：白虎通義三軍篇引詩：『周王於邁，六師及之。』其下云：『五人爲伍，五伍爲兩，五兩爲卒，五卒爲旅，五旅爲師，師二千五百人。師爲一軍六師，一萬五千人也。』此似爲箋説所本。孔疏往往右鄭，獨此疏以鄭他經證之，多不相合，故不復曲爲之迴護耳。

追琢其章

傳：『追，雕也。金曰雕，玉曰琢。』考爾雅釋器：『玉謂之雕，金謂之鏤。』刻金爲雕，不知雕亦鏤也。至追師，注引詩『追琢其璋』，假作『璋』，不過如管子『不璋兩原』，假『璋』爲『章』。賈疏乃云璋是玉爲之，則『追』與『琢』皆治玉石之名。其實詩中並不作『璋』也〔三八〕。

旱麓『榛楛』，毛不言興

傳：『言陰陽和，山藪殖，故君子得以干禄樂易。』按：此章毛不言興，箋疏以後皆從鄭孔爲『興』，而説各不同。吕記以榛楛喻君子，榛楛得麓而以喻君子承先祖而受福。嚴緝本程氏之説，以山喻先祖，麓喻子孫，榛楛喻福禄，見文王承先祖積累之厚，故其福禄盛大。二説似皆可通。然觀周語單穆公引此章而反復申明其意，則曰『旱麓榛楛』自是當時所見之實。而鄭箋以爲興者，亦如鴛鴦箋云『此交萬物之實，而言「興」者，廣其義焉』耳。

旱

王伯厚詩地里考引漢志：「漢中郡南鄭縣」旱山，沱水所出，東北入漢。」又引曹氏曰：「旱山在梁州之地，與漢廣相近，故取以興焉。」嚴緝謂詩人託山川以起興，皆取其在境中者。漢中遠於豐鎬，之間高山多矣，不當遠取漢廣之旱山也。今按：劉昭注郡國志引華陽國志云〔三九〕：有池水從旱山來。水經沔水注：南鄭縣「漢水右合池水，出旱山，山下有祠。」此池水即班志之「沱水」也。水經又云：沔水「東連魏興安陽縣南，涔水出自旱山，北注。」又涔水篇〔四〇〕：「涔水出漢中南鄭縣東南旱山，北至安陽縣南，入於沔。」考南鄭故城在今漢中南鄭縣東二里，旱山在縣西南十五里，安陽爲今興元府安康縣地，興元之西即漢中之東。是水經池水、涔水所出之旱山，同一山耳。故元豐九域志又云興元府有旱山矣。至漢中興元雖去豐岐較遠，然岐山在今鳳翔府漢中興元之北，即鳳翔之南。況此詩本詠文王，其時土宇已擴，不得謂旱山不在境内也。

瑟彼玉瓚，「瑟」字

周禮典瑞注〔四一〕，鄭司農引詩作「䘏」，又作「邲」。說者謂「䘏」乃「邲」之誤。司農注毛詩，其所據作「邲」。後鄭作「瑟」，云：「鮮潔貌。」說文作「璱」，云：「玉之英華相帶如瑟絃也。』許與後鄭本三家詩。今詩作『瑟』者，依箋改也。當依司農所據作『邲』爲正。邲者，流鬯之貌也。按：『瑟彼』當指玉瓚而言，不得以爲流鬯之貌。説文引孔子曰：『美哉璠璵！遠而望之涣若也，近而視之瑟若也。』又引逸論語曰：『王粲之瑟兮，其瑮猛也。』則『瑟』自是狀玉之辭。司農引作『卹』『邲』者，乃古字假借爲之，未必毛詩作『邲』也。

黄流在中

傳：『黄金所以飾流鬯也。』箋云：『黄流，秬鬯也。圭瓚之狀，以圭爲柄，黄金爲勺，青玉爲外，朱其中央。』正義曰：『瓚者，盛鬯酒之器，以黄金爲勺，而有鼻口，鬯酒從中流，故云黄金所以流暢。以器是黄金，照酒亦黄，故謂之「黄流」也。』箋易傳者，『以言「黄流在中」當謂在瓚之中，不謂流出之時〔四二〕，而瓚中赤而不黄，故知非黄金也』。釋文謂傳本作『黄金所以爲飾』，流出之時而瓚中赤者不黄，故『爲流飾鬯也』是後人所加。正義則云：『定本及集注皆云「黄金所以飾流鬯也」，若有「飾」字，於義易曉。則俗本無「飾」字者，誤也。』

按：此傳當如釋文作『黄金所以流鬯也』，其義已足。蓋玉瓚者言其柄以大圭爲之；黄流者，以言黄金爲勺而有鼻以流鬯，故曰『黄金所以流鬯也』。鼻所以流鬯，因而鼻即謂之『流』，故鄭注玉人云：『鼻勺，流也。』凡流皆爲龍口，是真以『流』爲勺鼻之名。此箋泥於

『在中』二字，又以『黄流』爲秬鬯。疏申之，謂秬鬯色，黄金爲勺而流鬯於其中，文義自明。不必泥『朱中央』之文，謂『瓚中赤而不黄』也。

『鳶飛戾天』二句

傳：『言上下察也。』箋云：『鳶，鴟之類，鳥之貪惡者也。飛而至天，喻惡人遠去，不爲民害也。魚跳躍於淵中，喻民喜得所。』今按：鄭氏中庸注云：『聖人之德至於天，則鳶飛戾天；至於地，則魚躍於淵。是其明著於天地也。』此解本於傳義不遠。及箋詩則以『鳶飛』喻惡人遠去，『魚躍』喻民喜得所，其義非與？疏又申之，以爲變惡爲善，及作人之義。殊不知道被飛潛，萬物得所，亦可見作人德化之盛也。

宗公

傳：『宗公，宗神也。』箋云：『宗公，大臣也。文王爲政，咨於大臣，順而行之。』正義曰[四三]：『易傳者，以左傳稱「國之將興，聽於民；將亡，聽於神」。聖王先成民而後致力於神」。此言文王之聖，不應先以順神爲本。又於時宗廟有太王、王季，若論宗廟當以「王」統之，不當言「公」。且經傳未有以宗廟之神爲宗公者。』今按：以『宗公』爲大臣，實與下二句文義不合〔四四〕。疏引國語胥臣之言，以爲『順大臣』之證。然旱麓首章傳用國語，疏謂外傳引其本經，遺其興意；三章傳用中庸語，疏又謂禮記引詩斷章，不必如本義：何以知胥臣之引詩，果即本義而非斷章乎？且太王、王季追『王』在後，於文王時祇稱『公』，據文王當是神，言不從後稱，則以爲『公』未爲不可用。禮甸師『用牲於社宗』，杜子春以『宗』爲宗廟，然則『宗公』爲宗廟之先公明矣。

刑於寡妻

傳：『寡妻，適妻也。』考古者諸侯一娶九女，一爲適，餘八爲妾。元妃死，則次妃攝治內事，曰繼配，禮不得稱『夫人』。此專釋『寡妻』爲『適』之義也。蓋『適』與『衆』對稱，『庶』爲『衆』，則『適』爲『寡』矣。傳上言統稱『衆妾則宜百男』，此以『寡妻』對『衆妾』言，故曰『適妻』。趙注孟子云：『寡，少也。』言文王正以帥妻則八妾從此，正與毛義同。鄭箋以『寡』爲『寡有』，則此詩美文能儀刑之，無庸稱爲『寡妻』。後儒多以爲寡德者，詩人述周室之事，亦不必代爲謙詞。二者皆非詩意也。

以御於家邦

傳：『御，迎也。』箋云：『又能爲治於家邦也。』正義訓爲『治』，其義較明。但『御』之爲『治』，毛豈不知？崧高『王命傳御』傳訓『御』爲『治事之官』。而此必訓『御』爲『迓』者，皇矣『以對於天下』傳云：『對，遂也。』以此『遂』爲『進』義。六月『飲御諸友』傳云：『御，進也。』此詩『以御於家邦』與『以對於天下』文同〔四五〕，此訓『御』爲『迓』，獨彼訓爲『遂』。『御』之訓爲『迎』，又訓爲『進』，彼由刑寡妻、化兄弟以進於家邦耳。

『不聞亦式』二句

傳云：『言性與天合也。』正義曰：『言文王之聖德本自生知，無暇學習，不聞人之稱説，亦自合於德；不待臣之諫説，亦自合於道。』『王肅云：不聞道而自合於道，無諫者而自入於道。』此皆足以申傳意。而或者謂上文『不顯亦臨』：不顯，顯也。則此臣之諫諍，不聞，聞也；不諫，諫也；式，用也；入，納言。聞善言則用之，進諫則納之。其義淺也。

古之人無斁

傳云：『古之無厭於有名譽之髦士。』箋云：『古之人，謂聖王明君也。口無擇言，身無擇行，以身化其臣下，故令此士皆有名譽於天下〔四六〕，成其俊乂之美也。』釋文：『無斁，毛云：斁，厭也。鄭作「擇」。髦，俊也。一本此下更有「古之人無斁厭於有譽之俊士」，此王肅語。』正義曰：『「口無擇言，身無擇行。」孝經文也。箋不言字誤，則此經本有作「擇」者，故不破字。』然考正義述毛曰：『古昔之聖王，有德之君王，皆無厭於有名譽之士。』此則孔氏所據毛詩，正陸氏所稱『一本』誤以王肅語爲傳稱者。其云『箋不言字誤』〔四七〕，則此經本有作『擇』者。此特因箋不破字，遂意經有作『擇』之本，非真見有作『擇』者矣。然則經文自當作『斁』矣。

二國

傳曰：『二國，殷夏也。』考召誥曰：『不敢不監於有殷。』而即曰：『維兹二國。』此『殷』『夏』爲二國之明矣。汪氏異義曰：『傳釋「二國」爲殷夏，本召誥之義。言紂之惡與桀同，其政所以不得於民也。』王肅申毛，以『殷夏』指桀紂，而鄭箋則以『二國』爲紂與崇侯。夫崇侯非帝王之胄，國非天子之都，不爲天下安危之所繫，何足與紂並稱『二國』乎？似不若傳説之爲允也。

『政』作不『正』〔四八〕『其政不獲』，釋文：『政，如字，政教也。』王肅引家語云〔四九〕：『紂政失其道。』孫毓云：天觀於二國之政。左傳文四年君子曰：『詩曰：「維彼二國，其政不獲。」』杜注云：『詩大雅。言夏殷之君，政教不得人心。』據此知毛詩作『政』，而鄭箋作『正』。正，長也。或謂箋訓爲長，而云『政』當爲『正』，則鄭所據者誤矣。

四國

傳曰：『四國，四方也。』知夫本無心，非必命周也。四方之國何一非天心之所究度？而箋則以『四國』爲密、阮、徂、共。夫當殷之末世，不助紂者，史記稱八百國；助紂者，孟子言五十國，豈獨密、阮、徂、共乎？如云密、阮、徂、共見於詩，豈天心之所以棄商就周者，於他國一無所惡，而但惡此密、阮、徂、共乎？是當以傳說爲正。

上帝耆之

傳：『耆，惡也。』箋云：『耆，老也。』按：傳意蓋謂夏殷之政不得民心，致使四國懼而合謀所居，於是上帝惡之，惡其爲惡甚大，此所爲西顧而與周宅也。蓋『耆』之爲『惡』，韓詩本有此訓，見周頌釋文。潛夫論斑禄篇引是『上帝指之』，今詩『耆』字疑即『指』之假字。『美服患人指，高明逼神惡。』是『指』有『惡』意，謂上帝指而惡之也。箋訓爲『老』，其説非與？

天立厥配

傳：『配，媲也。』『天既生文王，又爲之生賢妃，謂太姒也。』〔五〇〕正義云：『「妃」字音亦爲「配」。釋詁云〔五一〕：「配，媲也。」』或云『天立厥妃』，是毛讀『配』爲『媲』。『配』爲『妃』，故爲『媲』。按：『妃』正字，毛詩作『配』者，假借字。某氏注爾雅引『天立厥妃』，或本三家詩耳。然『配』之爲『媲』，不必定爲男女配偶也。訓『配』爲『媲』，止當爲『配天』之配。下『作邦作對』傳：『對，配也。』文王有聲『作豐伊匹』，傳云：『匹，配也。』此皆假爲『配』，而其義則皆爲兩相配偶而已。此言天生文王，將立之爲己配，故下文言『受命既固』。箋以『配』爲『妃』，釋爲『太姒』，於上下文義不合，恐非毛旨也。

維此王季，『王季』當『文王』之誤

正義曰：『此言「維此王季」，左傳言「維此文王」，經涉亂離〔五二〕，每有異讀。』後人因此當以作『文王』者爲正。此經，毛無傳。王肅，從毛者也，而注爲『文王』，則毛本作『文王』可知。按：引此作『文王』者，左氏傳。即如中論務本篇云詩陳文王之德，曰『維此文王』，此所據詩本作『文王』，從可決矣。今作『王季』，從箋讀也。樂記鄭注言『文王之德』〔五三〕，猶自不誤。至箋詩始改作『王季』〔五四〕。或古本此詩另有『王季』一章而誤，在此鄭氏乃從其誤矣。

度其鮮原

傳：『小山別大山曰鮮。』説者多據逸周書及竹書紀年以『鮮原』爲地名。考逸周書和寤解云〔五五〕：『王乃出圖商，至於鮮原。』與商地不相涉〔五六〕，似不得以彼證此。此傳釋『鮮』與公劉『陟則在巘』傳同。彼傳云：『巘，小山別於大山也。』是『鮮』『巘』同字。公劉以『陟巘』與『鮮原』對舉，此亦『鮮』與『原』對，非以『鮮原』連稱爲地名也。

不大聲以色

傳：『不大聲見於色。』正義：『此傳質略。孫毓云：不大聲色以加人。』然則『不大聲以色』，謂不大其色以加人。禮記中庸引此句，鄭注云：『我歸有明德者，以其不大聲爲嚴厲之色，以威我也。』此與傳略同。蓋此正所以起下文『伐崇』之舉，乃順天行誅，而非有陵弱暴寡之意也。

不長夏以革

傳：『革，更也。不以長大有所更。』正義曰：『毛言「不以長大有所更」，則以「夏」爲「大」。王肅云：非以幼弱未定，長大有所更改。言幼而天性自然，長幼一也。』如肅所言，則與『上不大聲以色』語意不相配合，似非經旨。按：此乃所以起下文『伐崇』之舉。『不大聲以色』，言不以威嚴相加於人。『不長夏以革』，言文王三分有二，不敢恃此以紛更也。

詢爾仇方

傳：『仇，匹也。』孔疏申之曰：『當詢謀於女匹己之臣，以問其伐人之方。』其説可謂至當矣。至鄭箋用『怨偶曰仇』之訓，謂『仇方』是旁國諸侯爲暴亂大惡者，女當謀征討之，而後儲遂以崇侯譖西伯之事當之。則文王此舉乃爲修怨而動，何足爲聖人哉？殊不知箋之所云，其意謂『仇』如『葛伯仇餉』之『仇』，本非爲以其譖己而爲仇也。恐是後儒附會，誤解鄭箋耳。

臨衝

傳：『臨，臨事也。衝，衝車也。』釋文：臨，『韓詩作「隆」』。或謂『隆衝』言陷陣之車隆然高大也，毛傳以臨、衝爲二物。今按：正義云：『兵車有作臨車、衝車之法，墨子有備衝篇，知「臨」「衝」俱是車也〔五七〕。』此疏申傳以『臨』『衝』爲二，證據甚明。說文：『幢，陷陣車也。』次以『轈』，云：『兵車高如巢，以望敵。』成十六年『楚子使登巢車以望晉軍』。杜注：『轈車，車上爲櫓。』宣十五年傳：『晉使解揚如宋，楚子登諸樓車，車上望櫓。』巢車、樓車，殆即詩之『臨車』，故說文以『轈』次『幢』。陳氏禮書云：『孫武曰：攻城之法，脩其轒轀。』『四輪，蓋衝車之類。』今按：謂『轒』與『櫓』同，亦臨車之類也。後漢光武紀：『衝棚撞城。』章懷注曰：『衝，衝車也。許慎曰：棚，樓車也。』前漢書敘傳：『衝棚閑閑。』以『棚』當詩之『臨』。『衝』爲衝車，『棚』爲樓車。然則毛以『臨衝』爲二車，不可易也。

言言、仡仡

傳：『言言，高大也。』『仡仡，猶言言也。』正義云：『傳惟云「高大」，不說其「高大」之意。王肅云：言其無所壞。傳意或然。若城無所據，而得有訊馘者，美文王以德服崇，不致滅國壞城。於時非無距者，故有訊馘。』箋以『言言』猶『孽孽』，爲將壞貌。釋文於『崇墉仡仡』引韓詩：『仡，摇也。』鄭義蓋本此。疏申之曰：『詩言「衝」，則是用以攻城，故知「言言」「仡仡」皆攻城將壞之貌。』按：僖十九年左傳：司馬子魚曰：『文王聞崇德亂而伐之，軍三旬而城不降。退修教而復伐之，因壘而降。』漢書伏湛傳：『崇國城守〔五八〕，先退後伐，以重人命。』據此，則文王師旅未嘗破壞其城，當以傳義爲勝。

靈臺

傳：『神之精明者稱靈，四方而高曰臺。』箋云：『觀臺而「靈」者，文王化行似神之精明，故以名焉。』按：傳云神之精明稱『靈』，四方而高曰『臺』，猶尚書大傳『神之精神是謂「聖」』也。曰『神』曰『靈』，非鬼神靈異之謂。書盤庚『弔由靈』傳曰：『靈，善也。』正義以爲爾雅釋詁文是爾雅『令，善也』，古本作『靈』，故書多士『丕靈承帝事』、多方『不克靈承於旅』、吕刑『苗民弗用靈』，皆訓『靈』爲『善』。此詩言『靈臺』，以文王德行之善言之。靈臺，即善臺也。説苑修文篇云〔五九〕：『積德爲愛，積愛爲仁，積仁爲靈。靈臺之所以爲靈者，積仁也。』其義與序傳合。然則詩意以靈臺所創造，因其德善而稱之爲『靈』，固非以速成詫其靈異，亦非以觀象而謂之神靈。自箋云：『天子有靈臺，所以觀祲象』，『察災祥』，疏家遂附會文王受命以爲天子之制。其説非與？

靈囿

傳：『囿，所以域養禽獸也。天子百里，諸侯四十里。』正義曰：此解正禮耳〔六〇〕。『其文王之囿，則七十里，故孟子云：「文王之囿方七十里，寡人之囿方四十里。」』『是宣王自爲諸侯而問。』『傳云諸侯四十里，以宣王不舉天子而問及文王之七十里』，『明天子不止七十里，故宜爲百里』。乃釋詩者又據袁宏後漢紀曰：『宣王囿五十里，民以爲大。文王囿百里，民以爲小。』穀梁疏云：毛詩傳『囿』云：『天子百里，諸侯三十里。』據孟子稱『文王之囿七十里，寡人之囿四十里』，故約之爲『天子百里，諸侯三十里』耳。按：楊氏引毛詩傳『諸侯三十里』，『三』即『五』字之譌。古本孟子當作『文王之囿方百里，寡人之囿方五十里』。孔氏言諸侯亦當三十里，不應皆係『五十里』之誤也。毛傳言天子，未嘗明言文王之囿百里，未必據實。楊雄羽獵賦言『文王囿百里，齊宣王囿四十里』，李善注文選但引孟子『七十里』『四十』之文，不言異同。蓋知爲詞賦家約言之詞耳。世説舉樂松之語曰：『齊宣王囿五十里。』乃知非五十里也。史文於『五』下脱一『十』字，蓋五十里近於百里，四十里近於五十里，樂松舉其大綱耳。

辟廱

傳『辟廱』當爲文王遊觀之地，不必以爲大學也。今按：周禮天官『閽人囿游』，鄭注以『囿』爲禦苑，『游』爲離宫。賈疏即引詩『靈囿』爲證。詩疏引鄭駁異義，謂三靈辟廱同處在郊，則『辟廱』似亦爲遊觀之所。然文王有聲言『鎬京辟廱』，即繼之以東西南北『無思不服』，箋云：『武王於鎬京行辟廱之禮。』然則詩言行樂，傳言水旋邱如璧以節觀者，是辟廱在文王時已爲合樂行禮之地，但其時未嘗定爲天子之大學。至武王有天下，周公制禮以後，始立學。要之，三靈自爲遊觀之所，辟廱自爲禮樂之地。同處者，第言其相近。三輔黄圖所載『靈臺』在長安西北四十里，『靈囿』在長安西十二里，『靈沼』在長安西三十里，似非無據也。

下武

按：『下武』之義，傳云：『武，繼也。』箋云：『下，猶後也。後人能繼先祖者，維有周家最大。』此古義也。自後儒立説，乃各不同。蘇傳、吕記訓『武』爲『迹』〔六一〕，言先王既没，其迹在下不絶。然此詩重在後人能繼，不重在先迹不絶。若但云先迹在下，則禹湯既没，亦非無先迹之留遺，何以獨曰有周乎？ 吕記訓『下』爲『繼』，以『武』爲武功。『下』爲之『繼』，古無其訓。『武』爲武功，於經旨不合。全詩本無一言及於武王。華谷、岷隱以『下武』爲不尚武。然考周樂名『武』，頌篇亦名『武』。受命則曰『武功』，伐紂則曰『武成』，未嘗諱言『武』也。且詩頌武王，而首云以武爲下，無是理也。集傳以『下武』未詳，而又别或説謂『下』當作『文』。但文王既列三后之中，武王特著『配京』之語，而首句乃於三后中單稱文王，又兼及武王，文義複亂無次。至何元子以『下』爲堂下武舞，則以大雅而牽合於頌篇，其説尤誤。今以經文『世德』與『嗣服』之言考之，傳箋『後』『繼』之訓誠不易矣。

『應侯』非唐侯

考水經『滍水東逕應城南』注云〔六二〕：『故應鄉也，應侯之國，詩所謂「應侯順德」者也。』『應邵曰：韓詩外傳稱周王與弟戲，以桐葉爲圭，曰：「吾以封汝。」周公曰：「天子無戲言。」王乃應時而封，故曰「應侯」。』御覽引陳留風俗傳曰：『周成王戲其弟桐葉之封，周公曰「天子無戲」，遂封之於唐。克慎其德。其詩曰：「媚兹一人，唐侯順德。」是也。』夫以『應侯』爲唐侯，勢必以『成王』爲周之成王誦。今考詩中『成王之孚』，説者皆謂成我周家王道，則信是『成王』非成王誦也，安見『應侯』之必爲唐侯乎？ 惟傳曰：『應，當也。侯，維也。』箋云：『文王當此順德，謂能成其祖考之功也。』其說爲不可易矣。

昭兹來許

傳訓『許』爲『進』。後漢書注東平王引詩『昭哉來御』，『御』本有『進』義，意作『御』者[六三]，詩之原文與[六四]？或謂廣雅『許，進也』本此詩，則毛詩本作『許』。作『御』者，蓋三家詩。至以『昭兹』爲『昭哉』，其說良是。詩考引漢碑亦作『昭哉來許』。劉昭注續漢書祭祀志引詩亦作『昭哉』。此篇每章首尾疊相承接，與文王篇相近。上章『昭哉嗣服』，此即疊上『昭哉』爲詞。故以作『昭哉』爲允也。

來許，『來』字

『來』字，毛詩無訓。箋云：『來，勤也。武王能明此勤行，進於善道。』釋文云：『來，王申毛如字。』陳氏稽古編曰[六五]：未知王述毛作何解。今考毛訓『許』爲『進』，則『來許』似言後進。孔注論語『先進』『後進』，猶言『前輩』『後輩』。竊意此『來許』猶言『來者』，正指武王。謂昭哉後來之武王，能繩其先祖之武。與上『嗣服』同意，仍是疊上章末句之『嗣』。鄭箋『來，勤』之說，似非申毛意者。

文王有聲詩，文王則先稱『文王』，後稱『王后』； 武王則先稱『皇王』，後稱『武王』

按： 諸儒解此說各不同。王氏則以字說分別。蘇氏則以文王老而稱王，武王即位而稱王。其說皆非。考以『王后』稱文王，言文王之時已有王業也。武王稱『皇王』者，皇，大也，言王業自此始大矣。其辭不同者，詩人歌詠既稱其人如此，又稱其事業如此，以見其美之不足也。不知文王未嘗爲王，而曰『文王』、曰『王后』者，天下稱之之辭，以見其有爲君之道而足以爲吾君也。至武王則王業大矣，故曰『皇王』，而以『武王』終之。李氏曰前『文王』乃追『王』，後爲『王后』特先著其謚。武王則不然。故四章先著其爲『皇王』，而後存其本稱。此二説皆互爲發明也。

豐水東注，維禹之績

按漢地理志、水經注皆言豐水北流入渭，而此云『東注』者，當是蓋關中八川，自涇渭外，其灞、滻、灃、鎬、溱、潏諸水維灃見於禹貢，自是大水，爲豐鎬之通川，故詩人於鎬京而亦祇稱灃水與？ 曰『維禹之績』者，正以禹貢之『灃水攸同』，興鎬之『四方攸同』，以禹績興武王也。

武王豈不仕

傳：『仕，事。』正義曰：『豐水是無情之物，猶以潤澤而生物爲己事，況武王豈不以功業爲事乎？』晏子春秋引『武王豈不事，貽厥孫謀，以燕翼子』。據此，知『仕』之爲『事』明矣。嚴緝以『仕，事者，官使之也』，主樹人爲説，謂武王樹人以詒子孫。今按：此經並無一言敘及樹人，其解『仕』字恐非與？

詒厥孫謀

釋文：『孫，王申毛如字，鄭音遜。』今按：表記引此詩而釋之曰：『數世之仁也。』鄭注曰：『言武王豈不念天下之事乎？如豐水之有芑矣，乃詒其後世之孫以善謀，以燕翼其子也。』此注正讀『孫』如字。至箋詩乃改訓爲『順』耳，恐非毛旨。後漢書班彪傳：『上言曰：「昔成王即位〔六六〕，曠然太平。」』其下引詩云：『「詒厥孫謀，以燕翼子。」言武王之謀遺子孫也。』此尤可爲『孫』讀如字之一證矣。

校記

〔一〕昜　原作『曷』，據下爲引周易文而改。

〔二〕汶汶　同治同文書局本鈕樹玉說文新附考及注疏本釋文均作『汲汲』。

〔三〕國　原無，據荀子富國篇篇名補。

〔四〕勉　原重出，據毛傳刪。

〔五〕箋謂　二字疑互乙。此用毛詩正義意，毛詩正義謂傳箋異義。

〔六〕百　原無，據毛詩後箋補。此處係用後箋語。

〔七〕輕者肆　原作『轉』，據毛詩正義改。

〔八〕霸　原作『西朝』，據下爲引風俗通皇霸篇改。

〔九〕燮伐　原作『變代』，據詩經大明改。

〔一〇〕左傳　當作『鄭箋』，下引爲鄭箋，而非左傳。

〔一一〕自土　原作『皇』，據詩經緜改。

〔一二〕康　原作『口』，據下爲引康對山武功縣誌改。

〔一三〕浴　原作『洛』，據四庫本康對山武功縣誌改。

〔一四〕呼浴爲于于沮聲相近　原作『乎洛爲口沮聲相近』，據康對山武功縣誌改。

〔一五〕本　原無，據毛詩後箋補。此處係用後箋語。

〔一六〕北堂書鈔　原作『鈔北堂書』，據毛詩後箋改。此處係用後箋語。

〔一七〕復者　二字原互乙，據鄭箋改。

〔一八〕注　原作「法」，據毛詩正義改。

〔一九〕「是」原作「見」，「名」原作「各」，據毛詩正義改。

〔二〇〕下一「𦱤」字原作「美」，據毛詩正義改。

〔二一〕𦱤　原作「董」，據下爲引周禮𦱤氏文改。下「𦱤」字同。

〔二二〕箋義以爲疏與傳異　當從毛詩後箋作「箋義自如疏説與傳異」。此處係用後箋語。

〔二三〕物爲契斷　原無，據爾雅郭注補。

〔二四〕「開之」前當有「漢書注」字樣。此句爲漢書注語。

〔二五〕開　原無，據毛詩後箋補。此處係用後箋語。

〔二六〕「捄字」至「異也」數句爲毛詩正義語。

〔二七〕捄　原作「梂」，據詩傳改。

〔二八〕大　原無，據毛傳補。

〔二九〕無　原無，據何楷詩經世本古義補。

〔三〇〕作　原無，據毛詩後箋補。此處係用後箋語。

〔三一〕〔三二〕喙　原作「啄」，據詩傳改。

〔三三〕篇　原作「傳」。按此係賈誼新書篇名，且前引賈誼新書連語篇亦帶「篇」字，因據改。

〔三四〕「積」下原有「之」字，據説文解字删。

〔三五〕亦　原作『於』，據汪龍毛詩異義改。此處係用毛詩異義語。

〔三六〕云　原作『之』，據下引爲毛詩正義改。

〔三七〕舟　原作『朝』，據周禮正義改。

〔三八〕璋　原作『章』，按此處所論係棫樸詩之『追琢其章』，因據改。

〔三九〕國　原作『圖』，據劉昭郡國志注引文改。

〔四〇〕『又』下原有『云』字，據毛詩後箋删。此處係用後箋語。按涔水係水經之篇名。

〔四一〕典　原作『貫』，據周禮典瑞篇名改。

〔四二〕謂　原作『和』，據毛詩正義改。

〔四三〕義　原作『易』，據下爲引毛詩正義改。

〔四四〕不　原作『才』，據毛詩後箋改。此處係用後箋語。

〔四五〕以　原作『與』，據詩經思齊改。

〔四六〕令此士　『令』原作『今』，『士』字原無，據鄭箋改。

〔四七〕誤　原作『設』，據毛詩正義改。

〔四八〕『作』『不』二字疑互乙，此條正文謂箋『政』作『正』乃誤。

〔四九〕引　原作『別』，據正義『王肅引家語』云云改。

〔五〇〕此句引文係鄭箋語，依李氏文例，前當有『箋』字。

〔五一〕詁　原作『詩』，據毛詩正義改。

〔五二〕亂　原作「辭」，據毛詩正義改。
〔五三〕「樂」原作「鼎」，「鄭」原作「正」，據陳奐詩毛氏傳疏改。此處係用詩毛氏傳疏語。
〔五四〕王　原無，據毛詩後箋補。此處係用後箋語。
〔五五〕瘏　原作「瘵」，據下引爲逸周書和瘏解改。
〔五六〕「鮮原與」三字原無，「商」原作「南」，據毛詩後箋及逸周書改。此處係用後箋語。
〔五七〕知　原作「如」，據毛詩正義改。
〔五八〕守　原作「宇」，據漢書改。
〔五九〕苑　原作「文」，據下爲説苑篇名及説苑文改。
〔六〇〕禮　原作「理」，據毛詩正義改。
〔六一〕記　原作「載」，據毛詩後箋改。此處係用後箋語。
〔六二〕湗　原作「注」，據水經注改。
〔六三〕意　原作「易」，據陳啓源毛詩稽古編改。此處係用稽古編語。
〔六四〕原文　原作「厚艾」，據毛詩稽古編改。此處係用稽古編語。
〔六五〕陳　原作「鄭」，據下引爲陳啓源毛詩稽古編改。
〔六六〕王　原作「之」，據後漢書改。

學詩堂經解卷十七

生民之什三之二

厥初生民

傳云：『生民，本后稷也。』疏云：『本其初生此民者誰生之乎？』惟姜嫄『生此民也』。不知『生』謂養育也。聖王所重於民，惟食爲先。而后稷粒養斯民之功爲莫大焉，然非姜嫄生此后稷，萬世安得有此粒食之功？故下文『生民如何』一句統貫六章而言，其始未指懷妊而言也。若以『生』爲生産之『生』，姜似非開天闢地之人，何地『厥初生民』耶？疏傳意未爲當也。

履帝武敏

傳：『履，踐也。帝，高辛之帝也。武，迹。敏，疾也。從於帝而見於天，將事齊敏也。歆，饗。介，大。攸止〔一〕，福禄所止也。』按：爾雅以『敏』字絶句。觀毛傳以『將事齊敏也』結上句，下乃以『歆，饗；介，大』連釋，是句讀與爾雅同。鄭解雖與毛異，然其云：『祀郊禖之時，則有大神之迹，姜嫄履之，足不能滿〔二〕，履其拇指之處〔三〕，心體歆歆然。其左右所止住，如有人道感己也。』則亦以『敏』字絶句，與毛不異。惟王逸注離騷經引詩以『歆』字絶句，禮記祭法疏載王肅難鄭義，亦引詩『履帝武敏歆』，鄭注儀禮喪服引此亦於『歆』字絶句，賈注亦然。意鄭先注禮，未達詩意，後箋詩方改其句讀。至賈注所引，則襲鄭之禮注耳。

載震載夙

傳云：『震，動也。夙，早也。』蓋『震』非僅如左傳『邑姜方震』『后緍方震』之通爲『娠』而已〔四〕。『夙』與『速』同，『早』亦『速』也。姜嫄從帝禖祀而歸，必忽有心動若震撼之事，而祭後遂即有身，故曰『載震載夙』。正義謂『早』者，言其得福之早。又云：『得福乃有身，「早」文應在「震」上。今在下者，謂有身而始得福，故先「震」後「夙」，且以爲韻。』此疏殊覺牽强。或據説文『劈歷震動』之文義，訓『夙』爲『肅』，爲雷所震動肅肅不安，其説尤爲未允云。按：『劈歷』宜作『霹靂』。

『誕』字

考生民詩自次章至七章，凡言『誕』者八，傳皆訓爲『大』，歎美之辭也。次章『誕彌』，大其生之易也。三章三『誕寘』，大其神之驗也。四章『誕實匍匐』，大其幼而岐嶷也。五章『誕后稷之穡』，大其教稼之功也。六章『誕降』，大其得嘉種以祭也。七章『誕我祀』，大其將祭之事也。文義皆明順。而或者以爲發語詞，則不敢信。按：旄邱『何誕之節兮』，今傳云：『誕，闊也。』『闊』與『大』義相成。皇矣『誕先登於岸』傳云：『誕，大。』此詩次章已訓『誕』爲『大』，而三章『誕寘之隘巷』傳又云：『誕，大。』毛傳此獨連章重訓者，蓋以此詩之『誕』皆由詩人大其事而言，與他處爲發語詞者不同。故必用爾雅『誕，大』之訓而重釋以見義，使人知『彌月』『隘巷』事之猥瑣而冠以『誕』者，爲其皆可美大。此古人重訓之精意也。

先生如達

傳：先生，首生也。箋云：『達，羊子也。』『生如達之生，言易也。』按：傳云：『達，生也。』有『達達』之義〔五〕，言姜嫄首生后稷有再生、三生之易。故又足其義曰：姜嫄首生后稷，『先生者』也。釋文引沈重曰：『達，毛如字。』可見毛正作『達』。箋乃讀爲『羍』耳。或又據初學記引説文『羍，七月生羔』，故后稷如羍之七月生。以未滿十月而生，懼其不育，故下『不坼不副，無災無害』以美異之。不知經文『誕彌厥月』傳云：『彌，終。』箋云：『終人道十月。』若七月，安得云『終厥月』乎？且七月生子，未見不育，既恐其難育，更當保護之不暇，何忍再三棄之？況郊禖之禮，行於仲春。經以『載震載夙』系於『履帝武敏歆』之後，明係此後即速有身。若僅七月而生，則是八、九月間何得有『寒冰』乎？至説文『羜，五月生羔』者、『𦍩，六月生羔』者，謂生而五月、六月，非謂孕五月、六月而生也。然則『如達』之『達』必非七月而生之謂也。

不坼不副

傳云：『易也。凡人在母，母則病，生則坼副，菑害其母〔六〕，横逆人道。』虞東學詩云：『人之初生皆裂胎而出，驟失所依，故墮地即啼。惟羊連胞而下，其産獨易〔七〕。』此者，剥去胞，兒方能啼，用以實虞東之説。然使果如所言，則胞胎混沌，且不知何物，而何以下文言『居然生子』乎？但傳『凡人在母』云云，謂人之生自有此種『坼副菑害其母』，非謂盡人皆然也。正義引史記楚世家陸終娶女：『詩云：「不坼不副。」』原詩人之旨，明古之婦人嘗有坼副而産者，故美其無害也。按此説解詩，特言『不坼不副』之意，與正義申毛意同〔八〕。論衡奇怪篇亦云：『不坼不副者，言后稷順生，不感動母體也。』此亦用毛意，無所謂胎胞未破之説也。

禾役穟穟

傳：『役，列也。穟穟，苗好美也。』程氏九穀考曰：『據傳所云，是「列」爲「穰」，「梨」省去「禾」也。梨蓋黍稷，言其莖末多岐如列，故謂之「梨」。今以訓禾苗，所謂散文通也。而孔穎達以「行列」疏之，失其義矣。若以行列，則「穟穟」當是形容行列之整齊。今曰「苗好美」，蓋本爾雅「穟穟，苗也」之釋，則「役」爲苗之名明矣。禹貢「三百里納秸服」，孔氏傳：「秸，藁也。」服役，「爲藁之役」。是詩「禾役」爲苗之一證也。』『説文引詩不曰「禾役」而爲「禾穎」，是禾之成而下垂者』，『故曰「穟穟」亦不指苗而以爲禾采之貌，此與毛氏異者也』，然毛傳得之矣。按：『梨』雖黍穰之專稱，説文云：『秧，禾若秧穰也。』禾既稱『穰』，當亦可稱『梨』。然則『役列』之『列』爲『梨』之假借審矣。而『役』亦當爲『穎』之假借。説文『穟』下『穎』下引詩皆作『禾穎』，此是據三家詩用正字，故與毛詩假役者不同。雖以『穟穟』爲『禾采之貌』，似與毛傳言『苗』有別，然苗之美好以穎爲主，大旨亦可通也。

實方實苞

傳：『方，極畝也。苞，本也。』箋以『方』爲『齊等』，『苞』爲『茂』。按：鄭釋『方』字雖稍異，然『極畝』據地滿，『齊等』據苗均，義相成。且言初生之意一也。吕氏引董氏集注以『方』爲『房』，戴氏詩考正因之，以此『方』當與大田『既方』同。不知嚴緝云『方皁』與『堅好』文連，是未熟時，故以『方』爲『孚甲始生』；此『方』『苞』在種褎前，是苗初生時，故以『方』爲『齊等』。明乎此，則不必以『方』爲『房』矣。戴氏又云：『「實苞」當與詩中凡言「苞」者互考，皆葉生豐緻、根生連錯之謂。今方言猶呼「叢」爲「本」〔九〕，與傳合。』禹貢『草木漸苞』，釋文引馬注云：『相包裹也。』蓋必其本豐茂乃相包裹，是箋訓『苞』爲『茂』，與傳訓『本』義亦相成。疏以申義非也。

實種實褎，『種』字

傳：『種，雜種也。』箋云：『種，生不雜也。』正義云：『説木之肥大而雍腫無用，故以「種」爲「雍腫」，謂苗之肥盛也。』而或者引漢書以爲言，謂一畝三甽，苗生三葉以上，隤壟以附苗根。比成者，壟盡而根深，能用爲種也。又言古多以『種』爲『集』。集種者，集其善種也。按：此經『方苞』至『穎栗』十者皆言禾生長成熟之狀，而人工之善祇於言外見之，不應中間夾以隤土附根之事。且『實種』在『方苞』之後，不應於此始言擇種。此仍當以正義之説爲是。蓋『苞』謂其種之緻密，『種』謂莖之肥充，『發』謂其管之盡發，立言章次井然不嫌相混也。

實穎實栗

傳：『穎，垂穎也。栗，其實栗栗然。』箋云：『栗，成就也。』正義曰：『美其禾之成就，不當言其成穎而已，故云「穎，成穎」。言其穗重而穎垂也〔一〇〕。栗是穀穗成熟之貌，故云「其實栗栗」然。左傳「嘉栗旨酒」服虔云：「穀之初熟爲栗。」是「栗」爲穀熟貌。』今按：『實堅實好』已是言其成熟，不應至此方有成意。傳言『其實栗栗然』者，即本良耜『積之栗栗』語。彼傳云『衆多也』，用爾雅『栗栗衆也』之訓。郭注以爲積聚密緻〔一一〕。戴氏詩考正曰：『此言於「堅好」「垂穎」後者〔一二〕，蓋在穗繁多緻密栗栗然，是爲豐熟。』其説良是也。

即有邰家室

傳：『邰，姜嫄之國也。』箋云：后稷『以此成功，堯改封於邰，就其成國之家室。』正義曰：『此邰爲后稷之母家。其國當自有君。所以得封后稷者，或時君滅絶，或遷之他國。』

羅氏國名紀據列女傳『大王娶有駘氏曰太姜』，以爲后稷封之即在武功，姜姓之部在魯地。毛詩寫官記因之〔一三〕，謂左傳魏、駘、芮、岐、畢，『杜預謂后稷受此五國。駘即部，此在武功者。姜姓之部在魯東鄙地。』『春秋云「莒人伐我，圍台」即此。』『至哀公時，景公子荼遷於駘，則入齊矣。此瑯琊之地。』『古無封國母家之理。』按：陳氏稽古編據周語云『我皇妣太姜之姪，伯陵之後，有逢之所憑』，是太姜乃有逢氏女〔一四〕，非有駘氏女。左傳昭二十年：晏子言有逢伯陵實爽鳩氏之墟，以及太公居之。是太姜之國雖在瑯琊，而非有駘也。是烈女傳之説本不足以難毛。何氏古義并謂烈女傳之『有台』本『有吕』，則更與后稷母家無涉矣。

即有部家室，或引無『即』字，誤

按：吕覽注引詩皆無『即』字。宋本説文亦無『即』字，與九經字樣所引合。今考傳云：『堯見天因部而生后稷，故國后稷於部。』箋云『就其成國之家室』釋其義。傳箋本當皆有『即』字。白虎通京師篇『即有部家室』，彼所據多魯詩，亦有『即』字。高誘注吕覽辨土篇、説文『部』下引詩無『即』字者〔一五〕，豈齊韓之詩與？

秬秠

傳：『秬，黑黍也。秠，一稃二米也。』正義曰：『「李巡曰：『「秬，黑黍」以下皆釋草文。』『李巡曰：「黑黍，一名秬。」郭璞曰：「秬，亦黑黍也，但中米異耳。」』則「秬」是黑黍之大名，「秠」是黑黍之中有二米者，別名之爲「秠」〔一六〕。故經異其文，而爾雅釋之若然〔一七〕。』以秬秠二米，『則秬中之異，故言「如」以明秬有二等也。秬有二等』，則秠米亦可爲酒。『鬯人之注必言二米者，以宗廟之祭惟裸爲重〔一八〕。二米嘉異之物，鬯酒宜當用之，故以「二米」解「鬯」。其實「秬」是大名，故云「釀秬爲酒」。爾雅云：「秠，一稃二米。」文不同者』，鄭志答張逸云秬即去其稃赤皮也。『爾雅重言以曉人。』然則秬中之異，『故鄭引爾雅得以「稃」爲「秠」也』。按：爾雅『秬』不名稃米，『秠』不言黑黍，乃互文見義。李郭所釋不誤也。全用爾雅訓，明是以『秬爲黑黍一稃二米』八字當連讀，謂秬爲黑黍中之一稃二米者耳，是即爲秠。秠即黑黍之皮，以皮而見秬，此疏解爾雅與鄭注，頗善會經旨也。

恆之秬秠，『恆』字

傳：『恆，徧。』釋文云：『恆，本又作「亙」。』正義曰定本作『恆』，集注皆作『亘』字。顏氏家訓書證篇曰：『「彌亙」字從「二間舟」〔一九〕，詩曰：「亙之秠秬〔二〇〕」。是也。今之隸書轉「舟」爲「亘」。」按：此當以作「恆」爲是。六朝本皆作「恆」。「恆」本古文「栖」字。說文：「栖，竟也。」與毛傳訓「恆」爲「徧」義合也。詩一本作「亘」，乃假「恆」爲「亘」，與天保之假「恆」爲「緪」一也。

以歸肇祀

傳：「肇，始也。始歸郊祀也。」箋云：「肇郊之神位也。后稷以天爲已下降四穀之故，則徧種之。成熟則穫而畝計之，抱負以歸，於郊祀天」者，「二王之後也」。董氏譏毛氏「命」之說〔二一〕，而以魯郊爲比，謂成王、伯禽皆非禮，豈堯與稷亦然？不知所謂肇者，創自天子耳。況聖德如堯，可以議禮制度，稷之播穀又功及萬世。錫以異數，非私恩也，何得以常禮律之？董氏譏鄭「二王」之說，以爲后稷於舜不得爲王後。夫舜繼堯之統，堯之子孫在舜時猶周之杞宋耳，詎非二王後耶？而或者以傳言「肇祀」爲「始歸郊祀」，其說自不可易，而鄭破「肇」爲「兆」，不知依字作「始」，未爲得之。鄭以爲二王之後，則本得事天，不當言始祀，是不得不破「肇」爲「兆」耳。要之其義各有當也。

或舂或揄

毛傳云：『揄，抒臼也。』說文引作『舀』。然則『揄』者，『舀』之假借與？抒，挹也。既舂之，乃於舀中挹出之。今人凡挹彼注此皆曰『舀』。周禮『女舂抌二人』，鄭曰：『抌，抒臼也。』引詩『或舂或抌』。董氏引韓詩作『抌』。鄭先通韓詩，故讀從之。又字通作『挑』，儀禮有司徹篇『二手執挑』是也。注云：『挑，讀如「或舂或抌」之「抌」。』是也。

或簸或蹂

傳：『或簸糠者，或蹂黍者。』箋云：『簸之又潤溼之，將復舂之，趣於鑿也。』正義曰集注等皆爲『蹂黍』，定本爲『蹂米』。按：『黍』當作『米』，『潤』當作『撋』。『溼潤』則『煩撋』之譌。葛覃傳：『汙，煩也。』箋云：『煩，煩撋之用功深〔一三〕。』煩撋，以手重擦也。謂於『蹂』字從足、柔，聲義相近。若云潤溼，則米已著水，豈能再舂？蓋箋以『撋』釋經『蹂』字，正申傳『蹂米』之義。『復舂趣鑿』，亦補足『蹂』訓也。下文乃言洮米之事耳。

載謀載惟

傳：『嘗之日莅，卜來歲之芟。獮之日涖，卜來歲之戒。社之日莅，卜來歲之稼。所以興來而繼往也〔二四〕。穀熟而謀，陳祭而卜矣。』箋云：『惟，思也。』『后稷既爲郊祀之酒及其米，以諏謀其日，思念其禮。』按：傳引周禮肆師三語，即繼之曰：『所以興來而繼往也。』蓋以預含『以興嗣歲』之義。又繼之曰：『穀熟而謀，陳祭而卜矣。』此足『莅卜』之意，非『載謀載惟』正解，然『謀』『惟』意即在其中。言當穀熟時，已謀度祭祀。按：禮：感於秋而思報也。及陳祭時，又預卜來歲之善否，因祭而祈天也。后稷之功莫大於播穀，后稷之祭莫重於祈穀。故此章雖言祀事，而終之以興歲經文。可見謀惟祀事，正惟興歲而然。傳預含從末句義見於此，所以釋『謀』『惟』本意，不專分析二字二訓也。若分析『謀』『惟』字訓，箋語自當耳。

取羝以軷

傳：『羝，牡羊也。軷，道祭也。』箋云：『取羝羊之體以祭神。』按：郊之位在國外，須祭軷而行。蕭羝燔烈，皆爲軷祭也。自此而往郊，祈穀於上帝，以興嗣歲，正言往郊之意也。後儒以后稷諸侯，不得郊祀，謂『羝』爲祭軷，引用禮太僕『犯軷』之文以爲證。但祭軷自爲行遠，與祈年絕不相蒙，章末『興嗣』句不已贅乎？況軷之所祭即七祀中行神，乃祭之小者，詩主美大后稷肇祀之禮，不應舉祀之小者與祭天大祀並稱，是爲不類。

以興嗣歲

傳：『興來歲，繼往歲也。』箋云：『嗣歲，今新歲也。以先歲之物齊敬犯軷而祀天者，將求新歲之豐年也。孟春之月令曰〔二五〕：乃擇元日，祈穀於上帝。』正義申傳曰：『來歲者，據今祭時以未至爲「來」，已過爲「往」耳，非要別年也。何則？堯命后稷郊天，未知定用何月，要在歲首爲之，所言「來歲」正謂此年之秋耳。』按：上章『以歸肇祀』即承四穀俱獲之後，此章傳引肆師者〔二六〕，以言『來歲』皆歸於今年之秋，莅卜來年之事。則經曰『興歲』，傳曰『來歲』者，正當指明年而言。蓋祈年不必在歲首。月令孟冬即有祈年於天宗事。古人穀熟而祭，遂更祈來歲之豐，理亦宜之。箋據祈穀之郊在正月，故以『嗣歲』爲今歲。正月祈穀自是周禮，或未可以概后稷之時。正義因之，遂謂傳言『來歲』亦謂本年之秋，實與經文、傳旨不合耳。

行葦非公劉之詩

漢儒說詩，皆以行葦爲公劉之詩。班叔皮北征賦曰：『慕公劉之遺德，及行葦之不傷。』寇榮曰：『公劉敦行葦，世稱其仁。』王符曰：『詩云：「敦彼行葦，牛羊勿踐履。方苞方體，惟葉泥泥。」公劉厚德，思及草木，牛羊諸畜且猶感德。』蜀志彭羕傳：『體公劉之德，行勿翦之惠。』『翦』與『踐』通。蓋漢書尚多，必有公劉愛行葦之事，故三家或據以説詩。夫行葦以下四篇次生民之後、公劉之前，而鳧繹、既醉並言『公尸』，『公尸』者，先公之尸也。生民美后稷，此爲公劉，蓋亦近之。然求之經文，並無專屬公劉之意，故序但言『周家忠厚』。傳既以『曾孫』爲成王曾孫者，統承先世之詞〔二七〕，不必以『行葦勿踐』專指公劉。可見鄭箋三言『周之先王』，亦即序追溯周家之説，亦未嘗以爲公劉之詩矣。

行葦射禮

按：毛鄭二家未嘗明言何射〔二八〕。毛引『矍相』之射爲證，彼爲鄉射之禮，非天子所行。而射義云：天子諸侯射，必先行燕禮；卿大夫之射，必先行鄉飲酒禮。是燕射與鄉射相同，故王肅述毛以爲養老燕射〔二九〕。鄭箋以下章言養老之事，則知爲養老而射以擇士。禮稱將祭而射謂之大射。祀明堂以教孝，食更老以教弟，其事相類，故孔疏引鄭以爲大射。又難王説，謂燕射於旅酬後行之，不當設文於『曾孫爲主』句之上〔三〇〕。後儒蘇傳從鄭。吕記則從王，謂『儀禮燕射如鄉射之禮，射雖畢而飲未終，舉觶無算爵，獻酢尚多，酌大斗、祈黄耇於既射之後，豈不可乎？』今考燕射固行於旅酢之後〔三一〕，然經於行葦並無旅酬明文，而上章『或獻或酢』，則燕禮大意也。獨毛不稱燕禮之射者，以燕禮不定行射，而儀禮云若射則如鄉射之禮，故引『矍相』之射，於『序賓』事尤切。是毛意已明此爲燕射矣。王肅之說，未爲無本，但他燕別無養老之事，此兼言養老，自以族燕之故也。

維葉泥泥

傳：『葉初生泥泥。』釋文引張揖作『苨苨』，云：『草盛也。』今按：廣雅亦作『苨』，訓爲『盛』，或出三家詩。箋云：『物方盛茂』，亦似以『泥泥』爲盛貌。按：經文『方苞方體』即『方長不折』之『方』，似皆指初生言，不得訓爲『盛』，故傳以『泥泥』爲『初生』。考說文：『乙，象春草木拳曲而出，陰氣尚强，其抽乙乙也。』鄭注月令：『乙之爲軋也〔三二〕。』『乙』『軋』音皆與『泥』近。泥泥，猶乙乙，初生難出之貌。至嚴緝據蓼蕭『零露泥泥』以爲『潤澤之貌』，則又望文生義矣。

授几有緝御

傳：『緝御，踧踖之容也。』按：說文：『緝，續也。』『御，使馬也。從彳、從卸。』徐氏楷曰：『卸，解車馬也。』『彳，行也。』或行或卸，皆御者之職也。傳蓋以緝者狀人之歛飭，御者狀人之趨承，故以爲『踧踖之容』也。夫傳以『緝御』爲『踧踖』者，『緝』與『輯』『戢』皆通，『輯』『戢』皆有『歛』訓，『御』與『圉』通。爾雅釋言：『圉，禁也。』是『緝御』者，歛飾物謹之意。當時必有此疊字形容之語，故傳以爲『踧踖之容』也。

敦弓

傳：『敦弓，畫弓也。天子雕弓。』釋文：『敦音雕。』『徐又都回反。』正義曰：『此述天子擇士，宜是天子之弓。』『公羊傳何休注云：「天子雕弓。」』荀卿亦云：『天子雕弓。』考經傳云『雕』有謂刻鏤者，如『玉謂之雕，金謂之鏤』，禮記云『玉豆雕篹』，是也；有謂繪畫者[三三]，如此雕弓，是也。

攝以威儀

傳：『言相攝佐者以威儀也。』正義曰：『攝者，收歛之。謂各自收歛，以相助佐爲威儀之事。』或謂正義分『攝』與『佐』爲二事，『攝』即『佐』也。襄三十一年左傳引此詩，杜注曰[三四]：『攝，佐也。』是其證矣。白帖三十四引詩：『朋友攸攝，攝以威儀。』攝，助也。與毛詩義同而文異，蓋本於韓詩與？今按：禮記緇衣引詩：『朋友攸攝，攝以威儀。』

注云：『言朋友以禮義相攝。』正據此。則『相攝』者，祇謂朋友能相佐助，本無所謂朋友自歛之意也。

永錫爾類，『類』字

毛傳云：『類，善也。』箋改傳以爲『族類』，言『長以與女之族類』，謂廣之以教道天下也。春秋傳曰：潁考叔，爲善孝也，『施於莊公』。今考箋釋此章主羣臣言，故引左傳爲證。但下章『其類維何』正承此章『錫類』，毛以爲『善』，於義悉當。傳以『類』爲『善』，大旨謂孝之道當有善，應已兼下『福祚胤嗣』在内。若從箋説，以此章皆言羣臣，無一語及王，下章乃由羣臣以孝行推及天下而使君子萬年、永錫祚胤，於經義恐有未合也。

景命有僕，『僕』字

傳：『僕，附也。』正義曰：『以僕御必附近於人，故以僕爲附。』按：説文『僕』從業，『業』從丵。『丵，叢生草也。』迫附也。釋文：『樸，又作「僕」。』此從聲得訓之例。疏以『僕御』爲説，失之矣。

鳬鷖公尸

漢、唐、宋諸儒皆謂祭之明日繹而賓尸之樂。毛以爲燕宗廟之尸。鄭又以首章之『在涇』喻燕祭宗廟之尸，二章之『在沙』喻燕祭四方萬物之尸，三章之『在渚』喻燕祭天地之尸，四章之『在潨』喻燕祭山川之尸，五章之『在亹』喻燕祭七祀之尸。今按：詩言『在涇』『在沙』，謂公尸和樂，如水鳥在水中及水旁，得其所耳。『在渚』『在潨』『在亹』，喻燕七祀之尸。且此詩與既醉皆言公尸，上篇云『孝子不匱』，明爲宗廟之尸，自不應有異。鄭氏曲爲分別，非與？故朱子不從鄭而從毛也。

亹

傳：『亹，山絶水也。』箋云：『亹之爲言門也。』正義曰：『謂山當水路，今水勢絶也。』按：傳言『山絶水』者，如『絶流曰亂』之『絶』，謂山横水中，水流其罅，故箋云：『亹』之言『門』，非斷絶水勢之謂。漢書地理志『金城郡浩亹』顔注云：亹者，水流夾隙義〔三五〕。故山絶水中，水流其隙曰『亹』。讀如『門』者，即『虋』讀若『穈』之比。吴都賦『法流亹亹』，與『軌』『砥』『水』韻。李注引韓詩曰：『亹，水流進貌。』説者以爲即『鳬鷖在亹』之章句〔三六〕。薛君讀『亹』如『娓』，亦『亹』轉爲『徽』之例。其曰『流進貌』，亦當謂水流自山間進也。

公尸來止熏熏，『來止』當作『來燕』

傳：『熏熏，和說也。』箋云：『燕七祀之尸於門户之外。』『其來也不敢當王之燕禮，故變言「來止熏熏」，坐不安貌。』按：說文：『熏，醉也。詩曰：「公尸來燕醺醺。」』據此知許所據毛詩本『公尸來燕』。蓋上四章皆言『來燕』，無緣此忽變之。若謂不敢當燕禮，變言『來止』，則三章『來燕來處』，『處』即『止』也，此章下文又引『公尸燕飲』，何不云不敢當燕乎？知許所據毛本爲得之。

假樂君子

傳：『假，嘉也。』或曰此及維天子之命傳、雝傳皆是以『假』爲『嘉』之假借。按：襄二十年左傳〔三七〕：『晉侯賦嘉樂。』『假』作『嘉』。禮記中庸引詩：『嘉樂君子，憲憲令德。』『顯顯』作『憲憲』爲齊、魯、韓詩，本不同。然則毛傳作『假』，左傳、禮記作『嘉』，亦由毛用借字、三家用正字也。

公劉遷豳

按：毛傳：『公劉居於邰，而遭夏亂』，迫逐，『乃避中國之難，遂平西戎而遷其民於邠焉』。白虎通義京師篇云：『后稷封於邰，公劉去邰之邠。詩云：「即有邰家室。」又曰：「篤公劉，於邠斯館。」周家五遷，其意一也。』此當本三家詩，其說正與毛同。第其遷也，不過改邑於邠，以安其民，未必遂棄邰不有。以經文證之，『乃積乃倉』尚在邰地，即末章『涉渭爲亂』亦必仍有邰地，乃能渡渭而南耳。或疑邰在今武功縣，邠在今邠州，相去僅百餘里，似不必裹糧陳兵，如此舉動。不知今之圖經亦祇能約略所在，當時地曠民稀，安見后稷所封之邰與公劉所邑之邠相去不稍遠於今地？況遷國徙民，又值亂世，陳兵裹糧乃事之宜。此皆不足致難者也。

爰方啓行

傳言：『以方開道路，去之邠。』箋云：『爲女方開道而行〔三八〕。』說者謂時遭追逐，道路必有阻難，故整其師旅，設其兵器，以方開之也。齊語管仲曰：『君得此士也三萬人，以方行天下。』二『方』字，字法相同。今按：毛義當是訓『方』爲『並』。莊子山木篇『方舟而濟於河』，釋文引馬注：『方，並也。』『爰方啓行』，於是並起，開道路而行也。趙注孟子云：

『又以武備之四方啓道路。』以『方』爲『四方』，則與毛異義矣。

既順乃宣，『宣』字

傳：『宣，徧也。』箋云：『既順其事矣，又乃使之時耕。』正義曰：『「宣，徧」，釋言文[三九]。』『既順』『乃宣』之下『順』謂順事，『則「宣」爲徧耕意，亦與鄭同。王肅云：「徧」謂盧井，毛意未必然也。』今按：緜詩『乃宣』與『乃畝』連文，故可以爲『時耕』；此『乃宣』在『既順』之下，『順』似謂民之和順。傳訓『宣』爲『徧』者，『徧』當是『均遍』之意。謂既順其情，又均徧不頗，蓋民皆樂從，無不適攸居者。上承『庶繁』之文，下起『無歎』之語。箋以『順』爲『順事』，『宣』爲『時耕』，此時方陟降相原[四〇]，恐未暇爲此事也。

于時盧旅

傳：『盧，寄也。』按：『盧旅』者，治田舍以居大衆，使之相保相愛。左傳曰：『盧井有五。』是其義。説文：『盧，寄也。秋冬春夏。』正本毛説。而中補傳義，足見許氏之精核。宣十五年公羊傳注：『在田曰盧，在邑曰里，春夏出居田野，秋冬入保城郭。』漢食貨志：『在野曰盧，在邑曰里。春令民畢出在野，冬則畢入。』在野之衆曰『盧旅』，猶在邑之衆曰

『里旅』。傳釋『廬』爲『寄』者，言野處不比邠風之『室處』也。又周頌載芟『侯主侯伯，侯亞侯旅』傳：『主，長也。伯，長子也。亞，仲、叔也。旅，子弟也。』正義云：『「旅」訓「衆」也，訓幼者之衆，即季弟及伯、仲、叔之諸子〔四一〕，故云「旅，子弟也」。』此正與『廬旅』之『旅』同。蓋主、伯、仲、叔爲家之長，晝則在田，夜則入邑，其居田寄廬爲衆子弟，故曰『廬旅』也。

乃造其曹

傳：『曹，羣也。』箋云：『羣臣乃適其牧羣，轉豕於牢中，以爲飲酒之殽。』按：一切經音義引詩云：『「乃告其曹」，傳云：「曹，羣也。」』據此知毛詩『造』字恐係『告』字之誤。告其曹，謂有司告其屬，使轉豕於牢中。傳以『曹』爲『羣』者，謂『曹』爲『曹輩』，則『羣』不當爲『牧羣』之『羣』矣。

君宗

傳：『爲之君，爲之大宗也。』箋云：『宗，尊也。公劉雖去邰國來遷〔四二〕，羣從而君之尊之，猶在邰也。』正義曰：『傳以「君之宗之」其意爲一。板傳云〔四三〕：「王者，天下之大宗。」然則，諸侯爲一國之所尊，故云爲「大宗」也。』按：自來説經者皆謂諸侯以母弟爲別子，繼別爲大宗。大宗一，小宗四。國君不統宗，故孫炎以箋説爲長。然板詩云『大宗維翰』，傳既云『王者，天下之大宗』，其下文『宗子維城』箋又云〔四四〕：『宗子，謂王之適子。』夫王之適子爲宗子，則大宗非王而何？故知天子諸侯皆得爲大宗。蓋自爲天地、宗廟、社稷、臣民之宗主，而非五宗之所得而同。傳義亦當以『宗』爲尊，與箋不異。但傳以『宗』爲公劉之於羣臣，箋以爲羣臣之愛公劉，此爲異耳。

其軍三單

傳：『三單，相襲也。』箋云：『大國之制三軍，以其餘卒爲羡。今公劉遷於邠，民始從之，丁夫適滿三千之數。』此文方説在道去夏入戎，則有戎地無寇。至邠之日也，無所用兵，三軍相襲，復何禦哉？按：此則王肅之説，固未必得毛意。但如疏述箋又云：以周禮言之，法無是也。竊意傳以『單』爲對『複』之名。單者，一也，獨也。三單者，即周禮『凡起徒役，無過家一人』之謂。蓋止用正卒爲軍，不及其羡，故曰『單』。三軍，故曰『三單』。傳又云『相襲』者，『相襲』猶云『相代』。則三軍之中尚有更休疊息之法，其不盡民力如此，此公劉之所以爲厚也。且雖爲制軍之數，古者寓兵於農，制軍所以爲受田計，故上承相陰陽觀流泉，而下『度其隰原，徹田爲糧』相次〔四五〕，並非在道禦寇之謂也。即箋云丁夫滿三千之數，謂依此數而每夫各授百畝以制田也。

皇澗、過澗

傳：『皇，澗名也。過，澗名也。』或曰傍渭澗名甚多，有『神澗』『夾澗』『長澗』『歷澗』諸名。酈氏謂渭水東，右合南山五溪，夾澗流注之，恐便是夾其皇澗歷過也。按：此説近於附會，殊不足信。惟寰宇記大陵水下引水經注涇水注云：『大陵水、小陵水出巡和南、殊川西南，故邠詩：「夾其皇澗。」陵水即皇澗也。』酈氏此必有所據，且邠地近涇，與渭稍遠。皇過二澗亦當近涇，不得以爲渭旁諸澗也。

芮鞫之即

傳：『芮，水厓也。鞫，究也。』箋云：『「芮」之言「内」也。水之内曰隩，水之外曰鞫。』正義曰：『此以水内爲「汭」，則是厓名，非水名也。周官職方氏「雍州其川，涇汭」注云：「汭在邠地。詩大雅公劉曰『芮鞫之即』。」以此「芮」爲水名者，蓋注禮之時未詳詩義故也。』按：漢志右扶風汧縣『芮水出西北，東入涇。詩芮，雍州川也。』顔注引韓詩作『𦐇』，是班志據韓詩。鄭注禮記亦用韓詩，至箋詩乃從毛義耳。正義引爾雅：『厓内爲隩，外爲鞫。』孫炎曰：『内，曲裏。外，曲表也。』蓋上文『夾其皇澗，溯其過澗』，正義曰：民居以南門爲正，皇澗縱，在兩旁而夾之；過澗横，故在北面嚮之。此則來者愈衆，幷水曲内外而皆居之。詩『芮』字爲『汭』字假借。説文：『汭，水相入也。』水經河水注引馬注尚書：『水所入曰汭。』禹貢疏引鄭注云：『汭，入也。』是凡出相入之處皆曰『汭』，其會合襟帶必有限曲。内曲即汭，外曲即鞫。故傳以『芮』爲水厓，『鞫』爲『究』，不必定指涇汭二水相合處也。

可以餴饎，『餴』字

傳：『餴，餾也。』正義曰：『釋言云：「餴、餾，稔也。」孫炎曰：「蒸之曰饋，勺之曰餾。」郭璞曰：「今呼佽食飯爲饋。饋均熟爲餾。」説文曰：「饋，一蒸米也。」「餾，飯氣流也。」然則蒸米謂之饋，饋必餾而熟之，故言「饋餾」。非訓「饋」爲「餾」。』今按：釋文引字書：『餴，一蒸米也。』正義以爲説文，恐誤。考説文：『餴，滫飯也。』夫以餴爲滫飯者，即今人蒸飯熟時，以水淋之，謂之『撥餴』，此俗語之近古者。傳『餴，餾』當作『餴，餴餾也』。説文：『餾，飯氣流也。』即謂撥饋之時，飯氣流布耳。是餴、餾本一事，故爾雅並以『稔』釋之。毛以爲『餴餾』連言，亦謂行潦之水可以沃飯，使熟而爲酒食，非訓『餴』爲『餾』，是也。

可以濯溉

傳：『溉，清也。』或謂『溉』當爲『概』。鄭注：『概，尊以朱帶者。』是『罍』與『概』皆尊名。故二章言『濯罍』，三章言『濯概』也。今按：二章傳云：『罍，祭器。』是罍爲器之貴者。此章訓『溉』爲『清』，是泛言器之概者，一則見行潦微物薄而用重，一則見其物微而用廣。似不必以『概』與『罍』相配爲類也。

卷阿詩十言『君子』

『君子』，箋疏皆言『大臣』，即序所謂『賢』也。朱子辨説同一『豈弟君子』。洞酌目成王，不應此篇遽爲賢人。今按：詩中『爾』字皆指王。若『豈弟君子』亦指王，則『俾爾彌爾性』之『俾』孰爲使之？天保三言『俾爾』皆謂臣使之，然則此自當謂賢人，能使王彌其性矣。毛傳於詩中『君子』雖未明所指，然觀首章『以矢其音』傳云：『矢，陳也。』末章『矢詩不多，維以遂歌』，傳云：『明王使公卿獻詩，以陳其志，遂爲工師之歌焉。』是經文首尾兩『矢』，本相應。傳以來歌矢音之『君子』即獻詩之公卿矣。且『君子之車』傳云：『上能錫以車馬。』錫以者，謂錫君子以車馬也。毛義本自顯。然鄭箋指『君子』爲賢人，所以申毛也。朱子謂洞酌之『豈弟君子』既指成王，此不當指爲所求之賢人。不知洞酌乃設言有道者爲民父母，彼亦陳戒之詞，並非以『豈弟君子』爲成王者。亦集傳之自爲説耳，豈可以彼爲此乎？

俾爾彌爾性

傳：『彌，終也。』箋云：『樂易之君子，今來在位，乃使女終女之性命，無困病之憂。』按：周公作無逸，以殷之三宗及文王享國歷年之永爲箴，箋釋『彌性』似用此義。但與四章『爾受命長矣』意相複，故呂記載董氏説及李氏集解、逸齋補傳皆主德性言。是傳言『彌，終』，終者，盡也。彌爾性者，盡爾性也。則謂詩所言『性』即孔孟所言之『性』可也。

『似先公酋矣』句無『爾』字

傳：『似，嗣也。酋，終也。』夫訓『酋』爲『終』，『終』猶『久』也。説文：『酋，酒也。』引禮『有大酋』。蓋繹酒者，昔酒也。周禮注：『昔酒，今之酋久白酒，所謂舊醳者也。』月令注云：『酒熟曰酋。』方言亦云：『酋，熟也。久熟曰酋。』『似先公酋』者，謂嗣先公而久道化成也。郭注爾雅引此詩『嗣先公酋矣』，『似』作『嗣』者，此注家以訓詁字代經文耳。詩多『爾』字，或出三家詩。今按：毛詩無『爾』字，箋云：『嗣先君之功而終成之。』此無『爾』

字之證。記經文皆以五字爲句。三家詳略互見，不當有『爾』字也。

純嘏

傳：『嘏，大也。』箋云：『純，大也。予福曰嘏。使女大受神之福，以爲常。』按：賓之初筵及此傳皆訓『嘏』爲『大』。鄭箋於詩中『嘏』皆爲『受福』，似與毛異，其實又相成也。蓋『嘏』之本訓爲『大』，郊特牲曰：『嘏，長也，大也。』方言：『嘏，大也。宋、衛、陳、魯之間謂之嘏。』『秦晉之間凡物狀大，謂之嘏。』説文：嘏，大巨。因祭祀受福曰嘏，而大義遂專屬於福以錫人。爾雅注例云〔四六〕：當云：嘏，福之大也。毛公深明故訓，但云『大』而『福』義自著。康成生於後漢，釋經之法稍變，故必以予福申明之。少牢饋食『以嘏於主人』注云：『嘏，大也。予主人以大福。』此可見『嘏』衹有『大』訓，引申之爲『大福』耳。

汔可小康，『汔』字

傳：『汔，危也。』箋曰：『汔，幾也。』『今周民罷勞矣。王何以小安之乎？』正義曰：『傳以「汔」爲「危」，實無正訓。又小康者，安此勞民。直以勞民須安，不當更云「危」也。釋詁云：「譏，汔也。」孫炎曰：「汔，近也。」』『反覆相訓，是「汔」得爲「幾」也。』案爾雅釋言：

『唏、幾、栽、殆，危也。』『譏，汔也。』『幾』『譏』『危』『汔』轉互相通。毛『危』鄭『几』同歸近義，初非有異也。

詭隨

毛傳云：『詭隨，詭人之善，隨人之惡。』觀箋云『詭人之善不肯行』，則『詭』自是違戾之意。或疑『詭隨』疊韻字，不當分訓。按：詭戾、隨從事雖相反，而詭善、隨惡義實相因。故雖分訓，不害疊韻爲文。若漢書注以『詭隨』爲詭詐委隨之人，則字别爲義，似非本訓。蘇傳以爲不顧是非而妄隨人，則更失之矣。

柔遠能邇

傳：『柔，安也。』箋云：『能，猶「伽」也〔四七〕。』『安遠方之國，順伽其近者。』釋文：『能，徐云毛如字，鄭奴代反。』據徐云，『能』與『耐』通，『伽』當訓『忍』訓『任』。徐邈，晉人，去鄭未遠，宜得『伽』字之解矣。但毛傳『能』字無訓，考尚書孔傳云：『言安遠乃能安近。』疏引王肅云：『能安遠，先能安近。』二説相反，而釋『能』則同。徐云毛如字，或即此義。至毛不釋『能』字，自以經文四字爲互文見義，於『遠』言『柔』不言『能』，實則遠邇皆能柔之耳。

一説『能』當讀爲『而』，漢督郵班碑作『柔遠而邇』。『而』『如』字通。此篇毛義或亦讀『能』爲『如』，言安遠固如其近者也。

繾綣

傳：『繾綣，反覆也。』釋文云：『繾綣，上音遣，下起阮反，字或作「卷」。』正義曰：『昭十五年左傳：「繾綣從公，無通内外。」則繾綣者，牢固相著之意，非善惡之辭。但施於善則善，施於惡則惡耳。此云「以謹繾綣」，是人情反復爲惡，固著不捨，當爲惡繾綣也。』按：『繾綣』，字當作『遣卷』。説文：『繾，縱也。』『卷，厀曲也。』是『遣』有『申』義，『卷』有『屈』義，屈申即反覆之意。故『遣卷』雖疊韻，亦分二義，而其義實相因，如『詭隨』之分善惡也。

憲憲、泄泄

傳云：『憲憲，猶欣欣也。』考古音『欣』與『軒』同，古『憲』字有『軒』音。鄭注樂記云：『憲，讀爲「軒」。』注内則云：『軒，讀爲「憲」。』二字反復相訓。傳又云：『泄泄，猶沓沓也。』按：孟子釋詩『泄泄』爲『沓沓』，而毛傳取之。説文：『沓，語多沓沓也。』夫傳所言，皆以經語釋古語之例。凡古今語言相變，有從聲轉者，古言『憲憲』，後言『欣欣』是也；有以義通者，古言『泄泄』，後言『沓沓』是也。

灌灌、蹻蹻

傳云：『灌灌，猶款款也。』按：灌，當爲『懽』之假借。説文：『懽，喜款。』『款，意有所欲也。』毛以『懽』『款』疊韻爲訓，蓋懽不止爲喜者之款款，即憂者出於至誠，亦與喜樂同其款款。故説文又引爾雅：『懽懽、愮愮，憂無告也。』喜款者，『懽』之本義。憂無告者，其引申之義。爾雅作『懽懽』，詩之正字也。毛詩作『灌灌』者，其借字也。尚書大傳注又引作『嚾嚾』，亦借字也。『蹻蹻』，傳云：『驕貌。』説文：『蹻，舉足行高也。』引詩『小子蹻蹻』。毛詩云『驕貌』者，即舉足行高之義也。列女傳作『矯矯』，鄭注大傳引作『蟜』，皆借字耳。

夸毗

傳云：『夸毗，體柔人也。』正義曰：『以形體順從於人，故曰以體柔人。』考爾雅：『籧篨，口柔也。戚施，面柔也。夸毗，體柔也。』三者足盡小人狐媚之態，而皆見於詩。周書『巧言』『令色』『便嬖』，語異而義同。『巧言』即『口柔』，『令色』即『面柔』，『便嬖』即『體柔』。論語亦云：『巧言令色，足恭。』注云：『足恭〔四八〕，便辟貌。』孔氏釋『夸毗』云：『便辟，其足前郤爲恭。』則『足恭』也，『便辟』也，『夸毗』也，三名而一實也。又，『夸毗』疑『侉憊』二字之借。説文：『侉，憊詞也。』『憊，㦘也。』憊，今字作『憊』〔四九〕，謂疲極也。孟子曰：『脅肩諂笑，病於夏畦。』其夸毗之謂乎？是『夸毗』但爲體柔之一義，故玉篇、廣韻作『骻骴』，字皆從身。而蘇傳以『大言』『諛言』分爲二義釋之，非與？

如壎如篪，如圭如璋

傳：『如壎如篪，言相和也。如圭如璋，言相合也。』按：樂器相和者多，何以獨言壎篪？按：古今樂律諸書，知七音各自爲五聲〔五〇〕，如宮磬鳴而徵磬和，獨壎篪則二器共爲一音。壎爲宮而篪之徵和；壎爲角，而篪之羽和，故云『相和』也。半圭爲璋，合二章則成圭，故言『相合』也。

民之多辟，無自立辟

傳：『辟，法也。』箋云：『民之行爲多邪僻者，乃女君臣之過，無自謂所建爲法也。』考後漢書張衡傳、家語子路初見篇、玉篇一部、一切經音義九、文選注，皆引作『多僻』。傳『辟，法也』之上不言『辟，僻也』，蓋漢時詩本上作『僻』、下作『辟』，故箋云云。各書徵引皆上作

『僻』，自唐石經二字皆作『辟』，而後儒幷下『僻』字亦釋爲『邪僻』，非經之本旨也。

价人

傳：『价，善也。』箋云：『价，甲也。被甲之人，謂卿士掌軍事者。』疏申箋，謂『於周禮爲司馬之卿。稽之經典，無以「甲人」稱卿大夫士者。惟月令車右名「保介」，以其時衣甲居右，用備非常，因以「保介」言之。其在周禮則曰「司右」，曰「勇力之士」，不謂之「甲人」也。司馬掌軍，不常被甲，以「甲人」目之，恐非經旨』。『价，善』，釋詁文。是爾雅字本作『价』，爲傳義所本。説文：『价，善也。從人，介聲。詩曰：「价人維藩。」』與爾雅、毛傳合。漢書諸侯王表引詩作『介人』，此或據三家詩，故箋本之，釋『介』爲『甲』耳。

宗子

箋云：『宗子，謂王之適子。』或引左傳晉士蔿引此詩云：『君其修德，而固宗子，何城如之？』『宗子』暗指申生，正適子之謂，鄭説有本矣。按：上文『大宗維翰』傳云：『王者天下之大宗。』箋云：『大宗，王之同姓世適子。』夫王之適子爲『宗子』，而同姓世適反稱『大宗』，名實乖矣。故即『宗子』之稱，可證傳以『大宗』爲王者，其説確矣。

敬天之渝，無敢馳驅

箋云：『渝，變也。』漢書楊秉傳：『敬天之怒，不敢馳驅。』顔氏謂與詩文小異。按此所引當三家詩。毛詩『渝』與『驅』韻，故作『馳驅』。此『威』與『馳』韻，故作『驅馳』，不獨其文相異，其韻亦相異矣，何得據以證詩？若毛傳引詩：『畏天之威，不敢戲豫。』此雖字異，或毛詩本有異耳。

校　記

〔一〕止　原作『正』，據詩傳改。
〔二〕能　原無，據鄭箋補。
〔三〕『履』前原有『其』字，據鄭箋删。
〔四〕娠　原作『震』，據毛詩後箋改。此處係用後箋語。
〔五〕上一『達』字宜作『滑』，此乃段玉裁注説文『㚔』意。
〔六〕『其』前原有『言』字，據毛傳删。
〔七〕獨易　二字原無，據虞東學詩補。
〔八〕與正義　原作『正義與』，據毛詩後箋改。此處係用後箋語。

〔九〕叢　原作『葉』，據戴震毛鄭詩考正改。
〔一〇〕穗重　原作『種垂』，據毛詩正義改。
〔一一〕注　原作『詩』，據下爲引郭璞爾雅注文改。
〔一二〕後　原無，據毛鄭詩考正補。
〔一三〕毛詩寫官記　原作『毛傳』。據下引爲毛詩寫官記文改。
〔一四〕差　原無，據毛詩稽古編補。
〔一五〕『郃』下原有『家』字，據毛詩後箋删。此處係用後箋語。
〔一六〕秠　原作『秬』，據毛詩正義改。
〔一七〕然　原無，據毛詩正義補。
〔一八〕『以』前原有『多』字，據毛詩正義删。
〔一九〕間　原作『開』，據顔氏家訓改。
〔二〇〕亙　原作『恆』，據顔氏家訓改。
〔二一〕董　當作『李』，下文爲李樗譏毛氏『命』説，『董』疑涉後文『董氏譏鄭』而誤。
〔二二〕煩　原作『之』，據鄭箋改。
〔二三〕所　原作『凡』，據毛傳改。
〔二四〕春　原作『冬』，據鄭箋改。
〔二五〕傳　原作『專』，據毛詩後箋改。此處係用後箋語。

〔二六〕統　原作『繞』，據毛詩後箋改。此處係用後箋語。

〔二七〕二　原作『三』，據毛詩後箋改。此處係用後箋語。

〔二八〕述　原作『近』，據毛詩後箋改。此處係用後箋語。

〔二九〕『句』下原有『下』字，據毛詩後箋改。此處係用後箋語。

〔三〇〕固　原作『因』，據毛詩後箋改。此處係用後箋語。

〔三一〕軋　原作『軋』，據禮記月令改，下『軋』字同。

〔三二〕謂　原作『如』，據段玉裁説文解字注改。

〔三三〕杜　原作『杜』，據下爲引杜預注左傳文改。

〔三四〕『夾』下恐有脱文。此處用顔師古漢書注，顔注云『水流夾山間兩岸深若門也』，其後尚謂『亹』乃『釁』之俗字，『釁』有罅隙義云云。

〔三五〕以爲　原無，據毛詩後箋補。此處係用後箋語。

〔三六〕二十年　當作『二十六年』，下引爲左傳襄二十六年文。

〔三七〕女　原作『去』，據鄭箋改。

〔三八〕言文　二字原互乙，據毛詩正義改。

〔三九〕陟　原作『涉』，據詩經公劉及毛詩後箋改。此處係用後箋語。

〔四〇〕及　原作『即』，據毛詩正義改。

〔四一〕部　原作『郃』，據鄭箋改。

〔四二〕板　原無，據毛詩正義補。
〔四三〕子　原無，據詩公劉補。
〔四四〕次　原作『羡人』，據毛詩後箋改。此處係用後箋語。
〔四五〕雅　原無，據毛詩後箋補。此處係用後箋語。
〔四六〕伽　原作『如』，據鄭箋改。下『伽』字同。
〔四七〕恭　原無，據論語注補。
〔四八〕今　原作『令』，據毛詩後箋改。此處係用後箋語。
〔四九〕聲　原作『音』，據毛詩後箋改。此處係用後箋語。

學詩堂經解卷十八

蕩之什三之三

『彊禦』作『彊圉』

毛傳曰：『彊禦，彊梁禦善也。』正義曰：『禦善者，見善事而抗禦之。』按：『彊禦』與『培克』相對，二字俱平列，不意傳義作串説。史記周本紀集解引牧誓鄭注曰：『彊禦，謂彊暴也。』字或作『彊圉』。崧高篇：『不畏彊禦。』漢書王莽傳曰：『不畏彊圉。』是『禦』作『圉』之證也。逸周書謚法篇曰：『威德剛武曰圉。』是『禦』與『彊』同義，非『彊梁禦善』之謂也。

掊克

傳：『掊克，自伐而好勝人也。』正義：『「自伐」解「掊」，「好勝」解「克」。定本「掊」作

「倍」。「倍」即「掊」也。倍者，不自量度，謂己兼倍於人而自矜伐。』説文：『掊，把也。』或謂詩正義謂己兼倍於人而自矜伐，似定本作『倍』爲是矣。然孟子書亦云『掊克』，趙注但云『不良』也，不作『倍』義。意『掊』爲『倍』之假借字耳。按：釋文云：『掊克，蒲侯反，聚斂也。』此蓋讀『掊』同『桴』。説文：『捊，引取也。』引取者，聚斂之意，然於『克』字無涉。顔注漢書敘傳，以『掊克』爲『好聚斂、克害之人』，則似兩字分爲二義。不知此二字相平列，不應二字爲二義。如上文『彊禦』，合之則『禦』亦是『彊』，分之則『其彊足以禦善』仍一義也。此雖以『自伐』解『掊』、『好勝』解『克』，合之則是『好勝』之義也。

炰烋

傳：『炰烋，猶彭亨也。』箋云：『炰烋，自矜氣健之貌。』陳氏曰：『易釋文引干寶注云：「彭亨，驕滿貌。」玉篇、廣韻「彭亨」作「憉悙」，注云：自强也。意皆同。』或曰：『炰烋』之言『狍鴞』也。山海經：『鉤吾之山有獸焉，名曰狍鴞，是食人。』郭注：『爲微貪惏，象在夏鼎，左傳所謂「饕餮」是也。』今按：文選魏都賦『吞滅咆烋』劉淵林注：『咆烋，猶咆哮也。自矜健之貌。詩曰：「咆烋於中國。」』據此，知詩『炰烋』當爲『咆哮』之借。説文：咆烋，豕驚聲也。哮，古通『虓』。常武『闞如虓虎』，風俗通作『哮虎』。説文：『虓，虎鳴也。一曰獅子。』『唬，虎聲也。從口、虎，讀若「暠」。』廣韻：『咆虓，熊虎聲。』風俗通文：『虎聲謂之虓。』然則『咆哮』者，嗥鳴作健之意。劉注即用鄭箋。傳『彭亨』者，『怉烋』之轉，乃以今語釋古語耳。

『不明爾德』四句

漢志引『爾德不明，以亡陪亡卿，不明爾德，以亡陪亡仄』。蕩：『不明爾德，時無背無側。』傳：『背無臣，側無人也〔一〕。』箋云：『無臣、無人，謂賢者不用。』『爾德不明，以無陪無卿』，傳：『無陪貳也，無卿士也。』漢志引作『爾德不明，以亡陪亡卿，不明爾德，以亡背亡仄』。或曰：上文『國』與『德』『側』韻〔二〕，漢書以『不明厥德』二句在下，中間『明』『卿』二韻收合，仍用起韻相應，較今本似得之。不知上章『類』『懟』『對』爲韻，末二句『祝』『究』自爲韻，下章『式』『止』『晦』爲韻，末二句『呼』『夜』自爲韻，與此『國』『德』『側』爲韻，『明』『卿』自爲韻者正同。不應此間獨以『明』『卿』置其中也。仍當以毛説爲正云。

覃及鬼方

傳：『鬼方，遠方也。』陳氏曰：『易釋文云：「鬼，遠也。」其説與毛傳相發明。後儒見易「高宗伐鬼方」，商頌亦言高宗伐荆楚，疑爲一事，遂謂「鬼方」即荆楚。或又謂今貴州本羅施鬼國地，即古鬼方。』『或又據世本謂黄帝娶於鬼方氏，大戴禮帝繫篇謂陸終娶於鬼方氏』，遂以釋此詩之『鬼方』。殊不知『鬼方』對上『中國』而言。後漢書：『威靈行乎鬼區。』注亦以『鬼區』爲『鬼方』，此『鬼方』與『鬼區』同。詩言『覃及』，則所包者廣，凡南裔北狄遠於中國者皆是，似不比他書之言『鬼方』專指一國言也。

顛沛之揭，『揭』字

傳：『揭，見根貌。』或曰：釋文作『根見貌』。根見者，其根可見也。傳以『根見』釋經『揭』字。『揭』當作『楬』，從木。今從手者，誤也。明堂位注：『齊人謂無髮爲禿楬。』説文：『楬櫫。』禿楬、楬櫫，皆毛傳『根見』之義引申説也。今按：説文：『揭，高舉也。』引申之義爲『長』。碩人『葭菼揭揭』傳：『揭揭，長也。』高長者，欲拔之意。淮南兵略訓『擠其揭揭』高注：『揭揭，欲拔也。』此傳云：『顛，仆。沛，拔。』草木顛仆拔倒，則挺揭根見，故傳以『揭』爲『見根貌』，不必改『揭』爲『楬』也。

抑詩，衛武公刺厲王，亦以自警

序云：『抑，衛武公刺厲王，亦以自警也。』朱子集傳據國語定爲自警而去刺厲王之説。但此詩繫於大雅，又次於板、蕩、桑柔之間，詩中所陳多涉時事，序説似未可廢。而諸儒陳説不一，要難依據。有謂在後追刺者，朱子嘗駁斥之。有謂刺幽王者，幽王之篇不得竄入厲王，列於宣王諸詩之前。有謂武公爲世子時作者，按年表，武公立於宣王十六年，卒於平王十三年，在厲王時尚幼，不得作詩；即作於共和之末，亦不過二十餘歲之人，遽以『亦聿既耄』爲言，亦覺遠於事情。有謂平王時作者，無論東遷以後無雅〔三〕，即詩所稱迷亂荒湛，亦未便懸指平王。有謂宣王中興令辟，不得有迷亂荒湛之事。有謂是詩本刺厲王，國史軼其作詩之人，武王取以自警，序詩者即以爲武王之作，如左傳所云『召穆公作常棣』之類，此又不得其説而爲之辭者矣。竊意抑詩之刺厲王，洵爲不易之論。不獨疏引侯苞韓詩翼要與毛序同，王逸離騷章句序云：『詩人怨王，刺之曰：「嗚呼小子，未知臧否，匪而命之，言提其耳。」風諫之語，於斯爲切。』此亦與序説合。或又曰篇中『爾女』『小子』非斥王之詞。則天保、卷阿皆稱『爾女』，至春秋魯人之歌尚曰『我君小子』。古人稱謂質直，本無不宜，況刺王亦以自警，即謂設爲老成訓戒後生之言，亦未嘗非主文譎諫之道也。

有覺德行

傳：『覺，直也。』箋云：『有大德行，則天下順從其政。』按：詩言『有覺』者，斯干與此篇。斯干傳訓『覺』爲『高大』，彼箋又訓『直』。蓋其義相成，故傳箋互訓。禮記緇衣引詩『有梏德行』，注遂以『大也』『直也』兼訓之。嚴緝訓『覺』爲『悟』，本春秋繁露。郊祭篇引此詩云：『覺者，著也。王者有明著之德』，『則四方莫不嚮應，風化善於彼矣』。此説義自可近。然考襄二十二年、昭五年左傳兩引此詩，皆取『覺直』之義，知毛訓本諸爾雅，徵取左氏，不可易矣。

用戒不虞

傳：『不虞，非度也。』箋云：『慎女爲君之法度，用備不億度而至之事。』釋文：『非度，待洛反。下「不億度」同。』正義曰：『非度者，非意所億度之事也。』今按：陸孔之説，皆誤以鄭義爲毛義耳。毛云『非度』者，即今『候度』之『度』。惟謹度，故戒其非度。微子『卿士師士非度』，馬融注云：『爲非法度之事。』是也。韓詩外傳引詩，曰『用戒不虞』，爲民莫敢犯法之證；襄二十二年亦引此詩以爲敬共事君之證，皆以『不虞』爲敗度之事，與毛云『非度』者合，無所謂『不億度而至』之説。是鄭箋不如毛説之允也。

無言不讎

傳：『讎，用也。』箋云：『教令之出如賣物，物善則其售價貴〔四〕，物惡則其售價賤。』釋文：『讎，市田反。徐云市又反。一本作「讎」。此音則與毛同〔五〕。』正義曰：『相對謂之讎。讎者，相與用言語，故以「讎」爲「用」。箋以「用」訓非「讎」之正解，且與「報德」連文，故以爲讎報物價。釋詁云：「讎，匹也。」是匹敵相報，故應對物價謂之讎。』按：説文無『售』字，言部：『讎，猶膺也。』此以『應對』爲本義，引伸之爲『讎報物價』。玉篇始有『售』字，乃後人所加耳。此詩，毛鄭本皆作『讎』，箋中『售』字亦當如釋文『一本』作『讎』。讎賣物價〔六〕，乃行用之事，故傳云：『讎，用。』高誘注呂覽義賞篇『民之讎之若性』亦云：『讎，用也。』顔師古注王莽傳引詩『無言不讎』〔七〕，云：『有善言則用之。』正專主『用善言』，與下『報德』一例，較正義『善惡皆用』之説爲勝。箋以『物之讎價』爲義，乃所以申傳而非易傳也。

屋漏

傳：『西北隅謂之屋漏。』箋云：『屋，小帳也。漏，隱也。禮，祭於奥，既畢，改設饌於西北隅厞隱之處，此祭之末也。』正義曰：『爾雅孫炎解「屋漏」云：「當屋之白，日光所漏入〔八〕。」非鄭義也。』按：曾子問説『陽厭』之事云『當屋之白』，鄭注云：『當户明者也。』少牢下篇云：『有司宫徹饌，於室中西北隅。』注云：此於户謏改饌當室之白。是鄭注儀禮即本曾子問。孫注爾雅正本鄭氏，未可謂孫解非正義也。此箋以『屋』爲『小帳』，『屋』即古之『幄』字，即指室中西北隅可以施帳之處。然則『屋漏』本有二義：一以當屋之白，日光所入；一以施屋之處，隱蔽不明，其實一地也。鄭以詩言『不愧』，故從『隱』義耳。

投桃報李

箋云：『此言善往則善來，人無行而不得其報也。』墨子兼愛篇云：『大雅所道曰：「無言而不讎，無德而不報。」「投我以桃，報之以李。」即此言愛人者，人亦必見愛也；而惡人者，人亦必見惡也。』鹽鐵論和親篇曰：『詩云：「投我以桃，報之以李。」未聞善有惡來者。』此皆與箋義合。而或者謂以下皆教之以聽言，凡人投我以桃，我必報之以李，感其善意也。今人有進美言於我者，而我固不思所以報之乎？舊説以爲承上文『鮮不爲則』而喻上感下應之禮。果爾，則當云『投之以桃，報我以李』也，不當云『投我』『報之』也。按：此説乃泥於經文『我』字耳。詩人之詞本無定格，不必爲感者自我，即代爲應者稱『我』亦無不可矣。

彼童而角

傳：『童，羊之無角者也。而角，自用也。』箋云：『童羊，譬王后。而角，喻與政事有所害也。』按：此乃泥於『厲倡嬖』『剡配妃』之緯書。其説誠不足信，且與投桃報李相反，亦非詩意。厲王用事之臣，必有無知而自用者，將壞亂王室，故經文曰『彼』是實有指目之稱。傳云無角而自謂有角，無能而自謂有能，苟日與此輩相往來，有不潰亂者？詩人設喻之意可謂深矣。

言提其耳

箋云：『親提撕其耳。』或曰『提』本訓『挈』。或又曰此『提』當音『抵』，言附耳以教之也。今按：『提撕』疊韻字，集韻：『斯，説文：「析也〔九〕。」或從手。』少儀注：『提，猶絶也。』然則『提撕』者，謂附耳而剖析之。故箋又云：『此言以教道之熟。』穀梁僖二年傳范注云：『明達之人，言則舉綱領要，不言提其耳則愚者不悞。』據此，亦是以『提耳』爲言之詳也。

民靡有黎，「黎」字

傳：「黎，齊也。」箋云：「黎，不齊也。」「言時民無有不齊被兵寇之害者。」正義申毛云：「今民或死或生，無有能齊平安者。」「黎，衆也。衆民皆然是齊一之意。」按「黎齊」乃疊韻爲訓。莊子漁父篇：「以化於齊民。」漢書食貨志：「亂齊民。」顔注云：「無有貴賤，謂之齊民。若今平民矣。」據此知「齊民」即黎民也。世治則民皆齊平，亂則反之。故云民無有齊平者耳。若箋訓「黎」爲「不齊」，則說之曲者。

民人所瞻，「瞻」讀爲「彰」字

「民人所瞻」，宋吳棫韻補讀「瞻」爲諸良切，引漢溧陽長潘乾校官碑以「瞻」爲「彰」作證。按：殷武四章：「天命降監，下民有嚴。不僭不濫，不敢怠遑。」此以「遑」與「嚴」「監」「濫」叶，則此「瞻」字「臧」「腸」「狂」亦可叶。楚辭天問亦以「嚴」與「亡」「饗」「長」叶。然則此詩「瞻」可讀「彰」〔一〇〕，故校官碑借「彰」爲「瞻」，而訂詩韻者取以爲說也。

進退維谷

傳：『谷，窮也。』正義曰：『谷，謂山谷。墜谷是窮困之義，故云「谷，窮」。』或曰當爲『鞫』同音假借，爾雅云：『鞫，窮。』是也。而説者又據晏子春秋、韓詩外傳而引此詩，皆知處兩難之勢而能善全之，是歎其善，非嗟其窮，蓋『谷』乃『穀』之借。穀，善也。詩人以近在『不胥以穀』之下，嫌其二『穀』相並爲韻〔一一〕，故爲『谷』。不知此説非也。『進退維谷』，當謂進退兩窮，如傳之所云，未可爲進退皆善也。

中垢

傳：『中垢，言闇冥也。』孔氏申之，謂『垢』者，土處中而有垢土，故以『中垢』言『闇冥』也。是合兩字方成『闇冥』之義。蘇傳云：『善人之作也，以其用善。惡人之作也，以播其惡。』朱傳分别『中』爲『隱暗』，『垢』爲『汙穢』，則由蘇氏説而衍之也。按：中垢，言『垢中』也。謂不順之人，其所行如在垢中。垢，塵垢也。小雅：『維塵冥冥。』故傳云：『言闇冥也。』韓詩外傳引詩曰：『「維彼不順，征以中垢。」謂闇行。』義亦與毛近。

反予來赫

傳：『赫，炙也。』箋云：『口拒人謂之赫。』釋文：『赫，毛許白反〔一二〕，光也。與「王赫斯怒」同義。本亦作「嚇」。鄭許稼反。莊子云「以梁國嚇我」是也。』正義曰：『來赫者，言其拒己之意，故轉爲「嚇」，與「王赫斯怒」義同。是張口嗔怒之貌，故箋以爲「口拒人謂之赫」。定本、集注、毛傳云：「赫，炙也。」王肅曰：我陰知女行矣，乃反來赫炙我，欲有以退止我言者也。傳義或然，俗本誤也。』按：陸氏所言，是所見傳本訓爲『光』，一本即作『赫，赫也』，而不及集注『赫，炙也』之訓。孔疏所見，似未見釋文『赫，光也』之本，但當同陸氏説耳。其云『故轉爲「嚇」』者，謂鄭箋讀『赫』爲『嚇』，非轉其字作『嚇』也。又云『俗本誤耳』，未明言俗本何作，豈當時俗本有作『嚇』字者與？然疏意則以定本、集注作『嚇，炙』之説爲得傳意。蓋毛以『赫』與『陰』相對，『陰』所以『蔭』，故訓『赫』爲『炙』。我方蔭女以涼，女反炙我以熱。此訓説之轉者也。

滌滌山川

傳：『滌滌，旱氣也。山無木，川無水。』按：滌滌，即『滌蕩』之義。傳言『旱氣』，謂山之木、川之水皆爲旱氣滌除殆盡也。説文：『蔋，草旱盡也。』引詩『蔋蔋山川』，此或據三家詩。其字從草，故云『草旱盡』。然文連『川』言之，則不如毛義之該洽也。

方社不莫

或謂呂氏月令所述者多周制，孟春命祀山林川澤，邦畿四面皆有之。月令於春未及方祭，疑此即方也。仲春命民社，二者正次祈穀之後，可與此詩相證。按：甫田『以社以方』，傳云：『方，迎四方氣於郊。』此『方社』連言，與彼同，則方祭亦即迎氣之祭。此本述平時敬恭明神之事，『方』即謂四時方祭，『社』即兼春祈、秋祭，通一歲之祀事皆及時舉行，未嘗晚莫。不必因祈穀在孟春，遂泥『方社』亦專指春祭之事也。

『明神』不作『明祀』

釋文云：『明神，本或作「明祀」。』注疏本作『明神』。文選陸士衡答張士然詩注作『敬恭明祀』，又見隸釋西嶽華山亭碑。今按：箋云：『肅事明神，如是明神宜不恨怒於我。』則鄭所據毛詩自作『明神』，當以注疏本爲正。且下文『宜無悔怒』，正承『明神』言之。若言明祀無悔怒，似不可通。又文選東京賦：『盛夏后之致美，爰恭敬於明神。』李注引毛詩『恭敬明神』，知平子所據詩亦作『明神』。即有一本作『明祀』，要不得據以輕改也。

生甫及申

箋云：『申，申伯也。甫，甫侯也。皆以賢知爲周之楨幹之臣。』『甫侯相穆王訓夏贖刑，美此俱出四嶽，故連言之。』正義曰：『此箋定以「甫」爲甫侯，而孔子閒居引此詩，注以「甫」爲仲山甫者，據外傳樊仲山甫，則是樊國之君必不得與申伯同爲嶽神所生。注禮之時，未詳詩意故耳。』按鄭君禮注蓋本三家詩。後漢書劉陶云：『周宣用申甫以濟夷厲之荒。』張衡應間曰：『申伯、樊仲是幹周邦。』此皆以『甫』爲仲山甫。范傳、嚴緝仍主禮注，困學紀聞駁之，謂仲山甫猶儀禮所謂『伯某甫』也，『甫』與『父』同。申甫，意皆宣王時賢諸侯同有功於王室者。『甫』不見於經〔一三〕，以文意考之，蓋當如是。今按：首章『甫』『申』皆指其先世言之。曰『維周之翰』，曰『于蕃于宣』，皆述其先世之功。次章乃及申伯，其曰『王纘之事』，言王使繼其先世之事。七章曰『戎有良翰』，正應此『維周之翰』。八章曰『揉此萬邦，聞於四國』，正應此『四國于蕃』『四國于宣』，皆所謂纘事也。傳於首章但以『甫』『申』爲國名而不著其人，可見毛意祇統言其先世，兼及甫者，而又皆爲賢臣耳。若首章之『申』即指申伯，則甫侯當亦同時，不應遠舉穆王時人而與之並論矣。

謝

傳：『謝，周之南國也。』正義曰：『申伯國本近謝，今命爲州牧，故改邑於謝，取其便宜。』許氏名物鈔曰：『史記謂四嶽佐禹有功，虞夏之際或封於申。然則申國固非宣王始封之也，謝非申國之舊〔一四〕。宣王改封申伯於此。』『申之舊國莫可考。今南陽之申，因申伯而名，謝地也。』按：此說本於林氏之奇，然申、謝本二地。前漢志：申在南陽宛縣。續漢志：謝城在南陽棘陽縣東北百里。鄭語：桓公曰：『謝西之九州何如？』史伯曰：『惟謝郟之間』，『是易取也』。注：『謝，申伯之國，今在南陽。』『郟南謝北，虢會在焉。』蓋謝西之地甚廣，而與申相近，故就令申改邑於謝，當以形勢便宜之故。許氏曰申伯舊封無考，因改封，而謝地亦得申名，非也。

以作爾庸

傳：『庸，城也。』箋云：『庸，勞也。今因是謝邑之人而爲國，以起女之功勞，言尤章顯也。』正義曰：『傳以下云「有俶其城」，故以「庸」爲「城」。』『箋以「王命申伯」當意在顯其功勞，不宜直言爲其作城而已，故易傳也。』按：因謝人以作庸者，即謂用謝人築謝邑，如召誥云『以庶殷攻位於洛汭』也。此章是方作，下章『有俶其城』乃既成耳。如箋易傳，訓『勞申伯』之『勞』，何必因謝人而始章顯乎？是不如傳義之允也。

錫爾介圭，以作爾寶

傳：『寶，瑞也。』箋云：『圭長一寸謂之介。非諸侯之圭，故以爲寶。諸侯之瑞圭，自九寸而下。』正義曰：『寶者，居守之辭，非瑞信之語』，故易傳。『孫毓云：特言錫之以作爾寶，明非五等之玉。且申伯受諸侯之封，當信圭七寸，又不得受上公之制九寸桓圭而謂之介。箋義爲長。』按釋器云：『珪長尺二寸謂之玠。』以鎮圭言也。然命圭亦得通謂『介圭』。說文：『介，大圭也。周書「稱奉介圭」。』是也。傳訓『寶』爲『瑞』，謂命圭也。若鎮圭天子所守，宣王安得以之賜申伯？諸侯玉瑞頒自王朝，故曰命圭。聘禮記曰：圭、璋、璧、琮『凡四器者，惟其所寶，以聘可也』。命圭何嘗不可以言『寶』？此與韓奕『介圭』皆當從傳義爲正。後漢書張衡應間曰〔一五〕：『服衮而朝，介圭作瑞。』文選魯靈光殿賦：『錫介圭以作瑞。』此皆從毛訓。『寶』爲『瑞』，則介圭自當爲命圭。東萊謂美大其圭而稱之，非天子尺有二寸之介圭，是也。

往近王舅，『近』乃『辺』字之譌

傳：『近，已也。』箋云：『近，辭也。聲如「彼記之子」之「記」。』按：『近』乃『辺』字形近之譌。説文丌部：『辺，古之遒人以木鐸記詩言。从辵、从丌，丌亦聲〔一六〕。讀與「記」同。』又『丌』讀若『箕』，與『其』同聲，故『彼記之子』亦作『彼其之子』。詩以『辺』字聲與『記』其同，故借用之。鄭從許讀若『記』，故云『辭也』。毛傳爲『已』，則音『以』。蓋古『已』『己』『辺』聲皆相近。正義曰：『歎而送之：往去已，此王之舅也。』得毛旨矣。又曰：『以命往之國不復得與之相近，故轉爲「已」，以爲辭也。』然則唐時本已作『近』，孔沖遠亦不知本作『辺』矣。

吉甫作誦

傳：『作是工師之誦。』正義曰：『詩者，工師樂人誦之以爲樂曲，故云「作是工師之誦」。欲使申伯之樂人常誦習此詩也。』按：此章言『誦』，又言『詩』，又言『風』，三者有別。誦者，可歌之名。周禮大司樂注：『以聲節之曰誦。』禮記文王世子注：『誦，謂歌樂也。』蓋三百篇皆可爲工師之誦，故節南山亦云『家父作誦』。是統言之，則善惡不嫌同辭也。若詩，則其本篇之詞；風，則其詞中之意耳。

以贈申伯

傳：『贈，增也。』釋文作『贈』，云：『詩之本旨爾。鄭王申毛並同。崔集注本作「贈」，增也。崔云：增益申伯之美。』箋云：『風切申伯，又使之長行善道。以此贈申伯者，送之令以爲樂。』則鄭『申』，毛本作『增』，崔集注本是也。箋云『送之令以爲樂』者，解所以作誦增益之意，非訓『增』爲『送』。正義曰鄭爲贈送字，別與陸本同。誤。釋文謂王申毛並同，蓋王肅改毛爲『贈送』，以異鄭耳。正義釋經曰：『言使申伯歌誦此詩，見人言己之美，便復自强不息，以增德行。』又釋傳云：『言贈遺者所以增長前人，贈之財使富增於本，贈之言使行增於義，故云「贈，增也」。』此言深得毛鄭之旨矣。今徐鉉本説文云：『贈，玩好相贈也。從貝，曾聲。』此當是後人私改。家藏寫本徐鉉説文作『贈，增也』〔一七〕。毛許往往相合。蓋可證詩傳之本作『增』矣。

有物有則

傳云：『物，事也。則，法也。』箋云：『天之生衆民，其性本有物象，謂五行仁義禮智信也；其情有所法，謂喜怒哀樂好惡也。』按：正義謂『因經「物」「則」異文，故箋分「性」

「情」爲二」，五性法五行，六情法六氣。或疑箋與傳異，其實非也。孟子引此詩而述孔子之言曰：『故有物必有則。』是謂從物生，已爲定解。毛傳簡質，但訓『物』爲『事』、『則』爲『法』，當亦謂有事必有法。『事』即洪範『五事』之事。貌、言、視、聽、思，所謂事也。恭、從、明、聰、睿，所謂法也。洪範以五行配五事，五行所包甚廣。唐志所云行於四時爲五氣，德秉於人爲五常，皆是。故鄭以有物爲五常之性。而必曰『五行』者，以經言『物』者爲物象，五行乃物象也。其云『情有所法』者，謂喜怒哀樂好惡之情出於五常之性，性爲物，情以法性，故爲『則』也。至疏謂六情法六氣者，六情之法六氣亦即是法五行，如左傳『生其六氣，用其六情』之說。其理皆相貫通，非是物有象，情有法，各不相涉也。箋廣申傳義，疏又博證箋文，故不云箋與傳異。趙注孟子云：『天生衆民，有物則有所法則，人法天也。』考韓詩外傳云：『民之秉德，以則天也。』趙注蓋本於此。是以天生衆民，以六情法五性。要之，諸說皆與孔子釋詩之旨合矣。

生仲山甫

傳：『仲山甫，樊侯也。』漢書杜欽傳：『仲山甫，異姓之臣。無親於宣，就封於齊。』鄧展、晉灼皆以此爲韓詩之誤。潛夫論志氏姓以『仲山』爲慶姓，與韓詩同。水經瓠子水

注：『成陽城西二里有堯陵〔一八〕，陵南一里有堯母慶都陵。堯陵東、城西五十餘步有仲山夫人祠，祠南有仲山甫冢。』孟郁修堯廟碑云：『仲氏祖統所出，本姬周之遺苗。天生仲山甫，翼佐中興。宣平功遂，受封於齊。周道衰微，失爵亡邦〔一九〕。後世乖散，相土擇居，因仲氏焉。』此以仲山甫封齊，雖同韓詩，而又以爲周之苗裔，則與異姓之説不合。通志氏族略謂周大王子虞仲支孫仲山甫爲周宣王卿士，食采於樊，曰樊侯，因邑命氏。路史中『樊國』遂兩見，一以爲泰伯仲雍後，一以爲慶姓，亦漫無折衷。惟唐權德輿集有云：『魯獻公仲子曰山甫，入輔於周，食采於樊。』似爲近之。

古訓是式

傳：『古，故。訓，道。』箋云：『故訓，先王之遺典也。』或曰説文引詩作『詁訓』，云『故言也。』張揖雜字云：『詁者，古今之異語也。訓者，謂字有意義也。』爾雅釋詁、釋訓，樊孫本釋故、釋訓。藝文志：詩有魯故，有韓故、齊后氏故、孫氏故、毛詩故訓傳，書有大、小夏侯解故，皆所謂『故訓，先王之遺典』也。孔穎達以爲『古訓』者，故舊之道，故爲先王之遺典，毋乃誤歟？説文：『詁訓，故言也。詩曰：「詁訓。」』注云：『故言，舊言也。訓者，説教也。訓故言者，説釋故言以教人，是之謂詁。』『詩曰詁訓』爲句，『故言也』爲句，『訓』字連『詁』讀[二〇]，如『偓』連『佺』、『參』連『商』之例。詩曰詁言[二一]，古之善言也。此云『古，故』者，是以『古』爲詁訓者。許以『故言』釋之，毛詩自作『古訓』。傳以『故』釋『古』，以『道』釋『訓』，『道』即『言』也。抑傳云：『詁言，古之善言也。』此云『古，故』者，是以『詁』爲『古』之假借。『詁訓傳』作『故訓傳』[二二]。而章句有『古言訓道』，云『道』當如字讀。釋文音『導』，正義又以爲故舊之『道』，皆非也。

出納王命，王之喉舌

傳：『喉舌，王之冢宰也。』箋云：『出王命者，王所自言，承而施之也。納王命者，時之所宜，復於王也。其行之也，皆奉順其意，如王口喉舌親所言也。』正義曰：『上句云「式是百辟」，與百君爲法，則王朝上卿故爲冢宰。舜命龍作納言，云「出納朕命」。彼特立納言之官，以典王命出入，即今之納言也[二三]。』又引周禮太宰職『王視治朝』，『歲終，則令百官各正其治，聽其致事，而詔王廢置』，以爲冢宰出納王命之證。今按：舜典『命龍作納言』，正義即引此詩仲山甫『王之喉舌』爲證，與詩疏異，要當以詩疏爲正。北堂書鈔引尚書注云：『納言如今尚書，管主喉舌[二四]。』此舉漢法以況。蓋秦於禁中置尚書，有令丞掌章奏，漢因之。漢官解詁曰：『尚書出納王命。』此即引用詩文，似以烝民所言即漢制尚書之職。然秦漢尚書秩卑，可以例尚書之納言，不可以當詩之『喉舌』。毛以『喉舌』爲冢宰，自以『式百辟』、『保王躬』皆上卿之事，與後世納言之官不同。後漢書注引春秋合城圖曰：『天理在斗中，司三公也。如人喉在咽，以理舌語。』宋均注曰：『斗爲天之舌口，主出政教。三公主導宣君命，喻使人。』此所言與毛傳『冢宰』之義相近也。

梁山

箋云：『梁山於韓國之山最高大，爲國之鎮，祈望祀焉。故美大其貌奕奕然，謂之「韓弈」也。梁山今在馮翊夏陽西北。』按：詩首言『奕奕梁山』，自必標舉其最高大之山，足以爲鎮者。禹貢之『梁山』，漢志以爲在夏陽西北。爾雅：『梁山，晉望也。』春秋成五年：『梁山崩。』公羊傳云：『梁山，河上之山也。』蓋是山綿亘百里，今自郃陽西北抵韓城縣西北之麻線嶺皆是。傳釋『維禹甸之』云：『禹治梁山，除水災。』明用禹貢治梁之文，尚得謂非夏陽之梁山乎？或據水經濡水注云：『逕良鄉北界，歷梁山，高梁水出焉。』以爲燕地有梁山之證。然梁山之在燕者，於經無所見。又此梁山未必爲禹迹所經，且並非九州大山，詩人何所取之？仍以傳箋之説爲正焉。

淑旂綏章

傳：『淑，善也。交龍爲旂。綏，大綏也。』箋云：『善旂，旂之善色者也。綏，所引以登車，有采章也。』按：旌旂本有貴賤之辨，大綏注於竿首，故可以爲表章。若登車之綏，雖以采絲爲之，無所爲表章也。且此章每句各言一物，不相錯雜，如『淑旂綏章』，旂飾也；『簟茀錯衡』，車飾也；『元衮赤舄』，服飾也；『鉤膺漏錫』，馬飾也：皆無一字旁涉。若『淑旂』爲交龍之旂，而『綏章』又爲登車之綏，則詞意錯雜，文例不畫一矣。故知傳義爲長。

金厄

傳：『厄，烏蠋也。』箋云：『以金爲小環，往往纏搤之。』或曰：説文：『槅，大車軛也。』『軶，轅前也。』『鉤，軶下曲者。』小爾雅：『衡，扼也。扼上者謂之烏啄。』此詩作『厄』者，『軶』之假借。傳『厄，烏蠋也』即小爾雅之『烏啄』。今按：衡爲轅前横木，上平謂之衡。其下爲兩坳駕服馬之頸者，周禮謂之鬲，左傳謂之鉤，小爾雅謂之烏啄。則是就横木爲之，不當謂之『金厄』。惟釋器云：『載轡謂之轙。』郭注：『車軶上環，轡所貫也。』説文：『轙，車衡載轡者。』蓋四馬八轡，除驂馬内轡納於軾前之觼，在手者惟六轡。驂馬外復有游環，與服馬四轡同在軶者，皆有環以約之。説文：『搹，把也。或作「扼」。』即今之『厄』字。

又從『扼』省，是『扼』爲把約之義。衡下之軶多烏啄者，取把約馬頸爲名。此『金厄』連『鞗革』爲文，自當爲約轡之環。毛曰『烏噣』者，以環之約轡亦如烏味之嗛物，其實與衡下烏啄名同而物異。箋以傳但言其名，故復詳其物耳，非傳謂衡軶、箋謂轡環也。

出宿於屠

傳：『屠，地名也。』困學紀聞：『潏水，李氏以爲同州郃谷。』按：説文有左馮翊郃陽亭。季氏詩解頤曰：同州郃谷似太遠，或以爲『屠』『杜』古通，『即鄠縣之杜陵』。則在鎬南，非適韓之道，當更詳之。顧氏方輿紀要作『荼谷渡』，云在今陝西同州府郃陽縣東。按：周都鎬京在今陝西長安縣西南，同州在今長安縣東北二三百里，郃陽又在同州東北百餘里。箋云：『祖於國外，畢乃出宿。』則屠必非郃陽之屠亭可知。太史公曰：畢在鎬東南杜中。皇覽云：文王、武王冢皆在京兆長安鎬聚東杜中〔二五〕。此即漢之杜陵，在鎬京之東南。古字『屠』『杜』通。韓侯出宿，自當在此。雖韓國在周之東北，然祖餞出宿或因道里所便，不必往北方者定出北門而餞宿也，無庸以鎬在杜南爲疑矣。

韓城

箋云：『梁山在今左馮翊夏陽西北。韓，姬姓之國也，後爲晉所滅，故大夫韓氏以爲邑名焉。』自王肅以『燕師所完』爲北燕國，且云『涿郡方城縣有韓侯城』。其説本潛夫論志氏姓云韓侯其國近燕。此或出於三家。困學紀聞謂詩『有奄受北國』，當以肅説爲長。後人因謂今韓城縣，漢之夏陽，古稱少梁，非韓侯國。韓國在今順天府固安縣地。秦晉所戰之韓原在今解州府芮城縣，郡國志所謂河東河北縣有韓亭者。鄭既誤以韓國在夏陽，又誤以晉武子所封之國即古韓國。按：自當在梁山左右，或其境跨河之東，故河東、河北縣有韓亭。僖二十四年左傳杜注亦云：韓國在河東界。迨其後俱入於晉，故梁山爲晉望而又以封武子於韓原耳。此則以箋説參之，要無不合者。若水經聖水『逕韓城東』注云：『詩韓奕章曰：「溥彼韓城，燕師所完。」』『王肅曰今涿郡方城縣有韓侯城。』道元此注似幷以鄭箋亦謂古韓國在涿郡，與肅同，其説非與？

來旬來宣

傳：『旬，徧也。』箋云：『旬，當作「營」。宣，徧也。』王『命召虎：女勤勞於經營四方，勤勞於徧疆理衆國。』正義申鄭云：上言『經營四方』，『又言「于疆于理，至於南海」，則召虎大功在此二事。』今王『稱其功勞，則「來旬來宣」當指此二事。』『旬』字與『營』字相類，『故知當爲營』。今按：傳義亦統上二事。『來旬』正謂『經營四方』，故訓『旬』爲『徧』，言悉經營之也。桑柔傳〔二六〕：『旬，言陰均也。』與『徧』義相成。『四方』有『均平』之義。上言『王命召虎，式辟四方，徹我疆土』，則『于疆于理』正經界修疆理，而宣布王命在其中矣。以是知箋説之不及傳義也。

三事就緒

傳云：『爲之立三有事之臣。』箋云：『王又使軍將豫告淮浦徐土之民云：不久處於是也，女三農之事皆就其業。』今按：鄭箋『三農之事皆就其緒』，字義增出，不如傳義爲允。且十月、雨無正以『三事』爲『三卿』，則此亦當爲三卿也。況周禮祇言三農，不言三事。以『三事』爲官稱，則詩書有明文：『立政，任人、準夫、牧作三事。』牧，謂養民之官，則農事就緒已在其中，故傳義尤爲該括云。

鋪敦淮濆

鋪敦，毛無傳。述毛者以『鋪』爲『陳』、『敦』爲『厚』，謂布陳敦厚之陳於淮濆。箋云：『敦，當作「屯」。』釋文『鋪』，韓與毛文不同。但既云『敦彼』，則必非訓『厚』可知。昭二十三年左傳『敦陳整旅』，『敦』與『整』對，謂整頓也。周書武順解：『一卒居後曰敦。』『敦』亦『頓』也。毛雖無破字之理，或者古字『敦』有『頓』義，傳意當爲陳頓其兵於淮水之涯，未始不與鄭箋屯兵之説合也。

如飛如翰

傳：『疾如飛，摯如翰。』箋云：『其行疾，自發舉如鳥之飛也。翰，其中豪俊也。』正義曰：『疾如飛，如鳥飛也。摯如翰者，摯，疾也。「翰」是飛之疾者，言其擊物尤疾，如鳥之疾飛也。翰飛戾天，「飛」「翰」爲一，此別言「如」，故爲二事也。』又云：『箋以傳太略，故申述之。鳥飛已是迅疾，翰又疾於飛，故云「翰，其中豪俊」也。言鷹鸇之類。摯，擊衆鳥者也。故傳以爲「摯如翰」，謂其擊戰之時也。』按：翰，傳以爲摯鳥。蓋『如飛』者是言凡鳥之飛；『如翰』，則於凡鳥之中比其尤摯者。爾雅、説文皆云：『翰，天鷄。』此傳所謂『摯如翰』者，當即指此。正義以『飛』『翰』爲一，似不以爲鳥名，非與？

爲梟爲鴟

箋云：「梟、鴟，惡聲之鳥也。喻褒姒之言無善。」姚氏識名解曰：「梟亦有「鴟」名。釋鳥云〔二七〕：「梟，鴟。」郭璞以爲土梟是也。然其詩明以二者並舉，如「爲鬼爲蜮」，各是一物」，鄭箋以爲一鳥，誤。今按：梟爲不孝之専名，與鴟絶異。鴟則其名甚多，如説文隹部：「雓〔二八〕，鵻也。」此今人所謂鷂鷹，莊子所云「鴟得腐鼠而嚇」者。鳥了鳥部云：「鴟屬。從鳥，從了，有毛角。〔二九〕所鳴其民有禍。」又「臼」下云：「鴟臼，臼留也。從隹，臼聲。鵂，臼或從鳥〔三〇〕，休聲。」此即爾雅之怪鴟。郭璞謂之「鴟鵂」，舍人注以爲「鵂鶹」、南陽名鉤名者〔三一〕。爾雅又有「鴒，鴟鶇」，「佳，老鵵」，皆此類也。然其惡鳥則一也。

婦無公事

毛傳曰：「婦人無與外政，雖王后猶以蠶織爲事。」鄭箋曰：「婦人休其蠶桑織紝之職，而與朝廷之事。」不知公事即功事，休其蠶織即無功事也。周禮内宰曰：「歲終則會内人之稍食，稽其功事。」「正歲則均其稍食，施其功事。」女御曰：「以歲時獻公事。」注曰：「絲枲成功之事。」「功」「公」字異而義同。列女傳母儀傳曰：「婦無公事，休其蠶織。」言婦人以織績爲公事者也，休之非禮也。其説蓋本於韓詩云。

舍爾介狄

傳訓『狄』爲『遠』。箋：『介，甲也。』『王舍女被甲，夷狄來侵犯中國者，反與我相怨。』正義曰：『毛讀「狄」爲「逖」，故爲「遠」。則「介」當訓爲「大」。王肅曰：舍爾大道遠慮，反與我賢者怨乎？』按：王説申傳，誠爲得之。幽王雖不能知大者遠者，然未始非其所當知，故詩以『舍爾』責之。説文：『逖，遠也。』集韻引説文：『詩曰：「舍爾介逖。」』王氏詩考因之。是毛詩用借字，許則從正字，其説仍同毛傳也。

昏椓

傳：『椓，夭椓也。』箋云：『昏、椓，皆奄人也。昏，其官名也。椓，椓毁陰者也。王遠賢而近任刑奄之人。』正義曰：『傳義亦以「椓」爲去陰，但以正月篇云「天夭是椓」，「夭」是夭殺〔三二〕，「椓」是椓破，「夭椓」文連，故并舉其類以曉人。』今按：幽王時亂政小人，詩有尹氏，有皇父七子；國語有虢石父，皆非寺人。其寺人僕有遭讒被刑，作巷伯以鳴其不平者，其他閹官未必怙寵弄權可知矣。疏言傳與箋合，未必然也。考經文『蟊賊内訌，昏椓靡共』二語本相承接，『昏椓』即『内訌』之實，謂其所以陷於内者，乃昏亂椓喪之事，皆憒憒然維邪是行，謀夷滅我王之國。傳於『昏』字無訓，而以『椓』爲『夭椓』。國語史伯云：『不建立卿士而妖試倖措。』韋注云：『妖嬖之臣，緻倖之人。』妖，疑此傳所謂『夭椓』者與？

有如召公之臣，六字一句

考關雎正義謂詩有六字一句者，『昔者先王受命，有如召公之臣』之類也。今考詩作『昔先王受命，有如召公』，上句五字，下句四字，較孔氏所據共少三字，而與本篇正義反無考〔三三〕。然箋云：『召公，康公也。言「有如」，昔時賢臣多，非獨召公也。』是經本不指召公一人，謂有如召公之賢臣正多。審此，本有『之臣』二字。又詩序云：『閔天下無如召公之臣也。』正取經文『有如召公之臣』爲説，又可證本有『之臣』二字。是當從關雎正義所引以補正之也。

召公非康公

箋云：『先王，文武也。召公，召康公也〔三四〕。』蘇傳云文王之世，周公治内，召公治外，遂以『辟國百里』指君奭之分陝而言。不知此説非也。小雅黍苗刺幽王，即陳宣王之德、召伯之功，則此詩『先王』亦當指宣王，『召公』亦當指召穆公。下文『哀今之人〔三五〕，不尚有舊』，幽王去宣王中興未遠，故因言召穆公欲王圖任舊人。若文武之去幽王遠矣，安得復言『有舊』乎？

校記

〔一〕『臣』『側』二字原互乙，據毛傳改。
〔二〕側　原作『例』，據臧琳經義雜記改。此處係用經義雜記文。
〔三〕遷　原作『邊』，據虞東學詩改。此處係用虞東學詩文。
〔四〕物　原作『之』，據鄭箋改。
〔五〕與　原無，據經典釋文補。
〔六〕『饑饋』之『饑』字原無，據毛詩後箋補。此處係用後箋語。
〔七〕『引詩』前原有『曰』字，據毛詩後箋删。此處係用後箋語。
〔八〕光　原作『月』，據毛詩正義改。
〔九〕析　原作『祈』，據集韻改。
〔一〇〕則　原作『前』，據毛詩後箋改。此處係用後箋語。
〔一一〕『嫌』前原有『不』字，據毛詩後箋删。此處係用後箋語。
〔一二〕許　原作『詩』，據經典釋文改。
〔一三〕經　原作『今』，據王應麟困學紀聞改。

〔一四〕『國』原作『伯』，『舊』原作『舅』。據四庫全書本許謙詩集傳名物鈔改。

〔一五〕間　原作『問』，據後漢書改。

〔一六〕丌　原無，據説文解字補。

〔一七〕藏　原作『莊』，據毛詩後箋引臧玉林説改。此處係用後箋語。

〔一八〕陽　原作『陰』，據水經注改。

〔一九〕亡邦　原作『之邾』，據毛詩後箋改。此處係用後箋語。

〔二〇〕詁　原作『詩』，據毛詩後箋補。此處係用後箋語。

〔二一〕『詩曰』下原有『詩』字，據毛詩後箋刪。此處係用後箋語。

〔二二〕傳　原無，據毛詩後箋補。此處係用後箋語。

〔二三〕今　原作『令』，據毛詩正義改。

〔二四〕主　原作『王』，據學苑出版社影印北堂書鈔改。

〔二五〕兆　原作『北』，據毛詩後箋改。此處係用後箋語。

〔二六〕傳　原無，據下爲引毛傳補。

〔二七〕云　原作『名』，據姚炳詩識名解改。

〔二八〕雖　原作『鴟』，據説文解字改。

〔二九〕『鳥了』至『從了』，據説文此當作『萑，萑部云：　鴟屬。從隹從丫』。

〔三〇〕『臼下』至『從鳥』，據説文當作『舊下云：　雖舊，舊留也。從萑，臼聲。鵂，舊或從鳥』。

〔三一〕鈎名　當作『鉤鵅』，係鵂鶹之别名。參毛詩後箋。
〔三二〕下一『天』字原作『夭』，據毛詩正義改。
〔三三〕據文意，『與』當作『於』。
〔三四〕公　原無，據鄭箋補。
〔三五〕今　原作『令』，據詩經召旻改。

學詩堂經解卷十九

頌四

周頌清廟之什四之一

清廟

箋云：『清廟者，祭有清明之德者之廟也。謂祭文王也。』正義又引書傳説：『清廟，歌文王之功烈。』釋文引杜預云：清廟，『肅然清極之稱也』。賈逵左傳注：『肅然法静，謂之清廟。』漢書韋玄成曰：『清廟之詩，言交神之禮無不清静。』蔡邕月令論：『取其宗祀之貌曰清廟。』箋以『功德』釋之，誤矣。

駿奔走在廟，『駿』字

傳：『駿，長也。』箋云：『駿，大也。』正義曰：『此奔走在廟，非惟一時之事，乃百世長然，故傳言「長」也。』又申鄭云：『以詩人所歌，據其見事，非是逆探後世，不宜以「駿」爲「長」也。』『禮記大傳亦云「駿，奔走」。注：「駿，疾也。疾奔走，言勸事也。」其意與此相承也。』按：下文『無射於人斯』，『無射』正是長久之事，故傳以『駿』爲『長』。大雅文王『峻命不易』、崧高『峻極於天』，傳亦訓爲『大』，與箋意同。而此云『長』者，義各有當也。

對越在天

箋云：『對，配。越，於也。文王精神已在天矣，猶配順其美行如生存焉。』按：『對越在天』與『駿奔走在廟』相對成文，『對越』猶『對揚』。爾雅：『越，揚也。』『越』『揚』一聲之轉。『對揚』之爲『對越』，猶『發揚』爲『發越』、『清揚』之爲『清越』也。『對越在天』言對揚文武在天之神也，猶之大雅江漢曰『對揚王休』、祭統曰『對揚以辟』之義也。

假以溢我，『溢』字

毛傳訓『溢』爲『慎』。箋云：『溢盈之言也。』廣韻引説文作『誐以溢我』。左傳又云『何以恤我』。考爾雅『溢』皆訓静謐〔一〕；毛訓『溢』爲『慎』；尚書『惟刑之恤哉』，今文作『謐』，是『溢』『謐』『恤』字古通。説文引詩『謐』爲正字，『恤』『溢』皆借字。至毛公訓『溢』爲『慎』

者，謂以嘉美之道，戒慎其子孫，子孫因而收聚之。兩句文義上下相承。鄭箋之言未免望文生義。釋文謂王肅及崔申毛又以『慎』爲『順』，然爾雅『溢』訓『慎』，不訓『順』。王崔所據毛詩，殆字之誤者也。

曾孫篤之

傳：『成王能厚行之也。』釋文本無『行』字。箋云：『曾，猶重也。自孫之子而下，事先祖皆稱曾孫。是言曾孫欲使後王皆信行之。』今考信南山傳以『曾孫』爲成王，彼疏以爲成王繼文武之後爲太平之主，故詩人特異其號。此則不必泥於對曾祖始稱『曾孫』。如曲禮天子外事稱『嗣王某』，諸侯外事稱『曾孫某』，是『曾孫』猶言『嗣孫』，故左傳蒯聵告文王、康叔稱『曾孫』。毛云『成王能厚之』者，謂成王能大順文王之意以厚其子孫。箋申傳意，更推及後王而曰『曾孫欲使後王皆厚行之』，蓋亦以『曾孫』爲成王矣。

文王之典

維清一詩備舉文王之德而以言之者，謂其德寓於法也。法度紀綱，要皆本於精神心術。文王之典原是『緝熙敬止』，故必繼續光明，其典方不至於過佚也。文王有典，則以貽子孫，王業雖未成而禋祀之禮已肇始於此。是文王之典爲周之禎祥也。厥後，周公作官禮以致太平。太宰所建之六典，其即此與？

肇禋

箋云：『文王受命，始祭天而枝伐。周禮以禋祀祀昊天上帝〔一〕。』考鄭氏箋詩，於維清篇釋之最明，而後儒莫之信者，因祭天枝伐之說出於緯書。既以祭天非文王事，勢必以『肇禋』屬之成王。然『迄用有成，維周之禎』正指『文王之典』，而中隔『肇禋』，文義恐不相續。故朱子疑經有闕文，則如何以『肇禋』屬文王言也？蓋此『肇禋』與生民『肇祀』正同，彼傳謂『后稷始歸肇祀』〔二〕，則此傳『肇，始；禋，祀』亦當主文王言。或者謂文王三分服事，不當齊祀天之文。豈知『禋祀』不過指出師類禡之事，古者征伐無道，因事告神，不必定是祭天。詩意謂文王始行禋祀，有此武功，以至於今，永清大定，聿觀厥成，則文王之典誠足爲周家之吉祥矣。

維周之禎

傳：『禎，祥也。』釋文：『祺，音其，祥也』，爾雅云同。『徐云：本又作「禎」，音貞。與崔本同。』正義曰：『祺，祥。』釋言文：『舍人曰：「祺福之祥。」』某氏『曰：詩云「維周之祺」。定本[四]、集注「祺」字作「禎」。』或曰：按爾雅：『祺，祥也。』祺，祜也。釋文：『祺，音其[五]，下同。』是爾雅無有作『禎』者。當從正義釋文本方與爾雅訓合。唐石經作『禎』，故今本多作『禎』。蓋即唐之定本據崔靈恩集注也。説文云：『禎，祥也。』崔蓋本此。今注疏本作『禎』，則非。或又曰作『禎』者，恐是改易取韻。今考崔靈恩所據者，是毛本古作『禎』，徐邈所云作『禎』之本亦當是毛詩也。正義引某氏稱詩『維周之祺』，與毛異字，蓋出於三家與？或三家作『祺』，毛詩自作『禎』耳，未必由崔注改易取韻也。

錫茲祉福

傳云：『文王錫之。』箋云：『天錫之以祉福也。』按福之錫文與『辟公』相屬，若以爲天錫文王，則文義乖隔。載見章『烈文辟公，綏以多福』二語，正與此同。彼箋云：『成王乃光文百辟與諸侯，安之以多福。』何獨於此乃言『天錫』乎？是不如傳義之爲允也。正義申之曰：『毛以「辟公」之下即言「錫福」，是錫之以福使得爲此辟公也。文王是周創業之主』，『此等得在周統内列爲諸侯，乃文王之所錫，故言「文王錫之」[六]。』可謂善述毛義矣。

惠我無疆

箋云：『惠，愛也。』『又長愛之無有期竟〔七〕，子孫得傳世安而居之。』疏又泥於『惠我』之『我』不當我諸侯，故申箋以爲成王自我。按此詩『惠』不必訓爲『惠』〔八〕。維天之命『駿惠我文王』，箋訓『惠』爲『順』，此篇亦當謂文王錫諸侯以祉福，爾諸侯能順我命，無有期竟〔九〕，則子孫世世得保守此位。爲此則『我』字仍我文王。以此二句終文王錫福之事故也。

無封靡於爾邦，『靡』字

傳：『封，大也。靡，累也。』箋云：『無大累於汝國，謂諸侯治國無罪惡也。』正義曰：『靡，謂侈靡。奢侈淫靡謂罪累之事，故「靡」爲「累」也。』今按：傳意當以『靡』爲『縻』之假借。莊子胠篋篇『伍員靡』，釋文引司馬注：『靡，縻也。』説文：『縻，牛轡也。』『纍，綴得理也。一曰大索也。』蓋『縻』『纍』皆有繫綴之義，引申之爲羈縻、爲罪纍，故傳一訓『靡』爲『累』。疏以『靡』爲侈靡，侈靡是罪累，增字成文，失傳箋之旨矣在。

『彼徂矣』句，『岐有夷之行』句

夢溪筆談云：『朱浮傳作「彼徂者岐」〔一〇〕。』困學紀聞曰：『筆談以「朱輔」爲「朱浮」。』西南夷傳：朱輔上疏，引詩：『彼徂者岐，有夷行之。』注引薛君章句曰：『徂，往也。』按：作『徂』固是〔一一〕，而作『者』則非。詩中兩『矣』字相對爲文，『彼徂矣』三字自爲一句，『岐』字屬下讀。韓詩外傳引詩曰『岐有夷之行』，説苑引詩『岐有夷之行』，非其明證與？

我將，祀文王於明堂

序云：『我將，祀文王於明堂也。』按：此序『祀文王於明堂』，則正義引孝經謂『宗祀文王於明堂，以配上帝』者，其證確矣。但或謂明堂即謂文王之廟。不知明堂既爲配上帝之所，帝不可饗於國中。故大、小戴禮謂在近郊三十里，淳于敦以爲在國南三里，韓嬰以爲在國南七里〔一二〕。雖遠近不同，皆與玉藻『聽朔於南門之外』鄭注謂明堂在國之陽者合。但鄭謂明堂爲大饗五帝，而不及昊天。疏家據周禮『天旅上帝』爲別，不知『帝』即天也。此詩首言『維天其右之』，末云『畏天之威』，祇言天而不言帝，何得云明堂之享但云五帝而無昊天乎？孝經所分配天、配地、配上帝者，南郊專祀昊天，明堂兼及五帝耳。至祭法『祖文王而宗武王』鄭注謂『祖、宗，通言耳』。孝經『周公其人』者，禮雖行於武王而實制於周公。周公以后稷既配天南郊，而周之王業成於文王，故復制爲明堂配天之禮以彰嚴父之義。此在當時祇以文王配帝，雖『祖』『宗』可以通稱，然文王於武王爲父〔一三〕，故孔子但言宗祀文王耳。至武王既没，則定爲雙配。祖文宗武，一代之制，祭法所言是也。此但言文王，亦當同孝經之爲周公相武王伐紂後，宗祀文王之樂歌耳。

『維羊維牛』作『維牛維羊』

按：『維羊維牛』本作『維牛維羊』。箋云：『我奉養我享祭之羊牛。』明監、注疏本箋中作『牛羊』，後改爲『羊牛』，今箋『牛』字宛然存『羊』字之迹。正義惟釋經一處，言維是肥羊、維是肥牛，其釋箋皆『牛羊』連文，先『牛』後『羊』。周禮羊人疏引詩『維牛維羊』，隋書宇愷傳引詩亦作『維牛維羊』，知唐以前本皆作『維牛維羊』。聞自石經始誤作『維羊維牛』。今本始沿襲之。考周頌雖不叶韻，自有和底篇相叶。此詩上一句爲『享』『羊』與『饗』『方』爲韻，若作『維羊維牛』，何以相叶？而或者以爲『牛』與『右』諧，誤矣。

時邁，武王巡狩之詩

序云：『時邁，巡狩告祭柴望也。』正義曰：『宣十二年左傳云：昔武王克商，作頌曰：

「載戢干戈。」明此篇武王事也。國語稱周文公之頌曰：「載戢干戈。」明此詩周公作也。』『白虎通曰：何以知太平乃巡狩？以武王不巡狩，成王乃巡狩。其言違詩反傳〔一四〕，所說非也。』今按：後漢書李固傳引詩注及韓詩薛君章句曰：『美成王能奮舒文武之道而行之，則天下無不動而應其政教。』據此，知韓詩以時邁爲成王巡狩，白虎通蓋用韓詩說。然考逸周書大匡解俱有『惟十有三祀，在管』之文，與竹書紀年『武王克商，命監殷，遂狩於管』之文合。又度邑解云：『我南望過於三塗，北望過於有嶽丕，顯瞻過於河宛〔一五〕，瞻過於伊洛。』與詩言『河喬嶽』亦相近。史記本紀：『武王既克商，命宗祀享祠於軍，乃罷兵西歸，行狩，紀政事，作武成。』書序曰：『武王伐殷，歸獸，作武成。』所謂『歸獸』者，即樂記云『馬散華山之陽，牛散桃林之野』。其下云『車甲衅而藏之府庫，而弗復用，倒載干戈，包之以虎皮』。正與此詩『載戢干戈，載櫜弓矢』語合。然則時邁雖作於周公，要爲頌武王克殷後巡狩諸侯之事。則爲武王不巡狩，乃說之妄也。

肆於時夏

傳：『夏，大也。』按毛於『肆』字無傳，但訓『夏』爲『大』。所謂『大』者，不知何指。以思文『陳常於時夏』證之，彼之『陳』，則此『肆』字亦可訓爲『陳』。彼上云『無此疆爾界』，下云『陳常於時夏』，則『夏』似當作『諸夏』之『夏』，言來牟率育〔一六〕，無疆界之殊，所以陳其常久之功於是諸夏。則『肆於時夏』亦當謂武王求美德之士，使之在位，陳其功於是諸夏。故傳以『夏』爲『大』。夏，鄭注儀禮大射〔一七〕，引吕叔玉説，幷解時邁所以用漢延賓之意〔一八〕。今考樂章名『夏』，亦取諸夏之義。服氏左傳注云：『車鄰、駟鐵、小戎之歌，與諸夏同風，故曰夏聲。』是也。然編樂名『夏』必在詩之後，豈有詩未終篇而即曰『陳於此以爲夏』者？且春秋傳言『金奏肆夏』，既以金奏，必非歌詩之數，是不及傳義之爲允也。

不顯成康

序云：『執競，祀武王。』故傳釋『不顯成康』謂『成大功而安之』。鄭氏箋詩亦以爲『成安祖考之道』。是皆與序説相合。歐陽時世論以『成康』爲成王、康王〔一九〕，集傳因之，以爲祭武王、成王、康王之詩。即如舉功德之最盛者，不應上捨文王而下逮成康也。既曰祭三王矣，頌武王僅二語，『不顯』以下皆頌成康功德，遠過武王耶！夫文武皆受命開基之主，祀文王有詩，而曰『自彼』可乎？且下文『自彼成康』，傳謂『用彼成安之道』，故可言『彼』。若明明祭成王、康王之詩，可乎？傳箋之説，誠不易矣。

磬管將將

傳：『將將，集也。』正義曰：將將，謂其聲與樂諧合集也。按釋詁：『將將，大也。』閟宮疏引王肅云：『將將，美盛。』此傳訓爲『集』，亦是『盛大』之意。説文足部：『蹩，行貌。從足，將聲。詩曰：「管磬將將。」』此或三家詩異字，許引之以明假借〔二〇〕。或即引毛詩『磬管將將』，以比方『蹩』之音，傳寫者因篆文而并改所引詩爲『蹩蹩』。要之，『磬筦』不得訓爲『行貌』。大抵『將將』爲磬筦之聲，本無正字，故多通借。如荀子富國篇引作『瑲瑲』，風俗通聲音作『鎗鎗』，漢書禮樂志又作『鏘鏘』，是也。而其義則以傳説爲允。

威儀反反

傳：『反反，難也。』箋云：『反反，順習之貌。』正義曰：『順禮閑習〔二一〕，自重難也。』按：賓之初筵『威儀反反』傳云：『反反，顧禮也。』箋云『順習』者〔二二〕，『順』與『馴』同〔二三〕。『馴』『順』皆重慎之意，故此以『反反』爲『難』。正義釋爲『重難』，正所以申傳也。

立我烝民

鄭氏詩箋謂『立』當作『粒』，與益稷『烝民乃粒』同。正義曰：『傳不解『立』，但毛無破字之理，必其不與鄭同〔二四〕，宜爲存立衆民也。』蓋『立我烝民』，『立』當如字，非如皋謨之『烝民乃粒』。其時烝民阻饑，教化未施，無以立之道。后稷播種，民人『率育』而『陳常於時夏』，故下文云『莫匪爾極』。考成十六年左傳申叔時曰『民生厚德正』，引詩曰：『立我烝民，莫匪爾極。』國語芮良夫曰：『王人者，將道利而布之上下者也。彼神人百物無不得極，故詩曰：「立我烝民」，莫匪爾極。』據此，是詩言『立民』當不專指粒食事也。

莫匪爾極

毛傳訓『極』爲『中』。考商頌：『商邑翼翼，四方之極。』商之建國翼翼然，乃四方之中正也。周官『以爲民極』注：『極者，中也。』書洪範『錫汝極』注亦云：『中也。』是『極』本爲『中』義，毛傳不爲無據。自堯舜授受以來，允執其中，謂之常道。是中乃人性之所固然，故曰『爾極』，所謂恆性也。后稷教民稼穡，使人無艱食，然後能立於爾極，而常道於以行也。是執中於上者，堯舜之心也；使民烝立於中以養其恆性者，后稷之德也。

貽我來牟

傳：『牟，麥也。』或謂傳『牟』上脱『來』字，當作『來牟，麥』。按：古祇稱麥爲『牟』，累言之則曰『牟麥』。詩稱『來牟』者〔二五〕，以周人有烏銜之瑞，謂此瑞麥爲『來牟』。是『來』本非『牟』之通名。傳不釋『來』字，箋乃申之云：『武王渡孟津，白魚躍入於舟，出涘以燎〔二六〕。後五日，火流爲烏〔二七〕，五至，以穀來。此謂貽我。』是鄭亦不以『來』爲麥名矣。傳雖不言瑞麥，生民『誕降嘉種』，此則下文云『帝命率育』，故傳不言自天來耳。漢書劉向傳引詩『貽我釐麰』〔二八〕，注云：『釐麰〔二九〕，麥也。貽自天降。』文選注引韓詩作『貽我嘉穀』，皆此意也。但麥之爲穀，始於上世，非自周初始。故傳第訓『牟』爲『麥』。孟子亦但言『麰麥』〔三〇〕，在當時不分大麥小麥。廣雅：『麳〔三一〕，小麥。麰，大麥。』趙注孟子：『麰，大麥。』乃後人所分耳。説文：『來，周所受瑞麥來麰〔三二〕。二麥一夆〔三三〕，象其芒刺之形。天所來也，故爲「行來」之「來」。詩曰：「貽我來麰。」』按：此説似有脱誤。據其所云，是先有『來麥』之象形，而後有『行來』之麥之取義〔三四〕，則夫虞書有『帝曰來禹』之文，易卦有『小往大來』之繇，皆在周受瑞來以前，何以解之？故必如傳箋第以『牟』名，因與赤烏俱來，而謂之『來牟』，斯爲通義耳。

周頌臣工之什四之二

臣工非戒農官

序義以爲諸侯來朝，因助天子之祭，事畢將歸，天子乃戒敕而遺於廟〔三五〕。詩人述其事而歌之。朱子初命亦從序説，後改爲戒農官之詩，以經文祇言農事。然果爲戒農官之詩，則當列之於雅，何以列之於頌？今既列於頌，則序説不可偏廢矣。意諸侯來朝助祭，歸而申飭之，稼穡其前務也。故篇備述農官之事耳。

保介

箋云：『保介，車右也。』月令：「孟春，天子親載耒耜，措之於參保介之御間。」『介，甲也。車右勇力之士，被執兵也。』高誘注吕覽云：『保介，副也。』按釋詁：『介，右也。』『右』即『副貳』之意。高以『保介』爲『副』，當有『輔』意，名謂其輔君耕籍。但高渾而言之。鄭注禮記以『保』爲『衣』、『介』爲『甲』，切言之耳。後儒以『車右』不過勇士之名，與農事無涉，故用高注以『副』爲農之『副』。不知古者士大夫皆嫺於射御，故君之御及車右皆以大夫爲之，初非别有甲士。此詩敕保介，自是呼諸侯之車右而告之，則『保介』即月令之『保介』

無疑。若農官，則詩中每言『田畯』，不得謂之『保介』。況又以爲農官之副，將以何者爲農官之正乎？是知箋説之不可易也。

錢鎛

傳：『錢，銚〔三六〕。鎛，鎒也。』考説文訓『錢』爲『銚』，古者田器之名。説文斗部『斛』下引爾雅：『斛謂之疀，古田器也。』是銚、斛同物，即今之鏵鍬，所用以耕者。正義引此詩。木部〔三七〕：『槈，薅器也。從木，辱聲。或從金，作鎒。』正義云：『鎛、耨當是一器〔三八〕。但諸文或以爲耨即鋤〔三九〕，或云鋤類。』槍〔四〇〕。齊語：『挾其槍刈耨鎛。』以鎛與鎒爲二物。然皆所以芸田，亦大同而小異耳。

噫嘻成王

傳：『噫，歎也。嘻，和也。』釋文引傳亦作『噫，和也』。正義曰：『爲歎以敕之。』按：『噫嘻』之文在『成王』之上，若如正義云『噫嘻』猶臣工篇『嗟嗟』，故毛以爲敕。彼敕臣工，此豈敕王乎？若謂成王因此嗟歎而有所戒敕，則經文當云『成王噫嘻』矣。考説文無『嘻』字〔四一〕，言部：『譆〔四二〕，痛也。』又：『誒〔四三〕，可惡之詞。一曰誒〔四四〕，然。』春秋傳曰『誒誒出出』〔四五〕，今考傳作『譆譆出出』，是『誒』『譆』相通〔四六〕。此傳云『嘻，和也』，説文『和，相應也』，蓋以『噫』爲歎而『嘻』和之，故箋云『噫嘻，有所多大之聲也』。詩『嘻』字，疑即『譆』之假借。『噫嘻』雖歎聲，要有美有惡，此經當是歎美成王事者之能勸農種穀耳。

駿發爾私

傳：『私，民田也。言上欲富其民而讓於下，欲民之大發其私田耳。』正義曰：『毛以所在皆有公田在民井田之間，當亦民所耕發，而云「駿發爾私」者〔四七〕，上以欲富其民而讓於天下，欲民之大發私田使之耕之以取富』，故言『爾私』。但『私』者，對『公』言之，經不及公所以爲讓富於民，並非絶無公田。若如朱子集傳言鄉遂之地用貢法，無公田，則是本皆私田，何必言『讓』？且此詩祈穀上帝，以天子而戒農播種，何以所言止及鄉遂而不通於畿甸乎？是不及傳説之允也。

終三十里

傳：『終三十里，言各極其望也。』正義曰：『各極其望，謂人目之望所見極於三十里，每各極望則偏及天下矣。』『王肅云：三十里，天地合之而三十，則天下徧。』『「三十」以「極望」爲言，則「十千爲耦」者以萬爲盈數，故舉之以言，非謂三十里内有十千人也。』至鄭氏箋詩，乃謂一川之間爲三十里，與『十千維耦』之數相配。其説贅矣。

振鷺于飛

傳：『振振，羣飛貌。』或謂此詩但言『振』，未嘗言『振振』，且曰『于飛』不當言『羣飛』，故嚴氏止言『自振其羽』而已。按：詩中一字而傳以疊字訓釋者，不一而足。此『振鷺』即與魯頌之『振振鷺』同。振振者，盛也。在鳥則羣飛爲盛貌，故以『振振』爲『羣飛貌』耳。此則後儒所加，其誤甚矣。

西雝

傳：『雝，澤也。』箋云：『白鳥集於西雝之澤，言所集得其處也。』正義：『以鷺是水鳥，明以往爲澤，故知「雝」，澤也。謂澤名爲「雝」，故箋云「西雝之澤」也。』明在周京之西『有此澤，言其往向彼耳，無取於「西」之義也』。按：靈臺傳云：『水旋邱如璧，曰辟雍，以節觀。』是『辟雍』本取四周有水形如璧環爲名〔四八〕。説文：『邕，四方有水自邕成池者。』皆與毛合。宣十二年左傳訓『雍』爲『東膠』。東膠，人所易知與？後漢書邊讓傳引薛君章句曰：『西雍，文王之雍也。』鄭氏注禮謂殷制，『小學在公宫南之左，大學在西郊』。樂記疏引熊氏曰：『武王伐紂之後，猶用殷制。』然則文王辟雍自當在西郊。此箋云『西雝之澤』者，蓋亦以爲文王之雝。正義以爲泛言川澤，無取於『西』，失傳箋之旨矣。

豐年，秋冬報賽之詩

序云：『豐年，秋冬報也。』箋云：『報者，謂嘗也，烝也。』考序及傳不言所祭之神，至諸儒各自立説：王介甫以爲祭上帝，蘇傳以爲秋祭四方、冬祭大蜡，朱傳以爲祭先農。何氏古義：郊特牲：『順成之方，其蜡乃通。』以此經言『豐年』，故專指祭蜡。或又據楚語周人報而同歌是詩，故不言其所祭。何氏古義據郊特牲爲祈上帝，不應有祈而無報，『方社』其報祭正歌良耜，不當又用豐年。至謂經言『豐年』必是一方順成之祭，則良耜社稷亦云『崇墉比櫛』，又豈必順成乃歌耶？楚語所稱廟記固有『報』名，然又未必其在秋冬也。今以孟冬『大飲烝』下即言天宗、社諸祭，高誘注淮南時則訓以此烝爲冬祭〔四九〕，是與廟祭之秋嘗冬烝同名而異實，故箋以『報』爲嘗、烝。而正義以追養繼孝申之，誤矣。

萬億及秭

傳：『數萬至京曰億。數億至億曰秭。』正義曰：『此於今數爲然[五〇]。』『集注皆曰數萬至億曰秭[五一]。』一本作『數萬至億曰秭』[五二]。是陸用集注本，與正義不同。或據説文『秭』下『一曰』數例之，此傳亦必用今數[五三]，自以孔本作『數億至億曰秭』爲合。按：秭數，諸書不同。一切經音義引算經：『黄帝十等：億、兆、京、垓、讓、秭、溝、澗、正、載。』廣韻引風俗通：『千生萬，萬生億，億生兆，兆生京，京生秭，秭生垓。』御覽引風俗通又云：『十垓謂之秭。』數本無定論。毛以經文『萬億及秭』數本層累而代，故以萬萬曰億、億億曰秭[五四]。況詩主詠歌，不同紀事。此詩欲極言黍稌之多，由萬而億，由億而秭，皆形容之詞，當取其數之多者言也。

猗與漆沮

傳：『漆沮，岐周之二水也。』正義曰：『漆沮自邠歷岐周以至豐鎬。以其薦獻所取不宜遠於京邑，故不言邠。言岐周者[五五]，鎬去岐不遠，故繫而言。其實此爲潛之處，當近京邑。』或謂鎬京去岐三百餘里[五六]，近京爲潛，何必遠繫於岐周之水？因疑傳言岐周。明此爲成王六年蒐於岐陽，薦獻先王别廟之詩，乃是就地取魚，故經表以漆沮。今按：周公制禮合萬國之歡心，以祀其先王，則祭時備物，四海九州之物皆具，何必以漆沮非近京爲疑？況岐周爲興王之地，取其所有而薦之，示不忘本，亦思其所嗜之意。經言漆沮，傳言岐周，皆指其實，非以鎬岐相近繫而言之也。

潛有多魚，『潛』字訓爲『槮』

傳：『潛，槮也。』釋文云：『槮，索感反。舊時傳及爾雅本並作「米」旁「參」。小爾雅云：「魚之所息謂之橬。」橬，槮也。謂積柴水中，令魚依之止息，因而取之也。郭景純因改爾雅從小爾雅作「木」旁「參」〔五七〕，音霜甚反。』正義曰：『釋器云：「槮」謂之「涔」。李巡曰：今以木投水中養魚曰涔。孫炎曰：積柴養魚曰槮。郭璞曰：今之作槮者聚積柴於水中，魚當寒則入其裏藏隱，因以薄圍捕取之。「槮」字，諸家本作「米」旁，爾雅作「木」邊，積柴之義也。然則「槮」用「木」不用「米」，當從木爲正。』或謂『槮』字乃郭璞所改，不可轉依以改詩傳，正義所説非是，當以釋文作『米』爲長。今按：『槮』謂之『涔』。爾雅列於釋器。若米養魚不當爲器，況漆沮大川非可投米以養。若如韓詩謂涔，非必以米養也。『積柴』之訓義本李巡，非郭氏所改〔五八〕。並列，則槮自是圍魚。此又呂忱、孫炎本。然則『罧』爲正字，『槮』爲借字。即舊詩作『糝』，亦以聲近，故借投米養魚之説未免望文生義矣。

有鱣有鮪

箋云：『鱣，大鯉也。』或謂衛風碩人傳云：『鱣，鯉也。』此箋因下有『鰋鯉』，故以『大鯉』別之。按：箋以『鱣』爲『大鯉』。鮪似鱣而小，亦長七八尺。此則誤以爲今之鱏黄魚，非施罛積柴之所能藏，其非詩詠之『鱣鮪』可知矣。正義引陸璣疏云：『河南鞏縣東北崖上山腹有穴，舊説云此穴與江湖通，鮪從此穴而北入河，西上龍門入漆沮。』水經注：漢水東經鱣湍，『者舊言有魚奮鬣』，『望濤直上，至此暴腮』，『因以名流』。據此，是鱣鮪本出於河，至河魚大上之時逆流而至漆沮，故周人取以薦新也。

雝禘大祖非文王

序云：『雝，禘太祖也。』箋云：『太祖，謂文王。』今按：序言『禘大祖』，當指后稷。王制：『天子七廟，三昭三穆，與太祖之廟而七。』注云：『太祖及文王。』則祭文王者，可知矣。韋玄成傳又謂禮，王者受命諸侯，始封之君皆爲太祖。故鄭以文王爲太祖。周之所以七廟者，以后稷始封，文王、武王受命而王云云。又其禘祫志言禘則大王、王季以上遷主祭於后稷之廟；文武以下遷主，若穆之遷主祭於文王之廟，昭之遷主祭於武王之廟。此箋以太廟爲文王，即謂禘於文王之廟，文武皆在親廟，其下並無昭穆，安所用毁廟合食之禘？通典引韓詩傳曰〔五九〕：『禘取毁廟之主，皆升合食於太廟。』若係此篇之傳，則韓義亦必不以爲禘文王。惟以序之『太祖』爲后稷，則經中『皇考』即指后稷。祭法五廟皆曰考，始祖即曰祖考，故后稷可稱皇考。通典引逸禮〔六〇〕，『禘於太廟，毁廟之主升合食而立二尸』〔六一〕。又曰：『昭共一牢，穆共一牢，祝詞稱孝子孝孫。』即爲成王對后稷之稱，亦可。『宣哲維人，文武維后』，似指毁廟諸祖而言，是『太祖』之爲后稷無疑矣。

武，奏大武

序云：『武，奏大武也。』箋云：『大武，周公作樂所爲舞也。』按此箋言周公所作即此武詩。又詩所謂『武』者，以爲周頌維清及此序言『奏』，明是既歌此詩即爲此舞。但維清箋言『象舞，武王所制』。則似武王時已象文王之伐而爲舞，周公乃爲歌詩作樂而奏之於廟。且經於『於皇武王』云『耆定爾功』，必非武王時所作。意亦與維清同，其舞作於武王時，詩則周頌所定，至此乃合詩與舞而奏之與？何氏古義據吕覽云：武王伐殷，克之，歸，『令周公作爲大武。墨子亦云武王因先王之樂，又自作樂，命曰象武。即大武。』意者，大武之舞已作於武王之世，特其詩未備，周公乃始成之也。

周頌閔予小子之什四之三

率時昭考

『考』一句爲羣臣言者，以王方謀於臣，不得自言率考。且『於乎悠哉，朕未有艾』是報答率時昭考之言〔六二〕。當從其説。按：自閔於小子以下三篇，皆有『維予小子』語。毛於前二篇無傳，惟敬之、維予小子傳云：『嗣王也。』毛以上二篇皆爲成王之詞，則所稱『小子』自係嗣王敬之。前六句皆羣臣進戒之詞，忽接以『維予小子』，嫌於羣臣自稱，故特爲發傳。『訪予落止』爲王言，『率時昭考』爲臣言，非立言之體也。孔疏即以鄭疏述毛，失之矣。

繼猶判渙

毛傳：『判，分。渙，散也。』箋云：『繼續其業圖我所失，分散者收斂之。』正義引王肅云：『將予就繼先王之道業〔六三〕，未及分散而去，言己才不能繼。傳意或然。』『箋易傳者〔六四〕，以謀於羣臣當是求臣之助，不宜退自謙遜，言己不能繼續，故易之。』按謀訪羣臣，自爲謙詞未爲不可。但既云才不能繼道，將分散下，又云未堪家多難，文義未免重疊。竊謂傳意當云女羣臣將於就近先王，繼其道之分散者收而斂之。分散者，猶『遭家不造』，言家道未成〔六五〕，是將分散矣。此當用箋申傳，王肅之言是也。

『命不易哉』非『變易』之『易』，『難易』之『易』

箋云：『天乃光明，去惡與善，其命吉凶不變易也。』釋文：『易，鄭音亦，王以豉反。』按：左傳僖二十二年：『臧文仲曰：「國無小，不可易也。」』引詩曰：『敬之敬之，天維顯思。命不易哉！』成四年：『公如晉，晉侯見公，不敬。季文子曰：「晉侯必不免。詩曰：『敬之敬之』云云，『夫晉侯之命在諸侯矣，可不敬乎？』」據此，皆以詩『不易』爲『難』。漢書孔光傳亦云：『命不易哉』，謂不易者凶，『懼之則吉』。知此宜用王音申毛，箋説似非經旨也。

學有緝熙於光明

傳：『光，廣也。』箋云：『緝熙，光明也。』『謂賢中之賢也。』按：傳訓『光』爲『廣』者，古字『光』『廣』聲同義通。皇矣『載錫之光』傳云：『光，大也。』此『廣』與『大』義相成。毛以『緝熙』已有『廣』義，則經文於『緝熙』下綴以『光明』，不當但爲『明』義，故必以『廣』訓『光』，謂學有其明；既廣其明者，乃明益求明之意。箋謂學於光明之明者，不獨文義迂曲，且任賢意在下句，猶言學日月積累，庶明而益明乎？

佛時仔肩，『佛』字

傳：『佛，大也。』箋云：『佛，輔也。』或曰：説文：『奔，大也。從大，弗聲』，讀若『予違汝弼』之『弼』。毛蓋讀『佛』爲『奔』。而廣韻云：『胇肸，大貌。』『胇肸』即『佛肸』，是『佛』亦本訓『大』也。或又曰凡從『弗』之字即有弼違之意，如矯弓之戾以使正，爲『弜』，矯人之非使合宜爲『羛』〔六六〕，其字皆從弗〔六七〕。『奔』從大〔六八〕，從弗，言大矯之。鄭訓『佛』爲『輔』〔六九〕，宜與傳相將，非違傳也。釋文謂毛音符弗反，失之。按：傳以『佛』爲『弗』，借是專取『大』義。鄭讀爲『弼』，則由聲得義。説文：『弼，輔也。』重文作『弜』。孟子『法家拂士』趙注謂『輔弼之士』。曲禮『獻鳥者弗其首』注：『弗，戾也。』是作『拂』、作『佛』，皆『弜』之借，毛鄭取義自各不同耳。

予其懲而毖後患

按：疏於『而』字絶句。各本皆云小毖一章八句〔七〇〕。今考釋文亦以『懲而』作句，陸孔章句正同〔七一〕。唐石經於『毖』下旁添『彼』字，或當時别有本作『毖彼後患』，鄭覃等因據以旁注，未必祇緣正義有『慎彼在後』之文，遂遽增經字也。

莾蜂

傳：『莾蜂，瘳曳也。』正義曰：『王肅云：以言才薄，莫之藩援，則自得辛毒。』『此二家以「莾蜂」爲掣曳爲善，「自求」爲王身自求。』按：大雅『莾云不逮』傳：『莾，使也。』此用爾雅釋詁之『拼，使也』。此傳全用釋訓，彼作『甹夆，掣曳也。』依説文，字當作『德夆』，義皆訓『使』。蓋頌之『莾蜂』與雅之『莾』同義。『瘳曳』者，謂牽引而使之也。王肅以『莾蜂』爲『藩援』，似讀『莾』爲『屏』。孫炎注爾雅謂『掣曳』者入於惡，乃用箋説。孫毓謂使相助爲善，則與箋相反。今按：嗣王創艾求助，而先怵羣臣，以毋相掣曳爲惡，竊意『莫予』『自求』相呼應。『莫』者，無也。言往日是事無有瘳曳使我爲之者〔七二〕，乃我自求辛螫之毒耳。

桃蟲

傳：『桃蟲，鷦也。鳥之始小終大者。』箋云：『猶鷦之翻飛爲大鳥也。鷦之所爲鳥，題肩也。或曰鴞。皆惡聲之鳥。』正義曰：『定本、集注皆云：或曰鴟，皆惡鳥也。按月令注云：「征鳥，題肩，齊人謂之擊征〔七三〕。」』『郭璞云：「桃蟲，巧婦也。」』『諸儒以鷦爲巧婦，與題肩又不類也。今箋以鴂與題肩及鴞三者爲一，其義未詳。』且云鴂其爲小鳥甚明。箋云『鴂所爲鳥，題肩』，正申傳『始小終大』。月令注：『題肩或名曰鷹。』下有『仲春化爲鳩』語。箋意蓋以此桃蟲飛鳥亦鳩鷹變化之類。或曰以下當從定本、集注作『或曰鴟，皆惡鳥』者爲是。詩『爲梟爲鴟』，與『梟』並言，斷爲惡鳥，與墓門、泮水之『鴞』自別。陸疏云：『桃蟲，今鷦鷯』，『微小於黄雀。其雛化而爲雕，故語鷦鷯生鵰』。是毛詩『始小終大』之説至陸時猶有實驗也〔七四〕。

緜緜其麃

傳：『麃，芸也。』正義曰：『釋訓云：「緜緜，麃也。」孫炎曰：「緜緜，言詳密也。」郭璞曰：「芸，不息也。」王肅云：「芸者，其衆緜緜然不絶也。」』按釋文引韓詩作『民民』，云『衆貌』。似用韓義。然不如孫炎『詳密』之解爲當。蓋苗長齊，其芸恐致傷，自以詳密爲要。若謂衆芸不絶，此指上文『千耦其芸』則可，以解此文，則失詩人體物措辭之妙矣。

畟畟良耜

傳：『畟畟，測測也。』箋云：『善良也。農人測測，以利善之耜熾菑是南畝也。』正義曰：

『以「畟畟」文連「良耜」，則是刃利之狀，故猶「測測」，以爲利之意也。釋訓云：「畟畟，耜也。」舍人曰：「畟畟，良耜入地之貌。」郭璞曰：「言嚴利也。」』今按：詩『以我覃耜』，『有略其耜』，『覃』『略』自皆言耜。此既言『良耜』，則『畟畟』似非狀耜之詞。說文：『畟，治稼畟畟進也。從田，從儿〔七五〕，從夊。詩曰：「畟畟良耜。」』箋云『農人』者，即『從田，從儿』之義。儿亦『人』也。云『農人測測』者，謂測測然進治其田，即『從夊』之義。夊訓行遲曳，凡入深者必以漸而進。爾雅：『深，測也。』說文：『測，深所至〔七六〕。』『畟畟』猶『測測』，皆由農人深耕之貌也。

其鎛斯趙，『趙』字

傳：『趙，刺也。』正義曰：『其鎛斯趙，「趙」是用鎛之事，「鎛」是鋤類，故「趙」爲刺地也。』按：儀禮『刺草』注云：『刺，猶剗除也。』若『趙』是剗除，則下文『薅』字贅矣。淮南氾論訓『修萩無刺』注〔七七〕：『刺，鋒。』蓋刺者，鋒利之謂。傳訓『趙』爲『刺』，言其鎛鎒鋒利，故可以剗地耳。且『其笠伊糾』，『糾』爲笠之狀，則『其鎛斯趙』〔七八〕，亦當爲鎛之狀，固非言鎛之用也。

有捄其角

傳：『社稷之牛角尺。』正義曰：『王制云：「祭天地之牛，角繭栗；宗廟之牛，角握；賓客之牛，角尺。」無「社稷」之文。社稷卑於宗廟，宜與賓客同尺也。禮緯稽命徵曰：「宗社稷角握。」此箋不易毛傳，蓋以禮緯難信，不據以爲正也。』按：『捄』當作『觓』。説文角部作『觓』，云『角貌』，與此箋同。桑扈及緇衣皆云『兕觥其觩』，桑扈箋謂『觩然陳設』。維魯泮水『角弓其觩』傳：『觩，弛貌。』竊意弓弛則形長，此『有捄其角』亦當謂牛角之觩然而長。以此推之，知毛公『角尺』之言必有所據。若如禮緯云『角握』，不當言『有捄其角』矣〔七九〕。

載弁俅俅

傳：『俅俅，恭順貌。』釋文：『俅，説文作「絿」。』此語恐有譌脱。説文『絿』下不引此詩，『俅』下引此詩『載弁俅俅』，無緣復有作『絿』之文。陸氏殆引他書字誤爲説文與？傳云『俅俅，恭順貌』，爾雅釋言『俅載』郭注引詩『載弁俅俅』。釋訓又云：『俅俅，服也。』郭注謂『載弁服』。則『弁服』乃緇衣，非俅之謂矣。竊謂『服』當是『屈服』『柔服』之『服』，正傳所謂『恭順貌』也。

『不吳』與『虞』『娛』亦通

傳：『吳〔八〇〕，譁也。』箋云『讙譁』。正義曰：人至娛樂，『必讙譁也』。姚氏引何承天云：『此「娛」當爲「吳」，音洪霸反。此作「虞」者，與「吳」聲相近，故假借。或者本文借此「虞」爲「歡娛」字也。』封禪書引詩又作『不吳』，是『虞』『娛』『吳』三字通用。説文：『吳，大言也。』徐鍇以爲從口，從矢。寫詩者改『吳』作『吴』。何承天之説爲謬。不知『吳』字古文從口、從大，何説本此，非謬也。漢書郊祀志引詩正作『不吳不敎』，或當時亦有此本耳。然毛詩本文自當依定本作『吳』。『虞』『娛』皆『吳』之假借。『吳』則『吳』之古文，其訓則爲『大言』。『讙譁』即『大言』也。

酌

序云：『酌，告成大武也。言能酌先祖之道以養天下也。』按此告成大武之詩，而篇名『酌』者，言酌時之宜，所謂湯放桀、武王伐紂時也。曰『酌先祖之道』者，『先祖』謂文王。文王之道〔八一〕，三分有二而不取。武王酌其時，八百會同，則取之。孟子曰：『取之而萬民悦，則取之』，『武王是也』；『取之而萬民不悦，則勿取』，『文王是也』。序大武之取天下爲能酌文王之道，即此意也。稱『先祖』者，據成王作頌時言之耳。春秋繁露質文篇：『周公輔成王，成文武之制，作礿樂以奉天〔八二〕。』此『礿』即『酌』也。漢書董仲舒傳：『於周莫盛於酌。曰奉天者，不過言革命所以順天〔八三〕。言其盛者，以周之武功爲極盛也。』禮樂志云：『周公作勺，言能酌先祖之道也。』此直與毛是序相同。

我龍受之

傳：『龍，和也。』正義曰：『「龍」之爲「和」，其訓未聞。王肅云：「我周家以天人之和而受殷，用武德嗣文之功。」』或謂毛公釋詩，自爾雅訓詁而外，多用雙聲取義。如『泮』爲『坡』〔八四〕、『芑』爲『本』、『懷』爲『和』之類也〔八五〕。或兼取同位相近之聲，如『願』爲『每』、『龍』爲『和』之類也。李氏紬義曰：『龍，乾德。易稱乾道變化，各正性命，保合太和。故「龍」得爲「和」。』説苑辨物篇：『神龍「虛無則精以和，動作則靈以化」。廣雅釋魚本之，云：「淵深是藏，敷和其光。」據此二語，是古人言「龍」者，實有「和」義。或亦可推毛傳「龍」爲「和」之故與？』

桓

桓，序云：『講武類禡也。桓，武志也。』釋文云：『「桓，武志也。」本或以此句爲注。』按：正義云：『序説名篇之意』，文義一例，皆當爲序詩者之言。此處首言『講武類禡』，而經文無其事，恐啓後世學者之疑，故繼之以『桓，武志也』。意謂講武類禡者，周武王伐商之事〔八六〕。而詩人因其事，推其志在於安邦而保厥士〔八七〕、用四方而定厥家耳。是此序首言頌之所由作，繼言頌之所由名，其實仍一義也。

皇以間之

傳云：『間，代也。』箋云：『皇，君也。』『紂爲天下之君，但由爲惡之故，天以武王代之。』正義曰：毛傳『皇』多爲『美』，『此義必不與鄭同也。王肅云：「嗚呼周道，乃昭見於天，故用美道代殷定天下。」傳意或然。』按：毛雖訓『皇』爲『美』，而於文王『思皇多士』則以『皇』爲『大』。此詩即謂周道昭見於天，故天以周代殷。用此申傳亦可，不必如王肅以『皇』爲『美』也。

敷時繹思

傳：『繹，陳也。』箋云：『敷，猶徧也。敷是文王之勞心，能陳繹而行之。』按：毛但訓『繹』爲『陳』〔八八〕，而『敷』字不爲傳。小閔『敷於下土』傳云：『敷，布也。』宣十二年左傳引此詩作『鋪時繹思』。『鋪』亦『布』也。大雅『陳錫哉周』，彼箋云：『能敷恩惠之施，以受命作周國。』彼疏引王肅述毛，云『文王能布陳大惠，以錫予人』。竊意此詩亦當云文王既勞心於政事，我當而受之，將布陳文王之恩惠，以錫予善人也。

於繹思

箋云：『於！女諸臣受封者，陳繹而思行之。』正義曰：『於，亦歎詞也。』釋文：『於，鄭如字，王音烏。』按：酌『於鑠王師』，箋云：『於！美乎，文王之用師！』桓『於昭於天』箋云：『於！明乎，曰天也。』皆以『於』爲歎詞。此箋文法同前，當亦以『於』爲歎詞。陸氏之音非與？

校記

〔一〕謐　此字疑涉後文衍，爾雅釋「謐」爲「静」，無作「静謐」者。
〔二〕「祀」下原有「曰」，據鄭箋删。
〔三〕傳　原作「專」，據下爲引毛傳改。此處係用毛詩後箋語，後箋亦作「傳」。
〔四〕本　原無，據毛詩正義補。
〔五〕其　原無，據經典釋文補。
〔六〕之　原無，據毛詩正義補。
〔七〕〔九〕竟　原作「意」，據鄭箋改。
〔八〕下一「惠」字，依鄭箋意及毛詩後箋，當作「愛」。此處係用後箋語。
〔一〇〕朱浮傳　戴震毛鄭詩考正云：沈引後漢書乃朱輔疏，訛作「朱浮傳」。
〔一一〕固是　原作「成事」，據段玉裁詩經小學改。此處係用詩經小學語。
〔一二〕以　原無，據毛詩後箋補。此處係用後箋語。
〔一三〕然　原作「外」，據毛詩後箋改。此處係用後箋語。
〔一四〕反　原作「及」，據毛詩正義改。
〔一五〕顯　四庫全書本逸周書作「願」，四部備要本作「顧」。
〔一六〕牟　原作「年」，據毛詩後箋改。此處係用後箋語。
〔一七〕鄭　原作「其」，據毛詩後箋改。此處係用後箋語。

〔一八〕漢延　疑「漢」爲衍文。鄭箋原文作「漢奏此以延賓」。

〔一九〕世論　二字原互乙，據歐陽修時世論篇名改。

〔二〇〕許　原作「訓」，據毛詩後箋改。此處係用後箋語。

〔二一〕閑　原作「因」，據毛詩正義改。

〔二二〕順　原作「服」，據鄭箋改。

〔二三〕順　原重出，據毛詩後箋删。此處係用後箋語。

〔二四〕不　原無，據毛詩正義補。

〔二五〕牟　原作「弁」，據毛詩後箋改。此處係用後箋語。

〔二六〕燎　原作「潦」，據鄭箋改。

〔二七〕火　原無，據鄭箋補。

〔二八〕粦　原作「麥」，據毛詩後箋改。此處係用後箋語。

〔二九〕粦　原作「牟」，據毛詩後箋改。此處係用後箋語。

〔三〇〕麰　原作「牟」，據孟子改。

〔三一〕麳　原作「粦」，據廣雅改。

〔三二〕來　原無，據説文解字補。

〔三三〕夆　原作「舉」，據説文解字改。

〔三四〕行　原作「形」，據毛詩後箋改。此處係用後箋語。

〔三五〕據詩序，「遺」當作「遺」。

〔三六〕銚　原無，據毛傳補。

〔三七〕木部　原作「本」，據下爲引説文解字文改。

〔三八〕耨　原作「鎒」，據毛詩正義改。

〔三九〕耨　原作「鎛」，據毛詩正義改。

〔四〇〕槍　疑爲衍字。

〔四一〕嘻　原作「噫」，據毛詩後箋改。此處係用後箋語。

〔四二〕譆　原作「噫」，據説文解字改。

〔四三〕誒　原作「爲」，據説文解字改。

〔四四〕誒　原作「誤」，據説文解字改。

〔四五〕誒誒　原作「涘涘」，據左傳改。

〔四六〕誒譆　原作「嘻涘」，據毛詩後箋改。此處係用後箋語。

〔四七〕發　原無，據毛詩正義補。

〔四八〕四　原作「西」，據毛詩後箋改。此處係用後箋語。

〔四九〕「淮」原作「維」，「時」原作「詩」。據此處爲引高誘注淮南子時則訓而改。

〔五〇〕於　原作「與」，據毛詩正義改。

〔五一〕曰　原作「然」，據毛詩正義改。

〔五二〕『一本』上當有『釋文』二字，下引爲經典釋文語。
〔五三〕數　原作『疏』，據毛詩後箋改。此處係用後箋語。
〔五四〕億億　原脱一『億』字，據毛詩後箋補。此處係用後箋語。
〔五五〕言　原作『及』，據毛詩正義改。
〔五六〕岐　原無，據毛詩後箋補。此處係用後箋語。
〔五七〕從　原無，據經典釋文補。
〔五八〕改　原無，據毛詩後箋補。此處係用後箋語。
〔五九〕典　原作『貫』，據毛詩後箋改。此處係用後箋語。
〔六〇〕典　原作『禮』，據毛詩後箋改。此處係用後箋語。
〔六一〕尸　原作『尺』，據通典改。
〔六二〕昭考之言　原無，據毛詩正義補。此句用正義語。
〔六三〕道　原作『遺』，據毛詩正義改。
〔六四〕易　原無，據毛詩正義補。
〔六五〕未　原作『相』，據毛詩後箋改。此處係用後箋語。
〔六六〕『人』『非』二字原無，據曾釗詩毛鄭異同辨補。此處係用詩毛鄭異同辨語。
〔六七〕從弗　二字原無，據詩毛鄭異同辨補。此處係用詩毛鄭異同辨語。
〔六八〕奔　原作『佛』，據詩毛鄭異同辨改。此處係用詩毛鄭異同辨語。

〔六九〕佛　原作「弼」，據詩毛鄭異同辨改。此處係用詩毛鄭異同辨語。

〔七〇〕章　原作「韋」，據段玉裁毛詩詁訓傳定本小箋改。此處係用毛傳定本小箋語。

〔七一〕「陸」前原有「與」字，據毛詩後箋删。此處係用後箋語。

〔七二〕日　原無，據毛詩後箋補。此處係用後箋語。

〔七三〕擊征　原作「鵤」，據毛詩正義改。

〔七四〕時　原作「詩」，據毛詩後箋改。此處係用後箋語。

〔七五〕儿　原作「八」，據説文解字改。下「儿」字同。

〔七六〕至　原作「治」，據説文解字改。

〔七七〕論　原作「諭」，據淮南子改。

〔七八〕鎛　原作「鋒」，據詩經良耜改。

〔七九〕當　原無，據毛詩後箋補。此處係用後箋語。

〔八〇〕吳　原重出，據毛詩正義删。

〔八一〕文王　二字原無，據毛詩後箋補。此處係用後箋語。

〔八二〕礿　原作「約禮」，據董仲舒春秋繁露改。

〔八三〕天　原作「命」，據漢書改。

〔八四〕「泮」下原有「水」字，據江蘇古籍出版社嘉定錢大昕全集改。此處係用錢大昕潛研堂答問語。

〔八五〕懷　原作「皆」，據嘉定錢大昕全集改。此處係用潛研堂答問語。

〔八六〕伐　原作『發』，據毛詩後箋改。此處係用後箋語。

〔八七〕士　原無，據毛詩後箋補。此處係用後箋語。

〔八八〕繹　原作『經』，據毛詩後箋改。此處係用後箋語。

學詩堂經解卷二十

魯頌四之四

魯頌是史克所作

考魯頌駉，序云『史克所作』，王肅則云四篇皆史克所作，是史克作頌，不專指駉篇也。而王延壽、班固謂魯頌奚斯所作，是殆泥於閟宮『奚斯所作』之言。殊不知閟宮云：『新廟奕奕，奚斯所作。』是言奚斯作廟，非作頌也。則魯頌斷爲史克所作明矣。

駉駉牡馬，『駉駉』二字義

傳云：『駉駉，良馬腹幹肥張也。』釋文：『駉，古熒反。説文作「驍」，又作「駫」。』按：説文：『驍，良馬也。』『駫，馬盛也。』詩曰〔一〕：「四牡駫駫。」』『坰，牧馬苑也。』詩曰：「在坰之野。」』或謂據釋文〔二〕，『駉』，説文作『駫』，則説文當於『駫』下引詩『駫駫牡馬』。『駉』

或爲重文。今引『四牡駫駫』及『在坰之野』，皆非是。按：説文『驍』下本不引詩，釋文當是『駉，又作「驍」』。蓋陸疏所見毛詩有作『驍』一本耳。下乃云説文作『駫』，同陸所見。説文自作『駫駫』，與今本異矣。説文注謂毛詩必亦作『駫駫』，故許稱『駫駫』，而後人譌亂作『駉駉』，則未必然。許所稱詩與毛異者甚多，此或三家詩作『駫駫』，而『馬盛肥』之訓，正與毛訓『腹幹肥張』者同義。毛多借字，此特借馬苑之『駉』字爲之耳。

『牡馬』不作『牧馬』

按：釋文〔三〕，牡，『后茂反。草木疏：騭馬也。説文同。本或作「牧」』。正義曰：『定本「牧馬」字作「牡馬」。』顔氏家訓云：『江南本皆爲「牝牡」，河北本悉爲「放牧」之「牧」。』又文選李陵答蘇武書、藝文類聚九十三、御覽五十五引作『牧馬』，初學記二十九、白帖九十六引作『牡馬』。則六朝、唐人皆兼具兩本。今考傳、釋文，知『在坰之野，薄言駉者』方及牧事，首句止言馬之良駿，而未及於牧也。即釋文引陸氏草木疏云『騭馬』爾。釋之曰『騭』，則陸璣亦作『牡馬』矣。是作『牡馬』爲得之。考凡禽獸之類皆牡大於牝，詩意形肥張自當舉其牡言之。周禮言馬，以『一牡乘三牝』言牡之盛，則其牝之盛亦可見。以有駜詩證之：首章言『乘黄』，三章言『乘駽』，而次章言『乘牡』，此是以中間包前後，見黄馬之皆牡，亦可見詩人貴牡之意。顔氏所謂頌舉其强駿言之，於義爲得也。

駉馬四種

考周官校人云：『天子之馬十有二閑，馬六種』；諸侯六閑，『馬四種』，謂良馬、戎馬、田馬、駑馬也。魯，侯國，宜四種。駉篇首章言『良馬』，朝祀所乘也，故云『彭彭』，見其有力有容也。二章言『戎馬』，貴多力，故云『伾伾』：有力也。三章言『田馬』，田獵尚疾，故云『繹繹』：善走也。四章言『駑馬』，主給宮中之役，貴其肥壯，故云『祛祛』：强健也。

在坰之野

傳：『坰，遠野也。邑外曰郊，郊外曰野，野外曰坰，坰外曰林。』元和郡縣志曰：『坰澤在兖州曲阜縣東九里，魯僖公牧馬之處。』此則後人因詩附會耳。説文：『駉〔四〕，牧馬苑也。詩曰：「在駉之野。」』注云：宜本作『在冋之野』。『詩言牧馬在冋』〔五〕，故許氏引之以證。『馬冋會意』〔六〕，『馬在冋爲「駉」，猶草木麗於地爲「麓」也』。但『駉』爲牧苑之通名耳。

有騏

傳：『蒼祺。』釋文：祺，『字又作「騏」』。正義曰：蒼騏謂騏色青而微黑。據此，是正義本即釋文之『又作祺』也〔七〕。今各本皆作『蒼祺』，惟蒼臺本作『蒼騏』。詩經小學曰：『蒼祺，即蒼綦也〔八〕。小戎傳：「騏，騏文。」正義作「綦文」，李善赭白馬賦注引同。鳲鳩傳：「祺，祺文也。」釋文作「綦文」〔九〕。』『是古通借「綦」爲「祺」。』既小戎、鳲鳩傳皆作『綦文』者，此傳亦當作『蒼綦曰祺』也。

思馬斯作

傳：『作，始也。』箋云：『作，謂牧之使可乘駕也。』正義曰：『謂令此馬及其古始如伯禽之時也。』今考正義所云，蓋王肅之義，非毛義也。下章『徂』無傳，正義引王肅云〔一〇〕：『往也。所以養馬得往古之道。』據此，得以『古』『始』訓『作』，必王肅申毛如此，故孔氏引之以申毛耳。竊謂此『作』當與易『作足』同義。周易述〔一一〕：王劭云：『先作弄其四足。』毛『始』訓『作』，意亦當耳。不然，上章思馬斯材，此章忽思古始，何詞之不倫耶？箋云『「作」謂牧之使可乘駕』，亦與毛義相承。蓋先作弄四足，正是調習之狀也。

有驔

傳云：『豪骭曰驔。』爾雅無文。説文：『骭，骹也。』然則骭者，膝下之名。釋畜云：『四骹皆白[一二]，驓。』無豪骭白之名。傳言『豪骭白』者，蓋謂豪毛在骭而白長，名爲『驔』也。驓則四骹雜白而毛短，故與驔異也[一三]。如疏所云，則傳『豪骭也』當有『白』字，否則『曰』當爲『白』[一四]。按：釋文『驔』下云：『豪曰驔』，是陸本作『曰』、孔作『白』也。爾雅：『驪馬黄脊，騽。』説文則云：『驔，驪馬黄脊。讀若簟。』又别有『騽』字，云：『馬豪骭也。』考爾雅釋文云：『騽，説文「驔」，音簟。』今爾雅本亦有作『驔』者，即此可見『騽』爲『驔』之異文，『豪骭』或『驔』之别義。故説文注據玉篇、廣韻皆於『騽』之篆[一五]。今按：傳又『骭曰驔』，當從正義『曰』作『白』爲是。毛蓋以駉篇馬名本有，爾雅無文者，故訓釋亦不盡依爾雅。此章殆以『駰』『騢』『魚』皆有白色，故於『驔』特取其『豪骭白』一義以配之，而不用『驪馬黄脊之色』與？

以車祛祛

傳云：『祛祛，强健也。』六經正誤云：『「祛」當作「祛」。或謂古無從「示」之「祛」，至集韻而後有之。唐石經從『衣』作『袪袪』不誤。按：文選殷仲文南州桓公九井詩注引薛君章句：『祛，去也。』輯韓詩者多於遵大路『執子之祛』下引之，非是。當是此『祛祛』之注，謂駕車而去，然與下『斯徂』義複。竊謂『祛』本衣袪之名，釋名：袪，掣，『開也。開張之以受臂屈也』。廣雅：『袪，開。馬之開張。』馬之開張者必彊健也，故毛以『袪袪』爲『彊健』，猶上傳之『腹幹肥張』也。

歲其有

傳：『歲其有豐年也。』釋文：『歲其有，本或作「歲其有矣」，又作「歲其有年者」，皆衍字也。』唐石經本『有』字旁添『年』字。校勘記曰：『正義本未有明文。惟周頌豐年正義引魯頌「歲其有年」，當是本有「年」字與？』考此詩與下句子韻，不容更有『年』字，依釋文本爲是〔一六〕。『或引傳本云「歲其有年」，傳以「有年」説經之「有」也。經誤衍「有」下「年」字，傳又誤衍「年」上「豐」字，皆當以定本、集注爲長。』按：此説是也。正義曰：『春秋書「有年」者，皆謂五穀大熟豐有之年，故知「其有年」謂從今以去當有豐年也。』此『其有年』三字明指經文〔一七〕，『謂』字以下述傳意也。定本、集注皆謂『歲其有年』，自謂此二本傳文如是。釋文考證以『歲其有年』爲定本、集注之經文，誤矣。

洋水

傳：『泮水，泮宮之水也。天子辟雍，諸侯泮宮。』按：泮宮，魯學名。經中或云『泮宮』，或云『泮』，故傳以『泮宮』釋經之『泮』也。泮宮有水，故曰泮水。箋曰：「『泮』之言『半』也。泮水者」，東西門通以水，南北無水也。白虎通義曰：『諸侯曰泮宮者，半於天子之宮也。明尊卑有差等，所以化少也。半者，象璜也。』獨南面一方有水耳。其餘壅以牆垣，『明不得化四方也』。考禮記王制云：『天子命之教』〔一八〕，『小學在公宮南之左，大學在郊。天子曰辟廱，諸侯曰泮宮。』鄭注曰：『此小學、大學爲殷之制。』按：殷制，大學在郊，靈臺『辟廱』是也。周制，天子大學在國，小學在郊，文王有聲『辟廱』是也。天子學在國，四〔一九〕。諸侯用殷制，小學在郊，大學在國，各一。鄉射禮：『君國中射則皮樹中，於郊則閭也。』注曰：『國中，城中也。謂燕射也。於郊，謂大學也〔二〇〕。』來廩，在周之上庠，虞學也。序，夏學也。殷瞽宗，周亦瞽宗。頖宮，周之東膠也。周人名大學爲東膠也。魯路寢明堂與周同制，是也。其遠近則不可詳耳。

茆

傳：『茆，鳧葵也。』考周禮醢人有『茆菹』〔二一〕，說文：『茆，鳧葵也。』引詩『薄采其茆』。

釋文、徐仙民音『柳』，與説文合。蓋『茆』本從『丣』，不從『卯』。齊民要術引陸義疏云〔二二〕：『茆與荇葉相類，葉大如手，赤圓，有肥者著手中，滑不得停也。莖大如箸，皆可生食，又可鬻，滑美。江南人謂之蓴菜，或謂之水葵。』是也。

在泮飲酒

按：説文：『饗，鄉人飲酒也〔二三〕。』『廱，天子饗飲辟廱也。』『泮，諸侯饗射泮宮也。』『侯，饗春所射侯也。』鄉人飲酒，從『饗』之本義。引申之義，凡飲酒皆曰『饗飲』。天子饗飲辟廱也，諸侯饗射泮宮也，其禮同也。春入學，有釋菜之禮。詩詠采藻，正謂僖公行於春饗之禮〔二四〕。而不言射者，文有未備耳。

屈此羣醜

傳：『屈，收。醜，衆也。』本爾雅釋詁文〔二五〕。釋文引韓詩云：『屈，收也〔二六〕。』韓與毛同。王肅云：『斂此羣衆。』本韓以述毛也。考文王世子曰：『凡語於郊者，必聚賢斂才焉。或以德進，或以事舉，或以言揚。曲藝皆誓之，以待又語。三而一有焉，乃進其等，以其序，謂之郊人，遠之。於成均，以及取爵於上尊也。』注：『天子飲酒於虞庠，則郊人亦得酌於上尊以相旅。』鄉射記曰：『古者於旅也語。』然則傳云『屈，收』者，即『取賢斂才』之義；云『醜，衆』者，亦即『郊人相旅』之義。毛韓解詩與禮相合。蓋此章未成伐淮夷之事，鄭箋訓『屈』爲『治』、『醜』爲『衆』，謂在泮宫謀治淮夷羣爲惡之人，則與毛韓之説不合矣。

淮夷攸服

考春秋僖公十三年，晉文公『會諸侯於鹹』，傳：『會於鹹，淮夷病杞故。』十六年冬，會諸侯於淮。十七年秋九月，『公至自會』，傳：『會於淮，謀鄫，且東略也。』『書曰：至自會，猶有諸侯之事焉。』按：淮夷病杞，又病鄫，於鹹於淮，皆齊桓兵車之會，而僖公與焉。淮之會，於十六年之冬十二月；『至自』，十七年秋九月，其時先歸，曾魯侯與諸侯以爲東略之謀，則僖公自有伐淮夷〔二七〕。在魯東南，世與魯爲難，故周公伯禽之世尚有淮夷並興。伯禽征討之後，或爲魯屬國，公又能征伐淮夷，故詩人歌以美之。

狄彼東南

『狄』字，毛無傳。考瞻卬傳：『狄，遠也。』釋文：『狄，他歷反。』正義引王肅云：『奮其威武往征，遠服東南，謂淮夷來服也。」朱子云：「狄，猶逷也。」古「狄」「逷」同。「狄彼東南」與「逷矣西土之人」句法一例。又抑傳曰：「逷，遠也。」是其證義矣。釋文引韓詩作「鬄」，訓「除」；箋作「剔」，訓「治」，是從韓詩説，非毛旨也。

不吳不揚

「吳」字，毛無傳。按：絲衣傳曰：「吳，譁也。」則此「吳」當亦訓爲「譁」。箋云：「吳，譁也。」正本絲衣傳訓。王肅解「吳」爲「過」，實非毛義。漢衛尉衡方碑引詩作「不虞」，本三家詩。蓋「虞」即「吳」之假借字也。揚，傳訓爲「傷」，漢碑作「不陽」。「揚」「陽」亦皆借字。釋文云：「瘍，余張反。」是陸所據傳作「瘍」，謂「揚」讀爲「瘍」，非經文作「不瘍」也。或言不傷害也。鄭讀「揚」如字，與「歡」義相複矣。

束矢

傳：「五十矢爲束。」荀子議兵篇曰：「負服矢五十個。」此傳所本也。正義引無「服」字，與漢書刑法志同。束矢五十一束，猶交弓二弓一韔〔二八〕，所以示不服用兵〔二九〕，此傳意也。鄭注秋官大司寇「束矢」從尚書、左傳「賜諸侯一弓百矢」爲説。韋注齊語及高注淮南並從射義〔三〇〕，云「三發四矢〔三一〕，共十二矢」爲説，然二者皆非束矢矣。

元龜象齒，大賂南金

傳云：「南，謂荆揚也。」蓋傳意謂此淮夷既服，而聲教所被，雖荆楚之遠亦來，大遺元龜象齒與金也。「大賂」二字屬上下句，與「韋顧既伐，昆吾夏桀」文法相同。荆揚貢金三品，大龜、齒、革皆荆州産。「南」謂荆揚，但就物産之地爲言，其意實指荆楚也〔三二〕。僖公時揚已兼有禹貢荆州之域，在魯之南。閟宫「南夷」傳：「南夷，荆楚也。」詩義正同。箋云：「荆楚之縣貢金三品。」正義既引左傳「楚子以金錫鄭伯」爲南金作證，而又云淮夷來獻大龜象齒，廣輅南方之金，則直謂元龜、象齒與金皆淮夷所産貢金之物矣。未免失經傳之旨也。

憬彼淮夷，「憬」字

傳：「憬，遠行貌。」釋文：憬，説文「癔」，音獷。文選沈約齊故安陸昭王碑文李注引韓詩作「獷」，薛君章句：「獷，覺寤之貌。」今説文瞿部引詩作「穬」〔三三〕，心部「癔」下不引詩〔三四〕，而「憬」下引詩云〔三五〕：「憬，覺寤也。」其字同毛〔三六〕，其文義同韓。或疑爲淺人所竄改。玉篇：「憬，遠行貌。」蓋希馮所據毛詩已如此也〔三七〕。

閟宫，姜嫄廟

或謂閟公廟，或又謂僖公廟。如使爲閟公廟，則不當及周公皇祖以上之事。如使爲僖公廟，則詩爲頌，僖公尚存也，何得有廟？ 此二説非也。惟毛傳以爲姜嫄之廟，得之。傳：『閟，閉也。先妣姜嫄之廟在周常閉而無事。』采繁傳曰：『宫，廟也。』此傳探下文『赫赫姜嫄』，故『閟宫』爲姜嫄廟。生民傳曰：『姜嫄，后稷之母，配高辛氏帝焉。』是姜嫄，周之先妣也。春官大司樂：『乃奏夷則，歌小吕，舞大濩，以享先妣。』鄭注：『先妣，姜嫄也。』周立廟『自后稷爲始祖，姜嫄無所配，是以特立廟而祭之，謂之閟宫。』蓋周人以后稷爲太祖，立廟，更於孟春南郊配天；帝嚳爲遠祖，尊，不立廟，特於冬至圜丘之禘配禘配天，以爲后稷親而嚳尊也。周家歷世有聖母，功起后稷，必推本於姜嫄，尊親之至，理應立廟。但帝嚳無廟，姜嫄既不得援春秋經『太廟用致夫人』之禮，以婦人祔於男子，同帝嚳在圜邱；后稷有廟，姜嫄亦不得援春秋經惠公仲子、僖公成風之例以母繫子，同后稷以合食，故周人特爲姜嫄別立一廟。周官守祧『奄八人』賈疏云：天子七廟，『通姜嫄爲八廟』，『故八人』。此姜嫄別廟之證也。於是后稷有母，而帝嚳有妃；后稷有父，姜嫄有夫矣。則此詩爲頌僖公能儕姜嫄字而作也，既與詩義不符，又與禮説相左矣。

『閟宮』禖宮爲孟仲子之説

傳：『孟仲子曰：是禖宮也。』正義曰：『姜嫄祈郊禖生后稷，故云姜嫄之廟爲「禖宮」。』月令：『祠於高禖〔三八〕。』鄭注曰：『禖氏之言以爲候。高辛氏之世，玄鳥遺卵，娀簡吞之而生契，後王以爲媒官嘉祥而立其祠焉〔三九〕。變「媒」言「禖」〔四〇〕，神之也。』按鄭説殷之禖宮起於簡狄，與孔説之禖宮起於姜嫄皆非也。生民篇：『厥初生民，時維姜嫄。生民如何？克禋克祀，以弗無子。履帝武敏歆。』傳曰：『古者必立郊禖焉。玄鳥至之日以大牢祀於郊禖之前。』『帝，高辛氏之帝也。』『從於帝而見於天，將事齊敬也。』玄鳥篇：『天命玄鳥，降而生商。』傳曰：『春分玄鳥降，湯之先祖有娀氏女簡狄配高辛帝〔四一〕；帝率與之祈於郊禖宮而生契〔四二〕。』吕氏春秋仲春紀高注曰：『祭其神於郊，謂之郊禖。』據此，則禖宮當在郊，故毛傳謂之郊禖。其廟爲高辛祖廟，月令謂之高禖。魯郊亦有祈禖之宮，然謂魯有禖宮則可，謂魯禖即姜嫄廟則不可。故傳引孟仲子説周以姜嫄廟即禖宮，爲别説也。

實始翦商

毛傳云：『翦，齊也。』考『齊』者，正也。小宛傳曰：『齊，正也。』實始正商者，言周家有正商之功，而推其由，是始於太王者，即太王之緒也。文王受命以後，武王受命以前，尚循服事之誠，猶之纘太王之緒也。下文乃云『致天之届，於牧之野』，爲武王末時事耳。爾雅曰：『翦，齊也〔四三〕。』又曰：『翦，勤也。』二訓並釋詩詞。齊商、勤商，義本相通。毛傳用『翦，齊』之訓，『齊』義可兼『勤』義也。鄭箋訓『翦』爲『斷』，孔氏正義爲『齊』即『斬斷』之義，太王居岐，民往歸之。滅商之萌，兆始於此。而後之諸儒謂翦商者太王也，其說非與？

錫之山川，土田附庸

王制曰：『名山大澤不以封，惟有功者則錫之。』江漢傳曰：『諸侯有功德，錫之名山。』『土田附庸』，王制曰：『附於諸侯曰附庸。』又曰：『其餘以爲附庸閒田。』按：『土田』即『閒田』，天子有附庸閒田以進退諸侯也。左傳曰：『分之土田陪敦。』該附庸言之矣。周初封大國百里，其次七十里，其次五十里。周公作周禮，更建邦國，公方五百里，侯方四百里，伯方三百里，子方二百里，男方百里。鄭仲師以爲半皆附庸，而鄭箋則以爲附庸不在其中。禮記明堂位『封周公於曲阜，地方七百里』注〔四四〕：『加魯以四等之附庸。方百里者二十四里，并五五二十五〔四五〕，積四十九，開方之，得七百里。』又大司徒注曰：『凡諸侯爲牧正、帥長及有德者乃有附庸。爲其有禄者當取焉。』『附庸二十四』，魯兼侯、伯、子、男四等之附庸，以開方知之也。

皇皇后帝，皇祖后稷

按：此乃指郊祭而言也。箋曰：『皇皇后帝，謂天也。』『天』即所郊祭之天，故明堂位注曰：昊天上帝，魯不祭。太平御覽禮儀部〔四六〕：五經異義引賈逵說曰：『魯無圜丘方澤之祭者。周兼用六代之禮樂，魯用四代，其祭天之禮亦宜損於周，故二至之日不祭天地也。』賈鄭說同。祭法：周人禘嚳郊稷，故南郊祭天亦配之以后稷。其實魯郊與周郊亦不盡同。周人於南郊祀天，以后稷配，是主報而不主祈穀。雖亦郊祭，然祈禱之禮輕，不以后稷配〔四七〕。又主祈而不主報，故周頌序：『思文，后稷配天』之樂歌。於噫嘻又爲祈穀上帝之樂歌。襄七年左傳疏引何休膏肓〔四八〕，據孝經后稷配天，非即祈穀上帝〔四九〕，分爲兩祭。此言得之矣。魯爲侯國，損於天子，故春秋之郊皆爲祈穀。以后稷配天亦謂之郊。桓五年左傳：『凡祀啓蟄而郊。』又襄七年左傳：『孟獻子曰：夫郊，祀后稷以祈農事也。』與周之郊不相同也。

楅衡

傳：『楅衡，設牛角以楅之也。』按：衡，古『横』通。衡門傳以『衡』爲『横木』，則此當亦爲横木。楅衡者，謂以横木偪束之。傳但言『設牛角』，而不言『横木』者，文義易明耳。説文：『楅，以木有所偪束也。詩曰：「夏而楅衡。」』地官封人：『凡祭祀，飾其牛牲，設其楅衡。』鄭司農曰：『楅衡，所以楅持牛也。』謂殺牲時，令不得抵觸人，豈是謂乎？此言祭時飾牲之文耳。

白牡騂剛

傳：『白牡，周公牲也。騂剛，魯公牲也。』正義曰：『文十二年公羊傳云：「魯祭周公何爲牲？周公用白牡，魯公用騂剛。」何休云：「白牡，殷牲也。周公死，有王禮，謙不敢與文武同也。不以夏黑牲者〔五〇〕，嫌改周文當以夏避嫌也。魯公諸侯，不嫌也〔五一〕，故從周制。」是周公、魯公異牲之義也。説文云：「犅，特也。」白牡，謂白特。騂犅謂赤特也〔五二〕。』公羊釋文曰：犅，鄭注曰：『騂，赤類。』白、赤皆純色也〔五三〕。何謂騂犅？爲赤脊之牛，則其色非純明矣。明堂位曰『牲用白牡』，注曰：『白牡，殷牲也。』按：此詩上言夏禘周公，下言犧尊房俎及萬舞之樂，皆是尊周公禮。而詩言『白牡』必言『騂剛』，祀周公亦以祀魯公也。

毛炰胾羹

傳：『毛炰，豚也。』按：『炰』當作『炮』。釋文蒲包反，與六月、韓奕之『炰』甫九反義別。瓠葉傳曰：『毛曰炮。』單言『炮』，連言『毛炮』。地官封人：『歌舞，牲及毛炮之豚。』注曰〔五四〕：『毛炮豚者，爛去其毛而炮之〔五五〕。』周禮作『炮』，不誤。禮運『捭豚』，鄭讀『捭』爲『擘』，云：『擘肉加於燒石之上。』祭用毛炮豚，即上古捭豚之遺也。又曲禮：『左殽右胾。』殽有豆實，則胾爲籩實。鄉射禮：『薦脯用籩五膱，器半膱橫於上。』古文『膱』爲『胾』，是胾在籩也。天官籩人：『朝事之籩有膴，加籩有脯〔五六〕。』説文：『胾，大臠也。』大臠，脯也。胾，乾物；羹，濡物。胾羹，猶脯醢也。

犧尊

傳：『犧尊，有沙飾也。』釋文：『犧尊，徐素何反，毛同。』周禮春官犧尊彝作『獻尊』，鄭司農云：『獻，讀爲犧。犧尊飾以翡翠。』此傳『犧尊』者『沙羽飾』，與司農注正合。王肅云：太和中，魯郡地中得齊大夫子尾送女器有犧尊〔五七〕，以犧牛爲尊。如王肅所言，是讀

『犧』爲『羲』，未免誤矣。

三壽

傳釋『壽』爲『考』。三考，義未聞。竊疑『考』乃『老』之誤。張衡東京賦：『降至尊以訓恭，送迎拜乎三壽。』薛綜注曰：『三壽，三老也。』又新序雜事篇五：『詩曰：「壽胥與試。」美用老人之言以安國也。』下章『壽』，三家釋爲『老』，則與此『三壽』爲『三老』義同。鄭箋：『三壽，三卿也。』乃申成毛義者。

公車千乘

按：此乃賦兵之車乘也。司馬法有二義。一云：九夫爲井，四井爲邑，四邑爲邱，邱十六井〔五八〕，有戎馬一匹，牛三頭，是曰匹馬邱牛。四邱爲甸，甸六十四井，出長轂一乘、馬四匹、牛十二頭、甲士三人、步卒七十二人，戈楯具備謂乘馬。一云：六尺爲步，步百爲畝，畝百爲夫，夫三爲物，物三爲井，井二十爲值，值爲匹馬三十，家十二人，徒二十人，通十爲成，成百井，三百家，革車一乘，士十人，徒二十人。十成爲終，終千井，三千家，革車十乘，士百人，徒二百人。十終爲同，同方百里，萬井，三萬家，革車百乘，士百二十人，徒二千人。

與漢書刑法志同。何休公羊宣十五年注：十井共出兵車一乘。包咸論語學而注云：『方里爲井，十井爲乘。百里國，適千乘也。』是爲一乘起一井，同出千乘。而不知周初大國百里，賦止百乘。其後益封方五十里，於是大國千乘矣。論語『道千乘之國』，謂成國也。井、邑、邱、甸、縣、都出賦法，通、成、終同出軍法〔五九〕，説者混爲一制，非也。『千乘』亦有二義。一者，以一乘七十五人計，共千乘當有七萬五千人。一者，以一乘三十人計之，千乘當有三萬人。出軍之千乘，與出賦之千乘，本有不同。如以出軍當出賦，則千乘當有七萬五千人，僅充二軍爲次國，不足充三軍爲大國。毛傳之『大國賦千乘』，賦，出賦也。楚語曰：『國馬足以行軍，公馬足以稱賦。』此軍與賦不同術也。

公徒三萬

按：此出師之三軍類也。『徒』即司馬法『徒二人』『徒二百人』『徒三千人』也。鄭箋以『三萬』爲三軍〔六〇〕，正義引鄭志謂此爲二軍〔六一〕，以三萬爲三軍。其説得之。詩意先言賦，後言軍，千乘爲賦，三萬爲軍。故『重弓』言備預之事，而『貝胄』言從戎之飾，文義顯然。蓋家賦軍徒四事〔六二〕，實用遞減之法。甸六十四井，通上中下地率之，定受田二百八十八家計，用可任者二家五人，凡七百二十人，出長轂一乘、甲士三人、步卒七十二人。是與家任之人定賦，約十而用二。乘七十五人，千乘七萬五千人，三軍三萬七千五百人。是賦乘定軍，約二而用一。二軍二萬五千人。是於軍興起役〔六三〕，約三而用二。故古者比年簡徒，三年簡車。臨陣行師，亦復選徒治兵。周禮：『天子六鄉六軍，六卿掌之。大國三鄉，三卿掌之。次國二鄉，二卿掌之。小國一鄉一軍，一卿掌之。』此定軍之制也。『公徒三萬』，此方伯三軍之證也。

遂荒徐宅

按：說文邑部下云：『魯東有郐城〔六四〕。』注云：『周禮雍氏注〔六五〕：「伯禽以王師征徐戎〔六六〕。」劉本「徐」作「郐」。』『魯世家頃公十九年「楚伐我，取徐州」〔六七〕。徐廣曰：「徐州在魯東。」是楚所取之徐州即郐地。書序云：「徐戎並興，東郊不開〔六八〕。」』『徐，蓋郐也。』按：『徐』『郐』聲通。此詩之『徐宅』當即史記之『徐州』、說文之『郐城』在魯東者〔六九〕。宅，居。徐宅，郐之舊居也。

淮夷蠻貊

按：此傳：『淮夷蠻貊而夷行也。』傳當云：淮夷蠻貊，夷行如蠻貊也。經言『淮夷蠻貊』，傳意止有淮夷無蠻，故謂『蠻貊』者即淮夷之中其性行似蠻貊耳。詩人誇大魯侯之功，故分别言之。今本傳作『蠻貊而夷行也』，是誤倒。『而』字當作『如』。又傳當有『淮夷蠻貊』四字，毛公先舉經文，而後斷以己意。俗本以下『夷行如蠻貊』之『蠻貊』誤倒於上〔七〇〕，舉經之『淮夷蠻貊』相連，因疑『蠻貊』二字爲複而删之也。考正義：經云至於近海之間，『淮夷爲蠻貊之行』，又釋傳云：『言淮夷蠻貊如夷行者，以「蠻貊」之文在「淮夷」下，嫌貊亦服，故辨之。以僖公從齊桓，惟能服淮夷耳，非能服南夷之蠻、東夷之貊〔七一〕，故淮夷蠻貊謂淮夷如蠻貊之行。』則知孔本毛傳不誤，本『夷行如蠻貊』甚明。

居常與許

按：常，傳以爲魯南鄙。箋曰：『常，或作「嘗」，在薛之旁。』春秋魯莊公築室於薛，『是與？周公有嘗邑，所由未聞也。六國時，齊有孟嘗君食采於薛。』左傳杜注曰：『薛，魯地。』史記越世家『願齊之試兵南陽莒地，以聚常鄒之境。』索隱曰：『常，蓋田文所封邑。』考今山東兗州府滕縣東南有薛城，周滕國在今滕縣西南，而薛城又在今滕縣東南。常邑近薛，是爲魯之南境也。又許，傳以爲魯西鄙，箋云：『許，許田也，魯朝宿之邑。』括地志云〔七二〕：『許田在許州許昌縣南四十里〔七三〕，有魯城，周公廟在城中。』考今河南許州中隔陳衛，成王營雒邑時〔七四〕，以爲周公朝宿邑。許田在魯之西，而周公朝宿直焉，是即魯之西境也。

奚斯所作

傳：『有大夫公子奚斯者作是廟也。』竊疑傳中『廟』字當作『詩』字。『奚斯所作』，『所』字不上屬。『所作』猶『作誦』『作詩』，與節南山、巷伯、崧高、烝民末章文法皆同。文選兩都賦『奚斯誦魯』，本注引韓詩薛君章句曰〔七五〕：『是詩，公子奚斯所作也。』毛與韓不異。偃師武虛谷援楊子法言，後漢書曹褒傳、班固傳及諸石刻之文度尚碑、太尉劉寬碑、綏民校尉熊君碑、楊震碑一一可證。至鄭箋以魯頌四篇皆史克所作，故解『奚斯所作』爲監作新廟，與毛韓異，其説非與？

商頌四之五

商頌

左傳稱正考父佐戴公，當周宣王中興，修禮樂，正考父得以考校而録商頌十二篇。自幽王之末六代，禮樂又遭廢壞，孔子録詩僅得五篇，附諸周頌之末。所以學殷存宋，備三統之文，仍太師之舊，而非孔子删之也。史記宋世家：襄公之時，『其大夫正考甫美之，故追契、湯、高宗，殷所以興，作商頌』。集解云：『韓詩章句亦美襄公。』索隱駁之云〔七六〕：『考甫在襄公前百餘歲，安得述而美之？斯謬説耳。』按：禮記注：商頌爲宋詩。鄭注三禮本韓詩説〔七七〕。然隱三年左傳美宋宣公，引商頌：『殷受命咸宜，百禄是何。』晉語：公孫固對宋襄公，引商頌：『湯降不遲，聖敬日躋。』則商頌不作於宋襄公，内、外傳有明證矣。

置我鞉鼓

考那之『鞉鼓』與有瞽之『鞉』，其器則同，其用有别。大射禮曰：『鼗倚於頌磬西紘。』紘，猶『懸』也。東西兩肆皆有磬、鐘、鎛〔七八〕、建鼓，自北而南陳之，則西肆不得多設一器。鼗鼓在西肆頌磬之西而特縣之，此周人以鼗鼓爲縣鼓之制。殷人鞉鼓亦建鼓，其義證也。詩於首章言『鞉鼓』〔七九〕，下文又言：『鞉鼓淵淵，嘒嘒管聲。』是鼓樂，故傳云『樂之所成』也。鄭箋分鞉、鼓爲二鼓，而又云：『鞉雖不植，貫而摇之，亦植之類。』儀禮注云：『鼗如鼓而小，有柄。』周禮注云：『鼗如鼓而小，持其柄摇，旁耳還自擊。』蓋鄭學本魯、韓詩以注三禮，其作箋又在注禮之後，往往與傳有不合。今考爾雅鼗有大小，鄭所據其小者與？

依我磬聲

傳：『依，倚也。磬，聲之清者也，以象萬物之成。』按：傳訓『依』爲『倚』者，大射禮曰：『鞉倚於頌磬西紘。』周人懸鼓於頌磬之西，毛之説實本於禮經也。鼓鐘傳：『笙磬，東方之樂。』此傳云磬『以象萬物之成』，其意亦指頌磬爲西方象成之樂言之。考春官：『眡瞭掌播鼗，擊頌磬〔八〇〕、笙磬。』是播鼗而笙磬亦無不應之者。天子有金奏下管之樂，金奏擊鎛，鐘有鄉磬以應之，則知下管擊磬亦有編磬以應之也。蓋八音之中，磬音尤難諧。今者作樂降神，而堂下之樂與堂上之磬聲相諧和，此湯孫之樂可謂盛美矣。

磬，玉磬

箋云：『磬，玉磬也。堂下諸縣與諸管聲皆和平不相奪倫，又與玉磬之聲相依〔八一〕，可謂和平也。玉磬尊，故異言之。』孔疏：『磬非樂之主』，而云依磬，『明此異於常磬，非石磬也』。孟子萬章篇：『集大成也者，金聲而玉振之也。金聲也者，始條理也。玉振之也者，終條理也。』金謂鎛鐘，玉爲特磬。金奏鼓鎛鐘，樂之始；下管擊玉磬，樂之終也。可以養心，始終如一，非如諸聲可以人力高下，故依則爲和平矣。

亦有和羹

箋云：『和羹者，五味調，腥熟得節，食之於人性安和，喻諸侯有和順之德。』正義亦云：『以和羹爲喻，非實羹也。』按：『亦有』與上『既載』文相承，言『既載清酤，亦有和羹』。指祭時而言。故范氏處義曰：『清酤』『和羹』，皆祭祀之物也。凡祭，酒在先，羹在後，有次序也。始用清酤，已謂祖考所以賚我者，吾得遂其孝思而成其祀事。儀禮記每言羹定而後成禮，戒則夙戒其事，平則腥熟得節，羹則調和執事者，所以無言而靡爭也。鄭孔皆以『和羹』設喻，恐非詩旨也。

來假來饗

宋本從唐石經作『饗』，各本皆作『享』。歐陽氏修曰：『上言以享者，謂諸侯來助祭，致享於神也。不云來饗者，謂神未至而歆饗也。』姚氏舜牧曰：『以假以享』，是人之來〔八二〕，『來假來饗』，是神之來。二說皆言石經之誤。今按：經例，獻曰享，受其獻曰饗。此詩『以假以享』『來假來饗』皆是下獻上之詞。下文『降福無疆』，箋云：『神靈又下與我久長之福也。』乃自神靈言，則作『來假來享』，猶上文云『以假以享』也。與他篇之下言『享』、上言『饗』者通，不相同矣。

『玄鳥』當作『玄王』

按：玄鳥之詩，毛傳謂爲郊禖之時，適鳦以春分而至，遂兆其祥。謂之降者，若自天來。然此據理享之也。而鄭氏箋詩，乃謂吞鳦卵而生契。此殆泥於讖緯諸書之説耳。今按：自古帝王之生，受命而有天下，實由天意，不必復言符瑞。此詩將言商之受命，而先原其本。契之教養有功於民，自天命之。竊意『鳥』字當是『王』字之誤，下篇『長發其祥』云有『元王桓撥』句，則此『玄鳥』必是『玄王』。況此篇首章『王』『商』『湯』『芒』『方』爲韻，大可爲證。後儒必不以『鳥』字爲即下文『王』字，而反以下『玄王』爲因玄鳥降生而稱玄，惑亦甚矣。

在武丁孫子

按：序就廟號稱『高宗』，詩人稱『武丁』〔八三〕。殷尚質，或以名也。『在武丁孫子』猶云『在孫子武丁』〔八四〕，倒句以就韻耳，王肅用那傳釋『湯孫』善爲人子孫，以釋此經，謂美高宗武丁善爲人之孫子。而箋則以爲武丁之子孫。歐陽氏修、范氏處義皆用其説。殊不知詩頌高宗能繼湯而受命，不應專美其子孫也。子雍之説最爲合旨矣。

景員維何

傳曰：『景，大也。員，均也。』按：『景』與『京』通。京，大，故『景』亦爲大。又『景，大』，爾雅釋詁文。『員』讀爲『圓』，説文：『圓，圜全也〔八五〕。讀爲員。』管子有地員篇。地員，即土均。是『員』爲『均』也。據此，知『景員維何』者，蓋高宗都景亳。冀州城内，三面距河，故詩人言四海之來朝貢於王者乃於河者，大均也。此説疑非。故稽古編曰景山之名，皆後人因詩而附會之也。若箋以『員』爲『云』、『河』爲『何』，言來朝兼貢獻者祈祈然衆多，所貢於殷大，至所云維言何乎？正義又謂『政教大均，如河之潤物然，言霑潤無所不及也』。其説皆非與？

長發其祥

序云：『大，禘也。』夫『禘』之爲言『諦』也。諦定昭穆尊卑之意，故虞舜禘顓頊，商周禘帝嚳也。殷制，夏祭亦禘。夏祭，時祭也，不及羣廟之主。王制曰『夏曰禘』是也。三年一祫，五年一祭，則謂之大禘。大傳曰：禮，不王不禘。王者禘其祖之所自出，以其祖配之，故稱『大』焉。說者謂『帝立子生商』者，祭發感生之帝於南郊也〔八六〕。陳氏長發曰：感生帝之說，雖出於緯言，然古帝王之興，各稟五行之王氣，當有其理。考大傳注曰〔八七〕：『王者之先祖，皆感太微五帝之精以生，蒼則靈威仰〔八八〕，赤則赤熛怒，黄則含樞紐，白則白招拒，黑則汁光紀〔八九〕。皆用正歲之正月郊祭之，蓋尊焉。』孔穎達曰：『如彼之注，則殷人之祖出於汁光紀〔九〇〕。』『祭法：殷人禘嚳而郊冥。此郊天當以冥配，而不及「冥」，亦猶昊天有成命「郊祀天帝」而不及稷云爾。』『乃馬昭云：長發大禘者〔九一〕，宋爲殷後，郊祭，天以契配。不郊冥者，異於先王，故其詩詠契之德。宋無圓邱之禮，惟以郊爲大祭，且欲別之於夏禘，故云大禘。此說良非。何則？名曰「商頌」，是商世之頌，非宋人之詩，安得云「宋郊契配」也？』若如鄭箋云大禘，郊祭天也，正義主其說以證明祭天之義，然考之詩曰契、曰相土、曰湯、曰伊尹，則與郊祭之義未協。況箋以周頌雝詩止曰禘大祭，而此云及郊祭天。王肅引論語孔子曰：『禘自既灌而往者，吾不欲觀之矣。』謂禘大祭，可觀成禮，非郊祫可比，何得以大禘爲祭天乎？又考漢代諸儒皆以大禘爲食祭羣廟，或又云自先祖以下而不及所出之帝，不得爲禘。今按：篇首即以『長發其祥』一語開端，明是指帝嚳而言，未嘗不及其所出之帝也。豈必舉嚳名而後爲及嚳耶？小序之說不可易矣。

有娀方將

毛傳：『有娀，契母也。』朱子集傳曰：『有娀，契之母家也。』考史記殷本紀：『桀都於有娀之虚。』蓋桀都河南，有娀與桀都相去當不遠。淮南墬形訓：『有娀在周之北。』高誘注曰：『娀，讀爲「嵩高」之「嵩」。』按：嵩高山在河南〔九二〕，於聲求義，高説得之。張守節謂有娀當在蒲州北，此由桀都安邑之説而誤也。

帝立子生商

按：有娀氏女簡狄，長大配高辛氏帝，生子契，佐禹有功，堯封於商。其後有天下，仍其始封之舊號。蓋有商受命之祥雖在於濬哲相繼之時，而有商受命之基已定於有娀生商之日。尚書鄭注：『商國在大莘之陽。』括地志：『商州東八十里商洛縣，本商邑，古之商國，帝嚳之子契所封也。』司馬貞以爲『商』即相土所居商邱，誤矣。

玄王

傳：『玄王，契也。』國語周語：『玄王勤商，十有四世而興。』魯語：『自玄王以及主癸，莫若湯。』荀子成相篇：『契玄王生昭明，居於砥石，遷於商，十有四世乃有天乙，是成湯。』是『玄王』爲契明矣。而漢書禮樂志以『契元王』爲二人[九三]，非與？謂『王』之者，朱子云：『王者，追尊之號。』夫言追尊而不追王，蓋追王之禮始於周，且湯之祖父主癸、主壬未嘗稱王，不應舍壬癸而王契。此特於祭祀之際以美號稱之耳。

相土

傳：『相土，契孫也。』殷本紀[九四]：『契卒，子昭明立。昭明卒，子相土立。』襄九年左傳：『陶唐氏火正閼伯居商邱』[九五]，『相土因之』，杜注云：『相土，契孫，商之祖。』惟漢書五行志：『相土，商祖，契之曾孫。』其説誤矣。夫契之後、湯之前，共十三傳而獨舉相土一人，居夏后之世，承契之業，入爲王官之伯，出長諸侯，其威武之盛，與『桓撥』同義，故繼言之也。

『共球』讀爲『拱捄』

按：『共』『球』皆法也。球，讀爲『捄』；共，讀爲『拱』。廣雅：『拱、捄，法也。』其訓爲『法』者，殆本於三家之説。『拱』『捄』二字皆從手，其從玉作『球』者，假借字耳。共，古本作『拱』，今之作『共』，此蓋承上『帝命式於九圍』而言之。受小事之法、大事之法於上帝，故能

『爲下國綴旒』『爲下國駿厖』，所謂『式於九圍』也。傳解『球』爲『玉』，已與『共』字殊義，箋復謂『共』爲『執玉』〔九六〕，更迂曲而難通矣。

爲下國綴旒

傳：『綴，表也。』正義云：『「綴」之義爲「表」，其訓未聞。』按：禮記樂記篇『行其綴兆』鄭注云：『綴，表也。』蓋綴之爲表著也，『綴』與『表』同義，故古書中往往二字連文。大戴禮曾子制言中篇：『言爲文章，行爲表綴。』晏子外篇：『行表綴之數〔九七〕。』又呂覽不屈篇：『或操表綴以善晞望，若施者其操表掇者也。』高誘注云：『表掇，儀度也。』禮記郊特牲篇：『饗農及郵表畷。』説文：『畷，兩陌間道也〔九八〕。』玉篇田部引詩作『畷』〔九九〕，云『畷，表也』。本亦作『綴』〔一〇〇〕。旒〔一〇一〕，玉篇引作『流』，蓋曰冕旒旌旗諸物古多作『流』〔一〇二〕。旒所以章物，故引申之即有章明之義。毛傳曰：『旒，章也。』『章』亦『表』也。抑『維民之章』傳云：『章，表也。』此『綴旒』訓『表章』，與下章傳訓『駿厖』『大厚』皆二字平列同義。表章者，謂法度章明。大厚者，言章明之法度又能篤厚而行之也。箋云綴猶綴旒，『旌旗之垂也』，『以與諸侯會同，結定其心，如旌旗之旒縿著焉』。其義蓋本於三家也。

苞有三蘖

傳：『苞，本也。蘖，餘也。』按：『本』指夏桀，『餘』讀爲『杞夏餘』之『餘』〔一〇三〕。三蘖，指韋、顧、昆吾三國。釋文引韓詩云：『蘖，絶也。』韓毛訓異而義同。漢書敘傳下：『三枿之起，本根既朽。』劉德注曰：『詩曰：「苞有三蘖。」爾雅：「枿，餘也。」謂本斫髡而後枿生也〔一〇四〕。』馬融書傳曰：『顛木而肄生曰枿。』『蘖』『枿』一字也。箋曰：『苞，豐也。天豐大先三正之後。』或亦本三家説〔一〇五〕。正義本鄭爲説，恐與毛義相殊也。

武王載旆

傳：『旆，旗也。』按：此傳説之誤，『旆』當作『茷』。如詩六月『白旆』、左傳『績茷』、爾雅『繼旐曰茷』，今字皆改作『旆』，則此『旆』字主作『伐』，『伐』誤爲『茷』，又改爲『旆』耳。箋云：『於是有武功，有王德，及興師出伐。』是鄭所據詩作『伐』。今本鄭箋『興師出伐』上亦誤衍『建旆』二字，因又於毛傳中增『旆旗也』三字〔一〇六〕。不知繼旐曰旆，傳義已見於六月。『旗』爲九旗之通稱，不得以繼旐之旆獨擅旗名。釋文於『旆』下不云『旗也』。荀子議兵篇及韓詩外傳三引詩作『武王載發』。噫嘻箋云：『發，伐也。』『伐』與『發』字不同，而不爲旆旗之名則皆同也〔一〇七〕。

韋顧昆吾

傳：『有韋國者，有顧國者。』按：韋，國名。春秋有內、外傳，皆曰『豕韋』，一爲『劉累國』，一爲『彭姓國』。襄二十四年左傳：范宣子曰：『昔匄之祖在商爲豕韋氏。』昭二十九年左傳：蔡墨曰〔一〇八〕：『陶唐氏後有劉累，事夏孔甲。夏后嘉之，賜氏曰御龍，以更豕韋之號。』後『遷於魯縣，范氏，其後也』。此『豕韋』，劉累也。鄭語史伯曰：祝融後八姓，『豕韋爲商伯矣』。彭姓豕韋〔一〇九〕，『則商滅之矣』。此『豕韋』爲彭姓也。夏初豕韋爲彭姓〔一一〇〕，湯代之而繼興，後爲商伯，尋爲商滅，乃封劉累之子孫。自夏世累遷魯縣，范匄之祖在商爲豕韋氏，其間豕韋皆彭姓爲君。箋曰：『韋，豕韋，彭姓。』是也。郡國志：東郡有韋鄉。今河南衛輝府滑縣東南五十里有廢韋城。又鄭語：祝融後八姓，己姓顧。箋曰：『顧，己姓也。』哀二十一年左傳：『公及齊侯、邾子盟於顧。』即此地。今山東曹州府范縣東南有顧城是也。又鄭語『昆吾爲夏伯』，『己姓』，是顧、昆吾同姓也。昆吾國即衛帝丘〔一一一〕，帝顓頊之墟也。夏后相亦居於此。在相，爲寒浞子澆所滅。而少康邑諸綸是衛本相都。夏道既衰，昆吾作伯，當在相滅之後。昆吾居衛，亦必當在相滅之後。則昆吾居衛在後，而居許乃在先也。昭十二年傳曰：『楚之皇祖伯父昆吾，舊許是宅。』服虔注曰：「昆吾曾居於許。」是也。韋昭注外傳，謂昆吾遷許在封衛後，至湯伐時，昆吾在許。誤也。今直隸大名府開州之治，是其地也。

阿衡

傳：「阿衡，伊尹也。」按：「阿」與「伊」、「衡」與「尹」皆一語之轉。禮記緇衣篇引古文尚書兩稱「尹躬」；尚書君奭篇稱「保衡」，猶稱「阿衡」；又班固典引稱「臯夔衡旦」〔一一二〕，則「尹」與「衡」皆謂名矣。而鄭箋獨以「阿衡」爲官名，夫上文「卿士」非官名乎？而又以「阿衡」爲官，贅甚矣。況漢儒既以「武丁孫子」爲專祀武丁而直斥其名，名其君而爵其臣，無是理也。

罙入其阻

傳：「罙，深也。」按：「罙深」即「㓻深」之隸變〔一一三〕。説文：「㓻，深也。」本毛詩。又网部罧下引詩「罧入其阻」，本三家。考説文引漢廣作「永」又作「羕」，江有汜作「洍」〔一一四〕，又作「汜」，擊鼓作「鏜」又作「堂」，子衿作「挑」又作「岦」，候人作「薈」又作「嬒」，四牡作「嘽」又作「痑」，蓼莪作「罄」又作「窒」，青蠅作「營營」又作「謍謍」，賓之初筵作「傞傞」又作「𡝤柴』：許用毛詩亦不廢三家，此其例也。箋云：『罙，冒也。』『冒』與『深』義相通。故鄭於字用毛〔一一五〕，而於義用三家也。

氐羌

箋云：『氐羌，夷狄國在西方者也。』海内經、汲冢古文及逸周書五會解孔注並謂氐羌謂先羌〔一一六〕。惟吕覽義賞篇『氐羌之民〔一一七〕，其虜也』，高誘注曰：『氐與羌，二種夷民。』按：高説是也。考漢書地理志：金城郡有臨羌，隴西有羌道、有氐道，廣漢郡有甸氐道〔一一八〕，蜀郡有湔氐道，又漢書西南夷傳：夜郎〔一一九〕、莋都、冉駹〔一二〇〕、白馬皆氐類也。蓋自秦隴之西北，北連匈奴，今鞏昌、蘭州、臨洮、岷山皆古西羌所居。青海，羌氐之道。而秦隴之西南，南近巴蜀，若今階州以西至藩廳，古西羌所居，在雍州西北。氐在雍州之西南。漢時去古未遠，其分郡縣劃然不亂。氐種實近禹貢梁州之域，殷之九州幷梁於雍，故詩以『氐羌』並言之。

天命多辟

箋云：『天命即令天下衆君諸侯立都於禹所治之功〔一二一〕。』集傳云：『天命諸侯各建都邑於禹所治之地。』不知『命』者，命湯孫也。先王建萬國者，天之命也。天命湯孫衆建諸侯，故爲君者衆也。若如箋傳所言，謂天命諸侯設都，豈諸侯無天子命而擅自立國乎？其説非也。

景山

按：文選洛神賦『陵景山』李注稱河南郡圖曰：景山在緱氏縣西南七十里〔一二二〕。考今河南偃師縣有緱氏城，縣南二十里有景山，即此詩之『景山』也。昭四年左傳曰：商湯有景亳之命。蓋亳，湯都名。西亳亦稱景亳〔一二三〕。楚語曰：『昔殷武丁能從聳其聽至於神明〔一二四〕，以入於河，自河徂亳。』然則湯、武丁同都河南。詠『陟彼景山』，此即自河而徂亳者與〔一二五〕？

松柏丸丸

傳：『丸丸，易直也。』説文：『丸，圜也〔一二六〕。』易直者，圜之意也〔一二七〕。文選長笛賦李注云：『詩曰：「松柏丸丸。」薛君曰「取松與柏」。然則丸，取也。』按：章句『取』字即下文『斷』『遷』之意。箋云：『景山掄材木〔一二八〕，取松柏易直者斷而遷之。』箋中『取』字即本韓詩。而李善注遂以『取』爲『丸』訓。集韓詩義，皆非也。

松桷有梴

傳：『梴，長貌。』釋文：梴，連也，長貌。『柔挻物同也〔一二九〕。』『俗作「埏」。』又道德經釋文：『挻，丑連反。一曰柔挻。』是陸本從手作『挻』。今詩音義作木旁『梴』，非也。白帖類引詩作『埏』，正義作『挻』，從延聲。桷，閟宮傳：『桷，榱。』松桷，松木爲榱也。孟子：『堂高數仞，榱題數尺。』注：『榱，桷也。以數尺爲長也。』

寢成孔安

傳釋『寢』爲路寢。閟宮傳曰〔一三〇〕：『路寢，正寢也。』桓譚新論曰：『商人謂路寢爲重屋。』漢書五行志：『前堂曰太廟。』太室、路寢、正寢，皆異名同實耳。殷路寢太廟爲成湯太廟，其南堂爲明堂。魯路寢太廟爲周公太廟，其南堂亦如天子明堂，故魯頌頌僖公宮室必言修治路寢之事。兩詩之義同。大祭大饗於此，告朔行政亦於此〔一三一〕。蔡以月令論謂此爲大教之宮，誤矣。大戴禮言武丁開祖廟，詩言高宗築路寢，正是一事，而於此篇詩義亦正脗合。孔，甚也。路寢既成，而後甚安也。

校　記

〔一〕曰　原無，據説文解字補。

〔二〕據　原作「摝」，據毛詩後箋改。此處係用後箋語。

〔三〕釋　原作「説」，據下爲引經典釋文改。

〔四〕駉　原作「坰」，據説文解字改。下「駉」字同。

〔五〕同　原作「坰」，據段玉裁説文解字注改。

〔六〕馬同　原作「篤同」，據段玉裁説文解字注改。

〔七〕正　原作「本」，據毛詩後箋改。此處係用後箋語。

〔八〕綦　原作「荃」，據段玉裁詩經小學改。

〔九〕作綦文　原文無，據段玉裁詩經小學補。

〔一〇〕義　原無，據下爲引毛詩正義文補。

〔一一〕易　原作「義」，據詩毛鄭異同辨改。此處係用詩毛鄭異同辨語。

〔一二〕白　原作「曰」，據爾雅改。

〔一三〕「爾雅」至「異也」爲毛詩正義文，前當有「正義曰」字樣。

〔一四〕曰　原文無，據陳啓源毛詩稽古編補。此處係用稽古編語。

〔一五〕此處爲引毛詩後箋述段玉裁説文解字注，後箋原文云：於「騽」下並列「馬豪骭」及「驪馬黄脊」二義，知許氏原本或「驒」下有「一曰豪骭」之文，或「驒」下有重文作「驔」之篆。

〔一六〕文　原無，據阮元校勘記補。

〔一七〕指　原作「旨」，據毛詩後箋改。此處係用後箋語。

〔一八〕教　原作「學」，據禮記王制改。

〔一九〕「四」下原有「方」字，據陳奐詩毛氏傳疏删。此處係用詩毛氏傳疏語。按下有「諸侯小學在郊，大學在國，各一」文，可證「方」確爲衍字。

〔二〇〕學　原作「郊」，據禮記鄉射禮鄭注改。

〔二一〕「茆」上原有「毛」字，據周禮醢人删。

〔二二〕義疏　二字原互乙，據下引爲陸璣義疏文改。

〔二三〕鄉　原作「飲」，據説文解字改。

〔二四〕禮　原作「文」，據詩毛氏傳疏改。此處係用詩毛氏傳疏語。

〔二五〕雅　原無，據上爲爾雅文補。

〔二六〕也　原作「欽」，據經典釋文改。

〔二七〕有伐淮夷　此下當據詩毛氏傳疏補「之謀，淮夷」幾字。此處係用詩毛氏傳疏語。

〔二八〕交　原作「反」，據詩毛氏傳疏改。此處係用詩毛氏傳疏語。

〔二九〕示　原作「矢」，據詩毛氏傳疏改。此處係用詩毛氏傳疏語。

〔三〇〕韋注齊語及高注淮南並從射義　「語」原作「論」，「南」下原有「傳」字，「射」原作「躬」，據詩毛氏傳疏改。此處係用詩毛氏傳疏語。

〔三一〕三　原無，據禮記射義補。

〔三二〕楚　原作「揚」，據詩毛氏傳疏改。此處係用詩毛氏傳疏語。

〔三三〕穬　原作「獷」，據説文解字及詩毛氏傳疏改。

〔三四〕不　原無，據詩毛氏傳疏補。此處係用詩毛氏傳疏語。

〔三五〕「引」上原有「不」字，據詩毛氏傳疏删。此處係用詩毛氏傳疏語。

〔三六〕毛　原無，據詩毛氏傳疏補。此處係用詩毛氏傳疏語。

〔三七〕希　原作「布」，據詩毛氏傳疏改。此處係用詩毛氏傳疏語。

〔三八〕高　原作「商」，據禮記月令改。

〔三九〕官　原作「宫」，據禮記鄭注改。

〔四〇〕媒　原作「禖」，據禮記鄭注改。

〔四一〕「配」下原有「帝」字，據詩毛氏傳疏删。此處係用詩毛氏傳疏語。

〔四二〕輿　原作「上」，據詩毛氏傳疏改。此處係用詩毛氏傳疏語。

〔四三〕齊　原作「斷」，據爾雅改。

〔四四〕注　原無，據下爲引禮記鄭注補。

〔四五〕「五五」之第一個「五」字原作「二」，據禮記鄭注改。

〔四六〕儀　原作「記」，據太平御覽禮儀部改。

〔四七〕配　原無，據詩毛氏傳疏補。此處係用詩毛氏傳疏語。

〔四八〕盲　原作「言」，據左傳正義改。

〔四九〕帝　原無，據左傳正義及詩毛氏傳疏補。此處係用詩毛氏傳疏語。

〔五〇〕牲　原作「牡」，據毛詩正義改。

〔五一〕魯公諸侯不嫌也　原文無，據毛詩正義補。

〔五二〕特　原作「牲」，據毛詩正義改。

〔五三〕赤　原作「王」，據詩毛氏傳疏改。此處係用詩毛氏傳疏語。

〔五四〕注　原無，據下爲引周禮鄭注補。

〔五五〕去　原作「取」，據周禮鄭注改。

〔五六〕加　原作「如」，據周禮改。

〔五七〕女　原作「友」，據毛詩正義改。此處係用正義語。

〔五八〕邱　原作「三」，據詩毛氏傳疏改。此處係用詩毛氏傳疏語。

〔五九〕終　原作「經」，據詩毛氏傳疏改。此處係用詩毛氏傳疏語。

〔六〇〕上一「三」字原無，據毛詩正義補。

〔六一〕二　原作「三」，據毛詩正義改。

〔六二〕「軍」「事」二字原皆作「乘」，據毛詩正義改。

〔六三〕「於」原作「與」，「興」原作「無」，據毛詩正義改。

〔六四〕邑部下云魯東有郈城　原作「人部下云魯公東有郭城」，據説文解字改。

〔六五〕氏　原作「州」，據周禮改。

〔六六〕以　原無，據段玉裁説文解字注補。

〔六七〕取　原無，據段玉裁説文解字注補。

〔六八〕開　原作「關」，據段玉裁説文解字注改。

〔六九〕郐　原作「徐」，據説文解字改。

〔七〇〕貊　原作「貌」，據毛傳改。

〔七一〕貊　原作「蠻」，據毛詩正義改。

〔七二〕括　原作「拓」，據下引爲括地志改。

〔七三〕許州　二字原作「河」，據括地志改。

〔七四〕嘗　原作「常」，據詩毛氏傳疏改。此處係用詩毛氏傳疏語。

〔七五〕詩　原作「君」，據下爲引韓詩薛君章句文改。

〔七六〕「駁」上原有「三」字，據詩毛氏傳疏删。此處係用詩毛氏傳疏語。

〔七七〕三　原作「云」，據詩毛氏傳疏改。此處係用詩毛氏傳疏語。

〔七八〕鎛　原作「鏗」，據詩毛氏傳疏改。此處係用詩毛氏傳疏語。

〔七九〕於　原作「與」，據詩毛氏傳疏改。此處係用詩毛氏傳疏語。

〔八〇〕播鼗擊　三字原無，據周禮春官補。

〔八一〕又　原作『及』，據鄭箋改。

〔八二〕來　原作『以』，據詩毛氏傳疏改。此處係用詩毛氏傳疏語。

〔八三〕詩　原作『時』，據詩毛氏傳疏改。此處係用詩毛氏傳疏語。

〔八四〕云在　原作『元王』，據詩經玄鳥及詩毛氏傳疏改。此處係用詩毛氏傳疏語。

〔八五〕圜　原作『圓』，據説文解字改。

〔八六〕祭發感生之帝於南郊　『發』疑當作『其』，毛詩正義有『祭其所感之帝於南郊』語，與之相類。

〔八七〕大　原無，據毛詩正義引文補。

〔八八〕蒼　原作『養』，據毛詩正義改。

〔八九〕〔九〇〕汁　原作『計』，據毛詩正義改。

〔九一〕發　原作『祭』，據毛詩正義改。

〔九二〕南　原作『西』，據詩毛氏傳疏改。此處係用詩毛氏傳疏語。

〔九三〕二人　二字原作『天』，據詩毛氏傳疏改。此處係用詩毛氏傳疏語。

〔九四〕紀　原無，據下爲引史記殷本紀文補。

〔九五〕火　原作『如』，據左傳改。

〔九六〕謂　原作『爲』，據王引之經義述聞改。此處係用經義述聞語。

〔九七〕數　原作『類』，據中華書局版晏子春秋改。

〔九八〕兩陌間道　『兩』原作『田』，『間』字原無，據説文解字改。

〔九九〕詩　原作「説」，據玉篇改。

〔一〇〇〕綴　原作「畷」，據玉篇改。

〔一〇一〕旒　原作「流」，據詩毛氏傳疏改。此處係用詩毛氏傳疏語。

〔一〇二〕作　原無，據詩毛氏傳疏補。此處係用詩毛氏傳疏語。

〔一〇三〕餘　原作「后」，據詩毛氏傳疏改。此處係用詩毛氏傳疏語。

〔一〇四〕斫　原作「作」，據漢書劉注改。

〔一〇五〕家　原作「字」，據詩毛氏傳疏改。此處係用詩毛氏傳疏語。

〔一〇六〕又　原作「異」，據詩毛氏傳疏改。此處係用詩毛氏傳疏語。

〔一〇七〕爲　原作「如」，據詩毛氏傳疏改。此處係用詩毛氏傳疏語。

〔一〇八〕墨　原作「黑」，據左傳改。

〔一〇九〕彭　原作「鼓」，據國語改。

〔一一〇〕初　原作「和」，據詩毛氏傳疏改。此處係用詩毛氏傳疏語。

〔一一一〕帝　原作「常」，據詩毛氏傳疏改。此處係用詩毛氏傳疏語。

〔一一二〕典　原作「貫」，據詩毛氏傳疏改。此處係用詩毛氏傳疏語。

〔一一三〕隸變　原作「例」，據詩毛氏傳疏改。此處係用詩毛氏傳疏語。

〔一一四〕作洍　原無，據詩毛氏傳疏補。此處係用詩毛氏傳疏語。

〔一一五〕毛　原作「已」，據詩毛氏傳疏改。此處係用詩毛氏傳疏語。

〔一一六〕謂　疑當作『爲』。

〔一一七〕民　原作『尼』，據呂氏春秋改。

〔一一八〕氐　原作『氏』，據漢書改。

〔一一九〕郎　原作『即』，據漢書改。

〔一二〇〕驪　原作『灑』，據漢書改。

〔一二一〕下　原作『子』，據鄭箋改。

〔一二二〕氏縣　原作『山』，據文選洛神賦李善注改。

〔一二三〕稱　原作『有』，據詩毛氏傳疏改。此處係用詩毛氏傳疏語。

〔一二四〕聳　原作『耳』，據國語改。

〔一二五〕徂　原作『阻而阻』，據詩毛氏傳疏改。此處係用詩毛氏傳疏語。

〔一二六〕圜　原作『圓』，據説文解字改。

〔一二七〕圓　據上引説文解字，『圓』當作『圜』。

〔一二八〕山　原作『所』，『木』原作『本』，據鄭箋改。

〔一二九〕同　原無，據經典釋文補。

〔一三〇〕傳　原無，據下爲引毛傳補。

〔一三一〕朔　原作『嗣』，據詩毛氏傳疏改。此處係用詩毛氏傳疏語。

後記

李宗棠纂輯的學詩堂經解（以下簡稱經解）一書，歷經歲月打磨，終於得到較爲完備的校點，將於丙申猴年歲尾付梓，無疑是安徽古籍整理出版事業令人欣喜的佳音。

李宗棠（一八六九—一九二三），字隱伯，號少麟，别署千倉舊主、千倉髯隱、千倉醉翁，清末民初阜陽永興集（今安徽潁上縣新集鎮）人。據民國皖志列傳稿卷八本傳可知，他少負大志，學貫中西；數入名臣如張之洞、趙爾巽等人幕府，襄助維新事業，排難解紛；纂輯光緒政要録、奏議輯覽、時事紀聞、從政芻言、武備志略、萬國教育源流考、學詩堂經解等書，著作等身。對於教育事業，他更是傾注了畢生心血：九赴東瀛，考察學務，躬親勞苦，汲引留學；熱心辦學，先是創辦千倉小學第一、第二義塾於永興集，復創千倉師範學校於南京鷄鳴埭；光緒三十四年（一九〇八），被推舉爲皖省教育總會會長；辛亥革命（一九一一）後，又出任鳳陽師範學校校長，可謂安徽晚清、近代以來教育界的傑出人士。編者以爲，激勵李宗棠傾力興學的原因，不僅是當時士人共有的憂患意識，也在於他對桑梓的深厚感情。

李宗棠生於斯、長於斯的潁州，在中國歷史上曾以文化名邦著稱，正所謂：『土風備於南北，人物推於古今。賓主俱賢，蓋宗資、范孟博之舊治；文獻相續，有晏殊、歐陽修之遺風。』（蘇軾潁州謝到任表）然而，從北宋至明清，潁州無論是社會經濟、自然生態，還是人文環境均趨於衰落，到了李宗棠生活的時代，文脉幾乎斷絶，這成了他的一大心結。也正因爲此，他一生不僅勉力興學，而且筆耕不輟，著述、編纂、翻譯各類著作達二十餘部二百餘卷，内容包括政治、經濟、軍事、警務、礦務、教育、國學、詩詞、遊記等，終於實現了爲鄉梓延續文脉的人生夙願。

這一深邃用心，在學詩堂經解的纂輯過程中也一以貫之。他雖學貫中西，成才途徑卻主要爲自學。李宗棠一生最大遺憾就是自幼隨父宦蘇，『未得於童子試』，并從此與科舉無緣。十二歲入京師，受業袁心谷先生門下，『少穎悟，博通經籍』。年二十，『納貲爲郎』（阜陽縣志續編人物志李宗棠）。此後，依然勤學不倦。據千倉先生傳，他於『周秦諸子、歷代史傳靡不遍讀，而獨邃於經學，嘗手批十七史，又纂五經經解，其它著作甚富』。

所謂五經經解，爲光緒二十二年（一八九六），丁母憂居家的李宗棠，搜輯課經雜作編纂而成之書，其中除學詩堂經解外，還包括易經經解、尚書注箋、禮記注箋、春秋注箋。合得六十四册，匯訂草稿，總題名千倉經學館讀經雜志。稿成，題詠記之曰：『從師廿四載（自注：袁、項二師皆深於經學者），窮經十五年。問心頗自得，信手各成編。詩書禮春秋，訓詁與注箋。易理獨精深，研究爻與象。引經必有據，案語不敢偏。漢儒盡僞作，宋儒更錯然。清代多專家，折衷得大全。述古豈好辨，聊以繼前賢。』（千倉詩史初編丙申）由此可知，宗棠學於袁項二位經學大師門下二十四年，又獨自窮學苦讀十五載，頗有心得。在他看來，五經之中，易理最爲深奧，要認真研究其中的『爻與象』；而詩書禮春秋，要認真學習前人，加强訓詁與注箋。詩中，他還批評了漢儒僞作、宋儒錯訛的學術亂象，認爲惟有清一代，經學研究不落窠臼，再上新階。

從二十八歲到四十二歲（一八九六——一九一〇），李宗棠度過了一生中最榮光、最繁忙的十四年，當年編纂的五經經解卻也被束之高閣近十四年。直至宣統二年（一九一〇）仲秋，決意棄官治學的李宗棠遷居南京新居醉翁樓。是年冬，因所纂五經經解卷帙繁多，故先將有關詩經者二十卷付梓，署曰學詩堂經解，且題詠云：『學詩遠法有周人，訓詁方知典制真。三史階梯從此始，二南音譜更翻新。譏彈偶爾因時發，比興無非按事陳。三頌獨編風雅後，主文譎諫具精神。』（千倉詩史初編庚戌）兩年以後的民國元年（一九一二）四月十三日，金陵千倉山館被陸軍第三師團炮兵第三聯隊鄧翊華率隊占據，館中所藏書籍字畫及編纂稿册，竟於當日被焚毁一空。李宗棠聞知，惟有仰天長嘆，别無他法，爲此，他賦七律一首：『林園轉眼化邱墟，悔向名山卜隱居。萬卷文章遭劫燼，半生心血盡焚如。誰云身外無長物，只怪閑來愛著書。回首臺城空悵望，不知何處是吾廬。』且自注云：『宋元版書籍字畫，世間固不多見。手批殿版十七史，分編五經經解，著作精華，盡在於此。其它雜纂十數種草稿，悉數付炬。』（千倉詩史初編辛亥）可以說，學詩堂經解因業已付梓而免遭戰火，實爲不幸中之萬幸。

那麽，爲何李宗棠對學詩堂經解情有獨鍾，率先付梓？這還要從該書内容中尋找答案。詩經國風周南中有汝墳三章，曰：

遵彼汝墳，伐其條枚。未見君子，惄如調饑。
遵彼汝墳，伐其條肄。未見君子，不我遐棄。
魴魚赬尾，王室如燬。雖則如燬，父母孔邇。

翻譯成現代漢語就是：

沿着汝河大堤走，採伐樹上那枝條。還没見到我夫君，憂如饑餓在清早。
沿着汝河大堤走，採伐樹上那餘枝。終于見到我夫君，請莫再將我遠棄。
鯿魚尾巴色赤紅，王室事務急如火。雖然有事急如火，父母窮困誰養活？

對於這首詩的主旨，毛詩序以爲是贊美『文王之化行乎汝墳之國，婦人能閔其君子，猶勉之以正也』。漢劉向列女傳附會其説，指其爲『周南大夫』之妻恐其丈夫『懈於王事』，故

『言國家多難，惟勉强之，無有之譴怒遺父母憂』也。韓詩章句則以爲，此乃婦人『以父母迫近饑寒之憂』，而勸夫『爲此禄仕』之作，顯然并無贊美『文王之化』的『匡夫』之義。近人大多不取毛韓之説，而解爲妻子挽留久役歸來的征夫之作，似更貼近詩意。

值得指出的是，汝墳三章故事的發源地就在潁州。潁州古稱汝陰，汝水出河南汝州天息山，經蔡州、潁州入淮。王夫之認爲：『陝東所統之南國爲周南，則今南陽、襄、鄧、承天、德安、光、黄、汝、潁是已。』（詩經稗説）清乾隆十七年（一七五二），由潁州知府王斂福纂輯的潁州府志藝文志詩全文收録汝墳詩三章。清道光五年（一八二五），阜陽縣知縣李復慶纂輯的阜陽縣志藝文志詩亦全文收録汝墳三章，且署名爲『周汝墳婦』作。對此，李宗棠了然於胸，在學詩堂經解中，他採用歐陽修之説，認爲汝墳爲大夫妻所作，比阜陽縣志説更進一步。接着，他對詩中『遵彼汝墳』、『條枚條肄』、『惄如調饑』、『魴魚赬尾』、『王室如燬』、『父母孔邇』等關鍵詞句進行了認真訓釋，集各家之説，取通達之意，讓一般水平的讀者也能領悟詩歌的内涵和外延。同時，特别凸顯了該詩中富有皖北地方特色的意象，充分揭示了它傳神地描摹潁州風土民情的文學特質。

李宗棠以其深厚的儒學涵養，『參諸經説，酌諸小學，旁及諸史雜家者言，以自成一家之説』（茅謙敘語），從而纂成學詩堂經解一書，其學術價值得到了近現代學者的肯定，被孫殿起販書偶記和續修四庫全書總目所收録，展現了它在晚清學術史上應有的影響力。

作爲李宗棠文集之五，經解一書，編者從初覽至今已歷八載。因不熟悉經學典籍的特點，初讀此編，如對天書，茫茫然不知從何下手。安徽省古籍整理出版辦公室彭君華主任爲破解難題，與我商定，邀請淮北師範大學文學院郭全芝教授校點此書。術業有專攻，郭教授於經學研究多有心得，尤於詩經造詣頗深，校點該書，頗稱精勤。雖然我與郭教授素未謀面，但文如其人，我從網絡上偶然搜得安徽文獻研究集刊，看到郭教授關於學詩堂經解校點後記，細讀之後，深爲感佩。

總之，經解從收集整理到點校出版，經歷了一段不平凡的歲月，凝聚了太多人的心血和汗水。值此付梓之際，感謝彭君華先生，感謝郭全芝教授，感謝責編東莉女士，也感謝我在阜陽的諸位老友：阜陽師範學院中文系教授户龍祥，阜陽市科協原副主席、南京大學中文系『文革』前畢業生李祥林，北京師範大學中文系『文革』前畢業生、阜陽一中高級教師、詩人金文正，阜陽市潁東區區委宣傳部副部長、詩人、書法家張傳亭，中國文學評論家協會會員、阜陽市潁泉區文聯主席陸志成，阜陽一中高級教師史爲民，南京師範大學文學博士熊言安，他們曾與我一起，對學詩堂經解的部分原稿進行了初步研讀和標點。

最後，我當以本書的出版爲新的起點，繼續努力，爭取早日完成李宗棠文集整理、出版的後續工作，以回報諸位，奉獻社會。

是爲記。

阜陽　李興武

二〇一六年十一月二十九日

附　安徽古籍叢書已版書目

舊聞隨筆
定本莊子故
張籍集注
文學研究法
桐城文學淵源考・撰述考
包拯集編年校補
康輶紀行・東槎紀略
北山樓集
桐城耆舊傳
疑庵詩
三餘札記
方望溪遺集
爾雅翼

識小録・寸陰叢録
東萊詩詞集
明太祖集
王侍郎奏議
程氏家塾讀書分年日程
朱楓林集
敬孚類稿
施愚山集（四册）
吴敬梓吴烺詩文合集
張孝祥詞箋校
竇山公家議校注
翠微南征録・北征録合集
阮大鋮戲曲四種

老子注三種
杜詩説
朱書集
論語解注合編
郭祥正集
皖人詩話八種
唐詩評三種
左傳微
績學堂詩文鈔
鈍齋詩選
老子注譯
莊子詮詁
説文假借義證

劉銘傳文集
包世臣全集（三册）
戴震全書（七册）
田間易學
莊屈合詁
田間詩集
田間文集
古事比（二册）
安徽出土金文訂補
秋崖詩詞校注
道聽途説
蘭茗館外史
青泥蓮花記
舌華録
明語林

夜雨秋燈録・續録（二册）
包拯集校注
毛詩後箋（二册）
劉文典全集（四册，列入特輯）
壹齋集（二册）
孟子講義
楊仁山全集
弢翁藏書年譜（列入附輯）
不得已 附二種
歙事閑譚（二册）
惜抱軒詩集訓纂
張孝祥詩文集
吴汝綸全集（四册）
朱子全書（二十七册）
明實録安徽經濟史料類編（列入附輯）

姚瑩年譜（列入附輯）
青溪集
藏山閣集
田間詩學
俞正燮全集（三册）
皖人戲曲選刊・鄭之珍卷
詠懷堂詩集
所知録 附四種
文選箋證（二册）
歙紀
方孝標文集
七頌堂集
劉文典全集補編（列入特輯）
程瑤田全集（四册）
皖人戲曲選刊・方成培卷

皖人戲曲選刊・龍變卷
淩廷堪全集（四册）
黄生全集（四册）
東輶紀程
蕭雲從詩文輯注
程文炳文集
程恩培集
方盦山詩集（二册）

趙紹祖金石學三種
小爾雅義證
勉行堂詩文集
貴池唐人集
龍眠風雅全編（十册）
無爲集
杜詩提要
分篇水經注（二册）

李宗棠文集・東游紀念
李宗棠文集・奏議輯覽初編
松泉集（二册）
梅鼎祚戲曲集
通鑑注商・新舊唐書互證
杜徵三友朋手札
學詩堂經解